Allgemeine Strafrechtslehre

Zweite, völlig neue Auflage der

Grundlagen des Strafrechts

Mit Leitsätzen
zur Anfertigung von Übungsarbeiten und Urteilen

Von

Wilhelm Sauer

Professor an der Universität Münster

Berlin 1949

Walter de Gruyter & Co.

vormals G. J. Göschen'sche Verlagshandlung — J. Guttentag, Verlagsbuchhandlung
Georg Reimer — Karl J. Trübner — Veit & Comp.

Archiv Nr. 232749

10111. Druck: A. W. Hayn's Erben, Berlin SO 36. Nr. VIII/99, 0. 06. 0513. 570.

Vorwort

Es gibt zwar eine Allgemeine Staatslehre, und es gibt eine Allgemeine Volkswirtschaftslehre. Aber es gibt noch keine Allgemeine Strafrechtslehre, die mehr ist als ein Allgemeiner Teil des positiven Strafrechts und die ich hier erstmalig vorlegen darf. Sie ist beinahe „zufällig" entstanden, jedenfalls nicht „adäquat" aus innerem Zwang, sondern unter dem Druck der Umwelt.

Auf meine „Grundlagen des Strafrechts" (1921) sollte schon längst eine Neuauflage folgen; deren wesentlichsten Züge sind inzwischen in der Juristischen Methodenlehre (1940) und in der Juristischen Elementarlehre (1944) angedeutet. Jetzt sollte ein ausgeführtes „System des Strafrechts", des Allgemeinen und des Besonderen Teils, veröffentlicht werden, und außerdem als Weiterführung der „Kriminalsoziologie" (1933) eine „Kriminologie" als dritter Teil meines Strafrechtssystems. Beide Werke liegen druckfertig vor; die Ungunst der Zeit hindert die Veröffentlichung so umfangreicher Bücher mit Dogmengeschichte, Rechtsvergleichung und Literaturauseinandersetzung, wie sie in der gewissenhaften deutschen Forschung üblich war[1]). Dieselbe Ungunst der Zeit macht aber zur Pflicht, für die Fortführung unserer Wissenschaft zu sorgen, die berufen ist, bessere Zeiten zu ermöglichen und vorzubereiten.

So entschloß ich mich zur Mitteilung der Ergebnisse und Tendenzen in Gestalt einer Allgemeinen oder Reinen Strafrechtslehre, die einen vollständigen Allgemeinen Teil mit Einarbeitung vieler Strecken des Besonderen Teils und der Kriminologie enthält und die gewissermaßen eine Einführung in jenes dreibändige System darstellt. Völlig neu ist die Verwertung der kriminologischen Tatsachenforschung in der Strafrechtsdogmatik; sie geschah in doppelter Richtung: Die Tatsachenforschung war auf die Probleme des Strafrechtssystems zugeschnitten und ist jetzt in diesem verwertet. Umgekehrt mußte zugleich das System konkret (prozessual) gestaltet und funktional auf die Tatsachen und Bedürfnisse des Rechtslebens angelegt werden, um in „Rechtskraft" überzugehen. Bei dieser zweifachen konkreten Verfahrensweise, bei der die eine die andere fortlaufend kontrolliert, konnten fast jedem Kapitel des altehrwürdigen Baues der Strafrechtsdogmatik neue Seiten abgewonnen, überall neue Lösungsmöglichkeiten für uralte Streitfragen aufgezeigt werden.

---

1) Dank dem Entgegenkommen des Verlags wird eine Kriminologie im Umfange von etwa 25 Bogen sofort zur Ergänzung folgen.

In den letzten Jahren hat das Ansehen des deutschen Strafrechts, der Gesetzgebung, der Rechtsprechung und der Theorie, in den Augen der Welt erheblich gelitten; aber bei vorurteilsfreiem Blick wird man auch wertvolle Ansätze für den Neubau erkennen. Eine „reine" Strafrechtslehre darf daher im Doppelsinn verstanden werden. Sie soll zur Bereinigung unserer unrein gewordenen Praxis und Lehre beitragen, überflüssigen Ballast abstreifen und abgestorbene Zweige beseitigen, um neuen, reineren Gedanken Raum zu gewähren. Zweitens möge sie, und zwar gerade zu jenem Zweck, die reinen Gedanken und die bleibenden Werte, unabhängig vom Wandel vorübergehender Anschauungen und kurzlebiger Gesetze, zielbewußter und deutlicher als bisher hervortreten lassen. Alsdann vermag auch die Rechtswissenschaft, gleich der exakten Forschung der historischen und philosophischen Wissenschaften, „monumental" zu werden. Das soll bedeuten: die Forschung geht auf die denkwürdigen Quellen zurück, nämlich auf jene Tatsachen, auf denen sich die allgemeingültigen Werte, Gerechtigkeit und Gemeinwohl, aufbauen, die wahren Denkmäler aller Wissenschaft, aller Kultur, allen Menschenglücks.

Möge in diesem Sinn das kleine, in sechsmal sechs Kapiteln, kurzgefaßte Buch sich als nützlich erweisen für ein ernsthaftes Studium und für die Praxis, vor allem die Neugestaltung des ja stets reformbedürftigen Strafgesetzbuchs.

Inhaltsübersicht

3. Abschnitt

Das Verbrechen als Unrecht

4. Abschnitt

Das Verbrechen als Schuld

Seite

5. Abschnitt

Mehrheit von Verbrechern und von Verbrechen

Seite

6. Abschnitt

Behandlung des Verbrechens und des Verbrechers

Abkürzungen

Abh. s. Strafr.Abh.
Allfeld s. Meyer-Allfeld.
Binding Hdb.: Binding Handbuch des Strafrechts 1885.
DJ. oder DtJ.: Deutsche Justiz.
Dt. Strafr. oder DtStrR.: Zeitschrift Deutsches Strafrecht.
Graf zu Dohna Aufbau: Graf zu Dohna Aufbau der Verbrechenslehre 2. A. 1941.
E.: Entwurf.
Frank: R. Frank Das StGB. für das Deutsche Reich, 18. A. 1931.
Frank Festg.: Festgabe für R. Frank 1930.
GS. oder GerS.: Gerichtssaal.
GoltdA.: Goltdammers Archiv.
GSStr.: Großer Senat des Reichsgerichts in Strafsachen.
Gürtner: Gürtner Das kommende deutsche Strafrecht, Bericht über die Arbeiten der am lichen Strafrechtskommission, 2. A. I 1935, II 1936.
H. M.: Herrschende Meinung.
v. Hippel I, II: v. Hippel Deutsches Strafrecht I 1926, II 1930.
v. Hippel Lehrb.: v. Hippel Lehrbuch des Strafrechts 1932.
HRR.: Höchstrichterliche Rechtsprechung. Ergänzungsblatt zur DJ.
JurMethL.: Juristische Methodenlehre.
JW.: Juristische Wochenschrift.
KG.: Kammergericht.
LK. oder LpzK.: Leipziger Kommentar 6. A. 1944 (Nagler u. a., 1. Lief.); 4. A. 19 (Ebermayer-Lobe); 5 A. 1933/4 Allg. Teil (Lobe).
Kohlrausch: Kohlrausch und Lange, StGB., 38. A. 1944.
v. Liszt-Schmidt: v. Liszt-Schmidt, Lehrbuch des deutschen Strafrechts, Allg. Teil, 26. A 1932. Sonst.: 25. A. 1927.
Meyer-Allfeld: Meyer-Allfeld Lehrbuch des deutschen Strafrechts, Allg. Teil, 9. A. 193
Mezger Lehrb.: Mezger Strafrecht, ein Lehrbuch 2. A. 1933.
Mezger Grdr.: Mezger Deutsches Strafrecht, ein Grundriß 3. A. 1944.
Olsh.: Olshausen Kommentar zum StGB., 12. A. 1942 ff. (Niethammer).
RG.: Entscheidungen des Reichsgerichts in Strafsachen.
Rspr.: Rechtsprechung (des Reichsgerichts).
Sauer Grdlg.: Sauer Grundlagen des Strafrechts 1921.
Sauer JurElL.: Sauer Juristische Elementarlehre 1944.
Sauer JurMethL.: Sauer Juristische Methodenlehre 1940.
Sauer KrimSoz.: Sauer Kriminalsoziologie 1933.
Schönke: Schönke Das StGB. für das Deutsche Reich mit Kommentar, 2. A. 1944.
Schwarz: Schwarz StGB. (Kurzkommentar), 12. A. 1944.
Strafr. Abh. oder Abh.: Strafrechtliche Abhandlungen, herausgeg. von Schoetensack früher Bieling.
VD.A.: Vergleichende Darstellung des Deutschen und ausländischen Strafrechts, Allg Teil, 1908
VE.: Vorentwurf.
VO.: Verordnung.
v. Weber Grdr.: v. Weber Grundriß des Deutschen Strafrechts 1946.
Welzel: Welzel Der Allgemeine Teil des deutschen Strafrechts in seinen Grundzügen 3. A. 1944.
ZStrW.: Zeitschrift für die gesamte Strafrechtswissenschaft.

1. Abschnitt

Das Strafrecht als Ganzes

§ 1. Strafrecht, Kriminologie und Sozialethik

I. Das Strafrecht hat die Aufgabe, die Grundsätze und Regeln zu schaffen, nach denen das Verbrechen im Sinne der staatlichen, kulturellen, sozialen und ethischen Notwendigkeiten zu behandeln ist.

Das Verbrechen ist eine nie völlig auszurottende Erscheinung des sozialen Lebens aller Völker und aller Zeiten; es bedarf der Behandlung und Bekämpfung gemäß bestimmten Richtlinien, über deren wesentlichen Inhalt sich die modernen Kulturstaaten trotz Abweichungen in der näheren Ausgestaltung einig sind Die Behandlung geschah früher allein durch Bestrafung; heute sind zur Strafe noch zahlreiche andere Mittel der Behandlung getreten, Verhütung und Sicherung, Besserung und Erziehung, Ausgleich und Genugtuung Schon deswegen ist das Wort Strafrecht nicht mehr zutreffend. Außerdem drückt es nur die Folgen, nur eine Folge aus, während einen ungleich größeren Raum die Voraussetzung einnimmt: das Verbrechen. Zutreffender ist die ältere Bezeichnung: *Kriminalrecht* Man nennt das Privatrecht (Vertrag und Delikt) doch nicht Schadensersatzrecht; und die ärztliche Wissenschaft beschäftigt sich vor allem mit der Krankheit, während Arznei und sonstige Behandlungsmittel erst in zweiter Linie stehen.

II. Das Strafrecht ist seinem Wesens- und Sinngehalt nach die *rechtlich-sozialethische Behandlung des Verbrechens.* Die Strafrechtswissenschaft stellt einen Kreis dar, der sich mit zwei anderen Wissenschaftskreisen schneidet: der Kriminologie und der Sozialethik.

1 Die *Kriminologie* hat das Verbrechen als soziale Erscheinung unseres kulturellen Lebens lediglich um seiner selbst willen, lediglich als geschichtliche Tatsache, ohne Rücksicht auf die staatlichen Gesetze und Einrichtungen

zu erforschen, die sich vielmehr aus jener Tatsachenforschung in ihrer Notwendigkeit erst ergeben sollen; sie ist ein Zweig der Soziologie und der Psychologie (in einem weiteren, hier nicht interessierenden Sinne auch der Biologie und der Psychiatrie). Wenn das Verbrechen gerecht bestraft und erfolgreich bekämpft werden soll, muß man vor allem zuverlässige Kenntnisse davon besitzen, was das Verbrechen überhaupt wirklich ist. Die kriminologische Forschung ist eine unerschöpfliche Fundgrube für die Erkenntnis des Verbrechens und des Verbrechers. Die Gesetze sind durch neue kriminelle Mittel und Schleichwege dauernd überholt.

2. Die *Sozialethik* weist die obersten Richtlinien auf, die auch für das staatliche Recht verbindlich sind oder verbindlich sein sollten, will es selbst wirksam und von Bestand sein Sie ist ein Zweig der allgemeinen Ethik sowohl wie der Rechts- und Sozialphilosophie und ermöglicht überhaupt erst, über die wechselnden Erscheinungen der positiven Gesetze hinaus die allgemeinen Lehren des Strafrechts aufzustellen, die auch einer Gesetzgebung als Anhalt dienen. Die Gesetze sind auch in dieser Hinsicht dauernd überholt — nicht durch politische Ereignisse, aus denen sich alsbald ein neues Recht ergibt, sondern durch den Wandel der sozialethischen Anschauungen im einzelnen, mag auch der Grundstock konstant bleiben; der Wandel ist allerdings soziologisch, politisch wie kulturgeschichtlich bedingt. Die besten Gesetze sind allezeit reformbedürftig; die Rechtsprechung hat sie aber modern zu erhalten und wird so zum Schöpfer des „lebenden Rechts".

So zieht das Strafrecht Lebenskraft und Wertgehalt aus der Soziologie und der Sozialethik.

§ 2. Methodische Struktur des Systems

Übersicht und Neubau

I. Die bisherige Strafrechtslehre hat zwar zum großen Teil die Kriminologie und die Sozialethik als wissenschaftliche Disziplinen anerkannt (keineswegs immer, wie zB. Binding und seine Anhänger) und sich von ihnen anregen lassen, hat sie jedoch als andersgeartete, als fremde, bestenfalls als Hilfswissenschaften (so ausdrücklich Beling) angesehen und ihre eigene formale „Dogmatik" streng gewahrt. Die hier vorgelegte *Ganzheitslehre* verarbeitet ihre Ergebnisse und übernimmt zum Teil auch ihre Denkweisen, soweit die eigenen juristischen Aufgaben es gestatten und erfordern. Die alte Dogmatik des Strafrechts erhofft von dieser „Überkreuzung" wissenschaftlicher Grundgesetze und Methoden eine Verjüngung und Bereicherung. Eine Verwertung kriminologischer Erkenntnisse für den Besonderen Teil des Strafrechts liegt näher und wurde bereits von des Verfassers früherem Werk Kriminalsoziologie 1933 angebahnt. Hier wird erstmalig auch *der Allgemeine Teil kriminologisch und sozialethisch durchdrungen*, selbstverständlich unter Wahrung der formal-dogmatischen Denkweise. Das Strafrecht wird hiermit *dreidimensional* angelegt, wie es die Juristische Methodenlehre desselben Autors 1940 forderte

II[1]). Es seien in Kürze einige *methodische Konsequenzen* zusammengestellt; die Erläuterung folgt später in den einzelnen Kapiteln. Betont wird, daß diese ganzheitlichen Lehren in Wahrheit nicht so neuartig sind, wie es auf den ersten Blick scheinen könnte. Namentlich praktisch eingestellte Juristen sind auf gleichen Wegen gegangen, vielleicht ohne es zu wissen. Hier werden die Dinge nur bei ihrem eigenen Namen genannt; es wird ausgesprochen, was andere empfunden haben mögen. Jedenfalls heben wir manches stärker hervor, als es bisher geschah, vermeiden die üblichen Einseitigkeiten, bewahren vor dogmatischer Erstarrung.

1. *Soziologische und sozialethische Betrachtung.* Hierauf beruht der jetzt im wesentlichen anerkannte Begriff der materialen Rechtswidrigkeit[2]) Gegensatz: formale, rein positivgesetzliche Rechtswidrigkeit. *Material* müssen aber auch (was neuartig ist) andere Begriffe verstanden werden: die Schuld, die Handlung (Ausführungshandlung), die Unterlassung, der Versuch, die Teilnahme, ja selbst die Kausalität. — Die sozialethische Einstellung sieht Maßstab und Ziel in *Gerechtigkeit,* die soziologische in *Zweckmäßigkeit,* die dogmatische in *Rechtssicherheit*[3]) Diese drei Prinzipien können im Einzelfall, zB. bei der Strafzumessung, zu widersprechenden Ergebnissen führen; die Ganzheitslehre vereinigt sie in Harmonie und schützt vor Konflikt ebenso wie vor Einseitigkeit. — Die Sozialethik lehrt den Indeterminismus: das Verbrechen ist das Werk des Täters *(„kriminalistische Kreationstheorie");* aber die Kriminologie zeigt als *Aetiologie* die Bedeutung der Anlage und besonders der Umwelteinflüsse auf; die Ganzheitslehre führt zum Ausgleich jener Kausalitäten mit der Willensfreiheit. — Die Kriminologie weist auf die durchgehende Verschiedenheit von *akuter und chronischer Kriminalität* hin; dieser folgenreichen Erkenntnis kann sich auch die Dogmatik nicht verschließen: *Zweiteilung des Schuldbegriffs,* Bedeutung für Strafbemessung und Strafvollzug, Sonderbewertung des Gewohnheitsverbrechers (§ 20a). — Das Zurücktreten des Gesetzes führt zur Möglichkeit von *Analogie,* zur Erweiterung des freien richterlichen Ermessens. So entsteht eine *„reine" (übergesetzliche) allgemeine Strafrechtslehre.* Die wichtigen kriminologischen *(ätiologischen)* und die sozialethischen (tatbestandlichen) Tat- und Tätertypen (§ 11) gelten auch für das Strafrecht.

2. *Funktionale Methode:* die Begriffe haben bestimmte Funktionen zu erfüllen; nur insoweit sind sie berechtigt[4]). Gegensatz: formale, deduktive, logisch-begriffliche Behandlung. Zentralfragen sind die *Strafbemessung* und der *Strafvollzug;* ihre praktisch überragende Bedeutung muß sich auch in der Theorie äußern. Die dogmatischen Begriffe sind auf diese wichtigsten

[1]) Für Anfänger dürfte sich empfehlen, die folgenden methodischen Ausführungen des § 2 erst am Schluß oder vor dem letzten Abschnitt des Buches zu lesen, wie man Beethovens 3. Leonoren-Ouvertüre erst am Schluß oder vor der letzten Szene der Oper zu spielen pflegt.

[2]) So seit Grdlg. § 12 (273) wiederholt, wo der Begriff als der messianische bezeichnet wurde.

[3]) Näher zuletzt JurMethL. §§ 31—33; kürzer JurElL. 63—66.

[4]) JurMethL. §§ 41, 45 II 3, 48 I 2; kürzer JurEl. 18, 73.

Aufgaben der Strafjustiz zuzuschneiden, während bisher die letzteren von der Theorie stark vernachlässigt und als Anhängsel des Systems betrachtet wurden. In diesen Zusammenhängen stellt sich die juristische Denkweise in scharfen Gegensatz zur soziologischen, also auch zur kriminologischen. Dort ist der Grundsatz: bloße Erkenntnis der Tatsachen, ihre Erklärung und Deutung. Demgegenüber ist das Juristische Grundgesetz auf Würdigung, Beurteilung, Wertung der Tatsachen gerichtet; hierin stimmt es wiederum mit der Sozialethik überein, auf die das Strafrecht hinzulenken ist. Zu den wichtigsten Grundbegriffen des Strafrechts gehört daher der bisher völlig vernachlässigte Begriff der *Strafwürdigkeit;* er steht an der Spitze der gesamten Verbrechenslehre (§ 7). Die meisten strafrechtlichen Grundbegriffe haben die Funktion, die Bestimmung der Strafwürdigkeit zu erleichtern; hiernach richtet sich ihr eigener Wert. Die Strafwürdigkeit gehört der *reinen Strafrechtslehre* an; erst hiervon abgeleitet ist die Strafbarkeit, die lediglich positivgesetzlich bedingt ist.

3. *Konkrete Betrachtung, Fallrecht.* Gegensatz: abstrakte, generelle Betrachtung[5]). Viele Streitfragen sind nur dadurch entstanden, daß man verschiedene Arten von Fällen im Auge hatte. Theorien und Gesetze sind nicht um ihrer selbst willen geschaffen; sie haben nur die Funktion, Fälle zu entscheiden, das Verbrechen gerecht und zweckmäßig zu behandeln, wonach sich wiederum ihre eigene Berechtigung und Tragweite bestimmt. Nicht nur der von der jeweiligen Interessenlage abhängige Notstand läßt sich allein „von Fall zu Fall“ feststellen, sondern auch die generell so streng geregelte Notwehr; die zahlreichen „ungeschriebenen“ und „übergesetzlichen“ Rechtfertigungsgründe und, was schwieriger ist, ihre Exzesse fordern zur Falljurisprudenz geradezu heraus. Das gleiche gilt für die Grenzen von Vorsatz, Fahrlässigkeit und Schuldlosigkeit. Die schwierigen Probleme um die Konsumtion, die im Sinne der hM. gar keine Form abstrakter Gesetzeskonkurrenz (wie die Spezialität) ist, weswegen man ihr Wesen gründlich verkannte, verlangen nach Fallentscheidung, ebenso das Kollektiv- und fortgesetzte Delikt sowie die Grenzen der Rechtskraftwirkung.

Die Schwierigkeit, Probleme der Versuchs- und der Teilnahmelehre in den „Grenzfällen“ zu lösen, zeigt die Unmöglichkeit genereller und abstrakter Lösungen, mit denen man bereits auf falschen methodischen Wegen schritt: die objektive wie die subjektive Theorie sind beide berechtigt, jedoch nur im Hinblick auf eine gewisse Art von Fällen, um deren Eigenart man sich hätte bekümmern sollen, statt sich um abstrakte Dogmen (Willensstrafrecht!) zu streiten. So bewährt sich die subjektive Theorie nur bei Nutzdelikten, die ihre Verfechter wohl allein im Auge haben. Hier zeigt sich eben die Wichtigkeit der kriminologischen und sozialethischen Typen. — Außerdem offenbart sich die Notwendigkeit, *den Allgemeinen Teil auf den Besonderen* zu beziehen, was wohl jene im Auge hatten, die den Besonderen dem Allgemeinen Teil vorangestellt[6]) oder in ihn eingearbeitet haben wollten

[5]) Grdlg. § 2 II; JurMethL. (bes. § 46) und JurElL. s. Reg.

[6]) Prß. Denkschr. 1933; Entw. d. StPO 1945.

— übrigens wiederum eine Betonung des Konkreten. Anderseits bedarf das Konkrete der Ergänzung und Vereinfachung durch Typen; das *Typologische* ist ebenfalls eine unentbehrliche Denkweise. Endlich zeigt sich eine meist unbeachtete Verbindung: jede konkrete Entscheidung von Fällen und Lösung von Streitfragen muß der Generalisierung fähig sein[7]), soll sie von Bestand sein. Hier sehen wir wieder die *Ganzheitstendenz der konkreten reinen Strafrechtslehre.*

4. *Analyse* aller Begriffe, auch konkreter Erscheinungen, in feinstem Maße und nachfolgende Synthese. Durch die Analyse sind die wesentlichen Merkmale herauszuheben, die nebensächlichen und zufälligen auszuscheiden; nur Wesentliches und Wertvolles („Wert-Monaden") eignet sich für ganzheitliche Gebilde[8]). So verfährt jeder exakte wissenschaftliche Forscher, jeder gewissenhafte kulturelle, d. h. Kulturwerte schaffende Mensch. Die Wissenschaft vermag nur mit gereinigten, klar erkannten Begriffen zu arbeiten und nur aus ihnen ein harmonisches System zusammenzufügen; sonst entstehen überall Widersprüche und Konflikte, wie im Leben. Erkenntnis heißt systematische Einsicht in den Zusammenhang der Elemente. Geboten ist nicht etwa eine pedantisch äußerlich systematische Darstellung, sondern eine *innere Systematik,* wie sie auch einem guten Kommentar innewohnt Das ist *reine Strafrechtslehre.* Einer derartigen Analyse zu ihrer Erkenntnis bedürfen gerade solche wichtige, umstrittene Grundbegriffe, die vermeintlich schon das Einfachste darstellen, in Wahrheit aber höchst zusammengesetzter Natur sind, wie: Wollen, Handeln, Unterlassen, Kausalität, Schuld, Vorsatz, Täter usw.

Die zahlreichen Streitfragen, an die sich ganze Theorien anschließen, lösen sich einfach so, daß man ihre Elemente nur gegeneinander abzuwägen braucht und die hierbei als wesentlich erkannten funktional in das Rechtsganze einläßt. Die Entscheidung erfolgt hierbei gemäß einer *„Übergewichtstheorie"*; sie gilt nicht nur beim Notrecht, wo sie sogar einen gesetzlichen Ausdruck fand, sondern allgemein bei der Rechtswidrigkeit und folglich bei der Kausalität (als vorherrschende Tendenz gegenüber bloßen Bedingungen), bei der Schuld (als überwiegend freier, verwerflicher Selbstbestimmung gegenüber Anlage- und Umwelteinflüssen), bei der Strafe (als überwiegender Sühne und Vergeltung gegenüber Sicherungs-, Besserungs und Abschreckungszielen) beim Vorsatz (als überwiegender Vorstellung gegenüber Willens- und Gefühlselementen), bei der Verjährung (als überwiegendem Prozeßhindernis gegenüber Strafaufhebung) usw. Verwerten läßt sich hierbei die für den kriminologischen Aufbau verwendete Theorie der Schichten- und Ringbildung: um einen Grundstock des Ziel- und Wertstrebens legen sich im Laufe des historisch-sozialen Lebens mehr und mehr Ringe (§ 12).

---

[7]) Das ist der bekannte Maßstab in Kants kategorischem Imperativ. Vgl. JurMethL. 233, 241 355, 383, 399.

[8]) Zuletzt eingehender JurMethL. 91—107, 429, 455; kürzer JurElL. 66—70, 51 53, 91, 99.

5. *Normative Methode;* Gegensatz: naturalistische[9]). Dieses früher viel behandelte Thema wird noch immer oft mißverstanden. Die Kriminologie als Tatsachenforschung untersteht nicht etwa nur der naturalistischen, d. h. naturwissenschaftlichen, sondern auch der soziologischen Methode; auch sie ist auf Werte, auf Normen bezogen, indem sie solche Objekte erklärt und deutet, die hernach vom Strafrecht an Normen gemessen werden. Der Fehler ist, dem Strafrecht Objekte zu geben, die von den Naturwissenschaften bearbeitet werden, etwa das Wollen, Handeln und Verursachen im naturwissenschaftlichen (logischen) Sinne. Nur bei normaler (normbezogener) Methode lassen sich strafrechtliche Probleme meistern wie die Unterlassung, die Fahrlässigkeit, das fortgesetzte Delikt, der untaugliche Versuch, die mittelbare Täterschaft. Die naturalistische Denkweise, wie sie noch unter v. Liszt vorherrschte, steht diesen Fragen hilflos gegenüber und wird zu Konstruktionen gedrängt, die trotz des „Naturalismus" durchaus unnatürlich sind. Die juristische Kausalität (wenn man das Wort beibehalten will), ist zu verstehen nur soziologisch (teleologisch, „ätiologisch" im kriminologischen Sinne), d. i. zugleich juristisch und sozialethisch im Sinne der Adäquanztheorie, ebenso wie die Willensfreiheit nur im ethischen Sinne. Jeder Einbruch naturwissenschaftlicher Denkweisen trübt die *methodische Reinheit,* führt zu schweren methodischen Verwirrungen und stellt die rechtliche und sozialethische Würdigung vor unmögliche Aufgaben.

6. *Regulative Methode:* Gegensatz: logische Subsumtion[10]). Dem Strafrecht liegt es nicht ob, Tatsachen unter Rechtssätze, Fälle unter Normen logisch fehlerfrei („revisionssicher") zu subsumieren, vielmehr Lebensinteressen mittels der Normen der Rechtssätze gemäß der Gerechtigkeit und dem Gemeinwohl zu ordnen. Die oberste Richtschnur für den Richter ist nicht ein positives Gesetz, sondern die *reine, regulative Rechtsidee.* Die Sozialethik stellt oberste Tugendziele, die auch für das Strafrecht verbindlich sind (§ 11). Auch die Institute Begnadigung und Verjährung sollte man sozialethisch begreifen und behandeln.

Weitere methodische Besonderheiten als Folgen obiger Grundauffassung werden sich im Laufe der Darstellung wiederholt zeigen.

§ 3. Aufgaben, Richtungen und Literatur

I. Die moderne, kritisch und systematisch gerichtete Strafrechtswissenschaft beginnt mit Anselm v. Feuerbach.

Von Kants kritischer Philosophie als reiner Wissenschaft durchdrungen, war er in einer Person Forscher, Gesetzgeber und Richter. In seinem Lehrbuch (1801) schuf er eine durch begriffliche Klarheit und Ordnung ausgezeichnete Systematik; das von ihm verfaßte Bayrische StGB. (1813) wurde vorbildlich durch begriffliche Schärfe, präzise Fassung, systematischen Auf-

---

[9]) Grdlg. § 2 I, S. 35, 207, 450, 492, 515, 556, 624, 660.

[10]) JurMethL. § 9, bes. § 41 gegenüber § 40.

bau, durch die Ausdehnung der Vergeltungsstrafe auf kriminalpolitische, vom Sicherungs- und Abschreckungsgedanken getragene Aufgaben und durch die Erweiterung des richterlichen Ermessens bei Wahrung bestimmter, nach der Schwere abgestufter Strafrahmen; endlich wirkte er durch Sammlung lehrreicher strafrechtlicher Fälle aus der Praxis auch bereits in modern-kriminologischer Weise.

Über die *Aufgaben und Ziele des Strafrechts* begann man schärfer als bisher nachzudenken, was alsbald zu einem *Streit der Strafrechtstheorien*"[11]) führte, der noch in der folgenden Periode weiterwirkte und bis auf den heutigen Tag hervortritt. Die geschichtliche Entwicklung und Gruppierung wurde im ganzen, mit einigen Verschiebungen, für die späteren Schulen und jetzt noch bestehenden Richtungen maßgebend.

1. Die sogenannten absoluten Theorien, besser genannt Theorien der *Gerechtigkeitsstrafe,* fußen auf der Philosophie des deutschen Idealismus, besonders Kants und Hegels: die Strafe findet ihren Grund allein in dem Anknüpfen an das Verbrechen; nach dessen Schwere richtet sich ihre eigene Höhe, womit sich die Rechtsordnung und die Gerechtigkeit bewähren. Wie die gute Tat Lob und Anerkennung verdienen, so erfordert die böse Tat Mißbilligung und Vergeltung. In späterer feinerer Ausgestaltung knüpft die *Vergeltung* mehr an die objektive, sozialschädliche Seite des Verbrechens, die unrechtmäßige Tat an, dagegen die *Sühne* mehr an die subjektiven, sozialethisch verwerflichen Elemente des Verbrechens, den schuldhaften Willen des Täters. Diese Auffassung liegt fast allen neuzeitlichen Gesetzen und Entwürfen sowie mit einigen Abwandlungen der überwiegenden Praxis der Gerichte zugrunde. Gegen sie ist nur ein Bedenken, allerdings ein sehr gewichtiges, zu erheben. Wie die Erfahrung lehrt und die Statistik belegt, hat die Kriminalität trotz beständiger Vermehrung und Verbesserung der Strafgesetze in bedrohlicher Weise zugenommen, und zwar besonders die Schwerkriminalität, in neuerer Zeit auffallend die chronische Kriminalität, d. h. die Rückfälligen, die Gewerbs- und Gewohnheitsmäßigen. Die nackten Tatsachen legen die Frage vor, ob die Strafe ihren Beruf erfüllt hat, ob ihr Beruf nicht ein anderer hätte sein sollen, als bloße Gerechtigkeit.

2. Die sogenannten relativen Theorien, besser genannt *Zweck-, Schutz-* oder *Präventivtheorien,* fragen nicht wie jene zu 1 nach der Vergangenheit, sondern nach der Zukunft. Nicht: punitur, quia peccatum est, sondern: punitur, ne peccetur.

a) *Generalprävention:* Abschreckung aller Rechtsgenossen durch die Strafdrohung oder auch durch die einzelne Bestrafung. Diese Ansicht wird seit Feuerbach viel vertreten, besonders in politisch oder sozial gefährdeten Zeiten; so wurde sie in Deutschland seit 1933 häufig angewendet. Gegen sie spricht, daß sie vom Gesetzgeber und vom Richter sehr hohe Strafen fordert, die das Maß der Schuld oft weit überschreiten, daß die Strafdrohung aber selbst dann gegen Schwerverbrecher unwirksam bleibt, je mehr

---

[11]) Außer den Lehr- und Handbüchern Grdlg. §§ 4—9.

sie ihrer Nichtentdeckung gewiß sind. Der sozialethische Mangel dieser Theorien ist, daß jemand ungerecht durch hohe Strafe leidet, nur damit diese auf andere wirkt.

b) *Spezialprävention:* Verhütung von Verbrechen durch Einwirkung auf den Täter selbst. Auf dieser Auffassung beruht die moderne Kriminalpolitik. Sie bewährt sich höchstens beim Strafvollzug, besonders bei Freiheitsstrafen. Hierin besteht ihre Begrenzung, mithin ihre Einseitigkeit und ihr Mangel. Sie bietet dem Richter bei der Strafbemessung keinen Anhalt für das Maß der Strafe oder verleitet ihn zu nicht passenden Maßstäben.

aa) *Besserung*, d. i. Verhütung des Rückfalls, möglichst *Erziehung* oder wenigstens Rückgewinnung für die staatliche Gemeinschaft (sog. Resozialisierung). Diese „humanen" Mittel werden im angloamerikanischen Strafvollzug viel angewendet; in Deutschland während der liberal-demokratischen Periode 1919—33 bevorzugt, in der nationalsozialistischen Zeit als „Knochenerweichung des Strafrechts" verspottet und als Grund für die Zunahme der Kriminalität angesehen. Wo Erziehung zu Moral und Staatsgesinnung möglich ist, sollte jede Gelegenheit dazu benutzt werden, und zwar ganz besonders beim Vollzug längerer Freiheitsstrafen. Namentlich bei Jugendlichen und jüngeren Personen (etwa bis zum 25. Jahr) ist Erziehung am Platze. Jedoch. Erziehung und überhaupt Besserung sind oft nicht möglich (so bei chronischer Kriminalität), oft nicht nötig (so bei einmaligen Delikten). Vor allem ist „Erziehungsstrafe" ein Widerspruch in sich; denn Erziehung ist Segen und Wohltat, Strafe ist Leid und Übel.

bb) *Sicherung* der staatlichen Gemeinschaft, Schutz (i. e. S.) und Verhütung, vor allem *Unschädlichmachung* den Unverbesserlichen. Dieser Gesichtspunkt gilt subsidiär gegenüber dem obigen zu a: wo Erziehung versagt, tritt Sicherung ein, und sie bewährt sich als erstes und dringendstes kriminalpolitisches Bekämpfungsmittel (v. Liszt), wird daher bei allen Reformarbeiten als Leitziel angesehen. Aber auch die „Sicherungsstrafe" ist nicht die eigentliche Strafe. Bei rein akuter Kriminalität, einmaligen Taten, Fahrlässigkeitsdelikten bedarf es keiner Sicherung, und der chronische Schwerverbrecher käme aus der Anstalt überhaupt nicht mehr heraus, ein anderer müßte vorzeitig entlassen werden, wenn eine Wiederholungsgefahr wegen veränderter Umwelt oder wegen körperlicher Untauglichkeit entfällt.

c) Abseits steht die *Genugtuung;* sie ist entweder eine private Befriedigung, also keine öffentliche Strafe, oder eine Genugtuung für die Gemeinschaft und läuft alsdann auf Sühne und Vergeltung hinaus.

II. Ein *Schulenstreit*, heftig und nicht immer in wissenschaftlich würdiger Weise geführt, begann mit der Ausbildung der Kriminalpolitik, insbesondere durch Franz v. Liszt, und mit der hiermit zusammenhängenden Einbeziehung der sogenannten Hilfswissenschaften, der Kriminologie.

1. Die Klassik vertritt die Vergeltungs- und Sühnetheorie entweder allein oder in Verbindung mit der Abschreckungstheorie. So die höchstrichterliche Rechtsprechung bis etwa 1933. Haupt der Leipziger Schule: Karl Binding (Werk: Die Normen und ihre Übertretung 1872—1920), auch Wach und Rich. Schmidt. Anhänger: Oetker, Finger, Nagler (Hauptverf. d. Leipz. Komm. 6. A. 1944), Beling

nahestehend Allfeld. In Berlin Kahl und Kohler. In München Birkmeyer. Später wurde nur zur Ergänzung der Sicherungszweck, zuletzt und unter starker Zurückhaltung der Besserungszweck einbezogen.

2. Die sog. moderne Schule („Einst-Moderne") vertritt vor allem die Spezialprävention, in erster Linie die Sicherungsstrafe, zieht später auch die Generalprävention hinzu. Begründer: v. Liszt; Anhänger und Nachfolger: Kohlrausch, M. E. Mayer, Radbruch, Graf zu Dohna, Exner, Eberh. Schmidt. Organ: Internationale Kriminalistische Vereinigung, mit dem Programm: Zielbewußte Bekämpfung des Verbrechertums, insbesondere Unschädlichmachung der Unverbesserlichen, im übrigen Erziehung. Insofern sprach man auch von „soziologischer Schule" (mißverständlich und ohne eigene Klarheit, vgl. sofort zu III 2). Da sich die erfolgreiche Behandlung aber erst im Strafvollzug herausstellt, wurde das unbestimmte Strafurteil gefordert (vgl. unten § 32 a. E.). Im Lauf des Streites wurde formuliert: Nicht die Tat, sondern der Täter ist zu bestrafen. — Gegengründung durch die Klassik unter Oetker war die Deutsche Strafrechtliche Gesellschaft, die auf die späteren Entwürfe (seit 1927) Einfluß gewann, sonst aber weniger hervortrat.

3. Eine mittlere Schule suchte die Extreme der beiden anderen zu vermeiden und ihre berechtigten Ziele zu vereinigen. Vertreter: R. v. Frank (Kommentar), v. Hippel (Strafrecht 1926/30), nahestehend wohl auch Mezger (Strafrecht) 1933). Hierzu bekannten sich auch des Verfassers Grundlagen des Strafrechts (1921).

III. Die sogenannten *Hilfswissenschaften* liefen zuerst lange Zeit unabhängig neben der Dogmatik her und drangen erst durch die Moderne (oben **II** 2) ein, hiermit die „gesamte Strafrechtswissenschaft" begründend.

1. Die naturwissenschaftliche Kriminalbiologie, -psychologie, -psychiatrie und Konstitutionslehre. Begründer: C. Lombroso. Gepflegt werden diese Richtungen vorzugsweise von Medizinern, E. Kretschmer, v. Neureiter, Joh. Lange, Gruhle, Többen u. a.

2. Die Kriminalsoziologie (in dem weiteren Sinne des gleichnamigen Werkes des Verfassers von 1933) sucht die für die Kriminalität erheblichen Tatsachen soziologisch zu erforschen und unmittelbar für die juristische Würdigung bereitzustellen. — In einem engeren Sinne verstanden, vermittelt die Kriminalsoziologie im Gegensatz zu den natürlichen Erscheinungen (oben zu 1) nur die sozialen, insbesondere die wirtschaftlichen Tatsachen; die Soziologie wird dann also im Sinne der materialistischen Geschichtsauffassung verstanden[12]). So die ersten Anregungen von Enrico Ferri und v. Liszt (Aufsätze 1905). Exners Kriminalbiologie 1939 ist keine naturwissenschaftliche, sondern eine soziologische Kriminologie unter Beschränkung auf die ätiologische Fragestellung, aber mit dankenswerter selbständiger Tatsachenforschung. — Ein Haupterkenntnismittel der Kriminalität ist die Kriminalstatistik (Amtliche Ausgabe des Reichsjustizministeriums und des Statistischen Amtes seit 1882). Hierzu das umfassende Werk: G. v. Mayr Moralstatistik 1917. Eine der ersten und anregendsten soziologischen Untersuchungen für das Reich auf statistischer Grundlage bietet das noch jetzt aufschlußreiche Werk eines Psychiaters: G. Aschaffenburg Das Verbrechen und seine Bekämpfung 1923.

3. Die „Kriminologie"[13]) stellt eine Verbindung der beiden obigen Zweige zu 1 und 2 dar, erforscht also die Kriminalität mit naturwissenschaftlichen sowie vor allem mit soziologisch-statistischen Mitteln nach rein tatsächlicher Richtung. Organ: Kriminalbiologische[14]) Gesellschaft, bestehend aus Juristen und Medizinern.

[12]) So versteht Mezger (Kriminalpolitik 1934) die Soziologie, behandelt auch meine Kriminalsoziologie 1933 in diesem Sinne durchaus irreführend. Mezgers Buch ist überhaupt keine Kriminalpolitik, hat also einen irreführenden Titel, ist auch keine selbständige Tatsachenforschung, sondern nichts weiter als eine (verdienstvolle) Dogmengeschichte kriminologischer Strömungen.

[13]) Über das Verhältnis von Strafrecht und Kriminologie näher Sauer Dt. Strafr. 1939 H. 7.

[14]) Die aus der Zeit des Nationalsozialismus herrührenden Namen sind oft irreführend, weil dieser aus Prestigegründen die Biologie wegen seiner Rasselehre bevor-

IV. Die *Zeit der großen Reformen* und Entwürfe brachte eine Abschwächung des Streites der Richtungen wenigstens auf dem Gebiet der Gesetze; dagegen treten in der Rechtsprechung, bei der Strafbemessung und beim Strafvollzug, wie in der Wissenschaft die gegensätzlichen Auffassungen über die Methoden bei den verschiedensten und wichtigsten Anlässen immer erneut hervor oder wirken latent bis auf den heutigen Tag. Die Gegensätze beruhen letzthin darauf, daß man zwischen den drei vermeintlich obersten Prinzipien des Rechts, Gerechtigkeit, Zweckmäßigkeit (Gemeinwohl, Staatsnützlichkeit) und formalem Recht (Rechtssicherheit), keinen Ausgleich sah.

Die Entwürfe und Novellen entschieden sich meist für das dualistische Prinzip, die sog. Zweispurigkeit: sie stellten nach dem Vorgang des Schweizer Vorentwurfs v. 1893 (C. Stooß) und schon des Prss. ALR. II 20 § 5 v. 1794 (E. F. Klein) Strafen und Sicherungsmaßregeln nebeneinander, so auch das GewohnheitsverbrecherG v. 1933 in StGB. §§ 42a ff. Hieraus folgt aber nur, daß die Strafe in erster Linie nicht Sicherung, sondern Vergeltung ist, jedoch kann sie sehr wohl außerdem Sicherungs- und Besserungsaufgaben übernehmen (so nach den neueren Vollzugsgesetzen), zumal da die wenigen gesetzlichen Maßregeln keineswegs jene Aufgaben erschöpfen. Es kommt also immer darauf an, wie weit Sicherung und Besserung neben Vergeltung und Sühne beachtliche und berechtigte Ziele sind; auf die Namen ist kein Gewicht zu legen. Alle diese Fragen können nur gesamtsystematisch erledigt werden. Vgl. unten §§ 31/6.

V. **Literatur.**

1. Kommentare: Olshausen (Oberreichsanwalt), das Standardwerk der Rechtsprechung: 12. völlig neue Aufl. von Reichsgerichtsrat Niethammer (Allg. Teil), Freiesleben, Hörchner und Kirchner 1942. — Ebermayer (Oberreichsanwalt), Lobe (Senatspräsident), Rosenberg (Reichsgerichtsrat), „Leipziger Kommentar“, Verarbeitung des reichen Materials der Rspr. und Forschung. 4. A. 1929, 5. A. 1933/4 (nur Allg. Teil, von Lobe); 6. A. (nur 1. Lief. bis § 152) 1944 völlig neu, von Nagler (Prof. in Breslau, Binding-Schüler) fast der gesamte Allg. Teil, Verarbeitung eines großen Materials aus Praxis und Theorie, zeigt nationalsozialistischen Einfluß. — Reinhard v. Frank (Prof. in München), 18. A. 1931, altbewährter, die gesamte Literatur verarbeitender, wissenschaftlicher Lehrkommentar; Nachtrag 1936 von E. Schäfer und v. Dohnanyi. — Adolf Schönke (Prof. in Freiburg), 2. A. 1944, kürzerer wissenschaftlicher Lehrkommentar, 3. A. 1947, in diesem Buch noch nicht berücksichtigt. — E. Kohlrausch (Prof. in Berlin) und Lange (Prof. in Jena) 38. A. 1944, kurzgefaßter Kommentar, vor allem Rspr. d. RG. — Schwarz (RGRat), 12. A. 1944, Kurzkommentar, ausschließlich Rspr.

2. Lehr- und Handbücher: Franz v. Liszt (Prof. in Berlin), Neuaufl. v. Eberh. Schmidt (Prof. in Göttingen) 25. A. 1927, 6. A. 1932 (nur Allg. Teil), ausgezeichnetes Lehrmittel als Repräsentant der modernen Schule. — H. Meyer (Prof. in Tübingen), 8. A. 1922 von Ph. Allfeld, 9. A. 1934 (nur Allg. Teil), gediegenes Lehrmittel auf klassischer Grundlage. — Aug. Finger (Prof. in Halle) Lehrb. I (nur Allg. Teil) 1904 auf Grund der Bindingschen Lehren. — Max Ernst Mayer Allg. Teil (Prof. in Frankfurt) 1914, tiefgründig, neuartig und anregend. — Aug. Köhler (Prof. in Erlangen), Allg. Teil 1917, einfach und anschaulich. — Rob. v. Hippel (Prof. in Göttingen) Deutsches Strafrecht I 1925, II 1930 (Allg. Teil ohne Strafe), Lehrb. 1932, kenntnisreich, geschichtlich ergiebig. — Edm. Mezger (Prof. in München), Strafrecht, ein Lehrbuch 2. A. 1933 (nur Allg. Teil), kritische Verarbeitung der Lit. — Karl Binding, Lehrbuch des gemeinen deutschen Strafrechts, Besonderer Teil I 2. A. 1902, II 1, 2. A. 1904, II 2 1905 (die

---

zugte, die Soziologie ablehnte, weil er die Gesellschaft durch Volk und Rasse ersetzte. So erklärt sich zum Teil die nicht nur sprachliche, sondern auch sachliche Verwirrung; zum andern Teil beruht sie auf methodischer Unklarheit, wie ja viele Schriftsteller als das tatsächliche, deskriptive Gegenstück zur normativen Rechtslehre nur die Naturwissenschaft (Biologie, nicht die Soziologie) kennen.

einzige große Dogmatik des Bes. Teils). — Hafter Lehrb. des schweizerischen Strafrechts I 2. A. 1946, II 1937, III 1943. — Rittler Lehrb. des österreichischen Strafrechts I 1933, II 1938.

Aus älterer Zeit und noch aufschlußreich: v. Holtzendorff Handbuch d. Deutschen Strafrechts I — IV 1871/7. — Hälschner Gemeines deutsches Strafrecht 1881/7. — Binding Handb. d. Deutschen Strafrechts I 1885 (unvollendet). — Ad. Merkel Lehrb. 1889.

Kürzere Darstellungen, Grundrisse usw.: Binding Allg. Teil 8. A. 1913. — Beling (Prof. in München) Grundzüge 11. A. 1930 (scharfsinnig und anregend). — Gerland (Prof. in Jena) Deutsches Reichsstrafrecht 2. A. 1932. — Rich. Schmidt (Prof. in Leipzig) Grundriß, 2. A. 1931. — Finger 1932 in: R. Stammler Das gesamte Deutsche Recht in systematischer Darstellung. — Jos. Kohler (Prof. in Berlin) Leitfaden 1912. — Wachenfeld (Prof. in Rostock) Lehrb. 1914. — Siegert (Prof. in Göttingen) Grundzüge 1934. — H. Welzel (Prof. in Göttingen), Der Allg. Teil 3. A. 1944. — Graf zu Dohna (Prof. in Bonn) Der Aufbau der Verbrechenslehre 2. A 1941. — Mezger Grundriß 3. A. 1944. — v. Calker (Prof. in München) Grundriß 4. A. 1933.

3. Größere allgemeine Werke: Binding Die Normen und ihre Übertretung I 3. A. 1916, II 2. A. 1914/6, III 1918, IV 1919. — Beling Die Lehre vom Verbrechen 1906. — v. Bar Gesetz und Schuld 1906/9. — W. Sauer Grundlagen des Strafrechts 1921; Kriminalsoziologie 1933; demnächst Kriminologie. — Mezger Kriminalpolitik 1934 (1943). — Exner Kriminalbiologie 1939 (1944).

4. Zeitschriften: Gerichtssaal (seit 1849). — Archiv für Strafrecht (seit 1933: Deutsches Strafrecht). — Zeitschrift für die gesamte Strafrechtswissenschaft (gegründet von v. Liszt und Dochow). — Monatsschrift für Kriminalpsychologie (seit 1933: Kriminalbiologie) und Strafrechtsreform (gegründet von G. Aschaffenburg und v. Liszt). — Bedeutsames Organ: Association Internationale de droit pénal, deren Aufgabe es ist, „eine aktive Zusammenarbeit zwischen denjenigen herzustellen, die sich in den verschiedenen Ländern dem Studium, der Anwendung und dem Fortschritt des Strafrechts widmen". Bisher 5 Kongresse: 1926 Brüssel, 1929 Bukarest, 1933 Palermo, 1937 Paris, 1947 Genf (ein Thema: Friedenssicherung für einen Staat durch die interne Gesetzgebung eines anderen).

§ 4. Strafgesetze, Geschichte und Entwürfe

I. Epoche bis zum Beginn der Neuzeit[13]).

1. Das ältere antike wie germanische Strafrecht war Gewohnheitsrecht. Später wurden jene Tatbestände ausgebildet, die noch jetzt kriminologisch als primitive Delikte gelten: Diebstahl, Raub, Gewalt- und Roheitsdelikte, wie Tötung, Körperverletzung, Sachbeschädigung, auch Brandstiftung und Nötigung, dazu Ehebruch und Unzuchtdelikte; erst spät Betrug, Verrats- und Fälschungsdelikte. Die Strafe trug zuerst privaten Genugtuungscharakter und wurde erst später zur staatlichen Vergeltung von Unrecht (Talion). Es galt Erfolgsstrafrecht mit früher festbestimmten Strafen ohne richterliche Schuldabwägung.

2. Kodifikationen des römischen Rechts erfolgten zB. in der Lex Cornelia und Lex Julia, später in den Digesten (47/8), des deutschen Rechts in den Volksrechten, zuerst in der Lex Salica (508/11), seit dem 6. Jahrhundert in der fränkischen Zeit auch in den Kapitularien des Königsrechts. Die fortwährenden Kämpfe und Spannungen in der deutschen Kaiserzeit brachten eine Gefährdung der Rechts-

---

[13]) Ausgezeichnet durch Materialreichtum Mommsen Röm Strafr 1899 und R. His Das Strafr d deutschen Mittelalters 1920, 1935. Ergiebig noch immer v. Bar Handb. 1882 sodann v. Hippel I 1925. Würtenberger Die deutsche Strafrechtsgeschichte im 19. Jahrhundert, GerS. 116, 261/80. Eberhard Schmidt Einführung in die Geschichte der deutschen Strafrechtspflege 1947.

sicherheit und eine Verschlechterung des Strafrechts; dem Raubritter- und Fehdewesen traten später Landfriedensordnungen entgegen. Der zunehmenden Verrohung entsprachen brutale Strafen (Todes- und Leibesstrafen). Seit dem 13. Jahrhundert waren eine Folge des Aufblühens der Städte die eigentlichen städtischen Delikte; mit dem Erstarken der Territorialmächte kräftigte sich aber die Ordnung in der öffentlichen Strafrechtspflege. So entstanden bald neue Kodifikationen: der Sachsenspiegel (zwischen 1215 und 30 verfaßt von Eike v. Repkow) und der weniger bedeutende Schwabenspiegel (1274/75), zahlreiche Stadt- und Landrechte. Die Fortbildung des Strafrechts selbst war jedoch nur unbedeutend.

3. Die Geschichte bringt immer nur im weitesten Ausmaß gesehen einen kulturellen Aufstieg; im einzelnen verläuft sie in Wellenlinien. Die Strafrechtsgeschichte zeigt, daß Verfallserscheinungen bemerkbar sind, sobald Recht und Staat sich von Moral und Volk trennen. Solche Verfallszeiten haben stets einen Anstieg der Kriminalität zur Folge — trotz einer Mehrung der Strafgesetze. Die sog. stummen Jahrhunderte können sich mit Gewohnheitsrecht begnügen, sie sind rechtsgeschichtlich wenig ergiebig und kriminologisch günstig. Von hier aus gesehen, erscheinen als Aufstieg die germanische Zeit (bis um 500) mit der Verherrlichung von Treue und Wahrhaftigkeit, von Freiheit und Ehre; als Niedergang die fränkische Zeit (bis um 900) mit der Zunahme der infidelitas; als Blüte die deutsche Kaiserzeit (bis zum Stauferende (um 1250) mit der Verherrlichung des Rittertums; als Verfallszeit trotz hoher Abschreckungsstrafen die Auflösung des Mittelalters (bis 1500). Die Neuzeit bringt zunächst wieder einen Aufstieg, seit dem 30jährigen Krieg einen Verfall, später wieder in rascherer Abfolge Aufstieg und Niedergang[15a]). Überall ist ein krimineller Höchststand bedingt vor allem durch die Ungunst der politischen, wirtschaftlichen, sozialen, kulturellen Verhältnisse, während die Menschen sich offenbar weniger wandeln.

II. Die Neuzeit von der Carolina bis zum neuen Reichsrecht. Der bedeutende Aufschwung in der Geschichte des Strafrechts ist natürlich nicht allein durch die Schaffung eines bedeutenden Gesetzes bedingt, er hängt vielmehr zusammen mit dem Wandel der Kultur überhaupt, weswegen man auf allen Gebieten eben den Anbruch einer neuen Zeit beobachtet: mit den großen Entdeckungen stärkere Intensivierung des Verkehrs und Berührung mit fremden Menschen, mit der Reformation Vertiefung und Verinnerlichung des Lebens, mit der Renaissance Einzug humanistischer Ideen, mit der (schon unter Friedrich Barbarossa einsetzenden) Rezeption des römischen Privatrechts auch Übernahme allgemeiner Grundsätze der oberitalienischen Rechtswissenschaft, insbesondere der Glossatoren und Postglossatoren (am bedeutendsten Bartolus 1314—57), sowie die Bekanntschaft mit Anschauungen des Kanonischen Rechts und der kirchlichen Morallehre. Hier liegt auch die Geburtsstunde des Allgemeinen Teils des Strafrechts sowie der Übergang vom Erfolgs- zum Schuldstrafrecht, von der Vergeltungs- zur Sühnestrafe. Die Schöpfer der folgenden Strafgesetze standen allerdings nicht so unmittelbar und nicht so bewußt unter diesen Einflüssen wie später Feuerbach unter dem Einfluß des deutschen Idealismus; die Brücke bildete die Berührung mit anderen Menschen, das Studium junger Deutscher in Oberitalien, die Ausbreitung einer populären Literatur.

1. So entstanden die deutschen Partikulargesetze, an deren Spitze die Bamberger Halsgerichtsordnung von 1507 ragte, eine Schöpfung des vielseitig begabten, zwar nicht juristisch gebildeten, aber praktisch aufgeschlossenen Johann Freiherrn von Schwarzenberg. Sie wurde das Vorbild der Peinlichen Gerichtsordnung Karls V. (Constitutio Criminalis Carolina) von 1532, das erste und bis 1871 das einzige deutsche RStGB. von allerdings meist nur subsidiärer Geltung (jedoch Art. 218), eines der bedeutendsten deutschen Gesetze, das dank seiner gesunden Kraft zur Grundlage des gemeinen Strafrechts bis zum 19. Jahrhundert wurde. Bestimmt für rechtsunkundige Schöffen, enthält es in der Hauptsache Strafprozeß; es schildert den Gang eines Verfahrens und flicht bei der Darstellung des Urteils materielles Strafrecht ein. Das Schuldprinzip findet erstmalig An-

---

[15a]) Dieses für die Strafrechtsgeschichte hochwichtige Thema ist hier nur anzudeuten. Vgl. die historischen Ausführungen in § 6 meiner Schrift Völkerrecht und Weltfrieden 1948.

erkennung; strafbar ist nur die vorsätzliche und die fahrlässige Tat; der Versuch wird geregelt, auch die Teilnahme berührt. Übernommen werden im wesentlichen die bisher ausgebildeten Tatbestände. Der Richter ist grundsätzlich an das Gesetz gebunden; aber Analogie wird in engerer Begrenzung zugelassen. Die Strafen sind im ganzen noch recht streng, der Abschreckungszweck ist offenbar nicht ohne Einfluß. Gegen die zunehmende Verwilderung des sozialen Lebens wirkten mehrere Reichspolizeiordnungen (1530, 1548, 1577).

2. Im folgenden gemeinen Recht drang eine freiere Stellung des Richters gegenüber dem Gesetz durch, allerdings mit Folgen der Entartung in Willkür; es fehlte noch die Reife, die erst die späteren Einflüsse der deutschen Philosophie bringen sollten. Die Strafen der Carolina wurden gemildert; allmählich trat die Freiheitsstrafe in den Mittelpunkt. Vorbildlich wurde das Zuchthaus in Amsterdam (1595); die Einflüsse Englands und Amerikas folgten erst später (vgl. unten § 35 I zu 2). So gewannen die erst in unseren Tagen in ihrer vollen Bedeutung erkannten beiden Tätigkeiten, das Ermessen und der Vollzug, bereits erhöhte Beachtung. Es begann die Entwicklung der deutschen Strafrechtswissenschaft, in der im 17. Jahrhundert nach der praktischen Seite der sächsische Jurist Benedikt Carpzow (1596—1666), im 18. Jahrhundert in systematischen allgemeinen Lehren der Naturrechtler J. S. F. Böhmer in Halle (1704—72, bedeutendes Lehrb. 1732) von maßgebendem Einfluß waren. Den Grund für die moderne Wissenschaft zu legen, war erst dem Kant-Schüler Feuerbach vorbehalten (1775—1833, Prof. in Jena, Kiel und Landshut, tätig im Justizministerium München und als Gerichtspräsident in Bamberg und Ansbach, Verf. d. Bay. StGB. v. 1813), vgl. oben § 3, zugleich für die weitere Entwicklung der allgemeinen Lehren. Bedeutende Nachfolger: Kleinschrod, v. Grolmann, v. Wächter, Mittermaier (Erweiterung der Dogmatik zu Rechtsvergleichung und Hilfswissenschaften); Hegelianer: Köstlin, Berner, Ad. Merkel.

3. Nunmehr war auch der Boden für ein reiches Aufblühen von Partikulargesetzen geebnet. In der Aufklärungsperiode mußte das Bedürfnis erwachsen, den Richter strenger an das Gesetz zu binden und ihn doch wieder innerhalb engerer Rahmen freier zu stellen (Montesquieu), die Strafen weiterhin humaner zu gestalten, die Todes- und Leibesstrafen einzuschränken oder abzuschaffen (Beccaria), die Freiheitsstrafen weiter auszubauen, die allgemeinen Lehren zu verfeinern und im rationalistischen Naturrecht zu verankern. Zu den bedeutendsten Kodifikationen gehörten das österreichische StGB. Josefs II. v. 1787 (Josefina) sowie v. 1803, aus dem das noch geltende StGB. v. 1852 hervorging; ferner das preußische ALR. v. 1794[10]), das bayrische StGB. v. 1813 und vor allem das preußische StGB. v. 1851, das unter dem Einfluß des Code pénal Napoleons v. 1810 stand und zur Grundlage des StGB. für den norddeutschen Bund v. 1867 wurde. Und dieses erweiterte sich zum RStGB. v. 15. 5. 1871, das seine Lebenskraft bis heute bewiesen hat.

4. Zu den wichtigsten Ergänzungen des RStGB. v. 1871 gehören: Wuchergesetze 1880 und 1893; Lex Heinze 1900 (Zuhälter-§); Nov. v. 19. 6. 1912 (zahlr. Tatbestände u. Strafen geändert); GeldstrafenG. 1921/4 (mit Einschränkung kurzer Freiheitsstrafen); RepublikschutzG. v. 1922; JugendgerichtsG 1923, später RJGG. 1943; UntreueG. v. 1933 (§ 266 u. a.); GewohnheitsverbrecherG. 1933 (§§ 20a, 42a—n); TierschutzG. v. 1933; HeimtückeG. v. 20. 12. 34; AnalogieG. 1935 (§ 2); G. betr. Wirtschaftssabotage v. 1. 12. 36; AutofallenG. v. 22. 6. 38; VO. gegen Volksschädlinge v. 5. 9. 39; Gewaltverbrecher-VO. v. 5. 12. 39; StrafrechtsangleichungsVO. v. 29. 5. 43 (§§ 43, 47 ff.).

5. Durch die Mil. Reg. (KontrollratsG. v. 30. 1. 1946 Art. 1) wurden die spezifisch (!) nationalsozialistischen Gesetze abgeschafft, die Anwendung und Auslegung nach nationalsoz. Grundsätzen sowie die Befolgung nationalsoz. Lehren und Ziele in Entscheidungen und Aufsätzen verboten. Aufgehoben sind insbes. das Analogie- und das HeimtückeG. Keine grausamen und übermäßig hohen Strafen dürfen verhängt werden; die Todesstrafe ist abgeschafft für alle Verbrechen, die nicht schon vor dem 30. 1. 1933 mit Todesstrafe bedroht waren, sofern nicht die Mil.-Reg. der Verhängung zugestimmt hat. Vgl. im einzelnen die neuen Textausgaben.

[10]) Strafrecht enthält Teil II 20 in 1577 Paragraphen!

III. **R e f o r m** seit 1902: Vorarbeit: Vergleichende Darstellung des deutschen und ausländischen Strafrechts 1902 ff.; VorE. 1909 (Staatssekr Lucas im Sinne der Klassik), GegenE. 1910 (Kahl, v. Liszt, v. Lilienthal. Goldschmidt, z. T. gemäß den Forderungen der Moderne); KE. 1913 (amtl. Kommission mit bedeutender Mitwirkung von R. Frank und v. Hippel); KE. 1919 (Anpassung an die neuen politischen Verhältnisse); E. 22 (Radbruch, nicht veröffentlicht); E. 25 (Bumke, bedeutend), hieraus Reichstagsvorlage E. 27 (stärkere Beschränkung der Ermessensfreiheit; E. 30 (Änderung in Reichstagsausschüssen, interparlamentarische Kommission mit Österreich). — Prß. Denkschrift 33 (Kerrl. Freisler nationalsozialistisch); E. 35/6 (Gürtner, nicht veröffentlicht: hierüber Bericht von Gürtner Das kommende deutsche Strafrecht, i. g. besonnen, abgesehen von den Arbeiten Freislers und Dahms): hierauf ausgearbeitet: KabinettsE. 38, ebenfalls nicht veröffentlicht, Bericht von E. Schäfer Dt. J 38 H. 1. Nationalsozialistische Leitsätze I 35, II 37 (H. Frank, nicht amtlich, verstiegen).

IV. Zu den wichtigsten neuesten ausländischen Gesetzen[17]) gehören außer dem Code pénal 1810: Schweiz 1937 (Reclam), Italien 1930[18]), Dänemark 1930, Polen 1932[18]), Rumänien 1936[18]); ferner: Rußland 1926[18]) (knüpft Strafen an Sozialschädlichkeit an), Jugoslawien 1929, Türkei 1926[18]) China 1935[18]), Japan 1907[18]). Seiner Zeit gerühmt wurde Norwegen 1902[18]) (durch Lisztsche Gedanken beeinflußt). Das englisch-nordamerikanische Strafrecht beruht wesentlich auf Gewohnheitsrecht (common law). Eigene Strafgesetzbücher besitzen Canada (1927) und z. T. Australien.

§ 5. Internationales Recht und Geltungsgebiet.

I. ‚Internationales Recht bedeutet zunächst die Geltung gleicher Rechtsnormen in mehreren Staaten; es ist gleichbedeutend mit Völkerrecht oder zwischenstaatlichem Recht (Staatenrecht). Ein solches Recht gibt es für Strafgesetze in formellem Sinne nicht. Aber tatsächlich besteht weitgehende Übereinstimmung der Normen und ihrer Anwendung, so daß an dem materiellen Bestand von *internationalem Strafrecht* nicht zu zweifeln ist Auch ein internationales Gewohnheitsrecht gibt es, das sich in der gleichen oder nahe verwandten Verwirklichung der Rechtsidee äußert. Die Verschiedenheit in den Ergebnissen liegt nicht in den strafrechtlichen, sondern in anderen, staats- und privatrechtlichen Normen und vor allem in den tatsächlichen, kulturellen, sozialen, wirtschaftlichen, politischen Verhältnissen sowie in den Fällen selbst: den Taten und Tätern. Internationale Geltung bei fast allen Kulturvölkern besitzt in den Hauptzügen bereits der Allgemeine, weitgehend auch der Besondere Teil hinsichtlich der meisten Tatbestände; verschieden sind nur die typische Ausprägung der Tatbestände, ferner die Behandlungsweisen, die Strafen, ihre Art und Größe (Rahmen) und die ergänzenden Maßregeln.

---

17) Dankenswerte Zusammenstellungen bei Schönke Dt. Strafr. 1937 H. 12 mit Forts.: 1942 (143, 172).

18) Auch in deutscher Sprache, meist in der Sammlung außerdeutscher StGB., herausgeg. v d Redaktionen der ZStrW.

19) Wertvoll noch immer v. Bar Lehrb. d. internat. Privat- u. Strafr. 1892; Kohler Intern. Strafr. 1917; Hegler Abh. H. 67 (1906) und in Anl. I zu E. 27. Vgl. Verhandl. in DStrafr. 1940 S. 179; Wegner in Festg. f. Frank 1930 I; Maurach DStrafr. 38, 1; v. Weber GerS. 114, 267; Schröder ZStrW. 61, 57 (Konflikte bei Teilnahme).

II. Weil noch keine volle Übereinstimmung besteht und, solange es Staaten gibt, auch kaum bestehen kann, taucht die Frage nach dem *Anwendungsgebiet bei Kollisionen* auf. Folgende Prinzipien sind möglich und finden sämtlich in bestimmten Fällen ihre Anwendung, genießen auch in den einzelnen Staaten und zu gewissen Zeiten einen verschiedenen Vorrang, so daß man geradezu von einer Kollision und Konkurrenz der Prinzipien sprechen kann Dieses Anwendungsrecht ist also kein internationales, sondern ein streng nationales Recht. Ein jedes Prinzip hat seine Vorzüge und Nachteile, so daß sich die meisten Gesetze zu einer Verbindung oder zu einem Ausgleich entschlossen.

1. *Territorialprinzip:* Strafbar ist jede Tat, die im Deutschen Reich begangen wird, auch von Ausländern. Es galt nach StGB. bis 1940. — Vorteil: Bewährung der Staatsmacht und der Rechtsordnung im eigenen Lande; Nachteil: Deutsche im Ausland sind straflos, aber auch schutzlos. Daher:

2. *Personal- oder Nationalprinzip:* Strafbar sind die Taten von Deutschen (aktives Personalprinzip) oder gegen Deutsche (passives Personalprinzip), auch wenn sie im Ausland begangen sind. Dieses Prinzip gilt in erster Linie nach den neuesten Entwürfen sowie nach VO. v. 6. 5. 1940; anerkannt auch vom BGB. — Vorteil: Bewährung des nationalen Gedankens; Nachteil: Konfliktsgefahr gegenüber dem Ausland Daher:

3. *Weltrechts- oder Universalprinzip:* Strafbar sind grundsätzlich alle Taten gleich wo und von wem begangen Anerkannt nur für gewisse „international interessierende" Delikte, wie Geldfälschung, Frauenhandel, Heiratsschwindel, Hochstaplertum. — Vorteil: Anbahnung von Völkerrecht; Nachteil: Grundsätzlich hat der Staat kein Interesse. in fremden Ländern begangene Delikte Fremder, wenn sie einmal nach Deutschland kommen, zu verfolgen. Daher:

4. *Real- oder Schutzprinzip:* Strafbar sind nur solche Verletzungen und Gefährdungen, deren Bestrafung der Staat für würdig und notwendig aus Gerechtigkeits- und Schutzgründen erachtet. Dieses Prinzip trifft sachlich das Richtige: es hat von den Gesetzen aber wegen Schwierigkeiten in der Durchführung nur ergänzend Verwirklichung gefunden. Auch völkerrechtlich ist es geeignet; allerdings können die Interessen mehrerer Staaten leicht in Konflikt geraten, dann gilt es aber gerade, im Sinne der Rechtsidee einen Ausgleich zu finden.

III. *Regelung nach StGB.* seit VO. v. 6. 5. 1940:

1 Personalprinzip § 3: Deutsches Recht gilt für Straftaten *deutscher Staatsangehöriger*, gleich wo begangen. Jedoch sind straflos Taten, die nach dem Recht des Tatorts straflos und „wegen der besonderen Verhältnisse am Tatort nach gesundem Volksempfinden nicht strafwürdig" sind, zB wegen abweichender Sitten und Gebräuche oder Geschäftsgepflogenheiten (wichtig für Betrug) oder wegen früher Geschlechtsreife im südlichen Klima (wichtig für Unzucht nach § 176 Z. 3.).

2. Für Strafen von *Ausländern* gelten:

a) *Territorialprinzip* § 4 Abs. 1: Deutsches Recht gilt für Straftaten von Ausländern im Reichsgebiet.

b) Dagegen gilt für Straftaten von Ausländern im Ausland nur in wenigen Fällen deutsches Recht § 4 Abs. 3:

aa) *Weltrechtsprinzip* wegen gemeinsamer Kulturwerte: Sprengstoffdelikte (Z. 3), Kinder- und Frauenhandel (Z. 4), Münzdelikte (Z 7), Handel mit Betäubungsmitteln (Z 8), mit unzüchtigen Veröffentlichungen (Z. 9). Nicht genannt sind leider die wichtigsten und schwersten Fälle: internationale Betrüger, Hehler, Urkundenfälscher, Einbrecher.

bb) *Realprinzip* zum Schutze deutscher Interessen: Hoch- und Landesverrat gegen das Reich (Z. 2), Verrat deutscher Betriebs- und Geschäftsgeheimnisse (Z. 5), Meineid vor deutschen Behörden (Z. 6), Taten gegen deutsche Beamte (Z. 1).

cc) *Erweitertes Personalprinzip:* Taten des Ausländers als deutscher Beamter (Z 1).

dd) *Subsidiaritätsprinzip:* Deutsches Recht gilt bei fehlender ausländischer Bestrafung in den Fällen des Abs. 2.

3. *Begehungsort* § 3 Abs. 3. Vgl. unten § 15 IV. Erweiterung des Inlandes nach § 5 auf deutsche Schiffe und Luftfahrzeuge.

4. Keine Auslieferung Deutscher an das Ausland § 9. Es sind aber zahlreiche Auslieferungsverträge geschlossen[20]).

§ 6. Zeitliche Geltung

Wenn nach der Tat ein neues Strafgesetz in Kraft tritt, das zur Zeit der Entscheidung gilt, entsteht die Frage, ob auf die Tat altes oder neues Recht anzuwenden ist. Für diese Kollisionen bestimmt § 2a (seit G. v. 28. 6. 1935):

1. *Strafbarkeit und Strafe bestimmen sich nach altem Recht.* Strafgesetze haben grundsätzlich also keine rückwirkende Kraft. Soll nämlich die Strafe die Schuld sühnen, so kann diese Aufgabe gerechterweise nur ein solches Gesetz übernehmen, das zur Zeit der Tat gilt; denn nach diesem kann sich der Täter nur richten. Nicht maßgebend kann ein späteres Gesetz sein, das zur Zeit des Erfolgseintritts oder gar der Hauptverhandlung in Geltung ist; seine Anwendung würde einem Überfall auf den gutgläubigen Täter gleichen.

2. *Ausnahme:* Ist das neue Recht milder, so kann der Richter dieses anwenden. Diese rückwirkende Kraft des Gesetzes ist unbedenklich, da sie nicht zum Nachteil des Täters wirkt. Ist das Gesetz ganz aufgehoben, kann (!) Bestrafung unterbleiben (§ 2a Abs. 2). Der Richter wird diese Vergünstigung nach pflichtmäßigem Ermessen versagen, wenn es sich um chronische Kriminalität oder besonders gefährliche Täter handelt.

---

[20]) Übersicht bei Olshausen und im LK.

3. Hiervon besteht wiederum eine *Ausnahme* für sog. *Zeitgesetze*, die nur eine gegenwärtige Notlage von kürzerer Dauer regeln wollen, zB Schutz vor Ausbreitung epidemischer Krankheiten. Hier ist eine Verletzung des Gesetzes auch dann zu bestrafen, wenn es zur Zeit der Entscheidung außer Kraft getreten ist (§ 2a Abs. 3).

4. Ausnahmsweise hatten auch *strengere Gesetze* rückwirkende Kraft. So nach § 239a und nach dem rigorosen Autofallen-G. v. 22. 6. 1938. Beseitigt 1946.

5. Eine neue Erkenntnis ist erst, daß ein Gesetz „rückwirkende Kraft" besitzt, wenn es verbietet, was nach den sozialethischen Wertanschauungen aller Menschen und Völker von unserem Kulturstandpunkt aus materiales Unrecht ist und als strafwürdig erscheint[21]). Der Tatbestand ist eben nur ein typischer Ausdruck der materialen Rechtswidrigkeit (unten § 13); und der primäre Begriff im Strafrechtssystem ist die Strafwürdigkeit (sofort § 7). Hierauf beruht die scheinbar rückwirkende Kraft der Kontrollratsstrafgesetze gegen humanitätswidrige Verbrechen (Nr. 10 Art. II 1c). In Wahrheit handelt es sich um ein nachfolgendes Verbot früheren Unrechts. Der Gesetzespositivismus versagt hier vollends. Und naturrechtliche oder theokratische Konstruktionen erscheinen an dieser Stelle als Fremdkörper, wenn nicht das ganze System entsprechend aufgebaut ist.

6. Für *Sicherungs- und Besserungsmaßregeln* gilt stets das Recht der Entscheidung (Abs. 4). Denn im Gegensatz zur Strafe, die als Aufgabe Sühne von Schuld hat, sollen sie bestimmte Ziele in der Zukunft erreichen.

---

[21]) Von mir erstmalig formuliert im Zentraljustizblatt der Brit. Zone (Hamburg). Beilage Spruchgerichte 1947 S. 6, 1948 S. 34. Hier zeigt sich der Zusammenhang mit dem internationalen Strafrecht oben § 5 I. — Unzureichend die übrigen Erklärungen, vgl. etwa v. Hodenberg und Wimmer in SüddJZ. 1947, 113 ff.

2. Abschnitt

Verbrechen und Verbrecher im allgemeinen

§ 7. Strafwürdigkeit, Strafvoraussetzungen und Strafbemessung

Übersicht und Neubau

I. Am Anfang der Verbrechenslehre steht der bisher in der Wissenschaft völlig vernachlässigte Begriff der **Strafwürdigkeit.** *Wann und in welchem Maße ist ein menschliches Verhalten strafwürdig?* Nach dieser Frage bestimmt sich, ob die Tat ein Verbrechen (i. w. S.)[1]), der Täter ein Verbrecher ist. Die Frage stellt sich der Gesetzgeber, wenn er an die Aufstellung von gesetzlichen Tatbeständen (zB. Mord) und allgemeinen Verbrechensmerkmalen (zB. Vorsatz, Fahrlässigkeit) geht, wenn er also die *Strafvoraussetzungen* festlegt. Dieselbe Frage beschäftigt den Strafrichter bei der (in der Theorie noch immer vernachlässigten) *Strafbemessung*, seiner wichtigsten und schwierigsten, reiche Erfahrung erfordernden Tätigkeit, die im Einzelfall die nach Art und Maß „angemessene" Strafe (zB. Zuchthaus von drei Jahren) zu ermitteln hat.

Haben Gesetz und Gericht jene Grundfrage nach der Strafwürdigkeit und ihrem Grad erledigt, so haben sie zugleich mit den Strafvoraussetzungen auch die **Strafbarkeit** von Tat und Täter festgestellt. Strafbarkeit deckt sich nicht mit Strafwürdigkeit, bleibt vielmehr hinter ihr oft oder gar meist zurück, da keine menschliche Arbeit vollkommen ist, mag sie auch mit größter

---

[1]) = Delikt. StGB. sagt umständlich „strafbare Handlung"; die letzten Entwürfe sagen schlecht „Straftat". Dagegen spricht von „Verbrechen" i. e. S. StGB. §§ 1, 43, 43, 67, 139 u. a. im Gegensatz zu Vergehen und Übertretung; vgl. unten § 9 I.

Gewissenhaftigkeit, Einsicht und Sachkenntnis ausgeführt sein. Die Strafbarkeit steht der wahrhaften Strafwürdigkeit ähnlich nach, wie das Recht der Gerechtigkeit, wie die Natur- und Geschichtsforschung der Wahrheit, wie die Religion der Gotteserkenntnis.

Strafbarkeit ist der Inbegriff der positiven Strafvoraussetzungen gemäß Gesetz oder Urteil; die gesetzliche Strafbarkeit nennt man auch abstrakte oder generelle, die urteilsmäßige Strafbarkeit auch konkrete Strafbarkeit. *Strafwürdigkeit ist der Inbegriff der normativen Strafvoraussetzungen für Gesetz und Urteil gemäß den Anforderungen der Rechtsidee* (der Gerechtigkeit und des Gemeinwohls)[2]); Strafwürdigkeit ist der Inbegriff derjenigen Strafvoraussetzungen, die im Gesetz und Urteil verwirklicht werden *sollen*, damit der Rechtsidee genügt wird.

II. Nunmehr ist eine Stufenleiter erkennbar: **Strafwürdigkeit — Strafvoraussetzungen — Strafbemessungsgründe.** Sie entspricht der großen Rangfolge als deren Teilerscheinung: Rechtsidee — Gesetz — Urteil. Diese Folge beginnt im Reich der absoluten Ideen und Werte; sie strebt hin zum konkreten Leben, zur Rechtswirklichkeit. Wie das höchste Ziel aller Juristen die Konkretisierung der Gerechtigkeit im sozialen Leben ist, so gilt auch die spezielle Aufgabe für das Strafrecht: *die Strafwürdigkeit ist konkret zu gestalten in den Strafvoraussetzungen; und die Strafvoraussetzungen sind konkret zu gestalten in den Strafbemessungsgründen.* Diese drei wichtigen Angelpunkte jedes Strafrechts müssen auf einander zugeschnitten und zurechtgefeilt, zu einander verpaßt und geglättet werden, so daß sie sich genau entsprechen. So ergeben sich folgende Anforderungen für Gesetzgebung, Rechtsprechung und Wissenschaft (die sich gegenseitig zu ergänzen und zum mindesten anzuregen haben).

1. Die *Strafvoraussetzungen* (Unrecht und Schuld) müssen in ihrer weiteren Ausgestaltung dem Geist der *Strafwürdigkeit* auf Schritt und Tritt genügen; sie müssen zugleich *Strafwürdigkeitsvoraussetzungen* werden. Wie die gesetzlichen Tatbestände typische Ausgestaltungen des materialen Unrechts sind, so müssen sämtliche Strafvoraussetzungen typische Ausgestaltungen der Strafwürdigkeit als des unmittelbaren Ausflusses aus der Gerechtigkeitsidee repräsentieren.

2. Die *Strafvoraussetzungen* müssen umgekehrt die vollständigen Oberbegriffe für sämtliche richterliche *Strafbemessungsgründe* darstellen, wenn diese den Anforderungen de die Gerechtigkeitsidee verkörpernden Strafwürdigkeit genügen sollen. Bei der Strafbemessung des Richters darf kein Grund als wichtig und notwendig hervortreten, der nicht in den Strafvoraussetzungen seine Verankerung vorfindet. Gegen dieses Erfordernis wird meist gefehlt[3]); es tauchen plötzlich in den Urteilsgründen Elemente auf, die aus einem durchaus fernliegenden Gebiet entnommen sind, etwa der

---

[2]) Vgl. über Gerechtigkeit und Gemeinwohl unten § 13 I 1 c sowie JurMethL §§ 31, 33 und JurElL. 63 66.

[3]) Hierzu schon Grdlg. u. KrimSoz. über Strafzumessung; die Praxis hat sich seitdem nicht im geringsten geändert.

Ethik, dem Polizei- oder dem Privatrecht, wenn nicht gar politische, soziale oder wirtschaftliche Erwägungen unausgesprochen dahinterstehen, die mit dem Geist der Strafvoraussetzungen und der Strafwürdigkeit nichts gemein haben. Die Strafvoraussetzungen müssen so umfassend und so tief angelegt werden, daß der Richter in ihnen eine nützliche Vorarbeit genereller Art und bewährte Richtlinien für seine spezielle Tätigkeit finden kann. Sie müssen sämtliche beachtlich werdende Strafbemessungsgründe decken, damit sie gleich einem schützenden Dach dem Urteil Sicherheit und Rechtfertigung bieten. Mit einer formalen Bestimmung des Unrechts und der Schuld, wie sie die noch herrschende Meinung zu geben pflegt, ist also der Strafbemessungspraxis nicht gedient; der Verbrechensbegriff mit seinen Merkmalen bedarf, wie es sofort (§ 8 I 3 geschieht, einer materialen, inhaltlichen, Deutung als Sozialschädlichkeit der Tat und sozialethischer Verwerflichkeit der Gesinnung.

3. Daher sind umgekehrt auch die reichen Erfahrungen des Richters bei der *Strafbemessung* von der *Wissenschaft* und der *Gesetzgebung* aufzunehmen und bei der Aufstellung neuer Strafvoraussetzungen, insbesondere neuer Tatbestände zu verwerten. Die Gründe, die den bewährten Richter bei der Festsetzung der Strafe im konkreten Einzelfall bewußt oder unbewußt leiten, sind von der Gesetzgebung und weiterhin von der Wissenschaft zu typischen Formen zu gestalten und generalisierend auszuwerten. Die *staatlichen Gesetze* und die *wissenschaftlichen Prinzipien* sind nicht, wie so oft, als historisch entstandene oder gar logisch-mathematisch gewonnene Größen zu verstehen, wozu die systematische Darstellungsweise der juristischen Schriften verleiten könnte; sie sind aus dem Leben gewonnen und dazu bestimmt, nach sozialethischer Läuterung an der Rechtsidee in logisch-systematisch geklärter Form ihren durch die Gerechtigkeit verklärten Gehalt dem Leben wiederum dienstbar zu machen. Nicht allein der werdende junge Jurist und noch der erfahrene Richter selbst lernen an der Rechtsprechung (nicht nur an Präjudizien der Höchstgerichte) unausgesetzt weiter für das Rechtsleben; auch der Gesetzgeber und der Forscher belauschen den urteilenden Richter bei der Strafbemessung, um ihre abstrakten Sätze mit lebendigem Gehalt zu erfüllen und an den Bedürfnissen des Rechtslebens zu erproben, um sie wiederum an der Rechtsidee zu überprüfen und schließlich der Praxis in erneuerter Fassung zur Verfügung zu stellen[4]).

Nach dieser Erhellung über die wahre Arbeitsweise bewährter Juristen läßt sich feststellen, was logisch-deduktiv als Umkehrung oder gar Verkehrung erscheinen mag: eine bewährte Strafbemessungspraxis, die im Einzelfall die angemessene Behandlung, die gerechte Strafe und wirksame Maßregel zu finden weiß, offenbart den sachlichen Gehalt der Strafvoraussetzungen, ferner den Unrechts- und Schuldgehalt des Verbrechens und

[4]) In einer dem Strafrecht verwandten Wissenschaftsmaterie, dem Verwaltungsrecht, wird seit Lorenz v. Stein die Ermessenspraxis auch der Unterbehörden, und gerade dieser, für das Recht und die Theorie ausgewertet, so daß neben der Verwaltungsrechtslehre auch eine Verwaltungslehre als deren Lebenselement läuft. Ähnlich ruht das Handelsrecht auf der Wirtschaftswissenschaft (Handelslehre).

schließlich, in der Abstraktion noch weiter zurückgehend, den Unwertgehalt der Strafwürdigkeit. Man darf kurz formulieren die *Strafvoraussetzungen sind typisierte Strafbemessungsgründe, und die Strafwürdigkeit ist der Grundtyp der Strafvoraussetzungen.*

4. Die herrschende Meinung versäumt daher folgendes: a) Die Strafwürdigkeit wird überhaupt nicht als besonderer strafrechtlicher Begriff, geschweige als Grundbegriff behandelt, findet vielmehr nur gelegentliche Erwähnung, wo es sich um Kritik und Reform des Gesetzes oder um Abweichung vom ordentlichen Strafrahmen handelt. — b) Die Strafbemessung wird nur als Annex der Lehre von der Strafe und als Art der Anwendung des Strafgesetzes erörtert, obwohl sie von erster theoretischer und praktischer Bedeutung für die Verbrechenslehre ist[5]). — c) Auch die für einen systematischen Aufbau unentbehrlichen Strafvoraussetzungen erscheinen nicht als Zentralbegriff, sondern nur als „Strafbarkeitsvoraussetzungen“ und als Annex der Verbrechensmerkmale Rechtswidrigkeit und Schuld („mit Strafe bedroht“, „Strafdrohungsbedingungen“), während sie alle Verbrechensmerkmale umfassen; sie sind auch Strafwürdigkeitsvoraussetzungen. — d) Vor allem fehlt es an der auch theoretisch so fruchtbaren Verbindung: Strafwürdigkeit — Strafvoraussetzungen — Strafbemessungspraxis. Die Theorie soll sich in der Praxis bewähren, aber zu diesem Zwecke muß sie sich an der Praxis entwickeln. Statt dessen gewinnt die h. M. ihren Verbrechensbegriff auf konstruktivem Wege.

§ 8. Das Verbrechen (Delikt).

I. Der wissenschaftliche[6]) Verbrechensbegriff ergibt sich aus der Verbindung der Strafvoraussetzungen (Strafwürdigkeitsvoraussetzungen). Für diese *Verbrechensmerkmale* kommen **drei Gegensatzpaare** in Betracht:

1. *Objektive und subjektive Merkmale: Unrecht und Schuld.* Dieser Gegensatz wird mitunter bestritten, da manche Merkmale angeblich objektiven wie subjektiven Charakter tragen, zB die Zueignungsabsicht im Diebstahlstatbestand. Der Gegensatz ist logisch und juristisch unanfechtbar und in Schärfe durchzuführen. *Objektives Verbrechensmerkmal ist das Unrecht, subjektives die Schuld.* Objektiv ist die Tat, subjektiv der Täterwille. Der Gegensatz wird praktisch für eine Reihe von Einzelfragen: für die Zulässigkeit von Notwehr, für die Behandlung der Putativnotwehr und des rechtswidrigen verbindlichen Befehls des Vorgesetzten, für die Grenzen der akzessorischen Teilnahme. Der Vorsatz bezieht sich nur auf die objektiven Merkmale; nur insoweit ist ein Irrtum des Täters beachtlich. Die objektiven Voraussetzungen sind vor den subjektiven vom Richter festzustellen. Die Gegner weisen auf verhältnismäßig unbedeutende Erscheinungen hin, die eine Unterscheidung angeblich ausschließen: die subjektiven Unrechtselemente im Tatbestand (Zueignungs-, Bereicherungsabsicht) und die objektiven Schuldelemente (gefährliches Werkzeug). Diese finden jedoch ihre

---

[5]) Auf die Bedeutung hatte schon M. E Mayer hingewiesen. In den Entwürfen wurde sie wechselvoll und dürftig, in E. 36 fast gar nicht ausgestaltet. In m Grdlg. § 22 VI wurde sie im Anschluß an die Schuldlehre ausgebaut, in KrimSoz. Teil III u. IV ergänzt durch Systematisierung des Tatsachenmaterials. LK. 6. A stellt sie als „Anhang“ der Vorbemerkungen zu § 13 („Strafen“) dar, ohne Beziehung zu den Strafvoraussetzungen.

[6]) Über den engeren gesetzestechnischen Verbrechensbegriff (StGB § 1) vgl. unten § 9 I.

Erklärung in der gesetzestechnischen Bildung von Tatbestandsmerkmalen, die überwiegend objektiven Charakter tragen und dem Gebiet des Unrechts, z. T. auch der Schuld angehören; so soll bei den Absichtsdelikten die Vollendung schon früher eintreten (zB. schon *vor* tatsächlicher Zueignung), vgl. u. § 14 III 2 c.

2. *Gegenständliche und normative Merkmale.* Auch dieser Gegensatz wird neuerdings zu Unrecht geleugnet. Es ist der logisch und juristisch, besonders prozessual hochwichtige Gegensatz von Sein und Sollen, von Tatsache und Norm. *Gegenständliche Verbrechensmerkmale* sind objektiv das *Wirken* (Handeln, Unterlassen), subjektiv das *Wollen; normativer Art* sind dagegen objektiv die *Rechtswidrigkeit,* subjektiv das *Schuldurteil.* Richtig ist allerdings und sogar erkenntnistheoretisch begründet, daß der juristisch erhebliche Gegenstand nur bei normativer Einstellung betrachtet werden kann, wie es besonders die Unterlassung zeigt; umgekehrt gehören Vorsatz und Fahrlässigkeit zum Teil dem gegenständlichen, zum Teil dem normativen Gebiet an. Der Gegensatz ist aber logisch unanfechtbar und äußert sich zB. darin, daß Tatsachen- und Rechtsirrtum verschieden zu behandeln sind, daß in einigen Tatbeständen nur „Tatsachen", nicht Urteile berücksichtigt werden (wie beim Betrug § 263 und der üblen Nachrede § 186), daß nur Tatsachen Gegenstand des Zeugenbeweises sind, daß Tatsachen nicht der Revision unterliegen usw.

3. *Formale und materiale Ausgestaltung von Verbrechensmerkmalen.*

a) Die h. M. erkannte bisher nur die *formale* als juristisch erheblich an. Verbrechen ist hiernach *rechtswidrige schuldhafte strafbedrohte Handlung (Tatbestandsverwirklichung).* Und ebenso formal werden die einzelnen Verbrechensmerkmale bestimmt: *Rechtswidrigkeit* ist Widerspruch mit der Rechtsordnung (Gesetzwidrigkeit); *Schuld* ist verwerfbares Kennen oder Kennenmüssen dieser Rechtswidrigkeit; *Handlung* ist willkürliche Erfolgsverursachung durch Tun oder Unterlassen[7]). Diese formalen, rein dogmatischen Bestimmungen bedürfen der inneren, sachlichen Rechtfertigung durch Aufnahme des Unwertgehalts, so daß das Verbrechen in seinen einzelnen Merkmalen erst als wahrhaft „strafwürdig" erscheint. Daher suchte man einen zweiten, sog. *materialen* Begriff des Verbrechens, der Rechtswidrigkeit, der Schuld aufzustellen, über dessen Inhalt und juristische Erheblichkeit man sich allerdings nicht verständigen konnte, sich wohl auch selbst nicht völlig im klaren war. Die herrschende Meinung hatte es nicht schwer, ihn als unjuristisch und ungeklärt abzulehnen; und sie wandte sich mit Recht schon gegen die unzulässige Verdopplung. In der Tat gibt es nur einen einzigen Begriff des Verbrechens, nur einen einzigen der Rechtswidrigkeit und der Schuld. Aber diese eine Erscheinung kann man von mehreren Seiten aus betrachten; und man muß sich zu mehreren Standpunkten bequemen, wenn man das Wesen, den wahren Gehalt als Lebens- und als Kulturerscheinung voll erfassen will. Die formal-juristische Bestimmung gibt hierüber keine Auskunft. So tritt mit wissenschaftlicher wie praktischer Notwendigkeit eine sog. materiale

[7]) So im ganzen übereinstimmend die h.M., vgl. die Komm.u.Lehrb.

Auffassung hinzu: diese enthält jedoch in Wahrheit zwei verschiedene Methoden (Betrachtungs-, Forschungs-, Arbeitsweisen) über den gleichen (!) Gegenstand, so daß dieser im ganzen von drei Seiten her in Angriff genommen wird[8]). Diese beiden weiteren Kreise sind die folgenden.

b) Die *psychologisch-soziologische Richtung* verwertet die gesamte *kriminologische Tatsachenforschung* über das Verbrechen, aber auch (was selbst von Kriminologen oft übersehen wird) die Behördenpraxis in strafrechtlicher, prozessualer und vollzugstechnischer Hinsicht sowie das Material der Gesetzgebungspolitik. Gerade soweit die Grundsätze und Erfahrungen der Praxis nicht amtlich veröffentlicht sind, bedürfen sie der Ermittlung und kritischen Auswertung für die Erkenntnis des Verbrechens, seiner Behandlung und Bekämpfung. Wertvoll für die Wissenschaft und (durch sie) wiederum für die gesamte Praxis ist die reiche Erfahrung von Untergerichten, Staatsanwälten, Polizeibehörden und Verteidigern, die in einzelnen Ländern und Bezirken oft erhebliche Abweichungen in gleichliegenden Fällen aufweist, weil Menschen und Verhältnisse eben verschieden sind[9]). So erkennt man erst das wahrhaft „lebende Recht". Die bestehenden Gesetze sind nicht gleich mathematisch-naturwissenschaftlichen Erscheinungen logisch-deduktiv und begrifflich-konstruktiv zu behandeln; vielmehr sind sie als Endpunkte oder Durchgangsstationen einer sozialen Entwicklung im Einklang mit den Bedürfnissen des Rechtslebens aufzufassen und alsdann als lebendes Recht zur Meisterung der Kriminalität systematisch-formal zu verarbeiten. Auf dieser Methode beruht nicht nur das anglo-amerikanische Präjudizienwesen, sondern auch die deutsche und anderer Kulturstaaten höchstrichterliche Rechtsprechung, ferner die Praxis erfahrener Unterstellen, gut eingespielter Kollegialgerichte, der Verfügungen von Verwaltungschefs auf Vortrag und Bericht unterer, mit dem Volksleben unmittelbare Fühlung unterhaltender Dienststellen[10]).

Selbstverständlich ist die Kriminalität nach Tat und Täterpersönlichkeit psycho-soziologisch zu untersuchen und an ihren Wurzeln, dem oft verborgen liegenden „Kriminalitätserreger", zwecks um so wirksamerer Bekämpfung anzupacken; das geschah allerdings schon von jeher in einer hochstehenden Strafjustiz, aber die Rechtswissenschaft schob diese Bearbeitungsweise gern auf „Hilfswissenschaften" „zuständigkeitshalber" ab. Und doch liegt hier Wesen und Lebenselement des Strafrechts. Psycho-soziologisch erscheint das *Unrecht* (die rechtswidrige Tat) als sozialschädliches Wirken, die *Schuld* als moralwidriges Wollen. Der *materiale Verbrechensbegriff* läßt sich daher auf folgende Formel bringen (die nur eine der Verständigung dienende Formel

---

[8]) Hierüber des Näheren JurMethL., kürzer JurElL. (s. Reg.: Dreiseitentheorie).

[9]) Hierzu u. a. folgende Sammelwerke: KrimAbh. (herausgeg. von Exner); Unters. zur Kriminalität in Thüringen, später in Deutschland (herausgeg. von H. v. Weber); die von mir angeregten, meist in den Strafr.Abh. erschienenen kriminalsoziologischen Schriften über einzelne Delikte in einzelnen Bezirken (Übersicht in: Strafrechtserneuerung H. 8, 1939 betr. Römischer Kongreß für Kriminologie 1938 S. 326).

[10]) JurMethL. §§ 45/6.

sein will, und der Anfüllung mit Lebensinhalt bedarf): *Verbrechen ist moralwidriges Hinwirken auf einen sozialschädlichen (gemeinschaftswirigen) Erfolg.*

c) Die *kulturelle*, insbesondere *sozialethische Wertung* bildet den normativen Abschluß. Sie ist überjuristischer Art, wie die psycho-soziologische Tatsachenforschung vorjuristischer Art ist. Mit Tatsachen und Staatsgesetzen, selbst wenn sie noch so gewissenhaft kritisch behandelt werden, darf sich die reine Wissenschaft nicht zufrieden geben. Es ist unbedingt erforderlich die Hinlenkung auf allgemeingültige Ideen regulativer Art, d. h. solcher, die selbst nie vollkommen verwirklicht werden können, sondern nur als oberste Richtziele gelten. Für das Recht sind es die *Gerechtigkeit* und das *Gemeinwohl*[11]). Sie besitzen sowohl eine Bestimmungs- wie eine Bewertungsfunktion, d. h. sie sind die letzten Ziele und Aufgaben für menschliches Handeln im Rechtsleben, und sie geben ferner den höchsten und zuverlässigsten Maßstab für die rechtliche Beurteilung von Handlungen wie von Gesetzen.

Gegen die Verwendung dieser dritten Methode wurde von der engeren Formaljurisprudenz eingewendet, diese Ideen seien wegen ihrer hochabstrakten und allgemeinen Natur für die praktische Verwendung im Rechtsleben ungeeignet; als reine Formen ohne Inhalt gehörten sie nur der Erkenntnistheorie und Ethik an, während in Einzelfällen, über die vom Richter zu entscheiden sei, ein jeder verschieden beurteilen werde, was gerecht und gemeinnützlich wäre. — Zu erwidern ist, daß diese dritte Methode nicht allein für sich, sondern in Verbindung mit den beiden anderen ihre Funktionen ausüben soll und mit Erfolg ausüben kann. Die reinen Formen sind mit Inhalt aus dem Rechtsleben auszustatten, und zwar durch Beurteilung von Tatsachen (oben b) gemäß den staatlichen Normen (oben a). Bei Ausübung richterlicher oder gesetzgeberischer Tätigkeit und nur bei ihr, nicht isoliert, treten die Ideen der Gerechtigkeit und des Gemeinwohls in Erscheinung, „in Funktion". Und hierbei bewähren sie sich, wie man aus Erfahrung weiß, sobald man einige Grenzfälle oder entfernter verwandte Fälle seiner Erfahrung zum Vergleich heranzieht, weswegen der erfahrene Jurist, gleich dem großen Kliniker in der medizinischen Diagnostik, dem Anfänger so sehr überlegen ist. Im Vergleich erkennt man, daß das Gesetz a besser als das Gesetz b für einen Fall „paßt", d. h. daß das Gesetz a mehr als b eine gerechte und dem Gemeinwohl entsprechende Entscheidung gewährleistet, während für einen anderen und einen dritten Fall das Gesetz b besser als a funktioniert; für einen vierten Fall mag man wieder eine Verbindung beider Gesetze a und b für geboten erachten oder das Gesetz c bevorzugen.

Logisch und formaljuristisch sind oft mehrere Gesetze mit grundverschiedenen Ergebnissen in gleicher Weise anwendbar, und zwar einwandfrei; daß man im Einzelfall das eine bevorzugt, das andere zurückstellt, ist ein Beweis für das zum mindesten unbewußte Entscheiden nach Gerechtigkeit und Ge-

---

[11]) Hierzu eingehend JurMethL. §§ 31, 33.

meinwohl. Schon daß man die Reformbedürftigkeit eines Gesetzes erkennt, zeigt jene untrügbaren Ideen in Funktion. Das gleiche gilt vor allem auch für das jeder moralisch feinfühligen Person eigene sichere Empfinden für die Strafwürdigkeit eines Verhaltens, wovon oben (§ 7) ausgegangen wurde. Ein erfahrener Jurist bedarf der Strafzumessungsregeln ebensowenig, wie ein sittlich hochstehender Mensch auch ohne ethische Anweisungen, ein genialer Künstler auch ohne ästhetische Regeln den richtigen Weg finden — Hiernach ist ein Verbrechen oder ein strafwürdiges Verhalten *eine schwere, sozialethisch kulturell unerträgliche Verletzung der Ideen der Gerechtigkeit und des Gemeinwohls*.

II. Die drei Seiten zusammenfassend, kann man das **Verbrechen** endgültig bestimmen als ein *rechtswidriges (sozialschädliches) und schuldhaftes (sozialethisch kulturell untragbares) Wollen und Wirken in schwerem Widerspruch mit Gerechtigkeit und Gemeinwohl*.

In der rechts- und kulturgeschichtlichen Entwicklung hat der Verbrechensbegriff erst langsam diese umfassende Ausgestaltung erfahren. Je nach dem Geist einer Kulturepoche hat bald die eine, bald eine andere Seite besonderen Ausdruck gefunden. In der Antike war das Verbrechen vor allem formal aufgefaßt als Staatswidrigkeit; bei den Hellenen trat außerdem der Widerspruch mit der Gerechtigkeit, bei den Römern mehr die Verletzung des Gemeinwohls (später des Staatswohls) hervor. Im Mittelalter, wie schon früher im Orient, war das Verbrechen in erster Linie Sünde und Verletzung kirchlicher Normen. In der Neuzeit trat wieder die formale Seite, die Verletzung des staatlichen Rechts hervor. Seit der Aufklärung kam das rechtsphilosophisch-naturrechtliche Interesse hinzu: die Verletzung angeborener, unveräußerlicher Grundrechte. Mit dem Vordringen der beschreibenden Naturwissenschaften und der Soziologie wurde der Sinn für exakte Tatsachenforschung auch auf kriminalistischem Gebiet ausgebildet und fand die bio- und psychologische, später auch die soziologische Seite Ausdruck, zuerst in Westeuropa und alsbald auch in Deutschland, wobei man im positivistisch angelegten 19. Jahrhundert wiederum die rechtsphilosophische und ethische Richtung vernachlässigte.

Nach Jhering, der sich z. T. auf die englische Auffassung (J. Locke) orientierte, war das Verbrechen ein Verstoß gegen die Lebensinteressen der Gesellschaft (Zweck im Recht 4. A. I 382). Unter seinem Einfluß formulierte v. Liszt § 31 das Problem der materiellen Rechtswidrigkeit und suchte es mit einem Teil[12]) seiner nächsten Anhänger soziologisch zu lösen (Sozialgefährlichkeit), wenn auch nur begrifflich-konstruktiv in jener Art, wie auch sein Lehrbuch angelegt war. Eine exakte soziologische Tatsachenforschung setzte erst nach dem ersten Weltkrieg ein. Sie blieb aber ein deskriptives (kriminologisches) Gebiet und hat die Strafrechtsdogmatik bisher nicht nennenswert beeinflußt. Noch weniger muß dies von der naturwissenschaftlichen Richtung gelten (seit Lombroso), die nur wenige strafrechtliche Probleme ergreifen kann (Zurechnungsfähigkeit, Vollzug, Sittlichkeitsdelikte, Heilmaßnahmen); eine engere Verbindung suchte man zeitweise in Italien (Entwurf des sozialdemokratischen Prof. E. Ferri 1921) und vor allem im sowjetrussischen Strafrecht (StGB v. 1926). Eine rechtsphilosophische Vertiefung strebten an u. a. M. E. Mayer Rechtsnormen und Kulturnormen 1903, Lehrb. 51, 180, Graf zu Dohna Rechtswidrigkeit 1905, W. Sauer Grundlagen 1921 § 12, Das juristische Grundgesetz 1923, KrimSoz. § 6, JurMethL § 58 (s. Reg.), Wegner Krim. Unrecht 1925, 54, Lobe in LK 5. A. Einl. I, Mittermeier ZStrW 44, 2, Heinitz Problem der mat. Rechtswidrigkeit 1926. Der materielle Rechtswidrigkeitsbegriff fand auch in den

[12]) v. Lilienthal, Radbruch, Eb. Schmidt; auch (nach Maßgabe des folgenden Textes) M. E. Mayer und Graf Dohna; nicht aber v. Hippel und Kohlrausch. Vgl. die Lit. bei v. Liszt-Schmidt § 31 und Sauer KrimSoz. § 6 sowie ZStrW. 51, 171.

Entwürfen eine gewisse Anerkennung. zuerst 1925 und 1927 (Irrtum über die Unrechtmäßigkeit ist beachtlich) dann besonders seit 1933 (Volksempfinden als Maßstab. Zulassung von Analogie) sowie in der Rspr d RG seit Bd 61 254. beim sog übergesetzlichen Notstand. Im faschistischen Italien wurde die Rechtswidrigkeit wie in Altrom formal als Staatswidrigkeit ausgegeben im nationalsozialistischen Deutschland material als Volksschädlichkeit; in Sowjetrußland als Gesellschaftswidrigkeit oder Sozialgefährlichkeit.

Die h M. der deutschen Strafrechtsdogmatik lehnte den materialen Begriff zur Zeit der Vorherrschaft des Positivismus grundsätzlich ab, scheute sich wohl auch vor der gleichen Ansicht wie bei den Sowjets. Gleichwohl brach eine materiale Auffassung auch bei grundsätzlicher Formalistik wiederholt durch[18], allerdings ohne weitere Folgerungen für das System, insbesondere für die Unrechts- und Schuldlehre, zu ziehen oder anzuregen.

§ 9. Arten und Typen des Verbrechens

I. Äußere Einteilung nach der Strafbarkeit.

StGB. § 1 unterscheidet gleich dem Code pénal, dem früheren Bay., Öst. und Prß. StGB *drei Arten* von Verbrechen (i. w. S.) gemäß der Schwere der vom Gesetz angedrohten (also nicht im Einzelfall verwirkten) Strafe: a) *Verbrechen* (i e. S.) ist eine mit *Zuchthaus*, mit dem Tode oder mit Festung über 5 Jahre bedrohte Handlung; b) *Vergehen*, bedroht mit *Gefängnis*, mit Festung bis 5 Jahre oder mit Geldstrafe von mehr als 150 M oder mit *Geldstrafe schlechthin;* c) *Übertretung*, bedroht mit *Haft* oder Geldstrafe bis zu 150 M (seit G. v 6. 2. 24).

1. Die *Entwürfe* wollen, was das Beste wäre, diese formale Dreiteilung aufgeben oder wenigstens die Übertretungen ganz ausscheiden und in ein besonderes Polizeigesetzbuch bringen Ein sachlicher Unterschied besteht nur graduell hinsichtlich der Sozialgefährlichkeit und sozialethischen Verwerflichkeit. Ein *gesetzestechnischer Unterschied* tritt mehrfach hervor: für Verjährungsfristen §§ 67, 74; Versuch § 43 und Beihilfe § 49 sind bei Übertretungen straflos; nur auf Verbrechen i. e. S beziehen sich die Vorbereitungshandlungen des § 49a, die Nichtanzeige des § 139, ferner vgl §§ 6, 20a, 27, 40, 42c, 126, 151, 241, 257 Auch die Zuständigkeit nach StPO bestimmt sich verschieden, nach ZuständigkeitsVO v 21 2 40 nur beschränkt.

2 Bei gesetzlichen Strafschärfungen (zB § 243) und Strafmilderungen (zB § 248a) bestimmt sich die *Deliktsnatur* nach diesen Tatbeständen, nicht nach dem Grunddelikt (§ 242); der schwere Diebstahl des § 243 ist also ein Verbrechen und er bleibt es, wenn auch „mildernde Umstände" vorgesehen sind Diese berühren nicht die Deliktsnatur. — Letzteres gilt auch für die bei Versuch, Beihilfe und verminderter Zurechnungsfähigkeit vorgesehene Milderung (§§ 44, 49, 51 Abs. 2). — Die allgemeinen Strafrahmen bleiben

[18]) So bei Binding Handb 1885. 762, 792; Beling Grdz. § 10 II (beim Notrecht; Frank vor § 1 a E; Allfeld 201; Nagler, der den Begriff bisher scharf ablehnte, billigte ihn in LK 6 A 1944 S. 4, 89. 363, da durch die einheitliche Führung des Nationalsozialismus auch die Ansichten des Volkes über Schädlichkeit und Nützlichkeit einheitlich geworden seien, so daß damals erst der Boden für eine materiale Auffassung geschaffen sei! Und wie nach 1944?

auch für das Jugendstrafrecht maßgebend, obwohl dort die strengen Strafrahmen (zB Zuchthaus) nicht gelten. Daher kann der Jugendliche zB. wegen Versuchs oder Beihilfe strafbar sein, auch wenn die für ihn vorgesehene Strafe nur eine Übertretung begründen würde, nach dem StGB. aber ein Vergehen begründet. — Die im StGB. vorgesehenen besonders schweren oder leichten Fälle (zB §§ 218, 223b, 263, 266) bestimmen sich, was im einzelnen streitig ist, nach ihrem Grundtatbestand[14]; streitig auch für § 20a.

Die sonst im Strafrecht angestrebte *konkrete, individualisierende Betrachtung* würde sich auf diesem Gebiete wegen Preisgabe der Rechtssicherheit und im Hinblick auf die nur gesetzestechnische Bedeutung der Dreiteilung nicht empfehlen; man würde sonst erst bei der Strafbemessung erfahren, welcher Deliktsnatur eine Tat angehört.

II. Sachliche Einteilungen nach der Strafwürdigkeit

1 Die Strafgesetzbücher sämtlicher Kulturstaaten stellen *Tatbestände* auf, an die sie die Strafbarkeit knüpfen. Diese Tatbestände gewinnen die Bedeutung von *Verbrechenstypen:* sie prägen in typischer, durch einzelne Merkmale („Tatbestandsmerkmale") leicht erkennbarer Weise die als strafwürdig befundenen Unwerte des kriminellen Lebens aus, und zwar sind sie Typen sowohl des objektiven Unrechts wie der subjektiven Schuld, dieser beiden Verbrechensmerkmale.

a) Die meisten Tatbestandsmerkmale sind allerdings objektiver Natur, und daher hat eine bisherige Lehre die Tatbestände als Unrechtstypen, als vertypte Rechtswidrigkeit aufgefaßt (Sauer, Eb. Schmidt, Mezger, später auch Nagler), weswegen die allgemeine Tatbestandslehre ihren Platz auch in dem Hauptabschnitt über die rechtswidrige Tat, über das objektive Unrecht zu finden pflegt. Die Rechtsordnung bemißt die Schwere des Verbrechens in erster Linie noch nach der Sozialschädlichkeit und Sozialgefährlichkeit der Tat, also nach der Schwere des Erfolges; das zeigt sich auch daran, daß die Gesetze die Tatbestände nach dem Rechtsgut gruppieren und nach der ihm beigemessenen Bedeutung abstufen. Das Strafrecht ist insofern noch jetzt wesentlich ein sog. *Erfolgsstrafrecht.*

b) Dieser Standpunkt ist aber einseitig und in mancher Beziehung überholt. Die als feine Magnetnadel funktionierende Strafbemessung zeigt eine zunehmende Würdigung der Schwere des Verbrechens nach der Schuld, und auch die neueren Gesetze offenbaren eine deutliche Neigung zum sog. *Willensstrafrecht,* unter dessen Zeichen auch die letzten Reformen stehen. Daher sollten auch die Tatbestände zugleich als Typen für die Schuld verstanden und in Zweifelsfällen in doppelter Richtung ausgelegt werden. Nur dann zieht der gesamte strafwürdige materiale Unwertgehalt ein auch in die Tatbestände und von ihnen in das konkrete Beurteilungsobjekt, den Lebenstatbestand des Einzelfalls. Die Strafwürdigkeit bemißt sich eben nicht allein nach der Sozialschädlichkeit des Erfolgs, sondern auch nach der Verwerflichkeit des Täterwillens.

---

[14]) h. M., auch RG. Vgl. die Komm. zu § 1.

c) Vor einer Überspannung des Willensstrafrechts ist jedoch ebenfalls zu warnen; eine solche trat namentlich in den Reformen seit 1933 hervor und äußerte sich in Übertreibungen der „subjektiven" Auffassung von Versuch und Vorbereitung, von Täterschaft und Teilnahme, sowie in der unverständlichen, „antiliberalistischen" Ablehnung des Rechtsgutsbegriffs, der für den Aufbau des Besonderen Teils unerläßlich ist[15]). Das Richtige liegt in der Mitte und besteht in einer gesunden Verbindung des Erfolgs- und des Willensstrafrechts; wir nennen es *Gefährdungsstrafrecht*, das in einer anderen Form um 1933 auftauchte und in der folgenden Reform abgelehnt wurde, weil es zu ähnlich den russischen Prinzipien sein solle[16]).

Die Gefährdung von Lebenswerten steht im Mittelpunkt des Strafrechts; der Gesetzgeber nimmt sie zum Anlaß für seine Strafdrohungen. In zahlreichen Fällen wird ein Schadenseintritt nicht erst abgewartet, vielmehr wird schon vorher zwecks Vorbeugung eingeschritten, wie beim Versuch und bei den Absichtsdelikten; auf dem Gefährdungsgedanken beruhen das Unterlassungsdelikt, die Fahrlässigkeit, die Äußerungsdelikte, aber auch die straf- wie zivilrechtliche Kausalität und Schuldhaftung (unten § 12), ferner der strafbare untaugliche Versuch und die Täterschaft gegenüber der Teilnahme. Vor allem sollte beachtet werden, daß der Gesetzgeber gerechterweise nicht den Erfolg und den Schaden verbieten und bestrafen kann, sondern nur eine menschliche Handlung oder Unterlassung, die geeignet sind (die Tendenz haben), einen sozialschädlichen Erfolg herbeizuführen. Das Verbrechen ist daher in der Hauptsache Sozialgefährlichkeit, genauer: *sozialschädliches Wirken* Selbstverständlich erfordert das moderne Schuldprinzip auch einen sozialethisch verwerflichen Willen; aber dieser muß sich, entsprechend geäußert, durch äußeres Verhalten, wie es eben der gefährdende Akt darstellt offenbart („manifestiert", „dokumentiert") haben. Ein reines Gesinnungsstrafrecht ist eine juristische Unmöglichkeit, ein unzulässiges Eindringen des Rechts und des Gesetzgebers in die Ethik, die durch äußere Strafmittel entweiht würde. Ein reines Erfolgsstrafrecht dagegen, noch losgelöst von aller Moral, der gegenteilige Fehler, gehört einer überwundenen Kulturstufe an; wir besitzen noch einige Reste in den erfolgsqualifizierten Delikten (§§ 224, 266, 178 usw.).

2. Die Tatbestände des Besonderen Teils sind daher als Verbrechenstypen aufzufassen, auszulegen und weiter auszubauen; der materiale Verbrechensbegriff ist das Dach, unter dem sie alle vereinigt werden. Sein Geist, d. h. Ungeist, Unwertgehalt, die Sozialschädlichkeit, hat sie zu durchdringen. Eine Auslegung einzelner Tatbestandsmerkmale als isolierter

---

[15]) Bemängelt wurde der Rechtsgutsbegriff wegen seines angeblich individualistischen, persönlichkeitsdurchtränkten (!?) Charakters von Schaffstein DStrR 35, 97, Dahm Tätertyp 1940, 31, Boldt ZStrW 56, 208, selbst von RG. 70, 26 (1938) bei Neufassung des fortgesetzten Delikts. Der Begriff ist auch unabhängig von dem Schutzstrafrecht Feuerbachs, v. Liszts, v. Hippels u. a.

[16]) LK 6 A. S. 18 gegenüber der Prß. Dkschr., wo zu Unrecht ein stark polizeilicher Charakter mit der Befürchtung eines Übergangs zum bolschewistischen Strafrecht bemerkt wird.

Größen ist vom Übel; so die einstige Wortinterpretation der Merkmale des schweren Diebstahls (§§ 243 Z. 2 und 3: Einsteigen, Aufbrechen des Behältnisses innerhalb des Hauses usw.), der Sachbeschädigung (§ 303 Veränderung, also auch Verbesserung der Sachsubstanz), der Hehlerei (§ 259 Ansichbringen nur derselben Sache, die gestohlen wurde), der Körperverletzung mittels gefährlichen Werkzeugs (§ 223a), der Transportgefährdung (§ 315, Definition der Eisenbahn): Irrwege, die dem Rechtsleben ebenso geschadet haben wie dem Ansehen der Rechtspflege. Der Leitgedanke ist: *sozialethisch verwerfliche Gefährdung von Schutzwerten:* das Gefährdungsstrafrecht umfaßt das Willens- und das Erfolgsstrafrecht.

Von Wichtigkeit sind daher nicht nur das Angriffsobjekt (das Rechts- und Schutzgut) und nicht nur der Angriffswille (die Absicht und der Zweck), sondern vor allem auch das Angriffsmittel, die Begehungsweise, die Ausführungshandlung (jener in der schwierigen Versuchs- und Teilnahmelehre so umstrittene und doch so ergiebige Begriff). Beim Betrug ist die Täuschung für die Strafwürdigkeit wichtiger als die Vermögensschädigung und selbst die Bereicherungsabsicht. Die Fälschung gibt den Urkundendelikten das kriminelle Gepräge, die Lüge dem Meineid; diesen Begehungsmitteln gegenüber tritt das Angriffsobjekt ganz zurück. Für die frühere Dogmatik war bezeichnend das weitausholende und mit großem Aufgebot an Arbeit ausgeführte Bemühen, zB. bei den gemeingefährlichen Verbrechen nach dem Rechtsgut zu suchen, während doch gerade hier die Bedeutung des Angriffsmittels auf der Hand liegt.

Die Verfechter des neuerdings verpönten Rechtsgutsbegriffs taten zwar gut daran, ihren Begriff zu verteidigen; aber sie waren nicht glücklich, wenn sie zu seiner Rettung geltend machten, daß sich nach ihm die Schwere der einzelnen Delikte, ihre Rangordnung, die Systematik des Besonderen Teils sowie die Begrenzung der Analogie richte. Hierfür sind zwar auch die Schutzgüter, auch die Angriffsobjekte von Bedeutung; wichtiger sind aber die Begehungsweisen und Angriffsmittel. So ist die Ehre als Rechtsgut wichtiger als das Vermögen; gleichwohl wiegt der Betrug schwerer als die Beleidigung. Nur die Verleumdung erreicht einen höheren Grad, gerade weil sie ein besonders strafwürdiges Mittel enthält, die Behauptung bewußt unwahrer Tatsachen. Auch die Gesundheit und die Freiheit sind höhere Rechtsgüter als Geld und Gut; gleichwohl ist der Diebstahl strafwürdiger als die einfache Körperverletzung und die Bedrohung, während auch hier die „gefährliche" Körperverletzung wegen des strafwürdigen Mittels eine höhere Bewertung erfährt. Andererseits ist die Erhaltung von Sachwerten besonders zu schützen; gleichwohl ist die Hehlerei strafwürdiger als die Sachbeschädigung und Sachzerstörung.

Man ersieht aus alledem, daß der *Erfolg nicht der maßgebende Gesichtspunkt* mehr ist, jedenfalls nicht allein und sicher nicht in erster Linie. *Strafwürdiger ist die Willensrichtung und noch strafwürdiger ist die tatsächliche Gefährdung, und zwar vor allem die Begehungs- und Ausführungsart.*

E. 36 suchte bei der Systematisierung des Besonderen Teils beachtlich die Vermögensdelikte nicht zu überschreiben: Schutz des Vermögens (was den anderen Überschriften entsprochen und die Symmetrie gewahrt hätte: Schutz der Person, des Lebens, der Ehre usw.), sondern die Überschrift heißt: Strafbarer Eigennutz. Der Grundgedanke ist richtig, aber E. 36 erkannte ihn nicht und führte ihn nicht durch, da in diesem Abschnitt über Eigennutz die gar nicht hierher passende Sachbeschädigung erschien: ein Zeichen für die Brüchigkeit des Systems und für den Mangel an klaren Tatbeständen.

3. Für *Verbrechenstypen* und anschließend *Verbrechertypen* (unten § 11) lassen sich, da die Gesetzgebung und die herrschende Dogmatik zur Zeit in dieser wichtigen Frage völlig im Stich lassen, die Ergebnisse der kriminologi-

schen Tatsachenforschung verwerten. Sie sind auch für den Ausbau umstrittener dogmatischer Abschnitte des Allgemeinen Teils von unmittelbarer Bedeutung

a) So ist der Streit zwischen objektiver und subjektiver Theorie, der merkwürdigerweise für zwei weit von einander entfernt liegende Lehren in genau gleicher Weise erheblich wird für Versuch und für Teilnahme, dahin zu entscheiden, daß die subjektive Theorie des RG. für eine Gruppe von Tatbestandstypen befriedigt, für eine andere jedoch versagt. Sie paßt naturgemäß für solche Deliktstypen, die mehr auf ein Willensstrafrecht zugeschnitten sind (Nutzdelikte, zB. Betrug), nicht aber für solche, die nach dem Gesetz stärker auf ein Erfolgsstrafrecht angelegt sind (Angriffs- und Triebdelikte, zB. Sachbeschädigung, Notzucht). Die obere Einheit kann auch hier nur das in der Mitte liegende Gefährdungsstrafrecht liefern. Vgl. unten §§ 12 ff.

b) Der Streit um die Strafzwecke erledigt sich ebenfalls für die einzelnen Tat- wie Tätertypen verschieden. So paßt der Erziehungszweck vor allem für die Nutzdelikte (Diebstahl), für das Willensstrafrecht und für die chronische Kriminalität; im allgemeinen aber taugt er wenig (abgesehen von Jugendlichen) für das Gebiet des Erfolgsstrafrechts und für die akute Kriminalität (außer der subakuten). Umgekehrt verhält es sich mit der bloßen Sicherung, Abschreckung und Heilung. Dagegen passen Vergeltung und Sühne grundsätzlich für alle Typen sowie für das Gefährdungsstrafrecht.

c) Auch der Streit um die Akzessorietät der Teilnahme und den mittelbaren Täter sowie um die Grenzen ihrer Berechtigung ist für einzelne Typen von verschiedener Bedeutung; vgl. unten §§ 25/6.

Diese wenigen Beispiele mögen zeigen, daß dogmatische Streitfragen ohne Beziehung auf Verbrechens- und Verbrechertypen nicht fruchtbar zu behandeln sind. Ein jeder hielt seine Theorie für die richtige, weil er eine Gruppe von Taten und Tätern im Sinne hatte, für die sie gut funktioniert, während dort die gegnerischen versagen. Aber er dachte nicht an andere Gruppen, für die seine Gegner das Richtige trafen.

4. Eine Übersicht über die dogmatisch erheblich werdenden kriminologischen Typen wird unten nach Erledigung des Verbrechertyps gegeben (§ 11); es können alsdann Verbrechens- und Verbrechertypen gleichzeitig behandelt werden.

§ 10. Der Verbrecher

I. Als das Interesse für biologische, psychologische, psychiatrische und soziologische Untersuchungen auch die Strafrechtswissenschaft ergriff, wurde das *Verbrechen stärker als bisher als Ausfluß der Persönlichkeit, als Werk und Schöpfung des Verbrechers* betrachtet: das ist die neue *kriminalistische Kreationstheorie*. Da er persönlich unter der Strafe zu leiden hat, erscheint es als ein Gebot der Gerechtigkeit sowohl wie als eine wirksame Bekämpfungsmethode, die Strafe und ihren Vollzug der Täterpersönlichkeit anzupassen Im Programm, aber weniger wohl in der praktischen Ausführung, glaubte man auf die Tat verzichten zu können und in ihr nur einen symptomatischen Anlaß zur strafrechtlichen Behandlung zu erblicken.

In der durch v. Liszt hervorgerufenen strafrechtlich kriminalpolitischen Reformbewegung um die Jahrhundertwende wurde der leicht mißzuverstehende Satz zum programmatischen Kampfruf: „Nicht die Tat, sondern der Täter wird bestraft." Wie der weitschauende Arzt die drohende Krankheit nicht erst ausbrechen läßt, sondern rechtzeitig Präventivmaßregeln ergreift, so sollte auch die Strafjustiz das Verbrechen nicht erst abwarten, sondern den Täter beizeiten einkerkern, damit die Opfer im sozialen Leben erspart bleiben. Von Tesar, Kollmann u. a.[17]) wurde die symptomatische Verbrechensauffassung verkündet und ausgearbeitet. Theoretisch im Wege stand der prozessuale Rechtskraftgedanke: der Rückfällige dürfe nicht noch einmal bestraft werden, da er schon aus Anlaß der Vortat als Täter bestraft sei. Praktisch fehlte es seit dem Versagen der Erkennungsmethode der Lombroso-Schule und auch der neueren Kriminologie schlechterdings an der Möglichkeit, die Begehung eines Verbrechens (und welches?) im Wege einer sicheren Prognose vorauszubestimmen. Der Arzt vermag die habituelle Prädestination zur Tuberkulose zu erkennen, die kriminologischen Mittel versagen und täuschen selbst bei Rückfälligen.

II. So schien das **„Tatstrafrecht"** als Selbstverständlichkeit auch gegenüber den Nachbarwissenschaften gesichert. Die 1933 einsetzende Reformbewegung stand aber trotz ausdrücklicher Ablehnung der Tendenzen v. Liszts unter dem programmatischen Zeichen eines **„Täterstrafrechts"**. Es herrscht bei den vielen, die das Wort noch jetzt verwenden und mit ihm immer wieder eine neue Forderung erheben wollen, manche Unklarheit, was es bedeuten soll und kann.

1. Der *Täterbegriff*, angeblich bisher vernachlässigt, kann verschiedenes bedeuten.

a) *Täter ist Schöpfer der Tat*, und zwar der Haupttat *im Gegensatz zur Teilnahme* (Anstiftung und Beihilfe §§ 48, 49). Dieser Begriff wurde auch früher nicht vernachlässigt, sondern in der Teilnahmelehre eingehend ausgebildet: erst dort an später Stelle läßt er sich nützlich behandeln, da er die ganze Schuldlehre voraussetzt Es war ein Mißgriff der Reform, die gesamte schwierige Teilnahmelehre nur dem Täterbegriff zuliebe an den Anfang zu stellen (so E. 36). Dieser Täterbegriff der Dogmatik hat eine verhältnismäßig untergeordnete Bedeutung. Aus ihm lassen sich keinerlei Erkenntnisse für das Wesen des Verbrechers oder für Tätertypen im Sinne der Reformbestrebungen gewinnen. Letztere Ansicht macht sich sogar einer Verwechslung von Täter und Verbrecher verdächtig. Der Täter im Sinne der dogmatischen Teilnahmelehre ist der engere Begriff Der Verbrecher umfaßt auch die Teilnehmer; auch diese begehen eine rechtswidrige schuldhafte Handlung. Der Täter ist Schöpfer der Haupttat; er nimmt die „Ausführungshandlung" (§ 43) vor, er ist Ausführer der Tat

b) *Täter ist Gegenstand der Schuldbewertung, der Bestrafung und des Strafvollzugs;* in diesem Sinne ist der Täter gleichbedeutend mit dem Verbrecher Die Gesamtpersönlichkeit des Verbrechers wurde früher in Wissenschaft und Praxis in der Tat vernachlässigt. Die moderne Kriminologie ist berufen, auch der strafrechtlichen Dogmatik wichtige Einsichten zu übermitteln, die sie zur Aufstellung von Verbrechertypen verwerten kann (vgl. die Übersichten sofort unten in § 11). In der Praxis wird mit Erfolg ein vom RJM. durch V. v. 30. 11. 1937 eingeführter kriminalbiologischer Fragebogen[18]) verwendet, der den Behörden notwendige Unterlagen für die Verfolgung die Strafbemessung und den Vollzug verschafft Allerdings bietet

---

[17]) Vgl. v. Liszt in früheren Aufl. § 5 II 2; Tesar Die symptomatische Bedeutung des verbrecherischen Verhaltens 1907; Kollmann ZStrW 28. 449

[18]) Bericht seines Organisators v. Neureiter in MonSchr. f. KrimBiol. 29, 25.

er einesteils zu viel, weil die gesamten biologischen Elemente des Lebenslaufs zwar für die Erbbiologie, nicht aber für die Strafjustiz von Interesse sind, anderenteils doch wieder zu wenig, weil wichtige soziologische Fragen fehlen die für die Bestrafung wesentlich sind[19]. Das Gebiet, in dem dieser weitere Täter- oder Verbrecherbegriff von der Dogmatik zu behandeln ist, stellt die Schuldlehre dar.

c) Auf den Täter, nicht mehr auf die Tat sollten einmal die gesetzlichen Tatbestände gestellt werden, so daß diese künftig Tätertypen, nicht mehr Tattypen sind. So schon jetzt § 211. E. 36 faßt die Tatbestände demgemäß so: als Dieb, als Betrüger, als Hehler wird bestraft, wer . . . Gesetzestechnisch steht schon der feinfühlige Sprachgebrauch entgegen, der für die meisten Tatbestände keinen Personalbegriff gebildet hat (Körperverletzung, Sachbeschädigung, Beleidigung, Hausfriedensbruch, Nötigung, Widerstand). Es gibt eben auch sachlich nicht überall Tätertypen (hierüber unten 2c und § 11). Bezeichnend ist schon das Wort: Tatbestand. Jene Reformbestrebung des sog. Täterstrafrechts ist technisch eine Unmöglichkeit für Gesetz wie Urteilsformel, sachlich aber ein Fehler

2. Der *Tätertyp* (im Unterschied vom bloßen Täterbegriff) kann ebenfalls verschieden verstanden und verwendet werden.

a) Als straf-, richtig *schuldschärfendes Merkmal* erscheinen der gefährliche Gewohnheitsverbrecher § 20a, ferner (bis 1945) der gefährliche Sittlichkeitsverbrecher § 42k, der Volksschädling nach V v 5. 9. 1939, der Gewaltverbrecher nach V. v. 5 12 1939 (nach anderer, nicht haltbarer Ansicht stellen diese Vorschriften echte Tätertatbestände dar). Es braucht nicht immer der personale Ausdruck gebraucht zu werden; strafschärfende Tätertypen kennt das Gesetz schon von jeher in den strafschärfenden Bestimmungen über Rückfall (§§ 244, 264, 261 usw.), über Gewohnheitsmäßigkeit (§§ 260, 292, 302d) und Gewerbsmäßigkeit (§§ 175a Z 4, 260, 285, 292, 302d). Das sind sicher nur einige vom Gesetz im großen und ganzen in zutreffender Typik herausgegriffene Tatbestandsmerkmale; die Kriminologie hat sich mit diesen Symptomen chronischer Kriminalität seit langem befaßt und bietet ihre vorläufigen Ergebnisse der Dogmatik zur Systematisierung an (vgl. unten § 11 B). Der dogmatische Platz für diese echten Tätertypen ist die Schuldlehre.

b) Auch als straf-, richtig *schuldbegründende Merkmale* erscheinen die Begriffe Gewohnheits- und Gewerbsmäßigkeit (§§ 180, 285, 302e usw.) und stellen konstitutive Tätertypen für die Tatbestände dar. Das gleiche gilt vom Zuhälter (§ 181a), wo wiederum der personale Ausdruck gewählt werden konnte.

c) Ein sog. normativer Tätertyp soll nach neueren Vorschlägen grundsätzlich zu jedem Tatbestand hinzutreten, und zwar zur „Verdichtung", „Bestätigung" oder „Einschränkung": er soll auch das „Vorbild für den Gesetzgeber" bei Aufstellung der Tatbestände gewesen sein, weil er im Volksbewußtsein lebe, das eine ganz bestimmte Vorstellung von den Begriffen Dieb, Betrüger, Mörder usw. habe; daher habe ihn auch der Richter zu berücksichtigen, um eine volkstümliche Rechtsprechung zu erzielen, weil dem Gesetz die Ausprägung der Tatbestandsmerkmale nicht in einer für alle Fälle passenden Weise gelungen sei.

---

[19]) Vgl. mein Gutachten für den Römischen Kongreß für Kriminologie in den Beiträgen zur Rechtserneuerung 1939 H. 8 S. 325/6.

Diese schon seit v. Liszts Ruf nach einem Täterstrafrecht (oben I) hervorgetretene, seit 1933 mit Aufmachung verkündete Ansicht[20]) fand überwiegende Ablehnung aus verschiedenen, nicht immer stichhaltigen Gründen. Vielen Tatbeständen liegen nur Tattypen, nicht auch Tätertypen zugrunde (oben 1c und unten § 11 A); und wo es Tätertypen gibt, da hat nicht das Volksbewußtsein zu entscheiden, das nur eine unklare Vorstellung hiervon haben könnte, sondern die wissenschaftliche Forschung und richterliche Erfahrung. Jener Ansicht liegt allerdings ein richtiger Kern zugrunde: Die Ausprägung in gesetzliche Tatbestandstypen genügt nicht jeder konkreten Sachlage. Alsdann steht dem Richter jedoch zur Erreichung eines befriedigenden Ergebnisses ein anderes und besseres Korrektiv als jener Tätertyp zur Verfügung: die Anwendung der materialen Begriffe Unrecht und Schuld sowie die Orientierung auf die Ideen Gerechtigkeit und Gemeinwohl. Ihnen gegenüber kann ein „Täterstrafrecht" nichts sachlich Neues bringen; es erweist sich als eine methodisch wie sachlich verfehlte, überflüssige und verwirrende Konstruktion.

III. *Der* **Täter** *auch im dogmatischen Sinne* läßt sich im Anschluß an kriminologische Forschungsergebnisse bestimmen als die *sozial erhebliche, schöpferische, personale Einheit der Taten, genauer der Tendenzen und Potenzen innerhalb eines Menschen*[21]). Es bedarf also der Feststellung: welche Elemente sind im wesentlichen *seine* Schöpfung, *seine* Leistung, *sein* Werk? und welche sind vorwiegend auf andere Ursachen, Umwelt und Erbanlage zurückzuführen? — Über die Entstehung und Entwicklung vgl. § 12.

§ 11. Verbrechens- und Verbrechertypen

Hier wird nach Maßgabe der vorhergehenden Ausführungen nur eine Übersicht über die bisherigen kriminologischen, für die Dogmatik erheblich werdenden Forschungsergebnisse zur Lehre von den sog. Tat- *und* Tätertypen, richtiger Verbrechens- *und* Verbrechertypen gegeben.

I. 1. Die Erheblichkeit betrifft die Unrechts- und Tatbestandslehre, vor allem aber die Schuldlehre, die Strafbemessung, den Strafvollzug, die Strafrechtsreform, also die wichtigsten Kapitel der Dogmatik.

2. Die Kriminologie muß dabei die *überlieferten Tatbestände* und Begriffe der Strafrechtsdogmatik, die sich zunächst einmal historisch entwickelt und im ganzen bewährt haben, zu Ansatzpunkten nehmen. Es geht nicht an, nach Art der Naturwissenschaft die Kriminalität als solche unabhängig von jenen historischen Überlieferungen auf Typen hin untersuchen zu wollen; derartige Typen würden im rechtsleeren und rechtsfremden Raum stehen. Der Verbrecher ist keine geborene Persönlichkeit, wie nach der Lombroso-Schule, sondern das Verbrechen ist eine geschichtlich gewordene, soziale Erscheinung, und das auszuwertende Material, die Kriminalstatistik und die

---

[20]) Dahm Tätertyp 1940; Mezger ZStrW. 60, 353 (anders später DtJ. 1944, 215); Schaffstein DtStrR. 35, 97; Suck Abh. H. 373; Freisler DJZ. 35, 905 für Volksverrat; RG. Dt.R. 1939, 365 für Landstreicher; vgl. aber RG 73, 183 für Zuhälter. Dazu kritisch vgl. Bockelmann Studien zum Täterstrafrecht 1939/40; Kohlrausch-Lange zu § 20a; Olshausen Niethammer ebda. LK. 6. A. 9, 14, 28; Welzel ZStrW. 60, 428; v. Gemmingen ebda. 62, 28; auch Kempermann ebda. 56, 1; Schinnerer Schutz von Staat und Volk im englischen Recht 1935, 74 u. ö.

[21] Dieser von mir aufgestellten Definition stehen besonders nahe u. a. Klug Kriminalpädagogik 1940 S. 18, 20 und Richard Busch Grundfragen der strafrechtl. Verantwortlichkeit der Verbände 1933 S. 10/1.

Spruchpraxis, ist eingestellt nur auf gesetzliche Tatbestände und tatbestandliche Begriffe. Schon deswegen ist die Kriminologie in der Hauptsache Soziologie, allerdings umgeben einerseits von Psychologie, Psychiatrie und Biologie, andererseits von Sozialethik. Eine rein medizinische Forschung, die an sich natürlich sehr zu begrüßen ist, vermag der Strafrechtsdogmatik nur nach dem Durchgang durch die Soziologie Beachtliches zu bieten.

A. Tatbestandstypen

(Tat- und Tätertypen)[23]

	I. reine Angriffs- (Schädigungs-) delikte (selten Tätertypen)	II. reine Nutz- und Notdelikte (fast stets Tätertypen)	III. reine Trieb- und Schwächedelikte (häufig Tätertypen)	Kriminelles Laster (besonders zu II)	Sozialethische Tugend (besonders zu II)
a) Gewalt- und Roheitsdelikte	Körperverletzung z. T. Tötung Sachbeschädigung Brandstiftung gemeingefährliche Delikte	Diebstahl Einbruch z. T. Raub Wilderei	Betteldelikte Landstreicherei z. T. Diebstahl (im Schwächetyp) z. T. Prostitution Rauschgiftmißbrauch	Zügellosigkeit Herrschsucht Roheit Neid, Mißgunst	Zurückhaltung Enthaltsamkeit Selbstbeherrschung
b) Äußerungsdelikte	Beleidigung üble Nachrede Unzucht vor (!) anderen Religionsdelikte Zweikampf	Betrug Urkunden- und Geldfälschung Verleumdung Falsche Anschuldigung Eidesdelikte falsche Aussage Doppelehe	Fahrlässigkeitsdelikte	Unredlichkeit Lüge Entstellung Leichtsinn Gleichgültigkeit	Aufrichtigkeit Wahrhaftigkeit Redlichkeit Sorgfalt Wohlwollen
c) Verratsdelikte Vertrauensbruch Störung der Rechtssicherheit	Widerstand Geheimnisverletzung Politische Delikte: Hoch- u. Landesverrat Begünstigung	Unterschlagung Untreue Arrestbruch Konkursdelikte Bestechung sonstige Treueverletzungen Lohnabtreibung	Abtreibung Kindestötung Aussetzung Ehebruch	Verrat Verschlagenheit Treubruch	Zuverlässigkeit Vertrauenswürdigkeit Treue Tapferkeit
d) Ausbeutungsdelikte Ausnutzung fremder Not Einschüchterung	Nötigung Bedrohung Hausfriedensbruch z. T. Raub z. T. Erpressung	Hehlerei z. T. Erpressung Zuhälterei Kuppelei Wucherdelikte Glücksspiel	Unzucht mit (!) anderen Prostitution	Sinneslust Habgier unter Ausbeutung fremder Schwäche und Laster	Triebreinheit reine Hingabe Opferwilligkeit Hilfsbereitschaft

[23]) Näheres in KrimSoz. Teil III (Anh. Tafel I).

B. Aetiologische Typen[24])

(Anlaßtypen)

I. Einmalige Straffälligkeit

Akute Kriminalität

Augenblicksdelikte, Gelegenheitsdelikte i. w. S.

	a) Stärkere **Umwelteinflüsse**	b) Stärkere **Persönlichkeitseinflüsse** (Anlage-, Charaktermäßigkeit)
a) **Geringerer** Einfluß des **freien Willensentschlusses** (selten Tätertypen)	(1) **Zufallsdelikte** (Fahrlässigkeit)	(3) **Leidenschaftsdelikte** (Totschlag)
b) **Stärkerer** Einfluß des **freien Willensentschlusses** (Tätertypen möglich)	(2) **Gelegenheitsdelikte i. e. S.** (Gelegenheitsdiebstahl, Beleidigung)	(4) **Planmäßige Delikte** Vorbedachts- oder Absichtsdelikte (Unterschlagung, Urkundenfälschung, Erpressung, Meineid)

II. Neigungskriminalität

Chronische Kriminalität

Zustandsdelikte, Gewohnheitsdelikte i. w. S.

	a) Stärkere **Umwelteinflüsse**	b) Stärkere **Persönlichkeitseinflüsse** (Anlage-, Charaktermäßigkeit)
a) Etwas **geringerer** Einfluß des **freien Willensentschlusses** (Tätertypen häufig)	(5) Gleichartiger **einfacher Rückfall** (Diebstahl § 244, Betrug § 264)	(7) **Gewohnheitsdelikte i. e. S.** (Diebstahl aus Hang)
b) **Stärkerer** Einfluß des **freien Willensentschlusses** (fast stets Tätertypen)	(6) Artverwandter, **gemischter Rückfall** (Betrug, Urkundenfälschung und (!) Hehlerei)	(8) **Gewerbsmäßigkeit** (Zuhälter, Wucher, Hehlerei, Betrug) (9) speziell: **Berufsmäßigkeit** (Betrug Einbruch, Hehlerei, Glücksspiel)

[24]) Näheres KrimSoz. Buch II, bes. § 7 (S. 93); Kriminologie §§ 4, 15.

II. Zu den Tafeln A und B ist zu bemerken:

Zu A:

1. Die Tafel A zeigt, daß nur einem Teil der Tattypen auch Tätertypen entsprechen. Allerdings liegt der statistische und sozialethisch kulturelle Schwerpunkt der Kriminalität auf der Gruppe II, in zweiter Linie steht die Gruppe III, so daß die Delikte mit Tätertypen erheblich uberwiegen. Die schwerere chronische Kriminalität ruht ebenfalls bei Gruppe II, im weiten Abstand erst bei III.

Die reinen Angriffsdelikte (Gruppe I) treten häufig subakut auf, d. h. wenn sie sich stark häufen und rasch wiederholen, ist der Grund meist ein äußerer Anlaß, gleiche Umweltlage, Besuch von Gaststätten, Streit mit Nachbarn, Gelegenheit zum Alkoholgenuß usw. — In früheren Zeiten spielte diese Gruppe eine größere Rolle; die reinen Angriffsdelikte sind ausgesprochene Delikte der Frühkultur, treten auch in den jüngeren Altersklassen häufiger auf In den Gesetzbüchern und den Kommentaren nehmen sie dagegen einen ungleich größeren Raum ein und verfügen über weit mehr §§, weswegen sich der Anfänger über die Verteilung der Bedeutung leicht täuscht; der Laie, das Volk sehen ja meist nur den äußeren Schaden (den Tod, den Brand, das Blutvergießen, die staatsfeindliche Aktion), nicht den inneren Unwert und nicht die wahre Gefährlichkeit. In Gruppe I befinden sich die meisten und verschiedensten Rechtsgüter und folglich auch die mannigfaltigsten Angriffsmittel vereinigt; das trägt bei zu der größeren Zahl und der reicheren Kasuistik der Tatbestände, wie hier auch jede Reform neue Tatbestände entdeckt, da sich eben die kriminellen Verhältnisse schnell ändern Die ungleich stärkere Konstanz und Zähigkeit liegt auch in dieser Hinsicht bei den chronisch veranlagten Delikten der Hauptgruppe II, sodann bei III.

Alle diese Gründe mögen dazu beitragen, daß sich in der Gruppe I Tätertypen nicht recht bilden wollen. Vor allem ist die sozialethische Wurzel und Tendenz (vgl. die letzten beiden vertikalen Spalten) der Gruppe II eigentümlich, weswegen hier auch der größere moralische Unwert liegt; die sozialethische Eigenschaft ist auch erkennbar noch bei Gruppe III, während am lockersten (wenn auch immerhin noch vorhanden) die Beziehung zur Sozialethik bei Gruppe I ist.

2. Die Parallelen zwischen den einzelnen Gruppen I—III, also die parallel laufenden Untergruppen a—d, möge man sich einzeln durchdenken; sie bedürfen hier keiner Erläuterung

3. Die Strafwürdigkeit innerhalb der Hauptgruppe II steigt m. E. von a bis d an, wenigstens hinsichtlich der vier Grundtypen, jenes Grundstocks aller Kriminalität: Diebstahl, Betrug, Unterschlagung, Hehlerei[22]) Ein gleicher Anstieg ist noch in Gruppe III zu beobachten, nicht dagegen bei I. Für die Delikte in Gruppe I bestehen übrigens im einzelnen auch größere Gruppierungs- und Systematisierungsschwierigkeiten.

Daß eine Systematisierung nach dem Rechtsgut unzureichend ist dürfte nunmehr keinem Zweifel unterliegen. Gruppe II umfaßt nicht nur Vermögensdelikte, sondern auch Verleumdung, falsche Anschuldigung, Eidesdelikte und von den sog. Sittlichkeitsdelikten Kuppelei und Zuhälterei. Anderseits stehen in der Gruppe I auch Angriffe gegen Vermögenswerte, Sachbeschädigung, Brandstiftung und andere gemeingefährliche Delikte, oft auch Raub und selbst Erpressung. Endlich gehören die Fahrlässigkeitsdelikte und die Unzucht mit anderen und selbst einige Vermögensdelikte (Notdiebstahl, Betteln) in eine Gruppe eigener Art.

Zu B:

1. Die Tafel B findet ihre nähere Erläuterung durch die Schuldlehre. Für die Schuld ist nämlich erheblich nur die Täterpersönlichkeit; daher besteht hier die besondere Bedeutung von Tätertypen. Der Täter bestimmt sich aber niemals vollkommen selbständig und frei gemäß seinem eigenen, die Verantwortlichkeit tragenden Willen, sondern wird in verschiedenen Graden, für die es eben Typen gibt,

[22]) Näher begründet in KrimSoz. Teil III bei den einzelnen Delikten; beachte auch Anhangtafel II. Vgl. bes. S. 357, 436, 494, 531.

beeinflußt bald durch seine Anlage (durch Vererbung), bald durch seine Umwelt. Die Schuld ist um so größer, je stärker die Persönlichkeitseigenheit der Tat ist. Sie wird abgeschwächt durch die Anlage und (regelmäßig noch mehr) durch die Umwelt.

2. So ergeben sich 8 oder 9 **Tat- und Tätertypen**, die zugleich Typen für die materiale Schuld, die Gefährlichkeit von Tat und Täter sowie die Verwerflichkeit der Willensrichtung darstellen. — Die **Strafwürdigkeit** steigt von Typ 1 bis Typ 9 stufenweise an. Die Typen sind erheblich für die Schuld- und Strafbemessung sowie für den Strafvollzug. — Auch die **Strafzwecke** sind verschieden verteilt. Geboten sind bei starken Umwelteinflüssen sozialpolitische Maßregeln, bei starken Anlageeinflüssen Sicherungs- oder heilende Maßregeln. Erziehung ist um so mehr möglich und nötig, je stärker der freie Willensentschluß des Täters ausgeprägt ist; sie ist um so erfolgloser, je stärker der Grad der chronischen Kriminalität ist (wie in den Gruppen 7—9). Die Abschreckung versagt in den Gruppen 1, 2, 8 und 9, meist auch 7. In allen Gruppen bewährt sich der Vergeltungsgedanke; die Sühne tritt zurück in den Gruppen 1 und 2.

C. Reine Wesens- und Sondertypen[25])

1. **Reine Wesenstypen** sind in den Tafeln A und B angegeben. Das sind aber nur allgemeine Grundtypen. Im Einzelfall sind möglich:

2 **Sondertypen**; diese können sein:

a) **Übergänge** von einem Grundtyp zum andern, zB. in Tafel B von 6 zu 7, von 7 zu 8, von 8 bis 9; in Tafel A von Id zu IIa, von IIb zu c, von c zu d.

b) **Verbindungen zu Mischtypen** in A besonders von politischen Delikten oder von Nutzdelikten untereinander oder einer Hauptgruppe mit einer anderen oder innerhalb einer Hauptgruppe von Untergruppen untereinander, so Ic mit d, Id mit IIa, von Id mit 'Id (Erpressung). von Ia mit IIa oder mit IIIa (Diebstahl). Sehr vielseitig sind Diebstahl (I, II, III zu a) und Betrug (IIb mit Brandstiftung Ia). Häufig ist eine Mischung von Tötung oder Körperverletzung mit Raub oder mit Unzucht.

c) **Kreuzungen**: ein Grundtyp gibt sein ursprüngliches Wesen auf und nimmt ein anderes an. So erscheint die Brandstiftung oft oder gar meist nicht als Roheits-, sondern als Betrugsdelikt. Häufig treten reine Angriffsdelikte als Nutztyp (Diebstahl oder Betrug) auf, so vor allem die Tötung (§ 211 n. F.), aber auch die Körperverletzung und Sachbeschädigung. Mitunter zeigen sich diese auch unter dem Sexualtyp. Oft sind Kreuzungen innerhalb der Nutzdelikte: was juristisch Diebstahl ist, erscheint kriminologisch als Unterschlagung (Taschendiebstahl. Gesindediebstahl) oder als Betrug (Ladendiebstahl durch Käufer, die sich viele Sachen zur Ansicht vorlegen lassen) oder als Hehlerei (Weiterverschieben des Diebsguts an Käufer). Sehr ergiebig ist der Betrug; er enthüllt seinen wahren Charakter, indem er verkappt in anderer Gestalt erscheint: als Brandstiftung. Diebstahl, Unterschlagung, Erpressung, Hehlerei u. a.

§ 12. Entwicklung des Verbrechensfalls: Wollen und Wirken. Kausalität und Freiheit (Verantwortung). *Übersicht und Neubau.*

I. Der jahrtausende alte **Streit um die Willensfreiheit** hat sich dank der exakten psycho- und soziologischen Forschung der letzten Jahrzehnte auf engen Raum beschränkt und sich wie folgt zugespitzt:

1. Man weiß, daß der menschliche Wille nicht mehr uferlos frei ist, sondern weitgehend erstens durch die natürliche und die soziale, insbe-

---

[25]) Näheres KrimSoz. Buch III, IV, bes. § 56.

sondere die wirtschaftliche *Umwelt*, zweitens durch die ererbte *Anlage* und durch den erworbenen *Charakter* des handelnden Menschen bestimmt („determiniert") wird.

Der *Determinismus* lehrt nunmehr weiter, daß hiermit der Kreis der Ursachen und Bedingungen geschlossen ist, innerhalb dessen für einen sog. freien Willen kein Raum sei; wo man vielmehr noch einen freien selbständigen Willensentschluß zu erkennen glaubt, da löst er sich bei näherem Zusehen ebenfalls in Einflüsse der Umwelt und Veranlagung auf, und wo man diese nicht feststellen kann, da sei eben die wissenschaftliche Forschung noch nicht abgeschlossen, wie sie auch vorher noch in den Anfängen stand, als der Indeterminismus (als absoluter) für sich ein weites Feld beanspruchte.

Demgegenüber sagt der gemäßigte (relative) *Indeterminismus:* trotz starker Umwelt- und Anlageeinflüsse könne sich der normale, geistig gesunde Mensch frei und selbständig entschließen; und nur insoweit könne er gerechterweise für sein Tun und Lassen moralisch wie strafrechtlich verantwortlich gemacht werden. Bestände dagegen für ihn keine Möglichkeit des Anderswollens und Andershandelns, der Widerstandskraft gegen fremdartige Einflüsse, so entfalle jegliche persönliche Schuld und liege die Verantwortung bei jenen ihn ausschließlich bestimmenden Faktoren, bei der Umwelt, bei den Vorfahren, bei den Erziehern.

Hiergegen wendet sich wiederum der (gemäßigte) *Determinismus:* durch Umwelt, Anlage und Persönlichkeit seien sämtliche Ursachen des Wollens und Handelns erschöpft; eine „Freiheit" gebe es nicht, die ja eine Freiheit von Ursachen bedeuten würde. Wenn das gesamte Weltgeschehen ursächlich bedingt sei, so dürfe doch gewiß der winzige menschliche Wille keine Ausnahme machen (das ist zweifellos richtig!). Die moralische und strafrechtliche Verantwortung müsse demgemäß abgeschwächt werden (das ist der wunde Punkt!); sie brauche nicht etwa ganz aufgehoben zu werden, aber jedenfalls sei die Folge der modernen bio-, psycho- und soziologischen Erkenntnisse (das ist der noch wundere Punkt!), daß auch die Ethik sich wandeln müsse und daß die Strafe keine ethische Aufgabe der Vergeltung und Sühne für Schuld, sondern neue bio-, psycho- und soziologische Funktionen der Heilung, Erziehung und Sicherung (Schutzstrafe) besitze.

Und schließlich hält der *Indeterminismus* entgegen, das seien keine Rechtsstrafen mehr, sondern Nützlichkeitsmaßregeln (was weit über das Ziel hinausstößt!), und beruft sich zum Beweis der Freiheit auf die Tatsache der Erfahrung und des eigenen Erlebens: Würde dem Menschen das Freiheitsbewußtsein genommen, so sei kein Antrieb zum Höherstreben, keine Bereitschaft zur Erziehung, keine Empfänglichkeit für Lob und Vorwurf vorhanden; der Determinismus treibe den Menschen und das Volk zum Fatalismus und wirke niederziehend und erlahmend

Der **Determinist** sagt: ich bin einmal so; ich kann nicht dafür, daß ich so geworden bin; den Menschen ist ihr Weg vorgezeichnet, der eine ist prädestiniert zum sittlich gesunden und glücklichen Leben, der andere zum Verbrecher; es ist bestimmt in Gottes Rat; es ist doch unser Tun umsonst auch in dem besten

Leben; ein jeder werde, wenn seine Stunde gekommen, mit Sicherheit dorthin geführt, wo die Tränen seiner harren (Maeterlinck). Der Indeterminist erwidert: und dennoch! nun gerade nicht! ich bin anders und will helfen. Du kannst, denn du sollst (Kant = Schiller). Der Determinist berichtigt: ich soll nur, soweit ich kann.

2. Dies der gegenwärtige Hauptstreitstand. Ein richtig erkanntes Problem ist bereits ein Schritt zu seiner Lösung. Wir müssen uns auf die Andeutung folgender *Lösungsversuche* beschränken, die angesichts der Größe des Problems ganze Weltanschauungskonflikte heraufbeschwören.

a) Den in Streit befangenen *Hauptgegensatz von Kausalität und Freiheit* löst die an Kant und den Neukantianismus orientierte *Methodik* dahin, daß die Naturwissenschaften und die beschreibenden Sozialwissenschaften mit dem Kausalurteil arbeiten und überall nach Bindungen, Abhängigkeiten und Zusammenhängen forschen, während das Strafrecht und die Ethik die Frage der Verantwortung behandelt und diese nur bei vorhandener Willensfreiheit bejahen kann, nach Kant haben Gott und Freiheit im Reich der Natur keine Stätte, sind aber ewige Aufgaben („Postulate") für den sittlichen Menschen. Hiernach würde für die ätiologisch arbeitende Kriminologie Freiheit abzulehnen sein: ein seltsamer Konflikt mit der Schuldlehre des Strafrechts.

b) Die neuere lebensphilosophische (auch die existenzialphilosophische) *Erkenntnistheorie* verteilt die beiden feindlichen Begriffe Kausalität und Freiheit in anderer Weise, wie ich schon in Grdlg. und später stets vertrat. Der Mensch erlebt die Freiheit und vermag sich vor einer Tat frei dahin zu entschließen, ob er sie begehen oder unterlassen will; er kann gegen Versuchungen zum Bösen die nötige Widerstandskraft aufbieten. An diesen Akt ex ante mit der Blickrichtung in die Zukunft knüpft die ethische und strafrechtliche Verantwortung an. Insoweit ist also der Indeterminismus gerechtfertigt: Leben ist Streben in Freiheit; mit der Freiheit würde nicht nur die Verantwortung, sondern auch das Leben aufhören. Würde man einen Menschen bestrafen für eine Tat, die für ihn nicht vermeidbar gewesen ist, so wäre dies eine ungerechte Härte, die ein ethisch und kulturell gehobener Staat nicht auf sich nehmen darf. Dem „Erleben" steht aber das „Erkennen" gegenüber, also die Wissenschaft: man erlebt ex ante die Freiheit, aber man erkennt ex post die ursächliche Abhängigkeit, mit deren Hilfe man eine Tat auch nur „erklären" kann.

c) Für die *Einzelwissenschaften* sucht man demgemäß die für eine jede Forscheraufgabe passende Lösung: also ein notgedrungen stark *relativer Standpunkt*. Speziell für die Kriminologie stellte mein Schülerkreis die Ursachen eines Deliktstyps oder einer Deliktsgruppe exaktwissenschaftlich (im Anschluß an meine Kriminalsoziologie 1933) fest; im Ergebnis bestätigte sich meine damalige Gruppierung (vgl. oben § 11 Tafel B): gewisse Delikte sind vorwiegend *umweltbedingt* (wie die Diebstähle von Ersttätern sowie alle Notdelikte); andere sind vorwiegend *anlagebedingt* (gewisse Roheitsdelikte und Unzucht). Für den Gesichtskreis der Deterministen wäre nunmehr die Gruppenbildung geschlossen. Dem Indeterministen eröffnet sich die Aufgabe, die dritte Gruppe von Delikten zu ermitteln, die vorwiegend *durch den freien Willen bedingt* sind, und gerade diese bilden die Schwerkriminalität, die besondere Strafwürdigkeit verdient und sorgfältigste Behandlung erfordert; als dieser Gruppe zugehörig erkannten wir vor allem die schwereren Fälle von Betrug, Hehlerei, Urkundenfälschung, Unterschlagung, Diebstahl, Zuhälterei, Erpressung, Brandstiftung. Es sind meist chronisch angelegte Nutzdelikte; hier begegnen sich jene vielgesuchten Verbrechertypen, die gerade deswegen und nur deswegen möglich sind, weil der Täter einen stark ausgebildeten freien Willen besitzt. Hier ist das *Verbrechen* am reinsten das *Werk des Verbrechers*. Die Deterministen können nur auf Äußerlichkeiten Gewicht legen, sei es den schweren Erfolg oder die schwere anlagemäßige Belastung (mit Verflüchtigung der Grenze zwischen Strafwürdigkeit und Geisteskrankheit!). Der Indeterminist packt die Kriminalität an der Wurzel und forscht nach dem im sog. freien Willen steckenden Kriminalitätserreger, der (seinem Begriffe nach) den Gegensatz von Freiheit und Ursache aufhebt.

Im Ergebnis lehrt die Kriminologie also einen stark gemäßigten, relativen Indeterminismus und zugleich einen gemäßigten (wenn man so sagen will: erweiterten) Determinismus. *Schuld ist nur bei Willensfreiheit möglich, aber der Grad der Schuld ist verschieden je nach dem Grad der Freiheit,* d. h. nach jenem Grad der Beschränkung durch persönlichkeitsfremde Einflüsse, zu denen auch die durch Anlage und Erziehung gehören[26]).

d) In ähnlicher Weise verbindet die moderne Geschichtsforschung Ursache und Freiheit; sie sucht sämtliche Abhängigkeiten und Zusammenhänge der politischen, wirtschaftlichen, sozialen, allgemein kulturellen Geschehnisse ursächlich zu ergründen, also in der Blickrichtung ex post, und stellt zugleich ex ante die Handlungen großer Persönlichkeiten dar als ihre Taten, entsprungen ihrem freien Willensentschluß. Sie sind um so größer und bedeutender, je wertvoller ihre Leistungen waren, trotz widriger Umweltsverhältnisse, etwa bei dem Salier Heinrich IV. und dem Staufer Friedrich II., und trotz widriger körperlicher Veranlagung, wie etwa bei Kant und Beethoven.

e) Einen ausgezeichneten exaktwissenschaftlichen Beweis für die Willensfreiheit liefert die moderne Erbbiologie. Es sei nur auf die Ergebnisse der aufschlußreichen Zwillingsforschung hingewiesen. Bei eineiigen Zwillingen zeigt sich in zahlreichen Fällen, daß der freie Wille den Ausschlag gab, wenn sie, was in einfachen Volksschichten oft der Fall ist, unter den gleichen Verhältnissen aufwachsen: der eine wurde ein Verbrecher, der andere ein anständiger Mensch. Also gleiche Anlage und gleiche Umwelt, und doch grundverschiedene moralische Bewährung.

f) Die psychologische, charakterologische und ethnologische Untersuchung legt die Annahme nahe, daß Menschen, Stämme und Völker oft eine grundverschiedene Befähigung zur Entfaltung des freien Willens aufweisen. Schizothyme Charaktere und nordische Völker sind mehr indeterministisch eingestellt, zyklothyme Charaktere und südliche Völker mehr deterministisch, was keineswegs etwa für die Anlagetheorie sprechen soll!

g) Auch die einzelnen Wissenschaften und Berufszweige lassen eine relativistisch verschiedene Verteilung als natürlich gegeben erkennen. Indeterministisch zugeneigt sind offenbar die ethischen Wissenschaften, die Strafrechtslehre, die Philosophie überhaupt, Forscher und Künstler, Feldherren und Staatsmänner, große oder groß angelegte Menschen überhaupt. Eine mehr deterministische Haltung liegt naturgemäß näher bei den kausal verfahrenden Wissenschaften und Forschern

---

[26]) Hierzu und zum Folgenden muß verwiesen werden auf m. KrimSoz. S. 71 ff. 705 ff. und demnächst erscheinende Kriminologie.

sowie bei stärker (äußerlich wie innerlich) gebundenen Menschen und abhängigen Lebensstellungen. Daher begegnen auffallend viele Anhänger eines Determinismus bei den Vertretern der beschreibenden Natur- und Sozialwissenschaften, der Geschichts- und der Wirtschaftswissenschaften, auch unter den Juristen und Theologen.

Die Behauptung v. Liszts[17]), daß im Strafrecht die Lager der De- und Indeterministen in zahlenmäßiger Hinsicht ungefähr gleich stark sind, trifft noch heute zu; eine überwiegende, geschweige denn eine herrschende Meinung hat sich bis jetzt nicht gebildet. Der Determinismus scheint jedoch im Augenblick daran zu sein, mehr Anhänger zu gewinnen. Die einstige klassische Schule (RG., die Leipziger Rechtslehrer[18]) war indeterministisch, die soziologische und biologische Richtung deterministisch eingestellt. Die Kriminologie bevorzugt naturgemäß den Determinismus (Exner, Mezger, die Mediziner), obwohl die obigen Ausführungen (zu c) den Indeterminismus bestätigen.

Von den politischen Parteien neigt der ökonomisch gerichtete Marxismus dem Determinismus zu, während nationale und kämpferisch eingestellte Anschauungen wohl mehr zum Indeterminismus tendieren. Der Nationalsozialismus vertrat zuletzt einen Indeterminismus, obwohl die Rassenlehre von einst[19]) eine reine Anlagetheorie verkündete. Die neuere katholische Lehre ist eine indeterministische; Luther war Determinist, obwohl sein Bekenntnis zur Freiheit des Gewissens gegenüber der strengeren Bindung des Katholizismus eher die umgekehrte Verteilung erwarten lassen sollte.

II. Erkenntnisse und Ergebnisse.

1. a) *Schuld* ist nur möglich bei *Freiheit*, d. h. bei Wahlfreiheit, bei Anderskönnen, bei Vermeidbarkeit des Handelns, bei Widerstandskraft gegenüber persönlichkeitsfremden Einflüssen der Umwelt oder der anlagemäßigen Belastung. *Freiheit ist überwiegende Selbstbestimmung des Willens zur entscheidenden Bestimmung der Zukunft*, d. h. der Tendenz des eigenen Wirkens und der sich aus ihm voraussichtlich ergebenden Wirkung auf das soziale Leben, d. i. des rechtserheblichen Erfolges.

b) Diese Willens- und Wahlfreiheit ist die Möglichkeit, sich zum Tun oder Unterlassen aufzuraffen, sich zusammenzunehmen, sich nicht gehen zu lassen; alsdann trägt man für den Erfolg die *Verantwortung*, soweit er allgemein und (!) für den Täter voraussehbar war, also nicht etwa zufällig, d. h. unvorhergesehen und unberechenbar eintritt.

c) Hiermit ist zugleich die *rechtserhebliche Kausalität* bestimmt: sie ist das *Hinwirken, Hinstreben auf einen rechtserheblichen (sozial nützlichen oder schädlichen) Erfolg*; sie ist ein Kraft- und Wertstreben, das einen rechtserheblichen Erfolg nach normalem Geschehen, nach allgemeiner Voraussicht erwarten läßt. Diese juristische (typische oder adäquate) Kausalität ist also kein Gegensatz zu der soeben beschriebenen (relativen) Willensfreiheit, sondern im Gegenteil deren Ausführung. Das Wort Kausalität läßt sich hierbei ganz vermeiden; diese ist das logische Urteil, daß ein Gegenstand einen anderen bewirkt. Den Juristen interessiert, ob eine Handlung einen rechtserheblichen Erfolg bewirkt; für ihn kommt also die Kausalität nur in ihrer teleologischen Spezialform in Betracht: als Zweckstreben, Wert-

---

[17]) 25. A 1927 § 5 II 1 (S. 30). Unrichtig ist aber seine Annahme, daß in der Philosophie der Determinismus gesiegt habe. Neuere Übersicht bei Mezger (1933) S. 252.

[18]) Ebenso noch jetzt L.K. 6.A. 1944.

[19]) Hellmut Nicolai gegenüber Hans Frank.

streben, Wirken, als Bewirken des Erfolges. Es braucht daher hergestellt zu werden nur eine Beziehung (sog. Kausal- oder besser Telos-, Final-, Zweckbeziehung) zwischen dem freien Willensentschluß, dem anschließenden Wirken und seiner Tendenz auf den Erfolg, dessen wirklicher Eintritt jedoch nicht abgewartet zu werden braucht. Den Juristen interessiert nur, *ob ein freier Willensentschluß die Zweckursache zu einem sozialnützlichen oder -schädlichen Erfolg ist*, ob auf ihn die generelle Tendenz eines Wollens und Wirkens gerichtet ist.

d) Darüber hinaus gibt es noch eine *natürliche (reine, logische) Kausalität*, die namentlich für die Kriminologie, für die Schuldabstufung und für die Strafbemessung von Bedeutung ist: inwieweit ist die Bildung des Willensentschlusses nicht restlos frei, sondern bedingt durch persönlichkeitsfremde Mächte (Faktoren), durch anlagemäßige Belastung und durch Umwelteinflüsse? Das Wollen und Wirken ist nur ein Glied in dem natürlichen und sozialen Geschehen, das man Umwelt zu nennen pflegt, und in der fortlaufenden Entwicklung der Persönlichkeit, die jene Eindrücke von außen verarbeitet, dabei die verschiedensten Willensregungen aufkommen läßt oder zurückhält, die verschiedensten Willensäußerungen kundgibt oder unterdrückt. *Für die natürliche und zugleich teleologisch-soziologische Kausalität ist der Verbrechensfall ein großer Willens- und Wirkenszusammenhang, dessen Glieder sämtlich von einander sowohl wie von der Entwicklung der Umwelt derart abhängig sind, daß ein Glied das andere bedingt.* Die natürliche und zugleich teleologisch-soziologische Kausalität in diesem Sinne ist ein Bedingungszusammenhang, in dem kein Glied fehlen darf, soll nicht der Verlauf ein anderer werden. Für die strafrechtliche Beurteilung kommen allerdings nur wenige dieser Glieder als erheblich in Betracht, weswegen diese natürliche Kausalität im Strafrecht eine nur untergeordnete Bedeutung besitzt; in der Kriminologie erweitert sich ihr Einfluß. Auch in diesem großen Kausalzusammenhang findet der freie Willensentschluß als ein Glied seine Stätte; er steht keineswegs außerhalb der Kausalität. Für den Juristen ist allerdings die Willensfreiheit wichtiger als diese Kausalität. Vielmehr wird auch die Kausalität in den Freiheitsstrom gewissermaßen einbezogen, da der Verbrecher selbst sich schöpferisch seine Kausalität schafft.

e) Diese Betonung des Schöpferischen im Verbrecher, diese Betonung, daß das Verbrechen das Werk der kriminellen Persönlichkeit und des in ihm wirkenden Kriminalitätserregers ist, während Anlage und Umwelt nur mitwirkende Begleitumstände sind, darf als *energetische oder Kreationstheorie* im Strafrecht bezeichnet werden: eine *egozentrische, neu-idealistische, neuklassische Analyse der Kriminalität.*

2. a) *Die Persönlichkeit* ist hier zu verstehen als soziale Persönlichkeit, die zum Werkschaffen berufen und verflichtet ist In einem weiteren Sinne bedeutet „Person" oder „Individuum" das natürliche, körperliche und geistige Wesen. Zum Individuum gehören auch die ererbte Anlage und die (zB. durch Krankheit und Umwelteinflüsse) aufgezwungene, von der freien Willensbildung unabhängige Beschaffenheit; in dieser Bedeutung wird vielfach, wie

in der neueren Kriminologie[30]), von „Person und Umwelt" als oberstem Gegensatz gesprochen. Ob diese Auffassung für eine naturwissenschaftlich betriebene Kriminologie ergiebig ist, sei hier dahingestellt; für eine Kriminalsoziologie und vor allem für ein modernes Strafrecht ist sie unzureichend und irreführend. Denn die entscheidende Grenze verläuft innerhalb der Person in jener abgelehnten Bedeutung: *die ererbten und aufgezwungenen Eigenschaften gehören einem Kreise an, für den die soziale und sittliche Persönlichkeit nicht verantwortlich ist,* ebensowenig wie für körperliche Anlage, Rasse, Geschlecht, Lebensalter, unverschuldete Krankheit.

Die Persönlichkeit ist aufzufassen nur als ein aus einer Fülle von Kraft- und Wertstrebungen zusammengesetztes Wesen; nur so ist der Begriff soziologisch, sozialethisch und strafrechtlich verwendbar. Man kann nicht die Persönlichkeit (den „Täter", den „Verbrecher") für die Ganzheit ihres Wesens verantwortlich machen und bestrafen, sie haftet vielmehr nur für einzelne genau zu bezeichnende Vorgänge ihres Wollens und Wirkens. Nur diese sind erfaßbar; zusammengesetzte Größen ohne Analyse sind einem gewissenhaften Wert- und Unwerturteil nicht zugänglich. Auch der abgefeimte Gewohnheitsverbrecher besitzt oft wertvolle Einzelzüge und betätigt sich durch soziale Handlungen, die für die Gesamtbewertung nicht außer acht zu lassen sind.

b) Nur insoweit sind auch die Begriffe *Charakter* und *Gesinnung* strafrechtlich verwendbar. Charakter (in diesem Sinne gleichbedeutend mit Gesinnung) ist der *innerhalb einer Persönlichkeit bestehende Willens- und Wirkenszusammenhang von längerer Dauer, der sich nach einem gewissen Stande der Kraft- und Wertstrebungen durch ein sozialethisches Schlußurteil exakt feststellen läßt,* nicht unähnlich dem Verfahren, das ein Kaufmann bei Ziehung der Jahresbilanz, ein Lehrer bei Aufstellung der Semesterzensur, ein Konkursrichter bei Verwertung der liquiden Masse im Schlußtermin beobachtet.

Nur mit dieser Maßgabe läßt sich unter größter Vorsicht von Charakterschuld, Gesinnungsschuld, Lebenshaltungsschuld, chronischer Schuld sprechen, will man nicht an nebelhafte, verschwommene Bilder das Schlußurteil anlegen. Möglich und exaktwissenschaftlich erforschbar ist aber das *Schuldkonto eines jeweiligen Charakterstandes,* das nur zu einer bestimmten Zeit, nur für einen bestimmten Zeitraum und nur für einen bestimmten, im Augenblick gerade interessierenden Ausschnitt gegeben werden kann und auch sonst starken Änderungen unterliegt. So besitzt das Strafrecht ein anderes Interessengebiet und Aufgabenziel als etwa die Ethik und selbst die Kriminologie; aber auch mehrere Strafrichter mögen voneinander abweichen, je nachdem sie gegenwärtig an demselben Täter einen Gelegenheitsdiebstahl, einen Notzuchtsfall, einen Meineid oder ein politisches Delikt abzuurteilen haben

Jedes Charakterbild ist nur ein Fragment der Persönlichkeit, und selbst das Bild einer Gesamtpersönlichkeit kann immer nur fragmentarisch je nach

---

[30]) So von Exner Kriminalbiologie 1938.

Standpunkt und Funktion des Urteilers ausfallen. Auch die Persönlichkeit ist gleich dem Leben und gleich der Umwelt ein Strom unaufhörlicher Änderung. So klein aber auch der Ausschnitt einer solchen Persönlichkeitszeichnung sein mag, so groß ist die Fülle der freien Willensbestimmungen, der selbständigen Kraftbetätigungen und Wertstrebungen, die innerhalb eines solchen Gesamturteils zu einer Harmonie vereinigt werden.

III. Entwicklung des normalen Verbrechensfalls.

Als Grundtyp kann etwa das Vorbedachts-, das planmäßige Delikt zugrunde gelegt werden (§ 11 II B); bei den anderen Delikten werden oft mehrere Elemente vereinigt oder übersprungen. Im folgenden handelt es sich wohlgemerkt nicht um Stufen, die einander ablösen, sondern um *Kreise, Ringe oder Schichten, von denen die vorhergehenden in allen folgenden weiterwirken*. Die folgenden Stadien bringen also etwas Neues, Engeres, Spezielleres, Höheres, bis endlich das Schulurteil heranreift[31]).

Tafel:

A. Umwelt:

I. Natürliche Umwelt: Klima, Jahreszeit, Landschaft, Volksstamm usw.
II. Soziale Umwelt: wirtschaftliche, politische, kulturelle Lage usw.

B. Täter:

I. als natürliches Wesen:
 1. Erbanlage.
 2. Erworbene Eigenschaften (von außen aufgezwungen).
II. als sittlich-soziale Persönlichkeit:
 1. Bestand der Werte und Unwerte.
 2. speziell: Charakter (Gesinnung).

C. Konkreter Verbrechensfall:

I. Wollen (Kraft- und Wertstreben):
 1. Erster Anreiz: Unlustgefühl, Keim des Kriminalitätserregers: Eigennutz, Zorn (Angriffswille), Gleichgültigkeit als Keim der drei Grundtypen der Delikte.
 2. Motive und Gegenmotive. Streit: Motivation.
 3. Beweggrund (Leitmotiv); auch mehrere möglich.
 4. Entschluß zur Tat; oder auch erst zur Vortat:
  a) unvermeidbar wegen Umwelt oder Anlage,
  b) vermeidbar: also Willensfreiheit; Wahl: sich entscheiden, sich aufraffen, sich zusammennehmen, den Versuchungen zum Bösen widerstehen!
 5. Betätigungswille (Impuls, Antrieb) und Betätigungsmöglichkeit. Gelegenheit suchen oder abwarten. Hindernisse überwinden! Aetiologische Typen (oben § 11 II B). Sieg des Kriminalitätserregers.
 6. Fortwirken des Willens und des Kriminalitätserregers in den folgenden Stadien des Wirkens.
II. Wirken (Handeln, Unterlassen):
 1. Vortaten:
  a) entferntere (straflose) Vorbereitungshandlungen.
  b) nähere (evtl. strafbare) Vorbereitung.

[31]) Über die psychologische Entwicklung der Tat vgl. Kriminologie § 3.

2. Ausführung der Tat (Ausführungshandlung i. w. S.):
   a) Anfang der Ausführung (Versuch),
   b) Ausführungshandlung i. e. S. (*Tatbestandshandlung*),
   c) Abschluß der Ausführung (Verwirklichung der „Absicht").
3. *Erfolge*:
   a) Mit- Neben-, Nacherfolge,
   b) (konkrete) Gefährdung oder Verletzung von Lebensinteressen; evtl. nur abstrakte Gefährdung,
   c) Soziologische Fernerfolge. Rückwirkung auf Umwelt und Persönlichkeit.

D. Rechtsfolgen: juristische Behandlung:

I. Sozialgefährlichkeit: *Unrechtsurteil*.

II. Sozialethische Verwerflichkeit: *Schuldurteil*.

III. Bestrafung und sonstige Behandlung mit Wirkung auf Umwelt und Persönlichkeit: Ausgleich, Vergeltung. Sicherung, Erziehung — womit der Kreislauf geschlossen ist und auf seinen Anfang zurückgeführt wird.

IV. Erläuterungen und Ergänzungen der Tafel.

1 Der Wille verhält sich zum Ziel des Täters (subjektive Täterseite des Verbrechens) wie die Handlung zum Erfolg (objektive Tatseite). Der Wille wirkt, wie nochmals betont sei, vom ersten Anreiz über den Entschluß zur Tat hinaus bis zum Erfolg; es wäre also unrichtig, ihn nur bis zur Tatauslösung zu beachten. Aber die einzelnen Stadien des Wollens und diejenigen des Wirkens brauchen nicht zeitlich *nacheinander* zu verlaufen, wozu die Tafel verleiten könnte; sie können auch *nebeneinander* sich entwickeln. Die Tafel ist weniger chronologisch als psycho-soziologisch und logisch zu verstehen.

2. Der erste Anreiz braucht noch nicht zur Ausführungshandlung hinzustreben; er kann auf eine entfernte, konkret unbestimmte Vortat gerichtet sein, ja auf eine strafrechtlich indifferente Tat. Der Kriminalitätserreger kann sich oft erst *allmählich heranbilden*[32]); sehr oft reift er erst beim Kampf der Motive heran; mitunter entwickelt er sich zu seiner ganzen Stärke erst während des Wirkens. So wenn der Täter unschlüssig und mutlos erst einige Proben zur Haupttat voranschickt oder während des Handelns selbst noch kein klares Bild von seinem Ziel besitzt. Der Plan in seinen Einzelheiten über Objekt und Umfang (beim Diebstahl). über Mittel und Begehung (Einbruch und Einsteigen), über Ziel und Auswertung (Verkauf, Abgabe an Hehler) wird oft erst von den Umweltverhältnissen abhängig gemacht; dieses Heranreifen und Anpassen trifft man selbst bei den Triebdelikten[33]).

Umgekehrt findet oft eine Verengung des Ziels statt, eine Spezialisierung und Lokalisierung der Tat: oft läßt der Täter alte Pläne fallen und faßt neue Entschlüsse. Nebenerfolge und Zufallsbegleitumstände bilden nicht selten den Anlaß zu neuen Kriminalitätserregern. Mitbestimmend wirken dabei außer den sich beständig wandelnden *Umweltlagen* die jeweiligen, sich ebenfalls dauernd ändernden psychischen und physischen *Persönlichkeitsverhältnisse*; dabei sprechen außer Absichten und Zielen mit: Stimmungen, Empfindungen, Bewußtes, Unbewußtes und Unterbewußtes.

In der Regel bilden sich im Kriminalitätserreger zuerst Gefühle (Unlust, Mangel), Triebe und Instinkte und weichen später bestimmten Vorstellungen, um schließlich in Plänen auszureifen, in denen regelmäßig (nicht immer) zuerst Nah-, später Fernziele greifbar werden. So gruppieren sich die Delikte, auch von hier aus gesehen, in Trieb-, Angriffs- und Nutzdelikte. Es rechtfertigen sich aber auch die Gruppen der ätiologischen Typen (oben § 11 II B); für sie ist maßgebend, ob Umwelt,

[32]) Vgl. des Näheren m KrimSoz. § 68 III

[33]) Der Raubmörder Sternickel beging an den Bauernmädchen in den Scheunen Notzucht, tötete sie je nach der Sachlage oder steckte die Scheune in Brand.

Anlage oder freier Wille den stärksten Anlaß bieten, und außerdem, welche Persönlichkeits- oder Umwelteinflüsse das Delikt vorwiegend charakterisieren. — Wie der Wille weitverzweigt beginnt, so kann sich auch der Erfolg verzweigen: die Brandstiftung bewirkt Sachschaden, Krankheit, Tod, Störung der Sicherheit, Versicherungsbetrug nebst Folgen.

3. Der Ausdruck **W i l l e** wird in überaus vieldeutigem Sinne gebraucht; er sollte nur mit größter Vorsicht und bei größter Klarheit über Inhalt und Bedeutung verwendet werden. Er kann folgendes heißen: a) Zusammenfassung aller psychischen Akte im Sinne der obigen Tafel: Willens- oder Zweckstreben (Kraft- und Wertstreben) im Gegensatz zum Wirken, zum Handeln. b) Nur die emotionale oder gefühlsbetonte Seite; Gegensatz: Vorstellen, Denken, Erkennen; so spricht man in der Vorsatzlehre von Willens- und Vorstellungstheorie[34]). c) Wille wird von manchen gleich Vorsatz verstanden: „Wille im Rechtssinne"[35]). Gegensatz: im natürlichen Sinne (sehr gefährlicher Sprachgebrauch). d) Wille gleich Absicht oder auch Beweggrund, Motiv, Ziel (diese Ausdrücke sollten im Sinne der Tafel geschieden werden); Gegensatz: „bloßer" Vorsatz. e) Allgemeiner Betätigungswille als Vorbereitung zum Handeln (Tafel C I 5); Gegensatz: die weiter zurückliegenden psychischen Akte. f) Speziell: Ausführungswille. g) Willensentschluß; so im Begriff der Willensfreiheit. h) Wille als geläuterter Wille unter Einschluß der Vorstellung; Gegensatz: Trieb, Instinkt[36]). i) Willensrichtung als Disposition; Gegensatz: einzelner Willensakt. k) Wille als Gesinnung oder Charakter; Gegensatz: Verstand. So bei der Strafbemessung.

---

[34]) So auch in Schopenhauers Hauptwerk.

[35]) So L.K. 6. A. S. 378

[36]) So in der Psychologie bei Wundt u. a.

3. Abschnitt

Das Verbrechen als Unrecht

§ 13. Das Wesen des Unrechts

Das Verbrechen ist rechtswidriges schuldhaftes Verhalten (oben § 8). Im folgenden wird die objektive Seite betrachtet: das rechtswidrige Wirken oder das „Unrecht".

I. Aufbau.

1. *Gegenstand* des Unrechts ist das Wirken, d. i. das Handeln oder Unterlassen. — *Maßstab* ist die Rechtswidrigkeit. Diese bedeutet formal: Gesetzwidrigkeit, material: Widerspruch mit der sozialen Gerechtigkeit sowie mit dem (staatlichen) Gemeinwohl, d. i. Sozialschädlichkeit oder mindestens Sozialgefährlichkeit.

2. *Reihenfolge: Prozessual und logisch* ist der Gegenstand das Frühere vor dem Maßstab, d. h., zuerst ist das tatsächliche Wirken des Verbrechers festzustellen, alsdann ist es auf seine Rechtswidrigkeit und Sozialgefährlichkeit hin zu beurteilen. — *Erkenntnistheoretisch* dagegen ist die umgekehrte Reihenfolge die richtige[1]): zuerst ist der Maßstab, die Idee, die oberste Gesetzmäßigkeit zu erkennen und zu bestimmen, ehe man aus dem sozialen Leben ein für den Maßstab geeignetes Objekt herausgreifen kann. Nur so vermag man zB das Unterlassen strafrechtlich zu behandeln; für die Naturforschung ist es ein Nichts, für die Sozialwissenschaft ist es ein positiver Gegenstand Auch die Kausalität, der ursächliche Zusammenhang zwischen Handlung und Erfolg, kann auf die juristische Erheblichkeit nur unter dem

[1]) Das wird meist verkannt, so von Engisch Logische Studien zur Gesetzesanwendung 1943 sowie MonSchr. 41, 344; vgl. JurEIL. 11. Meist wird das Problem nicht einmal gesehen; dann steht man bei der Unterlassung und der Fahrlässigkeit vor einem Rätsel

Gesichtspunkt des Rechts und des Unrechts erkannt und bestimmt werden, obwohl für die natürliche Betrachtung die Verbindung von Ursache und Erfolg unabhängig von rechtlicher Wertung ist.

Die *Wissenschaft* hat daher für ihre Forschung folgende *Reihenfolge* zu beobachten: Unrecht nebst Tatbestandsmäßigkeit — Wirken (Handeln und Unterlassen) nebst Kausalität des Erfolges. Der *Richter* hat im Prozeß den umgekehrten Weg zu nehmen.

Außerdem hat die *Wissenschaft* selbstverständlich den *materialen Gehalt* des Unrechts vor seiner formalen Gestaltung durch das Gesetz zu untersuchen. Für den *Richter* kommt zunächst nur das Gesetz in Betracht, und zwar in den sog glatten Fällen nur das Gesetz, während ihn das materiale Unrecht nur in Zweifelsfällen beschäftigt.

3. Das *materiale Unrecht* ist die Negation der Rechtsidee; deren Wesen zu bestimmen, ist *die* Aufgabe der Rechtsphilosophie, reicht also über die Zuständigkeit einer Sonderdisziplin des Rechts weit hinaus. Für den Aufbau der strafrechtlich erheblich werdenden Rechtswidrigkeit beschränken wir uns auf folgende Leitsätze[2]). Ein Ausbau im Hinblick auf Sonderprinzipien folgt alsbald unten zu II.

a) Jede Gemeinschaft, zu der sich die Menschen in gemeinsamem Wirken und Wertstreben zusammenschließen, bestimmt den Wert des Menschen und seines Wirkens nach dem Maße, in dem er den Aufgaben und Zielen dieses Gemeinschaftsganzen genügt. Das gleiche gilt von der staatlichen Gemeinschaft. Der oberste Maßstab wird durch das *staatliche Gemeinwohl* gekennzeichnet und durch die kulturellen Aufgaben und Ziele des Staates im einzelnen näher bestimmt. *Gerecht* ist die Beurteilung und Behandlung eines Menschen und seines Wirkens nach dem Maße, in dem sie dem Gemeinwohl entsprechen. Zur Kennzeichnung dieser staatlich-sozialen Aufgaben und Ziele werden Normen und *Gesetze* erlassen, die sich je nach dem Wandel der sozialen Verhältnisse zu erneuern und zu ergänzen haben; ihre Anwendung und Befolgung dienen der Rechtssicherheit, der Gleichbehandlung von Gleichem, der leichteren Erkennbarkeit des Rechts und der Voraussicht und Bestimmbarkeit der Folgen.

b) Die drei sog. Prinzipien des Rechts sind daher nur drei Seiten desselben Grundgedankens, der Rechtsidee selbst: *Gemeinwohl ist die psycho-soziologische, Gerechtigkeit die normativ-sozialethische, Rechtssicherheit die formal-juristische Seite der Rechtsidee.* Möglich und durchaus nicht selten ist ein Widerspruch zwischen der materialen Seite, die eine Zusammenfassung der beiden ersten bedeutet, und der formalen, den staatlichen Normen. Dann besitzt den Vorrang für Gesetzgebung und Wissenschaft natürlich die erstere, der materiale Wertgehalt, dem die unvollkommenen Normen anzugleichen sind. Der Richter und der Staatsbürger sind aus Gründen der Rechtssicherheit dagegen den Normen unterworfen. Die

---

[2]) Näheres in Jur.Meth.L. §§ 40/1, 58 und schon Grdlg. 1921 § 12 sowie die kleine Schrift: Das Juristische Grundgesetz 1923. Über andere Ansichten s. oben § 8; über RG. Nagler GerS. 111, 43.

modernen Richter sind aber, soweit die Gesetze nicht zwingenden Charakter tragen (z. B. hinsichtlich der Tatbestandsmerkmale, der Strafarten und des Strafrahmens) wiederum freier gestellt: sie bilden das unvollkommene formale Recht im Sinne der Rechtsidee gleich einem Gesetzgeber weiter und leisten diesem hiermit Vorarbeit.

Der Richter hat sich überhaupt stets, auch bei anscheinend glatter Anwendung des Gesetzes auf den Einzelfall, in die Aufgabe des Gesetzgebers hineinzuversetzen: er fällt sein Urteil derart, daß es sich *auch für Fälle gleicher Art* eignen würde; nur dann wird es von *Rechtssicherheit* getragen. Recht ist *konkrete und zugleich generelle Gerechtigkeit*. Jedes Urteil muß *generalisierungsfähig* sein; es soll zugleich Vorbild für künftige Entscheidungen sein. Das gilt nicht nur für Höchst-, sondern ebenso für Untergerichte, nicht nur für die zu veröffentlichenden, sondern für alle Entscheidungen. Ein einzelner Fall mag vielleicht einmal eine besonders harte Bestrafung zur Abschreckung oder eine besonders milde Behandlung aus humanen und erzieherischen Gründen vertragen; das Urteil ist gerecht nur dann, wenn es im Gemeinschaftsleben auch künftig bei gleichartigen Fällen tragfähig wäre. Deswegen dürfen zB. Fahrlässigkeitsdelikte, kleine Diebstähle und Übertretungen, die stark zur Wiederholung und Häufung neigen, nicht zu milde angefaßt werden, wie umgekehrt Gewalt- und Roheitsdelikte trotz gegenwärtig schwerem Schaden nicht immer zu streng, etwa aus persönlichen und politischen Gründen zu werten sind.

Jede konkrete Entscheidung muß, in den Erfahrungsschatz des Richters eingestellt, sich im Vergleich mit ihren Abstufungen zu schwereren und leichteren Fällen als gerecht erweisen; nur dann ist sie geeignet, auf weitere Sicht dem Gemeinwohl zu entsprechen, also von Bestand zu sein und der Rechtssicherheit zu genügen. Der weniger erfahrene Richter oder gar der Anfänger mögen sich erdachte Fälle zu Probeentscheidungen als Vergleich vorlegen: Würde für den gegenwärtigen Fall, wenn man ihn sich etwas verändert vorstellt, die beabsichtigte Entscheidung entsprechend gemildert oder verschärft im Rahmen der Rechtsordnung tragbar und gerecht sein? Gegen dieses Erfordernis der *Generalisierungsfähigkeit* des Urteils[3]) wird nicht nur von Anfängern gern überaus leicht und oft gefehlt. Auf ihr beruht übrigens auch Kants Kategorischer Imperativ; wenn eine nur vereinzelt auftretende Nachsicht oder eine ebensolche Härte selbst in der Moral gegen ein vereinzeltes Wollen nicht zulässig sind, so gilt Entsprechendes noch weit mehr vom Recht wegen seines generellen und äußeren Charakters. Diese Einsicht spricht gegen ein ausschließliches, neuerdings empfohlenes Willensstrafrecht und warnt vor kritikloser Verwendung von Laienrichtern, die ohne Erfahrung nur immer den Gegenwartsfall sehen. Als Objekt der Beurteilung erscheint hiernach nicht ein einzelnes Wirken, sondern die *generelle Tendenz* eines Wirkens. Nur diese können naturgemäß auch Gesetzgebung und Wissenschaft berücksichtigen: eine wichtige Einsicht für die Kausalitätsauffassung.

---

[3]) Näheres JurMeth.L. § 30a II, s. Reg.

d) Gleichwohl verbleibt es bei der besonders dem sog. Fallrecht und Präjudizienwesen eigenen Erkenntnis, daß sich jede generelle Rechtsnorm nur auf *konkrete Fälle* zu beziehen hat. Der Gesetzgeber übernimmt die Normen nicht lediglich aus der Geschichte oder Rechtsvergleichung, um sie weiterzubilden und zu modernisieren; er legt sich vielmehr eine Reihe verwandter, verschiedener und entgegengesetzter Fälle vor und sucht für sie die passenden abgestuften Rechtsnormen, die für die gegenwärtigen Verhältnisse die der Gerechtigkeit und dem Gemeinwohl dienende Entscheidung gewährleisten. Er denkt so konkret und individualisierend wie möglich, um dem Richter seine Arbeit zu erleichtern, nicht etwa abzunehmen. Dem Richter erwächst nämlich die in der Theorie bisher selten erkannte Aufgabe weiterer *Konkretisierung* und Individualisierung der Gesetzesnormen[4]); er hat sie so weit spezieller zu gestalten, bis sie auf den vorliegenden Fall reibungslos anzuwenden sind. Die Tatbestände des Gesetzes und die einzelnen Tatbestandsmerkmale sind so allgemein und systematisch gehalten, daß sie oft Fälle verschiedenster Art umspannen; das Gesetz vermag nur den ungefähren Durchschnitt zu erfassen, während die konkreten Feinheiten, die allein der Richter feststellen kann, dem Einzelfall ein abweichendes Gepräge geben können. Bei den Grenzfällen sowie bei Fällen, an die der Gesetzgeber wegen der Neuheit der Lebenserscheinung noch gar nicht denken konnte, ist es oft zweifelhaft, ob sie nicht unter eine benachbarte oder eine noch weiter abseits liegende Rechtsnorm fallen, die schon wieder eine völlig andere Entscheidung nötig macht. Mitunter fehlt es überhaupt an einer passenden Norm. In allen diesen Fällen ist es Aufgabe des Richters, die „passende", d. h. die ein gerechtes und gemeinnütziges Ergebnis verbürgende Norm unter Verwertung der eigenen Erfahrung, der Präjudizien und der wissenschaftlichen Einsichten zu gestalten; diese *konkrete Gestaltungsnorm* muß geeignet und berufen sein, selbst sofort zum Präjudiz für künftige Urteile zu werden. — Konstruktive Hilfsmittel sind für den Richter hierbei *Auslegung* und *analoge Anwendung;* in manchen Fällen, selbst in dem strenger normbedingten und dem Gewohnheitsrecht wenig zugänglichen Strafrecht, bleibt dem Richter nichts weiter übrig als Neuschöpfung.

e) Dem oft erhobenen Einwand, Gerechtigkeit und Gemeinwohl seien zu abstrakte Begriffe und umstrittene Größen, als daß sie sich zu Maßstäben für richterliche Entscheidungen eigneten, ist schon oben, § 8 I 3c, begegnet: sie sind hierzu sehr wohl geeignet, sobald sie sich „in Funktion" befinden, wenn also der Richter wiederum im Zusammenhalt und Vergleich mit anderen Fällen prüft, ob sich das eine Gesetz als passender erweist als ein anderes, ob also die eine mögliche Entscheidung als gerechter erscheint als eine andere. Die komparative Methode kann überhaupt in dreifacher Richtung zu einer konkreten Entscheidung als der verhältnismäßig besten hinführen; sie kann anleiten zur *Vergleichung 1) von Fällen, 2) von gesetz-*

---

[4]) Über die sog. konkrete Gestaltungsnorm eingehend Jur.Meth.L. und Jur.El.L. (s. Reg.); zustimmend Niethammer Dt. J. 1941 S. 234 und Klee Z. d. Ak. f. Dt. R. 1941 S. 160, auch Dt. Strafr. 1941 H. 11/2.

lichen Tatbeständen, 3) von Bewertungen daraufhin, ob eine Entscheidung mehr als eine andere der Gerechtigkeit und dem Gemeinwohl genügt.

Zu dem soeben genannten dritten Punkt sei auf eine wenig beachtete Erscheinung hingewiesen. Gewiß soll der Richter in größtmöglicher Weise die Gerechtigkeit und das Gemeinwohl verwirklichen; das ist oft nur in unvollkommenem Maße möglich, und zwar gerade in den problematischen Fällen der Pflichten- und Güterkollisionen. Hier kann das Ziel nur sein, das größere Übel zu vermeiden und den verhältnismäßig größten Nutzen, den *relativ höchsten Grad von Gerechtigkeit und Gemeinwohl* zu wählen. In Notstands- und notstandsähnlichen Fällen verdient das wertvollere Gut, die höhere Pflicht, der *größere ideelle (kulturelle) Nutzen*, der bessere Dienst am Staats- und Volksganzen den Vorzug. Dieser soziologische Gesichtspunkt ist auch juristisch zu verwerten, wie folgt:

f) Zusammengefaßt läßt sich die Rechtsidee als *Juristisches Grundgesetz*, jenes Gesetz der Gesetze, von dem die einzelnen Rechtsnormen und gesetzlichen Tatbestände typische Ausprägungen darstellen, folgendermaßen ausdrücken: *rechtmäßig* (in materialem Sinne) *ist ein Wirken* (Verhalten, Handeln, Unterlassen), *das in seiner allgemeinen Tendenz generalisiert der staatlichen Gemeinschaft* (der im Staate geeinten Volksgemeinschaft) *mehr (ideellen, kulturellen) Nutzen als Schaden gewährt*. Umgekehrt ergibt sich der vielgesuchte Begriff der *materialen Rechtswidrigkeit* als *ein Wirken*, das *in seiner allgemeinen Tendenz generalisiert der staatlichen Gemeinschaft mehr (ideell-kulturellen) Schaden als Nutzen gewährt*, ihr mehr kulturelle Unwerte als Werte zuführt[5]).

4. Das *formale Unrecht* prägt das materiale in Typen aus. Deren gibt es zwei Hauptarten; in beiden muß der Unwertgehalt des materialen Unrechts lebendig und erkennbar sein; sie sind dessen Symptome und Indizien.

a) Die *gesetzlichen Tatbestände*. Über die *Tatbestandsmäßigkeit* ist unten § 14 näher zu sprechen. — Diese Ausbildung der Tatbestände kann niemals voll gelingen, weswegen eine besonnene, maßvolle *Analogie* nur eine Forderung der Gerechtigkeit ist und auch ohne den angefeindeten § 2 n. F. von 1935 angewendet werden darf und muß. Dieser war in der Fassung weniger glücklich, die zur Bekämpfung in der Tat herausfordert, trifft aber sachlich das Richtige; er enthält keine Durchbrechung des die „magna charta des Verbrechers" bildenden Satzes *nulla poena sine lege*, sondern erweitert das Gesetz von seiner Wortfassung zu seinem Grundgedanken. Von den beiden Voraussetzungen drückte das „gesunde Volksempfinden" die Forderung der Gerechtigkeit aus, während der Grundgedanke des Gesetzes der Forderung der Rechtssicherheit genügt.

Die Abschaffung des § 2 (1935) durch KontrollratsG. v. 30. 1. 1946 Nr. 1 brachte daher keine neue Rechtslage. Die bisherige Praxis hatte mit Recht Analogie nur in engen Grenzen zugelassen und ist über die bisherige

---

[5]) So schon ZStr.W. 33 (1912), 794; näher Grdlg § 12 S. 286. Lit. in ZStrW. 51, 171 sowie oben § 8 II.

Rechtsprechung nur unwesentlich hinausgegangen[6]). So wurde bei Fernsprechautomatenbetrug durch Einwurf falscher Münzen auch bei Selbstwähler, also auch ohne Täuschung, analog der Betrugsparagraph angewendet, bei Hehlerei an der Ersatzsache oder am Erlös analog der Hehlereiparagraph, bei Diebstahl unter Anwendung von Betäubungsmitteln analog der Raubparagraph[7]). Unzulässig wäre selbstverständlich eine Ausdehnung des § 175 auf Unzucht zwischen Frauen, ebenso eine Abweichung vom Lebensalter (§§ 176 N. 3, 182) oder Verwandtschaftsgrad (§ 173).

§ 2b ließ Alternativ- oder Wahlfeststellungen zu, wenn feststeht, daß der Täter gegen ein Strafgesetz verstoßen hat, ungewiß aber bleibt, gegen welches (zB. ob er die Sache gestohlen oder als Hehler erlangt hat); früher mußte bei solcher Ungewißheit Freispruch erfolgen (was wohl richtiger war, da bei Ungewißheit auch noch weitere Möglichkeiten offenstehen, zB. ein drittes Delikt oder ein weiterer Mitbeteiligter). Das Gericht kann sich im Alternativfall auch von der Strafwürdigkeit keine genügende Vorstellung machen, so daß selbst die von § 2b vorgeschriebene Bestrafung aus dem milderen Gesetz leicht zu ungerechten Urteilen führt. Endlich sollte Wahlfeststellung nur zulässig sein, wenn die beiden Delikte im Grundgedanken mindestens verwandt sind; unzulässig wäre also eine Verurteilung wegen Betruges oder Abtreibungsversuchs, wegen Verleumdung oder Blutschande[8]). Die Aufhebung durch KontrollratsG. d. 30. 1. 46 Nr. 1 war ebenso unbedenklich wie bei verständiger Auslegung unnötig.

b) *Unrechtsausschluß- oder Rechtfertigungsgründe.* Die typische Prägung des materialen Unrechts in Tatbeständen (zB. Körperverletzung) genügt noch nicht zur formalen Rechtswidrigkeit und schießt vielfach über das Ziel hinaus, so daß es einer Einschränkung bedarf (zB. bei Notwehr oder Züchtigungsrecht). Das Gesetz stellt diese den meisten Tatbeständen zugänglichen Rechtfertigungsgründe in den Allgemeinen Teil (§ 53); andere verbleiben bei den ihnen eigentümlichen Tatbeständen (§§ 193, 226a); noch andere finden sich in Gesetzen außerhalb des StGB. (zB. BGB. §§ 226 ff.) oder werden der Wissenschaft überlassen, die hiermit vor ein besonderes Problem gestellt wird, das sie nur aus dem Begriff des materialen Unrechts als der Wurzel auch der Rechtfertigungsgründe zu meistern vermag (vgl. sofort zu III und § 18).

Man hat aber zu weitgehend in sämtlichen Rechtfertigungsgründen ein besonderes Problem gesehen; dieses konnte nur entstehen, wenn man zu eng und einseitig die Rechtswidrigkeit rein formal als Tatbestandsmäßigkeit verstand. Die ganze Gruppe erklärt sich ganz einfach gesetzestechnisch; statt bei jedem Tatbestand der Angriffsdelikte, zB. Körperverletzung, Tötung, Bedrohung, die Ausnahme zu machen: „sofern der Täter nicht in Notwehr handelt", zieht das Gesetz die gemeinsamen Gründe vor die Klammer, die ihre letzte Erklärung ebenfalls wie die Tatbestände im Wesen des materiellen Unrechts finden.

---

[6]) Hierüber eingehend JurMethL. § 39; s. ferner die Komm.

[7]) RG. 72, 351. S. auch 75, 45.

[8]) Gegen den § 2b überhaupt sprachen sich viele aus; vgl. JurMethL. § 44b und nicht unbedenklich LK. 6. A. 115.

Die frühere Erklärung mit negativen Tatbestandsmerkmalen (Frank)[9]) weicht mehr im Ausdruck und in der Konstruktion (die nicht glücklich ist, da in einfachen öffentlich- oder zivilrechtlichen Befugnissen kein „Tatbestand" zu erblicken ist) als in der Sache ab. Die andere Erklärung mit subjektiven Rechten (Nagler u. a.)[10]) trifft nicht alle Rechtfertigungsgründe (zB. Einwilligung) und ist einseitig privatrechtlich orientiert.

Unrichtig ist die Ansicht, in den „Rechtfertigungsgründen" (Ausdruck geläufig schon seit Berner) einen Gegensatz zu den Unrechtsausschließungsgründen zu sehen[11]): erstere sollen ein Gegenrecht gewähren, letztere möglicherweise nur einen rechtsfreien Raum lassen, so daß sich der Täter nicht auf ein Recht berufen könnte, was natürlich von weittragenden Folgen wäre (falls kein Recht, so Verurteilung). In Wahrheit gibt es nur zwei, nicht drei Möglichkeiten: wenn ein Handeln nicht rechtswidrig ist, so ist es rechtmäßig, d. h. rechtlich erlaubt. Eine rechtliche Indifferenz wäre eine juristische Unmöglichkeit und eine soziale Untragbarkeit: man würde nie wissen, ob man auf diesem Gebiete eine Handlung vornehmen darf oder nicht.

c) Hiernach ist zu bestimmen die *formale Rechtswidrigkeit* als *Gesetzwidrigkeit*, d. h. als *Tatbestandsverwirklichung beim Fehlen von Rechtfertigungsgründen*. Formal rechtswidrig ist ein tatbestandsmäßiges Verhalten, dem nicht besondere Rechtfertigungsgründe zur Seite stehen. — Einen speziellen Begriff der „Strafrechtswidrigkeit"[12]) gibt es nur insofern, als die soeben gegebene Definition nicht auch für andere Rechtsmaterien paßt, die weder auf strenge Tatbestände noch auf Rechtfertigungsgründe Gewicht legen; der Unrechtsgehalt im Strafrecht ist jedoch auch für die anderen Materien verbindlich, wie umgekehrt. Das Strafrecht hat keine eigene Unrechtsauffassung; insofern ist ein besonderer Begriff der Strafrechtswidrigkeit irreführend.

II. Funktion.

1. Der Richter hat zuerst sämtliche *Tatbestandsmerkmale*, sodann die subjektiven Merkmale, Vorsatz oder Fahrlässigkeit, festzustellen. Alsdann ist das Vorliegen von *Rechtfertigungsgründen* zu prüfen, *soweit der Sachverhalt (!) hierzu herausfordert;* einen diesbezüglichen Einwand oder auch nur Hinweis des Angeklagten, zB. in Notwehr gehandelt zu haben, abwarten zu wollen, wozu die negative Fassung (Unrechtsausschließungsgrund) oder die Auffassung eines Gegenrechts (Rechtfertigungsgrund) verleiten könnte, wäre ein schwerer prozessualer Fehler. Das Gericht hat von sich aus diese Feststellung zu treffen. Bei unzureichendem Beweisergebnis (wenn also zweifelhaft ist, ob Notwehr vorliegt oder nicht), hat Freisprechung,

---

[9]) Aufbau des Schuldbegriffs 15 ff. und schon Merkel Lehrb. 1889, 82; später v. Hippel VD. A 3, 549 und noch v. Weber Zum Aufbau 17. Frank vor § 1, vor § 51 III, und v. Hippel II 189 haben ihre Ansicht später fallen lassen. Welzel Grds. 65 spricht von Ausnahmetatbeständen.

[10]) Stand der Lehre von der Rechtswidrigkeit 1911, 10 und Festg. f. Frank I 1930, 341.

[11]) LK. 6. A. 33, 361 u. ö.; vgl. auch RG. 61, 254.

[12] So seit Feuerbach oft und offenbar in verschiedenem Sinne, u. a. Hold v. Ferneck Rechtswidrigkeit I 333, II 50 Hegler ZStrW. 36, 29 und Festg. f. Frank I 272, Mezger Lehrb. 184 ff., Bruns Befreiung des Strafrechts vom zivilistischen Denken 1938, 259 ff., H. Mayer Strafr. 1935, 225, Schaffstein ZStrW. 55, 26.

nicht etwa Verurteilung[13]), zu erfolgen. Es ist sachlich gleich, ob man das Vorliegen von Notwehr als Unrechtsausschließungsgrund oder das Nichtvorliegen von Notwehr als Unrechtsvoraussetzungsgrund (d. i. Unrechtsmerkmal) bestimmt. Aus sprachlichen Gründen vermeidet man die zweite, an das Negative anknüpfende Fassung.

2. Mit der Feststellung des Tatbestandes und des Nichtvorliegens von Rechtfertigungsgründen ist die Rechtswidrigkeit der Tat, also das objektive Unrecht, festgestellt. Und hiermit ist *zugleich die Sozialgefährlichkeit des Wirkens erwiesen*, also das materiale Unrecht, das ja in den Elementen des formalen Unrechts (oben 1) seine typische Ausprägung erhalten hat. Die Frage, ob wirklich ein Verstoß gegen Gerechtigkeit und Gemeinwohl vorliegt, hat den Richter (methodisch) schon bei der Prüfung der Tatbestandsmäßigkeit und der Rechtfertigungsgründe beschäftigt. Sollte er hierbei Zweifel gehabt, insbesondere die Tat für sozial nützlich und sachlich geboten gehalten haben, so hätte er, falls nicht schon einige Tatbestandsmerkmale zu vermissen sind, nach einem Rechtfertigungsgrund suchen müssen. *Praktisch taucht das materiale Unrecht regelmäßig erst im Rahmen der Rechtfertigungsgründe auf.* Dort zeigen sich das materiale Unrecht, das Juristische Grundgesetz des Gemeinwohls und der Gerechtigkeit erst „in Funktion", „in Betrieb". Daher gilt es, diese Prinzipien in und zu einem System der Rechtfertigungsgründe auszubauen; hierüber unten § 18.

3. Mit Feststellung der Rechtswidrigkeit sind die *Voraussetzungen* geschaffen: a) für das Schuldurteil: Vorsatz ist in Kürze zu definieren als Kenntnis des Unrechts, Fahrlässigkeit als Nichtkenntnis des Unrechts bei Kennenmüssen; b) für die reinen Unrechtsfolgen, die nicht Schuld, sondern bloße Gefährlichkeit (d. i. eben den Unwertgehalt des Unrechts) erfordern: Sicherungsmaßregeln (§§ 41, 42a ff.); Schadensersatz usw.; ferner c) Notwehrbefugnis (§ 53: rechtswidriger Angriff); Drohdelikte (§§ 113, 117, 126, 176/7, 240, 249, 253; auch 49a, 139, 190, 199, 233); Anschlußtatbestände (§§ 257, 259); limitiert akzessorische Teilnahme (§ 50).

4. Bei *Überschreitung* (Exzeß) der Grenzen der Rechtmäßigkeit ist die Tat rechtswidrig, der Täter möglicherweise schuldfrei mangels Vorsatzes (es fehlt das Bewußtsein der Rechtswidrigkeit). Dies gilt nicht nur für Notwehr (Notwehrexzeß § 53 Abs. 3), sondern für sämtliche Rechtfertigungsgründe, also auch für Staatsnothilfe[14]), soweit diese überhaupt rechtfertigen kann, für Wahrnehmung berechtigter Interessen[15]), für das Züchtigungsrecht (auch evtl. Dritter), für die mißlingende ärztliche Operation, für den rechtswidrigen verbindlichen Dienstbefehl; die beiden letzten Fälle sind besonders umstritten und praktisch wichtig. Die ganze Frage und ihre Behandlung sind

---

[13]) Verurteilung verlangt unbegreiflich LK. 6. A., 44 gemäß der irrigen Auffassung der Strafausschlußgründe (oben I 4b); bei non liquet sei contra reum zu entscheiden. Die Tatbestände sind keine „Vermutung" für das Unrecht, die im Prozeß entkräftet werden müßte; sie bildet nur e i n e n Erkenntnisgehalt für die Rechtswidrigkeit.

[14]) Hierfür soll nach Boldt ZStrW. 56, 183 eine Ausnahme gelten, Irrtum also nicht entschuldigen, offenbar aus politischen Gründen.

[15]) So wenigstens früher deutlich RG. (schon 6, 408; 25, 357).

erheblich, weil gegen die rechtswidrige, sei es auch schuldfreie Handlung Notwehr zulässig ist.

5. *Widersprüche zwischen den Prinzipien.* Widersprüche sind nicht möglich zwischen Gerechtigkeit und Gemeinwohl, insoweit gerechte Behandlung (und nur sie) dem richtig verstandenen Gemeinwohl entspricht; Gerechtigkeit und Gemeinwohl gehören beide zum materiaten Recht und sind Elemente des Juristischen Grundgesetzes. Widersprüche sind jedoch möglich zwischen diesen beiden Prinzipien einerseits und dem formalen Recht, dem Gesetz andererseits. Hier geht für den Richter aus Gründen der Rechtssicherheit das letztere vor. Jedoch kann m. E. in seltenen Ausnahmefällen bei offenbarer und sozialethisch untragbarer Ungerechtigkeit ein Zurücktreten der Rechtssicherheit notwendig werden, vgl. unten III 4.

III. Ausbau des Juristischen Grundgesetzes der Gerechtigkeit, des Gemeinwohls und der Rechtssicherheit.

Die Rechtfertigungsgründe sind von den Gesetzen nur bruchstückweise geregelt (Notwehr, Notstand, Interessenwahrnehmung usw.) und im übrigen von der Rechtsprechung und der Wissenschaft höchst kasuistisch ausgebildet; ihre systematische Behandlung (nicht nur äußere Gruppierung) wollte nicht gelingen. Auch die Prinzipien, die meist zur Erklärung der materialen Rechtswidrigkeit aufgestellt wurden, scheinen immer nur für einen Teil der Fälle zu passen und sich selbst gegenseitig zu überschneiden, so daß der Vorrang nicht ersichtlich ist. So ist die formale Maxime „rechtes Mittel zum rechten Zweck"[16]) zwar für den Heileingriff und das Züchtigen geeignet, versagt aber in anderen Fällen, und die Pflichten- und Güterabwägung[17]) ist auf den Notstand und notstandsähnliche Fälle gemünzt, taugt aber nicht für die anderen Gruppen.

Oben wurden für das materiale Unrecht drei Prinzipien als leitend erkannt, die sich unmittelbar aus der Rechtsidee ergeben und nach denen das Juristische Grundgesetz aufgestellt wurde. Hiernach können drei Gruppen von Rechtfertigungsgründen gebildet werden, und zwar je nach dem sie im wesentlichen beherrschenden Prinzip. Überall machen sich jedoch auch die beiden anderen Prinzipien in zweiter oder dritter Linie bemerkbar, da sie alle ja zusammengehören und nur Ausstrahlungen der gleichen Rechtsidee darstellen, um im Juristischen Grundgesetz zu gemeinsamem Ausdruck zu kommen. — So ergibt sich folgendes System:

1. *Ausübung formaler, typisch ausgeprägter Rechte und Befugnisse:* a) Zwangs- und Gewaltrechte (BGB.), Erziehungsrecht der Eltern und Lehrer; b) Befehle des Vorgesetzten; c) Einwilligung des Verletzten. Hier waltet vor allem das Prinzip der *Rechtssicherheit.* Das formale Recht entfällt aber bei Mißbrauch, bei Schikane, bei Verstoß gegen die guten Sitten;

[16]) Erstmals eingehend Graf zu Dohna Rechtswidrigkeit 1905 im Anschluß an R. Stammler.

[17]) So seit Haelschner (1858) und Berner (1861) viele, zB. Binding Hdb. 760 Frank zu § 193 III 2; Wachinger in Frank-Festg. I 475; RG. 15, 16; 61, 242; 62, 46; 64, 104.

hierbei zeigt sich das materiale Prinzip der *Gerechtigkeit*, auch des *Gemeinwohls*.

2. *Förderung von Lebensinteressen* in Richtung auf das *Gemeinwohl:* a) allgemeine Nützlichkeitseinrichtungen trotz Gefahren (Bergwerke, Verkehrsmittel, militärische Übungen, Turnen usw.); b) Wohl des Nächsten, Heilbehandlung, Werterhaltung im Interesse des Geschäftsherrn; c) Wahrnehmung berechtigter Interessen (§ 193), Zurechtweisung (Züchtigung fremder Kinder). Hier erscheint als Sonderprinzip die Güterabwägung; den Ausschlag gibt aber nicht allein das höhere Privatinteresse, sondern das „Öffentliche Wohl", die *Gerechtigkeit*. Ein entgegenstehender Wille des Verletzten ist zum Teil beachtlich, so bei der ärztlichen Operation; hier macht sich wiederum das Prinzip der *Rechtssicherheit* bemerkbar.

3. *Schutz von Lebensinteressen*, insbesondere durch *Abwehr von Gefahr und Hilfe bei Not:* Notwehr, Notstandsrechte (auch § 193). Hier bewährt sich vor allem die *Gerechtigkeit;* insofern paßt hier die Maxime: rechtes Mittel zum rechten Zweck. Zum Teil gilt aber auch das Prinzip des *Gemeinwohls*, auch wiederum der Güterabwägung (Notrecht); es ist weniger geeignet jedoch für Notwehr. Für die letztere wie für alle Zwangsrechte ist weitgehend die *Rechtssicherheit* entscheidend; sie sollte auch bei der Züchtigung durch Dritte beachtlich sein.

4. Überall ist eine *Verbindung der Prinzipien* zu einer einheitlichen Entscheidung geboten; die Entscheidung nach allein einem einzigen Prinzip reicht nicht aus. Früher unter der Vorherrschaft der Rechtssicherheit bestand die Gefahr einer Erstarrung im einseitigen Formalismus. In politisch bewegten Zeiten droht die größere Gefahr des Mißbrauchs der beiden materialen Prinzipien, besonders des Gemeinwohls zu einseitigen politischen Zwecken, was zu einer ungerechten Gleichsetzung des Nutzens für eine politische Partei mit dem wirklichen Staatswohl führen könnte. Von der überaus gefährlichen, 1933 aufgekommenen Wendung „Recht ist, was dem Volk nützt", ist der Schritt nicht weit zur Ableitung in eine aller Gerechtigkeit hohnsprechende Parteijustiz: Recht ist, was der Partei nützt. Auf das Gemeinwohl könnte sich berufen, wer mißliebige Personen im Parteiinteresse tötet. Auch die nach 1918 vorgekommenen Fememorde und die bei allen politischen Tiefständen und Wirren drohenden Attentate auf leitende Staatsmänner sind rechtswidrig; die Berufung auf das Staatswohl allein reicht eben nicht aus, und ein Fall zulässiger Staatsnothilfe kann nur in höchst seltenen Ausnahmelagen in Frage kommen.

§ 14. Tatbestandsmäßigkeit

I. Wesen.

Tatbestandsmäßigkeit ist *vertypte Rechtswidrigkeit*. Tatbestandsmäßigkeit und Rechtswidrigkeit sind nicht einander nebengeordnet, wie Beling[18]) annahm, der Mitschöpfer der modernen Tatbestandslehre. Vielmehr ist der

[18]) Lehre vom Verbrechen 1906 (unter Weiterführung von Bindings Normentheorie). So noch die meisten; vgl. Bruns Kritik der Lehre vom Tatbestand 1932, Claß Grenzen des Tatbestands 1933, Schönke vor § 1 II und LK. 6. A. Vorbem. 20.

Tatbestand nur eine Erscheinungsform des Unrechts, und zwar *eine* seiner beiden typischen Ausprägungen[19]), nämlich die positive, während die andere, negative, die Rechtfertigungsgründe bildet. Der Tatbestand stellt umgekehrt, vom Rechtsleben aus gesehen, eine *typische Zusammenfassung der rechtserheblichen sozialschädlichen Unwertelemente* dar; als abstrakter (gesetzlicher) Tatbestand generalisiert er den konkreten Tatbestand, Lebenstatbestand oder Sachverhalt.

Der Tatbestand schlechthin steht also in der Mitte zwischen dem allgemeinen Unrechtsbegriff und dem Verbrechensfall: an ihm erkennt man, ob ein Wollen und Wirken unrechtmäßig ist. Der Tatbestand ist ein Symptom für die objektive Kriminalität, für die Sozialschädlichkeit oder Sozialgefährlichkeit eines Wirkens.

Die Kunst des Gesetzgebers ist es, die „richtige" Mitte zu halten. Steht der Tatbestand zu nahe dem abstrakten Unrecht, so verliert er an leichter Anwendbarkeit (da er die verschiedensten Fälle umfaßt), an Praktikabilität, an Anschaulichkeit und Erkennbarkeit. Steht er zu nahe dem Leben, so deckt er wieder nicht genügend die konkrete Kriminalität und führt zu Lücken in der Rechtsordnung, die erst durch Analogie, durch „entsprechende" Anwendung verwandter, aber eben doch verschiedener Tatbestände ausgefüllt werden müssen. Allemal muß der Richter zur reibungslosen, glatten Anwendung aus dem abstrakten Tatbestand erst eine *konkrete Norm gestalten*, die im Sinne des allgemeinen Unrechtsbegriffes wirklich auf den Lebenstatbestand paßt, gleichsam auf ihn zugeschnitten ist. — Das Strafrecht arbeitet mit zwei Begriffen des Tatbestands:

1. Der *Tatbestand i. e. S.* ist eine *Vertypung des unrechtmäßigen Wollens und Wirkens.* Das sind die *Tatbestandsmerkmale* („Tatumstände" des § 59), *auf die sich die Schuld bezieht.* Dieser engere oder eigentliche Tatbestand enthält den Unrechtskern oder Grundstock, um den sich die anderen Merkmale legen, die ihrerseits Beziehungen zur Schuld aufweisen. *Gegensatz: äußere Strafbarkeitsvoraussetzungen,* die jenseits der Schuld liegen. Der Tatbestand wurde früher systematisch behandelt meist erst im Zusammenhang mit den Schuldmerkmalen des § 59, also als Objekt des Vorsatzes oder gar negativ des Irrtums.

2. Der *Tatbestand i. w. S.* umfaßt auch die Strafvoraussetzungen, die vom Willen und Handeln des Täters unabhängig sind. Er gibt ein vollständiges Bild der *Sozialgefährlichkeit der Tat* wieder und läßt erkennen, wieweit sie im Sinne des Gesetzes *strafwürdig* ist. *Gegensatz: die Prozeßmerkmale, insbesondere Prozeßvoraussetzungen.*

II. Bedeutung des Tatbestandsbegriffs (i. w. S.).

1. Er dient der leichteren *Erkennbarkeit* des Unrechts für die Rechtsanwendung und gewährleistet ihre Stetigkeit, Gleichmäßigkeit, Unparteilichkeit und Gerechtigkeit.

---

[19]) So schon Sauer Grdlg. § 13, Eb. Schmidt bei v. Liszt § 32 A II, Mezger § 22, Wegner Krim. Unrecht 38, 54, Graf zu Dohna Recht und Irrtum 1925 S. 4, Welzel § 11 u. a.; M. E. Mayer 10 sprach ähnlich von Indiz. des Unrechts.

2. Er bildet daher auch die Voraussetzung für *Rechtssicherheit* und ermöglicht eine gewisse Voraussehbarkeit der Entscheidungen; die Rechtsunterworfenen erhalten ein lebendiges, anschauliches Bild von dem, was sie tun und lassen sollen und wie sie selbst im Fall einer Zuwiderhandlung behandelt werden.

3. Die Funktion des Tatbestands ist daher *Bestimmung des Wollens und Handelns.* Nur dieses kann der Gesetzgeber durch Ge- und Verbote beeinflussen, und nur an dieses kann er sein Unwerturteil anknüpfen. Rechtswidrig kann nur ein Wollen und Wirken, ein Handeln und Unterlassen sein, aber nicht unmittelbar ein Erfolg und ein Schaden. Das Strafgesetz kann daher nicht mit der natürlichen, sondern nur mit der *typischen, adäquaten Kausalität* arbeiten. Es kann verbieten nur ein Handeln oder Unterlassen, das voraussichtlich einen schädlichen Erfolg bewirkt; aber es kann gerechterweise nicht den Erfolg, den Schaden als solchen verbieten und rückschließend dafür jedes menschliche Verhalten verantwortlich machen, das irgendeine Bedingung für den Erfolg gewesen ist oder äußere Beziehung zu ihm gehabt hat. *Innerhalb des Tatbestandes steht die Tatbestandshandlung unter dem Zeichen der typischen oder adäquaten Kausalität;* der Tatbestand schließt das anomale Geschehen aus. Nur das typische schädliche oder gefährliche Wirken kann ein Gesetz verbieten. Aber an dieser typischen Regelung nimmt auch der gesamte Unrechtstatbestand teil; jedes Tatbestandsmerkmal untersteht dieser typischen Betrachtung.

4. Auch beim Schweigen des Gesetzes oder bei gänzlichem Fehlen des Besonderen Teils kann das Strafrecht *nur mit Typen arbeiten* und in Typen denken. Wenn im Sowjetrussischen StGB. von 1926 § 6 nur allgemein sozialgefährliches Handeln verboten wird, so werden hierfür Typen mindestens als Beispiele und zur Anleitung im Besonderen Teil aufgestellt. Zum mindesten gilt Gewohnheits- und Präjudizienrecht, wenn der Besondere Teil weniger ausgebildet ist, zB. in England und Nordamerika.

5. Die Tatbestände des Besonderen Teils bilden eine *Weststaffel,* an der auch der Grad der Schwere des Unrechts zu erkennen ist. Aus der Gruppierung der Tatbestände läßt sich auch der *Grundgedanke* eines einzelnen Gesetzes entnehmen (wichtig für die Grenzen der Zulässigkeit analoger Anwendung). Über den Grundtyp hinaus darf eine Analogie nicht ausgedehnt werden (vgl. JurMethL. § 39); Analogie ist Anwendung nur eines rechtsverwandten Tatbestandes[20]).

6. Die Tatbestände sind nicht etwa sog. wertfreie Handlungs- oder gar Ordnungstypen[21]), sondern besitzen normative Bedeutung für eine Reihe straf-

[20]) Unhaltbar und widersinnig ist eine neuere, im Anschluß an § 2 a. F. bis 1945 gebildete Ansicht: Tatbestand sei nicht nur gesetzlicher Tatbestand, sondern auch analog gebildeter außergesetzlicher Tatbestand. Einen derartigen materialen, außer- oder übergesetzlichen Tatbestand gibt es nicht. Dieser würde sich selbst aufgeben und zu einer Erscheinung des materialen Unrechts werden. Wohl aber gibt es Tatbestände des Gewohnheits- und Präjudizienrechts.

[21]) Anders Beling Lehre vom Tatbestand 1930 (wertfreier Ordnungsbegriff, Leitbild). Nach LK 27 sind nur Handlungstypen wertfrei.

rechtlicher Probleme. a) Die Tatbestandshandlung ist erheblich zur Bestimmung des *Versuchs* gegenüber der Vorbereitung, der *Täterschaft* gegenüber der Teilnahme, der *Einheit* und Mehrheit von Verbrechen, des Übergangs vom materiellen zum Prozeßrecht. — b) Der engere Tatbestandsbegriff kennzeichnet die Grenze zwischen Unrecht und *Schuld*. — c) Die Ausbildung der Tatbestände führt die *Rechtfertigungsgründe* auf ein erträgliches Maß zurück: der Vollzugsbeamte begeht nicht etwa eine Freiheitsberaubung, der ein Rechtfertigungsgrund zur Seite stünde. Vielmehr liegt eine Freiheitsberaubung nicht vor, da der Tatbestand nur als ein Unrechtstyp aufzufassen ist und die Freiheitsentziehung zu den Rechten und Pflichten des Vollzugsbeamten gehört. Nach der wertfreien Tatbestandsauffassung wäre jeder Strafvollzug vorsätzliche Tatbestandsverwirklichung der Freiheitsberaubung, der Beamte sei nur wegen Vorliegens eines Rechtfertigungsgrundes straflos!

6. a) In manchen Tatbeständen hat die Unterlassung eine tatbestandliche Ausprägung erfahren: *echte Unterlassungsdelikte;* so Unterlassung der Verbrechensanzeige § 139, der gehörigen Aufsicht Jugendlicher § 139b, der Nothilfe § 330c, der Beleuchtung § 322 oder umgekehrt der Verdunkelung usw., §§ 116, 121, 123, 315, 316, 357, 367 N. 13 usw.

b) Die Tatbestände können die *Verletzung* und *Gefährdung* eines Rechtsguts enthalten. Den *konkreten* Gefährdungsdelikten (§§ 221, 313 ff.) stehen die *abstrakten* (§§ 306, 366 N. 2) gegenüber, durch die eine Gefahr nur regelmäßig einzutreten pflegt.

c) In den meisten Tatbeständen wird der Erfolg als Merkmal erwähnt: *Erfolgsdelikte;* nur hier wird die Kausalfrage erheblich. Gegensatz: *reine Tätigkeitsdelikte*, zB. Meineid (anders Beleidigung, die das Vernehmen durch einen anderen erfordert), Nichtstreuen von Sand bei Glatteis, Gehen über fremde Äcker usw. Material, d. h. vom Standpunkt des Unrechts aus gesehen, steht hinter diesen Typen natürlich ebenfalls ein Erfolg (Gefährdung der Rechtspflege, des Eigentums).

7. Beim „Mangel am Tatbestand", d. h. wenn ein gesetzliches Tatbestandsmerkmal im Einzelfall nicht vorliegt, entfällt auch das Unrecht, das den Tatbestand kennzeichnen (vertypen) sollte, und daher auch die Strafbarkeit; die Strafwürdigkeit kann bestehen. Die h. M will in solchen Fällen grundsätzlich Versuch annehmen, was nur dann zutrifft, wenn die Tatbestandshandlung bei den Erfolgsdelikten nicht zum Erfolg geführt hat. Vgl. unten § 17 III.

8. Eine Hauptfunktion des Tatbestands ist die Bildung von *Tatbestandstypen* und *Tatbestandsgruppen;* ihre Bedeutung zeigt sich in der grundlegenden Aufstellung von *Verbrechens-* und von *Verbrechertypen*, wichtig für die Gruppierung und die innere Systematik des Besonderen Teils sowie für den Beginn einer Typenlehre in der Kriminologie. Gerade an diesen bedeutungsvollen Stellen der Strafrechtswissenschaft tritt die soeben behandelte Ableitung der Tatbestände von der sozialen Gefährlichkeit und Schädlichkeit in Funktion; die lediglich formale gesetzestechnische Bildung von Tat-

beständen und ihre Rechtfertigung durch die Strafrechts- und Gesetzesgeschichte, Dogmengeschichte und Rechtsvergleichung könnte eine solche weitgehende Aufgabe sachlicher, materialer Natur nicht leisten. Hierzu bedarf es der Einsicht in ihren *Unwertgehalt*.

Übrigens zeigt auch ein Überblick über die geschichtliche Entwicklung der Gesetzgebung, daß das Strafrecht sich in früheren Zeiten nur aus den gesetzlichen Tatbeständen und den entsprechenden Strafdrohungen zusammensetzte und an ihnen weiterentwickelte (vis, furtum usw.); an einzelnen wichtigen Tatbeständen bildeten sich erst allmählich Grundsätze des Allgemeinen Teils heran. Der Gesetzgeber ging hierbei ebenso wie später die Wissenschaft mindestens unbewußt von einem bestimmten Unwertgehalt der einzelnen Tatbestände aus; die Wissenschaft schuf erst später den formalen, noch weit später den materialen Unrechtsbegriff.

9. Über die sachliche Bedeutung und Gruppierung der Tatbestände vgl. § 11 A. Im Hinblick auf sie (zwecks steter Fühlung mit dem sachlichen Unwertgehalt) geschieht auch die folgende Darstellung.

III. Elemente des Tatbestands.

Den innersten Kern bildet das Wirken, die Ausführungshandlung, die in der Tatbestandshandlung ihre typische Ausprägung erfährt. Um diesen Kern legen sich die einzelnen Schichten, die sich je nach ihrer Nähe und Beziehung zur Tatbestandshandlung und in ihrer Abhängigkeit von ihr verschieden abstufen. Hierauf beruht die Unterscheidung zweier Tatbestandsbegriffe i. e. S. und i. w. S. (oben I).

1. Der *engste Kreis* umfaßt folgende Elemente:

a) die *Tatbestandshandlung;* sie ist nicht zu verwechseln mit der Ausführungshandlung, die sich unmittelbar aus dem Wirken als allgemeinem Verbrechensmerkmal herleitet und ein Element des materialen Unrechts ist. Beide können sich natürlich decken. Die Tatbestandshandlung ist oft enger; oft gibt es deren mehrere, die bald im alternativen Verhältnis stehen (§ 267: Fälschliches Anfertigen oder Verfälschen einer Urkunde, nach n. F. v. 1943 auch Gebrauchmachen), bald kumulativ nebengeordnet sind (§ 267 a. F.: und von der Urkunde Gebrauch machen; § 303), bald in der Form von Mittel und Zweck auftreten (§ 263: durch Täuschung schädigen; §§ 240, 249, 243, 177). Eine besondere Bedeutung für die Strafwürdigkeit besitzt das *Angriffsmittel*, die *Begehungsweise*, u. z. bei den Angriffs- wie bei den Nutzdelikten, an deren Spitze die Fälschung und die Ausbeutung stehen.

b) Ein *Erfolg* wird meist erfordert (§§ 211, 223, 242, 303); vgl. oben II 6c über Verletzungs-, Gefährdungs- und einige Tätigkeitsdelikte. Die Tatbestände enthalten oft eine typische Ausprägung des *Angriffsobjekts* (§§ 303 ff., 306 ff., 243, 265), mitunter auch zu mehreren Objekten (alternativ oder sukzessiv, § 226). Dem Objekt entspricht oft eine Eigenart des *Subjekts* (§§ 173, 174).

2. Ein *enger Kreis* (gegenüber dem ersten schon etwas weiter entfernt vom Wirken) umfaßt folgende Elemente:

a) Die *Begleitumstände und unmittelbarsten Wirkungen der Tat*, die noch nähere Beziehung zur Tatbestandshandlung aufweisen. Erschwerend wirken: die Öffentlichkeit der Begehung (§§ 124, 130 ff., 134, 200); die Nachtzeit (§ 243 N. 7, 293 Abs. 2); die Friedensgefährdung (§ 130); die Zusammenrottung (§§ 122, 124 ff.), die Ärgerniserregung (§ 183).

b) Die *persönliche Gefährlichkeit* ist ausgeprägt zu den zugleich für die Schuld erheblichen Typen der chronischen Kriminalität: strafschärfender Rückfall (§§ 244, 250 Z. 5, 261, 264); Gewohnheitsmäßigkeit (§§ 150, 180, 181, 260, 302d); Geschäftsmäßigkeit (§ 144); Gewerbsmäßigkeit (§§ 175a Z. 4, 218 Abs. 4 a.F. 260, 285, 293 Abs. 3, 302d).

c) *Einzelne subjektive Merkmale*, das sind zugleich vertypte Schuldmerkmale.

In diesen sog. subjektiven Unrechtselementen glaubte die neuere Strafrechtslehre[12]) eine Entdeckung gemacht zu haben und sah in der Selbstverständlichkeit, mit der man zB. im Diebstahlstatbestand das Merkmal der Zueignungsabsicht verwendete, ein besonderes Problem, das die bisherige Scheidung von Unrecht und Schuld, von objektiven und subjektiven Merkmalen erschüttert haben sollte. Zu einfach und natürlich erschien die gesetzestechnische Erklärung, daß zum Diebstahl nicht die wirkliche Zueignung erfordert wird, sondern die Wegnahme in Zueignungsabsicht genügt und daher die Vollendung schon früher eintritt. Die Zueignungsabsicht gehört daher hinsichtlich der Zueignung zum Tatbestand als vertyptem objektivem Unrecht; sie gehört aber auch zur Schuld insofern, als nicht einfacher Vorsatz der Wegnahme genügt, sondern eine über den Vorsatz hinausgehende und auf Verwertung gerichtete Absicht erfordert wird. Jene grundsätzliche Unterscheidung von objektiv und subjektiv bleibt auch durch diese Rechtslage unberührt; man muß sie nur richtig verteilen: Unrecht und Schuld unterscheiden sich zwar im Maßstab (objektives Unwerturteil über die Sozialschädlichkeit und Gesetzwidrigkeit der Tat gegenüber dem subjektiven Schuldvorwurf über die sozialethisch verwerfliche Gesinnung des Täters); aber Unrecht und Schuld unterscheiden sich nicht im Gegenstand, denn Wollen und Wirken (Handeln) gehen ineinander über. So erklärt sich, daß das Unrechtsurteil sich auch auf subjektive Elemente, wie Absicht, Zweck, Motiv, beziehen kann; und daher stecken in der objektiven Tatbestandsmäßigkeit auch subjektive Elemente, die noch einmal im Schuldurteil wiederkehren. Dem Problem der subjektiven Unrechtselemente, ohne praktische Tragweite, wurde vielfach übertriebene Bedeutung beigemessen.

Im StGB. sind insbesondere folgende subjektive Tatbestandsmerkmale anzutreffen:

aa) *Absicht:* 1) sog. kupierte Erfolgsdelikte (§§ 131, 242, 253, 257, 263, 288); 2) verminderter (verkümmerte) zweiaktige Delikte (§§ 146, 275 Z. 2, 3, ähnlich 124, 202, 235 Abs. 3, 239a, 307 Z. 2, 3); bb) *Zweck:* 1) nächster Zweck (§§ 147, 177; „um zu": §§ 131, 146, 181 Z. 1, 234, 253, 257, 279); 2) außertatbestandliche Ziele (§§ 235 Abs. 3, 236 ff., 252, 307 Z. 3, 370 Z. 5); cc) *Motiv* aus Not (§§ 248a, 264a); Eigennutz (§§ 180, 181a, 257/9); gefühllose Gesinnung, Roheit (§ 223b, TierschutzG. v. 1933 § 9 S. 2); von den Schuldsymptomen (vgl. unteen § 24) sind hier zu nennen: Habgier, Gewinnsucht, Arglist, mutwillig, böswillig, leichtfertig; dd) *Planmäßigkeit:* wissentlich (§§ 164, 187), mit Überlegung (§ 211 a.F.).

3. *Mittlere Kreise;* sie sind noch zum engeren Tatbestand gehörig, wenn auch vom Wirken und von der Tatbestandshandlung weiter entfernt:

---

[12]) Hegler ZStrW. 36, 61 und in Festg. f. Frank I 251; Mezger GerS. 89, 233, 259, bes. Lehrb. § 20; Sieverts Beiträge zur Lehre von den subjektiven Unrechtselementen 1934.

a) *Typisierung des Subjekts:* nicht hierher gehören das bloße Gegenstück zum Objekt, §§ 173/4, vgl. oben 1 b, wohl aber die persönlichen Eigenschaften und Verhältnisse im Sinne des § 50 Abs. 2; das sind generelle Schuldtypen (vgl. unten § 24 a. E. zu § 50), zB. Beamte, Soldaten, Kaufleute, Lehrer, Verwandte.

b) *Normative Tatbestandsmerkmale;* Gegensatz: faktische, deskriptive oder rein beschreibende Merkmale:

aa) Die sog. *ausfüllungsbedürftigen Wertformeln* gehören an sich zur *Rechtswidrigkeit:* der Gesetzgeber räumt dem Richter größere Ermessensfreiheit ein und verweist ihn auf den materialen Unrechtsbegriff, auf die Rechtsidee, auf das Juristische Grundgesetz. Der Anlaß ist oft, daß bei diesen Tatbeständen der tatsächliche Unrechtsgehalt nach Ansicht des Gesetzgebers durch schnell wechselnde Wertanschauungen bedingt ist.

Im Tatbestand erscheinen daher gern die Wendungen: unbefugt oder selbst rechtswidrig (widerrechtlich), auch übermäßig, unverhältnismäßig (§ 302a), ungebührlich, nach gesundem Volksempfinden (§§ 253 a. F., 330 c, 2 und 3 Abs. 2 a. F. bis 1945), gegen die guten Sitten (§ 226a). Hierher gehören auch neuere Allgemeinbegriffe wie Volksschädling, Gewaltverbrecher. Je spezieller sie sind, desto schwieriger ist die Abgrenzung von den beschreibenden oder faktischen Tatbestandsmerkmalen. Unerheblich ist diese Unterscheidung für den Inhalt der zum Vorsatz erforderlichen Kenntnis sowie für die Zulässigkeit der Revision[23]); die Feststellung auch der faktischen Merkmale im Urteil ist von den jeweiligen Wertanschauungen abhängig. Die schwierige Hauptfrage ist, wieweit der Gesetzgeber dem Richter bei gewissen Tatbeständen Ermessensfreiheit einräumen und wieweit er ihn durch spezieller gehaltene, strenge Normen binden soll. Die Kunst des Gesetzgebers ist auch hier, die richtige Mitte zu wählen.

StGB. verwendet das Merkmal rechtswidrig, worauf oft hingewiesen wurde, meist recht willkürlich: es steht in § 303, fehlt in § 223. Mitunter würde aber der Tatbestand ohne den Zusatz rechtswidrig (unbefugt usw.) kein strafrechtlich verständliches Verbot enthalten, weil eben die Vertypung des Unrechts zum Ausdruck kommen muß; zB. „wer unbefugt fischt, wird mit . . . . bestraft". Das Merkmal ist wohl auch in dem Übertretungstatbestand weniger entbehrlich: „wer unbefugt über fremde Aecker und Wiesen geht", wenn man nicht viele harmlose Spaziergänger bestrafen will. Entbehrlich ist es aber, wenn andere Merkmale etwas reichhaltiger und ausführlicher auftreten, wie in §§ 242, 263. Wie man sieht, ist die Grenze schwer zu ziehen. Sachlich, für den Inhalt des Tatbestandes, ist es natürlich gleichgültig, ob ein Tatbestand das Merkmal enthält oder nicht, da es zu den allgemeinen Verbrechensmerkmalen gehört[24]). Allerdings kann es zuweilen eine besondere Bedeutung annehmen, wie im Erpressungstatbestand[25]).

bb) *Spezielle normative Merkmale* sind überaus häufig; sie können jedem faktischen (deskriptiven) Merkmal zugefügt und allen Rechtsmaterien und sonstigen Kulturgebieten entnommen werden, zB. fremde Sache, fremdes Vermögen, zuständiger Beamter (§ 154), zum Beweise von Rechten oder Rechtsverhältnissen bestimmte Privaturkunde (§ 267 a. F. bis 1943), unwahre Tatsache, zur Beförderung von Personen oder Gütern bestimmt usw. Die verschiedensten Beispiele bieten die Delikte gegen Staat, Volk, Gesellschaft und Kultur.

[23]) RG. 61, 153. Vgl. Sieverts Beiträge 125; v. Gemmingen DStrR. 36, 105.

[24]) Vgl. die Schrift von Gf. zu Dohna mit dem bezeichnenden Titel: Die Rechtswidrigkeit als allgemeingültiges Merkmal im Tatbestand strafbarer Handlungen 1905.

[25]) Vgl. insbes. Frank zu § 253 IV.

4. *Weitere Kreise.* Mit ihnen wird die Beziehung zur Tatbestandshandlung noch stärker gelockert oder bereits aufgehoben; hiermit wird das Gebiet des engeren Tatbestands und mit ihm zugleich der Schuldbereich verlassen; es tritt der weitere Tatbestandsbegriff ein.

Äußere Strafbarkeitsvoraussetzungen — eines der umstrittensten und schwierigsten Kapitel der Tatbestands- und der angrenzenden materialen Prozeßrechtslehre[26], unbedeutend in den Anlässen, bedeutend in den Prinzipien und der Tragweite. Diese Gruppe, deren Erkenntnis und Ausbau erst der neueren Wissenschaft zu verdanken ist, steht in der Mitte zwischen den Strafvoraussetzungen des engeren Tatbestands und den Prozeßvoraussetzungen, zu denen sie überleitet.

Unterschied der äußeren Strafbarkeitsvoraussetzungen von den Merkmalen des engeren Tatbestands: auf sie bezieht sich nicht die zum Vorsatz erforderliche Kenntnis; die Grenze wird vom Gesetz in den einzelnen Fällen nach „äußeren" Gesichtspunkten gezogen. Vielfach sind sie aber auch dem Schuldbereich überhaupt nicht zugänglich, weil sie „außerhalb" des Wollens und zT. sogar des Wirkens stehen, nämlich zu ihnen keine Beziehungen aufweisen (daher: der „weitere" Tatbestand). **Allemal besteht die prozessuale Erleichterung: es erfolgt keine Feststellung, daß der Täter die ihnen zugrunde liegenden Tatsachen kannte oder kennen mußte.**

***Unterschied* der äußeren Strafbarkeitsvoraussetzungen (insoweit genannt kurz: *Sachvoraussetzungen) von den Prozeßvoraussetzungen.* Letztere bedingen nur die Zulässigkeit eines Prozesses, eines ordnungsmäßigen Strafverfahrens (Hauptfälle: Strafantrag des Verletzten, Nicht-Verjährung); die Strafverfolgung darf nur eingeleitet werden, wenn sie vorliegen; stellt sich ihr Fehlen erst in der Hauptverhandlung heraus, so erfolgt keine Freisprechung, sondern Einstellung des Verfahrens mit der Möglichkeit der Wiedereröffnung, falls die Voraussetzungen inzwischen eingetreten sind (zB. der Strafantrag in noch zulässiger Weise nachgeholt ist). Daher ist ihr Vorliegen von den Justizbehörden stets vor den Sachvoraussetzungen zu prüfen; denn ohne ihre Feststellung darf in eine Prüfung der Sache selbst nicht eingetreten werden. Stellt sich also in der Hauptverhandlung heraus, daß der Angeklagte noch nicht strafmündig ist, so ist er nicht freizusprechen (obwohl auch eine Sachvoraussetzung, die Schuldfähigkeit, fehlt), sondern ist das Verfahren einzustellen (mangels Verhandlungsfähigkeit). Endlich gelten für die den Prozeßvoraussetzungen zugrunde liegenden Tatsachen nicht die förmlichen Beweisregeln, der Richter ist nicht auf die wenigen, von StPO. zugelassenen Beweismittel beschränkt.**

---

[26] Um die Klärung haben sich besonders verdient gemacht zuerst Oskar Bülow (1868), später v. Kries, W. Rosenberg (zuletzt in Löwe Komm. z. StPO.) sowie Niethammer ebda., Beling und J. Goldschmidt. Vgl. m. Grdlg. d. Prozeßr., Grdlg. d. Strafr. und JurMethL. (s. Reg.); ferner H. U. Kantorowicz Tat und Schuld, Zürich 1933, S. 229 mit eingehender, wenn auch nicht lückenloser dogmengeschichtl. Übersicht. Beachtlich Pompe Handbok van het Nederlandsche Strafrecht 1938 und Saranoff Grundlagen der Strafprozeßrechtswissenschaft 1930 (bulgarisch, mit deutscher Zusammenfassung).

Ganz anders die *Sachvoraussetzungen*. Sie gehören dem materiellen Strafrecht an, obwohl sie hart an der Grenze stehen und es oft streitig ist, ob ein gesetzliches Merkmal strafrechtlicher oder prozessualer Natur ist. Das Kennzeichen ist, ob es im Sinne des Gesetzgebers noch als *vertyptes Unrecht* aufzufassen ist, so daß er die Tat erst dann als *voll strafwürdig* ansieht, wenn dieses Merkmal vorliegt. Maßstab ist also auch hier die Strafwürdigkeit (§ 7), und zwar zunächst das materiale Unrecht (§ 13). Normalerweise ist allerdings nach modernem Schuldstrafrecht erforderlich, daß das Merkmal noch dem Bereich des Wollens und Wirkens angehört und von der Schuld umfaßt werden kann. Wie erwähnt, sieht der Gesetzgeber mitunter hiervon aus „äußeren" Gründen ab, ohne daß er deswegen an dem Charakter der Sachvoraussetzung (Strafbarkeits-, Strafwürdigkeitsvoraussetzung) etwas ändert. Nur wenn prozessuale Gründe *überwiegen* (also nicht schon: mitsprechen), liegt eine Prozeßvoraussetzung vor.

Solche Gründe sind bei den einzelnen Merkmalen verschiedener Art; in Betracht kommen soziologische (KO. § 239), kriminalpolitische (§ 226), rechtspolitische (§ 113), staats- und völkerrechtliche (§§ 102/3), sozialethische (§ 172 möglichst Aufrechterhaltung der Ehe, § 186 Vermutung der Ehrenhaftigkeit), ja selbst prozeßpolitische (§ 186 Beweisgrund). Allemal soll im Sinne des Gesetzgebers (ob er stets glücklich vorging, ist eine andere Frage) ein schuldhaftes Wollen erst dann, wenn noch ein weiteres, äußeres Merkmal vorliegt, für den Staat ein so schweres Unrecht darstellen, daß er daran Strafe knüpft. Die Folgen ergeben sich aus dem soeben für die Prozeßvoraussetzungen Gesagten: Prüfung erst *nach* den Prozeßvoraussetzungen; stellt sich in der Hauptverhandlung ihr Fehlen heraus, so erfolgt Freispruch; sie unterliegt den förmlichen Beweisregeln der StPO.

Unter Berücksichtigung aller dieser weitverzweigten Faktoren ist eine Übersicht über eine systematische Einordnung der einzelnen Merkmale zu geben. Die Begründung kann nur für jedes Delikt einzeln erfolgen und ist dem Besonderen Teil vorzubehalten. Im wesentlichen halte ich an der Gruppierung meiner Grdlg. d. Strafrechts fest; den Ausbau unternahm Erich Land System der äußeren Strafbarkeitsbedingungen 1927 (Diss. Königsberg) Abh. H. 229[27]). Der Aufbau ist i. g. auch legislatorisch berechtigt (vgl. die Tafel).

Nur die negative Kehrseite der äußeren Strafbarkeitsvoraussetzungen sind die objektiven Strafausschließungsgründe (zB.: die Erweislichkeit nach § 186). Eine Besonderheit wird hiermit nicht eingeführt, namentlich nicht eine Umkehrung der Beweislast oder die Pflicht zu Freisprechung bei non liquet[28]); nur § 186 macht nach seiner Fassung Ausnahmen.

a) *Äußere Strafvoraussetzungen ersten (leichtesten)*[29]) *Grades:* sie sind vom Gesetz *schuldfrei gestellt*, obwohl sie noch zur Schuld Beziehung haben könnten. Zwei Untergruppen kommen in Betracht: eine faktische und eine normative.

---

[27]) Später Harry Jensen Die äußeren Strafbarkeitsbedingungen, Diss. Münster 1946 (ungedruckt). Nichtige, verständnislose Polemik von Rittler Festg. f. Frank II 16 und LK. 6. A. 41. Vgl. dagegen wiederum Heinitz ArchRWPh. 22, 327 sowie Kantorowicz a. a. O.

[28]) A. M. LK. 6. A. 44; dagegen die h. M.

[29]) Die umgekehrte Reihenfolge wählen Land und mein System d. Strafrechts, weil dort andere systematische Gesichtspunkte als im Text interessieren. So erklärt sich eine zT. andere Gruppierung.

aa) *Schuldfrei gestellte faktische Merkmale:* 1) Bei möglicher Schuldbeziehung: *Erfolgsqualifizierte Delikte,* sog. objektive Bedingungen erhöhter Strafbarkeit. Das sind die jetzt kaum noch gerechtfertigten Reste eines überwundenen Erfolgsstrafrechts, zB. die Todesfolge nach §§ 226. 176, 239, 307 N. 1, die schwere Folge §§ 118, 221 Abs. 3, 224, 229 Abs. 2, 251, 321 Abs. 2, 324, 326. Die Entwürfe erfordern mit Recht Fahrlässigkeit; die Rspr. verlangt hier, um die reine Zufallshaftung auszuschließen, adäquate Kausalität unter gerechtfertigtem Bruch mit ihrer Bedingungstheorie. Die Gruppe rechtfertigt sich aber einigermaßen aus soziologischen und insbesondere kriminalpolitischen Gründen; das Gesetz will die erhöhte Gefährlichkeit von Tat und Täter treffen. — 2) Spätere Ereignisse ohne Möglichkeit der Schuldbeziehung: Auflösung der Ehe wegen (!) Ehebetrugs oder Ehebruchs, §§ 170, 172[30]). Verbrechensbegehung wegen Nichtanzeige § 139 und wegen Nichtbeaufsichtigung Jugendlicher § 139b; Kriegsausbruch bei landesverräterischer Konspiration im Fall des früheren § 87 Abs. 1[31]); Selbstmord oder Versuch dazu im Fall der Verleitung, E. 27 § 248[32]).

bb) Schuldfrei gestellte normative Merkmale: rechtmäßige Amtsausübung § 113, zuständiger Beamter §§ 110, 116, 154 u. a. Nichterweislichkeit rufgefährdender Tatsachen § 186. Hier könnte Vorsatz oder Fahrlässigkeit erfordert werden; die Rspr.[33]) sieht aber mit Recht davon aus staatsautoritären oder sozialpolitischen Gründen ab, vor allem, um einen wirksamen Schutz des Beamten und der Ehre zu ermöglichen, auch, um Beweisschwierigkeiten zu vermeiden, die leicht zu ungerechtfertigten Freisprechungen führen könnten.

In dem außergewöhnlichen Tatbestand des § 186 dreht sich ferner die Beweislast um: mißlingt der Wahrheitsbeweis, so Verurteilung; daher gilt eine Vermutung, daß ein jeder so lange Ehre besitzt, bis der Verlust der Ehre nachgewiesen wird. So erklärt sich, daß ein Merkmal mit prozessualem Einschlag, die Nichterweislichkeit der behaupteten ehrenrührigen Tatsache, Tatbestandsmerkmal u. z. äußere Strafvoraussetzung geworden ist.

Bezeichnend für den Charakter dieser Gruppe ist, daß eine allerdings nicht zutreffende Ansicht immerhin ernsthaft vertreten wurde, die für die beiden erstgenannten Fälle Vorsatz, für den dritten Fahrlässigkeit forderte[34]). (Hier zeigt sich so recht die Ähnlichkeit mit der obigen Gruppe zu aa).

---

[30]) Ebenso v. Liszt-Schmidt, Gerland, Mezger, Jensen. Dagegen nach h. M. (RG. 22, 137) Prozeßvoraussetzung; hierzu paßt aber nicht, daß StGB. Kausalität erfordert. Vgl. Joh. Tietz, Auflösung der Ehe als objektive Strafbarkeitsbedingung, Diss. Königsberg 1926.

[31]) S. Frank sowie Land 58.

[32]) Land 69.

[33]) Vgl. die Komm. Für § 113 RG. 72, 301, LK. 37, Schönke 269, Schwarz § 113, 4. A.M. Frank § 113 VII, v. Liszt, Allfeld, v. Hippel, Beling, Jensen. — Für § 110 RG. 64, 76, LK. 37. A.M. Binding, Frank u. a. — Für § 186 ist die Rechtslage noch immer sehr umstritten, vgl. schon Sauer Die Ehre usw. 1916; die h. M. nimmt einen objektiven Strafausschließungsgrund an, steht also dem Text nahe.

[34]) So vereinzelt Binding Lehrb. I 158.

An dieser Stelle ist ein neuer Rechtsgedanke zu nennen: die Bedeutung oder Erheblichkeit von Begriffs- und Tatbestandsmerkmalen braucht nicht vom Vorsatz umfaßt zu werden, zB. die Rechtserheblichkeit und Beweisbestimmtheit der Urkunde § 267, die Beweiserheblichkeit der Privaturkunde § 267 a. F., die Erheblichkeit gefälschter Beweismittel E. 30 §§ 193/4, die Bedeutung nicht befolgter Dienstvorschriften durch Polizeibeamten für die vorliegende Untersuchung E. 27 § 39.

b) *Äußere Strafvoraussetzungen zweiten (mittleren) Grades:* sie sind vom Gesetz *kausalfrei gestellt,* obwohl sie noch an der Kausalfolge hätten teilnehmen können; Kausalität wurde auch von einer Ansicht erfordert, von einer anderen wenigstens vermutet. Diese Gruppe entfernt sich also gegenüber der ersten (a) vom engeren Tatbestand und vom reinen Schuldstrafrecht um einen weiteren Schritt: dort bestehen noch Charakter wie Möglichkeit eines Schuld-, hier noch die eines rein objektiven Kausalzusammenhanges, beidemal also noch die Struktur eines strafrechtlichen Tatbestands; in der dritten Gruppe (c) geht selbst diese verloren. — Auch hier gibt es, wie in der ersten Gruppe, zwei innerlich begründete Untergruppen: eine faktische und eine normative Alle diese Parallelen wurden noch nie erkannt.

aa) *Kausalfrei gestellte faktische Merkmale: Erfolgskonstitutive Delikte,* objektive *strafbegründende* Merkmale als Parallele zu den objektiven strafschärfenden Merkmalen oben a zu aa. Hierher gehören der Todeserfolg und die schwere Körperverletzung beim Raufhandel § 227 Abs. 1[35]) sowie die Austragung des Zweikampfes nach § 210[36]); ferner die Begehung einer Straftat durch den Betrunkenen nach § 330a[37]). Hinzutreten die *erfolgsqualifizierten Delikte:* Verurteilung auf Meineid § 154 a.F.

bb) *Kausalfrei gestellte normative Merkmale:* Zahlungseinstellung und Konkurseröffnung bei betrügerischem Bankrott usw. nach KO. §§ 239 ff.[38]); desgleichen bei schwerer Depotunterschlagung nach DepotG. v. 4. 2. 1937 §§ 38, 39 Abs. 2; dazu noch Vereitelung eines Aussonderungsanspruchs des Berechtigten oder Erschwerung seiner Durchführung nach demselben G. §§ 37. 39 Abs 3.

In allen diesen Fällen zu b) hätte das Gesetz Kausalität fordern können, wie es offenbar dem Sinne des Gesetzes entsprach; denn so erschienen ihm die Handlungen als besonders gefährlich und strafwürdig. Es sah aber, z. T. zur Vermeidung schwieriger oder unmöglicher Beweise, von dem Erfordernis ab und begnügte sich mit dem objektiven Merkmal. So bleibt dann nur eine gewisse Identitätsbeziehung zwischen Handlungs- und Bedingungsobjekt (nach E. Land[39]).

---

35) H. M.. RG. 8, 369; 33, 32. Dagegen v. Hippel: erfolgsqualifiziertes Delikt.

36) H.M., LK. 6. A. 41; a.M. Binding, Frank, LK. 5. A., die für Kausalitätsvermutung eintreten.

37) H. M., RG. 69, 189; 70, 43; 73, 13, 180.

38) Jetzt h.M., auch RG. 45, 88; 55, 30. Dagegen Frank: Kausalitätsvermutung.

39) Es ist aber unnatürlich. daß Land die beiden durchaus verwandten Fälle der §§ 227 und 210 in verschiedene Gruppen weist.

c) *Äußere Strafvoraussetzungen dritten (strengsten) Grades;* reine objektive Strafvoraussetzungen; hier fehlt jegliche Möglichkeit einer Schuld- und Kausalbeziehung, sie sind *völlig frei und losgelöst vom engeren Tatbestand.* Es sprechen vielmehr rein äußere, rechts- und staatspolitische Erwägungen mit, die nur unter bestimmten Voraussetzungen ein an sich strafwürdiges schuldhaftes Handeln für derart staats- und sozialwidrig erscheinen lassen, daß sich die Strafdrohung rechtfertigt. Solange jene Voraussetzungen nicht vorliegen, möchte der Gesetzgeber eben aus rechts- und staatspolitischen Gründen auf die Strafdrohung lieber verzichten. Es besteht nur eine äußere Beziehung zwischen dem Staatsinteresse und dem engeren Tatbestand; dagegen haben sich viele Autoren verleiten lassen, gerade in diesen Fällen Prozeßvoraussetzungen anzunehmen, obwohl prozessuale Gründe den Gesetzgeber sicher nicht zur Aufstellung dieser Merkmale bewogen haben. Auch hier sind faktische und normative Merkmale erkennbar. Wiederum nicht erkannte Parallelen!

aa) *Tatbestandsfrei*[40]) *gestellte faktische Merkmale.* Hier findet m. E. die Ehenichtigkeitserklärung bei dem Schuldaufhebungsgrund der Verheiratung im Falle der Entführung § 238 ihren Platz; ferner Ort und Zeit der Begehung, wichtig für das räumliche Geltungsgebiet §§ 3 ff. (In- und Ausland)[41]), Kriegszeit E. 27 §§ 118 II, 113 II. Am wenigsten deutlich ist allerdings die Ansicht des Gesetzes bei § 238; hier hat die Annahme einer bloßen Prozeßvoraussetzung in der Tat manches für sich.

bb) *Tatbestandsfrei*[40]) *gestellte normative Merkmale.* Hierher gehört die Verbürgung der Gegenseitigkeit nach § 102/3 (bis 1945)[42]); die Vorschrift beruht auf völkerrechtlichen Erwägungen. Verwandt ist die Strafdrohung nach ausländischem Recht §§ 3 II, 4 II.

Folgerungen zu a—c: Für *Vollendung, Zeit und Ort* ist die Tatbestandshandlung als der Grundstock maßgebend. Die Strafbarkeitsvoraussetzung muß spätestens zur Zeit des Urteils gegeben sein. Ob sie schon zur Zeit der Tat vorliegen muß, hängt von der Bedeutung des weiteren Tatbestandes ab. So verlangen die *normativen* Merkmale (außer 186) die Zeit der Tat, während für die *faktischen* Erfolgsmerkmale das Vorliegen zur Zeit des Urteils genügt. Die Gruppierung besitzt also erhebliche praktische Tragweite (für Versuch und Beihilfe gegenüber Begünstigung usw.). Nur der außergewöhnliche § 186 steht auch hier abseits aller Regel.

[40]) „Tatbestand" ist hier natürlich i. e. S. zu verstehen.

[41]) H. M. Für engeres Tatbestandsmerkmal Olshausen 11. A. § 4 N. 13 II, v. Liszt-Schmidt, a. M. RG. 41, 55. S. dagegen Jensen.

[42]) So h. M. RG. 41, 155. Dagegen Prozeßvoraussetzung nach Beling und Mezger.

Struktur der äußeren Strafbarkeitsvoraussetzungen

	Faktischer Art	Normativer Art
1. Leichtester Grad der „Objektivität“ (äußere Strafbarkeitsvorauss. dritter Ordnung): Schuldfreiheit bei möglichem Schuldzusammenhang.		
a) bei an sich möglicher Schuldbeziehung	a) Kausalität bei möglich Schuldurteil (nach Entwürfen: Fahrlässigkeit): Erfolgsqualifizierte Delikte: 178, 226, 239, 307, 118, 221 III, 224, 229 II, 251, 324, 326.	a) Begriffs- oder Tatbestandsmerkmale bei an sich möglichem Schuldurteil: Rechtmäßigkeit der Amtsausübung 113, Zuständigkeit des Beamten 110, 116, 154; Rechtserheblichkeit und Beweisbestimmtheit der Urkunde 267, Beweiserheblichkeit der Privaturkunde 267 a. F. Kein Mißbrauch E. 35 § 290.
b) ohne gesetzliche Schuldbeziehung	b) Kausalität ohne Schuld wegen zukünftiger Tatsachen Eheauflösung wegen (!) Ehebetrugs oder Ehebruchs 170. 172; Verbrechensbegehung wegen (!) Nichtanzeige 139, wegen Nichtaufsicht 139b; Selbstmord auf Verleitung, E. 27 § 248; Kriegsausbruch bei landesverräterischer Konspiration § 87 Abs. 1 a. F. (Nichtbeginn des Verbrechens E 35 § 352; MilStGB. §§ 60, 77, 104)	b) Tatbestandsmerkmale ohne Schuld wegen zukünftiger Tatsachen · Nichterweislichkeit rufgefährdender Tatsachen § 186; Erheblichkeit gefälschter Beweismittel E. 30 §§ 193/4; Erheblichkeit nicht befolgter Dienstvorschriften E. 27 § 139.
2. Mittlerer Grad der „Objektivität“ (äußere Strafbarkeitsvoraussetzung zweiter Ordnung): Kausalfreiheit bei möglichem Kausalzusammenhang.	a) Erfolgskonstitutive Delikte: Beteiligung am Raufhandel 227; Zweikampf nach Herausforderung 210; Straftat im Vollrausch 330a. b) Erfolgsqualifizierte Delikte: Verurteilung auf Meineid 154 a. F.	Zahlungseinstellung oder Konkurseröffnung bei betrügerischem Bankrott, KO. 239 ff.; Vereitelung eines Aussonderungsanspruchs oder Erschwerung seiner Durchführung, Depot G. § 37
3. Strengster Grad der „Objektivität“ (äußere Strafbarkeitsvorauss. erster Ordnung): E. 35 § 435, bei Verführung Tatbestandsfreiheit (i. e. S.) ohne Schuld- und Kausalzusammenhang. Übergang zum Prozeßrecht.	Ort und Zeit der Begehung (Ausland, Kriegszeit) §§ 3 ff., E. 27 §§ 118 II, 119 II Ehenichtigkeit bei Heirat der Entführten 238 E. 27 § 276, E. 27 § 288, E. 35 F 209 bei Nötigung zum Beischlaf und Kindesraub E 27 §§ 289, 313. Für Kuppelei E. 35 § 226.	Verbürgung der Gegenseitigkeit bei feindlichen Handlungen gegen befreundete Staaten 102, 103 a. F. Strafdrohung nach ausländischem Recht §§ 3 II, 4 II (MilStGB. § 8

IV. Qualifikationstatbestände und Sonderdelikte.

Die Grenze zwischen beiden Tatbestandserscheinungen ist im Einzelfall schwer zu ziehen. Umstrittene Fälle sind zB. Kindestötung (§ 217), Notentwendung (§ 248a), Mundraub (§ 370 N. 5), Aufforderung zum Verbrechen (§ 49a)[43]. Der Unterschied ist von erheblicher Bedeutung in den Folgen.

1. Der *Qualifikationstatbestand,* sei es Schärfung oder Milderung, folgt seinem Grundtatbestand, zB. die Kindestötung der Tötung, in dessen materiell- wie prozeßrechtlicher Bedeutung (sofern nicht besondere Ausnahmevorschriften bestehen, zB. über die Zuständigkeit), teilt im wesentlichen dessen kriminologischen wie juristischen Charakter und ist daher von dessen sonstiger Ausgestaltung abhängig. Für ihn gelten auch die sonstigen Qualifikationen, zB. für § 217 auch § 213 a.F., für Notbetrug auch die Rückfallsschärfung. In der Konkurrenzlehre erscheint er in der Gestalt der „Spezialität"; über die Konkurrenz mehrerer Qualifikationen gelten bestimmte Grundsätze[44]. In der Teilnahmelehre gilt für ihn der § 50, der nur schärfende und mildernde, nicht auch begründende Umstände nicht-akzessorisch behandelt. Auch der Versuch tritt ähnlich dem Grunddelikt in die Erscheinung.

2. Das *Sonderdelikt* zeigt nicht diese Abhängigkeiten, obwohl eine gewisse Verwandtschaft von jenem Deliktstyp, dem gegenüber es eben als ein „besonderes" besteht, nicht verleugnet werden kann; es hat sich selbständig gemacht, wie die Kolonie vom Mutterland, und gibt sich seine eigenen Gesetze: ein delictum sui generis. Bei der Anerkennung eines Tatbestandes als Sonderdeliktstatbestand sollte größte Zurückhaltung geübt werden; diese Tatbestandserscheinung ist bei Neubildung jedenfalls die Ausnahme. Da unsere vorgerückte Gesetzestechnik bereits eine bedeutende Reihe von Grunddelikten ausgebildet und ihren Kreis vielleicht schon annähernd geschlossen hat, gehört die Aufstellung von Sonderdelikten zu seltenen Entdeckungen; aber mit dem steten Wandel und der leider zu beobachtenden Verschärfung des kriminellen Lebens mag das Bedürfnis nach neuen Deliktstatbeständen hervortreten, wie einst beim Zuhälterparagraph und in der Wuchergesetzgebung. — Für die *Anerkennung von Sonderdelikten* kommen zwei alternative Erfordernisse in Betracht:

a) *ein neuer Typ* mit selbständigem materialem *Unrechts- oder auch nur Schuldgehalt;* alsdann erscheint er einem etwa schon bestehenden Grunddelikt gegenüber als eine *selbständige Abart.* Hierbei läßt man sich von dem Wunsche leiten, gewisse unerwünschte Abhängigkeiten von dem Grunddelikt und deren Folgen (zB. das Antragserfordernis) für das neue Delikt zu vermeiden, sofern sie für dieses als nicht geeignet erscheinen; von den Wirkungen und dem Grad der Strafwürdigkeit aus konstruiert man also rückschließend den Charakter des Delikts[45].

---

[43]) Innerhalb des LK. 6. A. wird dieser Tatbestand von Nagler als Sonderdelikt aufgefaßt (S. 73), von Mezger dagegen als Versuchs- und Teilnahmequalifikation (S. 345).

[44]) LA. 72.

[45]) Auf diese Methode machte aufmerksam meine Jurist. Elementarlehre 1944 S. 112.

Gegenüber dem Diebstahl erscheinen hiernach als Sonderdelikte die leichteren Entwendungen, die auch in der Volksanschauung nicht als gemeiner Diebstahl gelten: die Feld- und Forstfrevel, der Mundraub (§ 370 N. 5), die besonderen Zueignungsdelikte nach §§ 291, 370 N. 3 und 6, allenfalls noch die Notentwendung nach § 248a. Sie sollten aber als privilegierter Diebstahl angesehen werden, sobald § 252 (räuberischer Diebstahl) in Frage steht, während die Rückfallsschärfung des 244 wohl nicht anwendbar ist. Dagegen sollte aus kriminalpolitischen Gründen der Notbetrug (§ 264a) als privilegierter Betrug aufgefaßt werden, da über dessen Existenzberechtigung schon kriminologische und noch mehr sozialethische Zweifel bestehen; der Notbetrug, eine typische Erscheinung chronischer Kriminalität, muß an der Rückfallschärfung unbedingt teilnehmen. Die Kindestötung (§ 217) gilt nach h. M. als Sonderdelikt; aber um sie an der weitergehenden Zubilligung mildernder Umstände nach dem alten § 213 teilnehmen zu lassen, was für den Grad der Strafwürdigkeit erheblich ist, muß man sie als privilegierten Totschlag auffassen. Nur so wird auch § 50 anwendbar (RG. 72, 373; 74, 84). Als Schärfungsgründe galten §§ 2, 4 der VolksschädlingsVO. v. 5. 9. 1939; um die oft sehr strafwürdigen Fälle von dem Antragserfordernis zu befreien, müßte man sie insofern zu den Sonderdelikten zählen (so RG. 75, 210 Gr. Sen.). Der maßgebende Gesichtspunkt ist überall der G r a d d e r S t r a f w ü r d i g k e i t (oben § 7)[46]).

b) Auf Gebieten des *Allgemeinen Teils* werden *aus gesetzestechnischen Gründen* gewisse Tatbestände als selbständige Erscheinungen herausgehoben und einer Sonderregelung unterworfen, für die sich im Rechtsleben ein besonderes Bedürfnis gezeigt hat: so im Bereich des *Versuchs, der Teilnahme,* der *Unterlassung.* Maßgebend sind Gründe höherer (oder auch, wie bei § 330c, geringerer) *Gefährlichkeit der Tat,* besondere Wichtigkeit des Rechtsgutes oder Verwerflichkeit des Begehungsmittels (§ 49a, a. F.), auch zT. die stärkere Wiederholungstendenz (§ 245a). In dieser Gruppe tritt die rückschließende Methode (oben zu a) noch stärker hervor; der Schwerpunkt der Entscheidung wird dabei mit Recht auf den *Grad der Strafwürdigkeit* (§ 7) gelegt.

Sonderdelikte enthalten gegenüber der Unterlassung der neue § 303c sowie die übrigen, oben II 6a genannten echten Unterlassungsdelikte (§ 139 usw.); aus den Gebieten des Versuchs und der Teilnahme: §§ 203, 210, 275 N. 2 u. 3, 357. Speziell aus dem Gebiete der Vorbereitungshandlungen: §§ 151 (RG. 42, 270; 65, 205), 245a, 296; außerdem wohl (bestr.) §§ 49a (a. F.), 49a (n. F.) Abs. 2 Fall 2 und 3, 49b, 159. Über die eigenartige Zwitterstellung des § 49a vgl. unten § 26 V 3, 7, dort zugleich über § 49b.

§ 15. Wirken (Handeln und Kausalität)

I. Übersicht.

1. Das Verbrechen ist objektiv Hinstreben auf einen sozialschädlichen und Entwicklung beschrieben. Die einzelnen Elemente wurden in der Tafel § 12 III (zu C II) dargestellt. In jenem Zusammenhang findet auch die Fülle Erfolg. Dieses „Wirken“ wurde oben zergliedert und in seiner Entstehung der Streitfragen um die Kausalität ihre Erledigung. Der Kausalitätsbegriff ist hiernach für unsere Strafrechtslehre entbehrlich; wir sagen statt dessen *Wollens- und Wirkenszusammenhang.* Er ist ferner unzureichend; denn außer der üblichen kausalen Verknüpfung von zwei bereits zusammengesetzten

[46]) Auf die Komplikationen wies Graf Dohna MonSchr. KrimBiol. 34, 138 hin. Vgl. die Nachweise in LK. 73, 74.

Größen Handlung und Erfolg bedarf es zunächst ihrer Zergliederung in Elemente und sodann der Hinzufügung vieler anderer Elemente, die bis auf den innersten Kern der Kriminalität zurückgehen und ihre Einlassung in die größeren Zusammenhänge der Täterpersönlichkeit und der Umwelt voraussetzen. Erst in diesem großen Zusammenhang ist die Frage zu beantworten, ob ein rechtlich unerwünschter Erfolg für das Strafrecht erheblich ist, ob nämlich ein menschliches Verhalten für den Erfolg kausal, d. h. *objektiv verantwortlich und haftbar* ist. Die Frage ist dann zu bejahen, wenn es *in allen seinen Gliedern innerhalb von Täterpersönlichkeit und Umwelt nach objektiver Prognose auf den sozialschädlichen Erfolg hinwirkt.*

2. a) Wenn wir die beiden von der herrschenden Strafrechtslehre ausgebildeten Kausalbegriffe im folgenden beibehalten, um uns mit den aktuellen Streitfragen auseinandersetzen zu können, so ist die *spezifisch juristische, normativ-typische oder adäquate Kausalität* zu bestimmen, wie oben § 12 II 1, als das *Hinstreben oder Hinwirken auf einen gewissen Erfolg,* als ein *Verhalten, das an sich* (generell) *geeignet ist, einen Erfolg dieser Art herbeizuführen,* als ein Verhalten, das nach allgemeinem Wahrscheinlichkeitsurteil, nach objektiver Prognose einen solchen Erfolg erwarten läßt. Wenn eine Persönlichkeit mit einer freien Willensbetätigung in den Strom des sozialen Geschehens eingreift und diesen entscheidend in einer für das Gemeinwohl schädlichen Weise beeinflußt, so ist der Täter für die soziale Gefahr objektiv verantwortlich. Das ist die fast banal erscheinende Erkenntnis des strafrechtlichen Kausalitätsurteils. Hiermit ist die tatsächliche Grundlage für die subjektive Verantwortung, für das strafrechtliche Schuldurteil geschaffen. Wenn der Täter dieses von seinem Willen begleitete sozial ungünstige Wirken kennt oder kennen muß, so handelt oder unterläßt er schuldhaft. Dies ist die einfache und klare Einsicht in das Verhältnis von Kausalität und Schuld, zugleich in das Unterlassungsproblem.

b) Hinzukommen muß aber außerdem die *natürliche, reine, logische und teleologisch-soziologische Kausalität.* Diese ist ein *Bedingungszusammenhang zwischen sämtlichen Gliedern des Wollens und des Wirkens sowie den sie beeinflussenden Faktoren der Persönlichkeit und der Umwelt.* Jede Bedingung ist hiernach Ursache. Während dieser Kausalbegriff in weitem Umfang für die Kriminologie als reine kausale und teleologische Wissenschaft von Bedeutung wird (Ätiologie des Verbrechens, ätiologische Typen), ist er im Strafrecht nur von zweiter Wichtigkeit: aa) für die Schwere der Schuld, die Stärke des freien Willens, also für die Strafbemessung; bb) für die Unterscheidung von Tätern und Teilnehmern; die letzteren setzen nur eine Bedingung, keine strafrechtliche Ursache zum sozialschädlichen Erfolg, sie unterstützen und fördern nur die Haupttat, ohne sie entscheidend zu beeinflussen.

c) Dagegen erweist sich, wie *gegen die herrschende* Praxis gar nicht stark genug betont werden kann, die *„natürliche" Kausalität als unnatürlich für das Rechtsleben,* wenn man die Ursache für einen rechtlich unerwünschten Erfolg, die objektive Haftung und Verantwortung für ihn erforschen will. Unnatürlich, d. h. unjuristisch ist die Ansicht von der Gleichwertigkeit aller Bedingungen für den Erfolg („Äquivalenztheorie"); diese stufen sich vielmehr in ihrer Bedeutung für das rechtliche Unwerturteil und den Grad der Strafwürdigkeit (und darauf kommt es doch dem Juristen in erster Linie an) höchst verschieden ab. Wenn der Radfahrer A dem B fahrlässig eine geringe Wunde beibringt und B in der Unfallstation infolge eines Brandes oder wegen leichtsinniger Behandlung an einer Blutvergiftung stirbt, so haben alle diese Bedingungen eine völlig verschiedene strafrechtliche Bedeutung, und zwar bereits für die objektive Verantwortung, also für die Verursachung, und es ist verfehlt, schon den A objektiv für den Tod haften zu lassen. Die dauernd gehörte Erklärung, eine Korrektur bei der Schuldfrage eintreten zu lassen, wodurch eine befriedigende Lösung ermöglicht werde, vermag der Eigenart des Falls in keiner Weise zu entsprechen; ein solcher Kausalbegriff genügt nicht seiner Funktion, die objektive Haftung in gerechtem Maße zu umgrenzen, und versagt bereits im Zivilrecht, wenn Verschulden nicht erfordert wird, wie bei der Tierhalterhaftung, sowie im Strafrecht bei den erfolgsqualifizierten Delikten. Ein derartig weiter Kausalbegriff ist eben juristisch wertlos. Die einzig mögliche Behandlung des obigen Falles ist: A hat nicht den Tod, sondern nur die Körperverletzung verursacht; die rechtserhebliche Ursache seines Todes waren der Brand oder der Leichtsinn des C.

3. Der übliche Einwand der Vertreter der Bedingungstheorie, daß die *Adäquanztheorie* wegen der Unsicherheit des Wahrscheinlichkeitsmaßstabes keine bestimmten Lösungen ergebe, schlägt schon nach jenen Autoren nicht durch, weil sie selbst (wenigstens aushilfsweise) sich des Adäquanzgedankens bedienen; und zwar ist die Adäquanztheorie auch bei ihren Gegnern in folgenden Fällen gesichert: a) bei den erfolgsqualifizierten Delikten, b) für die Bestimmung des Gefahrensbegriffs (wichtig für die gemeingefährlichen Verbrechen, den untauglichen Versuch, den Notstand) c) für die Bestimmung des „Gegenstands" von Vorsatz und Fahrlässigkeit, d) für die Umgrenzung der Fahrlässigkeitsdelikte e) für die Unterlassungsdelikte, f) für die objektive Abgrenzung von Täterschaft und Beihilfe, g) für die Abgrenzung des Versuchs von den straflosen Vorbereitungshandlungen.

4. *Stand der Ansichten.*

a) RG. vertritt in ständiger Rspr. in Strafsachen unter Anschluß an v. Buri[47]) die Bedingungstheorie, in Zivilsachen[48]) die Adäquanztheorie — — ein gewiß höchst unerfreulicher Rechtszustand, erklärbar (aber nicht entschuldigt) nur dadurch, daß die Bedingungstheorie wegen ihrer einfachen Anwendbarkeit bevorzugt wird, während in Zivilsachen die Unmöglichkeit, eine Korrektur beim Verschulden vorzunehmen, schon zur Einschränkung im objektiven Bereich zwingt. Jedoch macht RG. auch in Strafsachen Konzessionen an die Adäquanztheorie[49]), abgesehen von den Fällen oben 3.

In der Theorie herrscht im Strafrecht noch die Bedingungstheorie vor (Olshausen, LK. 5. A., Finger, Beling, v. Liszt u.a.), verliert aber immer mehr an Boden (Kohler, Frank, LK. 6. A., s. u. zu b) und steht seit längerer Zeit in einer Krise. Die Adäquanz-

[47]) Goltd. Arch. 11—13, 1863/5; RG. 1, 373; 44, 244; 63, 213; 70, 257; 76, 86. Jedoch 73, 372 für den Adäquanzgedanken, und zahlreiche Anklänge in anderen Entsch. u. a. 6, 146; 34, 91; 56, 350; 63, 214; 70, 259.

[48]) RG. Ziv. 50, 222; 158, 38 u. ö.

[49]) RG. 58, 133; 64, 143.

theorie vertreten außer ihren Begründern v. Kries (1886)[50]) und später Rümelin, die bezeichnend genug beide nicht dem Strafrecht angehören, v. Bar, Merkel, Allfeld, Baumgarten, Hafter, Rich. Schmidt, Liepmann, Lammasch, Rittler, Traeger, v. Hippel, v. Rohland, Kohler, Kriegsmann, Köhler, Siegert, W. Kisch, Litten, Tesar[51]), Spohr[52]), Krückmann[53]), v. Gemmingen[54]), E. Land[55]), H. Ganske[56]), Mähnz[57]). L. Müller[58]), Bürgi[59]), Torp[60]), Tarnowski[61]), Kissin[62]). Dazu die meisten Vertreter eines materialen Unrechtsbegriffs (oben § 13).

b) Es ist nur eine konstruktive, den systematischen Aufbau unnötig erschwerende Verschiedenheit, wenn man, wie Mezger, Engisch[63]) u. a., die Kausalität im Sinne der Bedingungstheorie und außerdem noch eine besondere *juristische* „*Relevanz*" im Sinne der Adäquanztheorie erfordert; man hätte also zwischen Kausalität und Rechtswidrigkeit eine neue Figur als Strafvoraussetzung. Nahe der Adäquanztheorie steht gewissermaßen als Vorläuferin die Theorie Birkmeyers von der *wirksamsten Bedingung*, die allein Ursache sei, sowie ihr verwandt die *Übergewichtstheorie* Bindings; auf gleichem Boden bewegt sich Nagler im LK.[64]), der somit der Adäquanztheorie ganz nahe steht, obwohl er sie als abstrakt-generalisierend bekämpft. Auch meine in Grdlg. § 16 eingehend dargelegte Ansicht über das *Wirken* bekennt sich inhaltlich zum Adäquanzgedanken, möchte allerdings den Ausdruck lieber vermeiden; sie ist nur eine Folge systematischer Erkenntnisse der Rechts- und Sozialphilosophie, die in dem Kraft- und Wertstreben (= Handeln und Unterlassen) den Gegenstand aller juristischen Wertung und den Grundtyp der Soziologie erblickt.

c) Neuerdings tritt der Streit um die Kausalitätstheorien in den Hintergrund, da man unter Auswertung der praktischen Erfahrung und der kriminologischen Forschung erkannt hat, daß das Ursachenproblem nur bei wenigen Delikten in verhältnismäßig wenigen Fällen auftritt (Tötung, Körperverletzung, Brandstiftung, Sachbeschädigung, also durchweg bei Angriffsdelikten, aber auch bei Betrug und allenfalls noch Erpressung), und daß die sich befehdenden Theorien meist zu gleichen Ergebnissen führen. Indessen sind die Fälle verschiedener Entscheidungen nicht so selten (vgl. sofort zu II) und ist die *dogmatische Tragweite* bedeutend genug (vgl. oben 2b, 3); eine Folge der Bedingungstheorie ist die ebenfalls vom RG. konsequent vertretene subjektive Theorie beim Versuch und bei der Teilnahme (denn sofern alle Bedingungen des Erfolges einander gleichwertig sind, ist eine objektive Unterscheidung von Versuch und Vorbereitung, von Täterschaft und Beihilfe schlechterdings nicht möglich, während eine solche, die doch gewiß erstrebenswert ist, nur mit Hilfe des Adäquanzgedankens getroffen werden kann). Vor allem ist der systematische Aufbau des gesamten Strafrechts in hohem Maße abhängig von der Kausalitätsauffassung, die sich auch in der Schuldlehre wiederholt bemerkbar macht.

---

[50]) ZStrW. 9, 528.

[51]) Überwindung des Naturrechts 1928, 188.

[52]) ZStrW. 25, 383.

[53]) ZStrW. 37, 353.

[54]) Rechtswidrigkeit des Versuchs 1932.

[55]) Syst. d. äußeren Strafbarkeitsbedingungen 1927, 37 ff (Abh. H. 229)

[56]) Prozeßbetrug und Adäquanz 1931, 15 ff (Abh. H. 280), sehr beachtlich, bisher nirgends beachtet.

[57]) Begriff d. adäq. Verurs. 1911 (Diss. Göttingen).

[58]) Die Bedeutung des Kausalzus. im Straf- u. Schadensersatzrecht 1912.

[59]) Die Lehre von der adäq. Verurs. u. ihre Bedeutung in der schweizerischen Rspr. 1927.

[60]) ZStrW. 23, 84 (für das nord. Recht).

[61]) Die system. Bedeutung d. adäq. Kausalitätstheorie für den Aufbau des Verbrechensbegriffs 1927.

[62]) Die Rechtspflicht zum Handeln bei den Unterlassungsdelikten 1933, 30 (Abh. H. 317).

[63]) Die Kausalität als Merkmal der strafrechtl. Tatbestände 1931.

[64]) LK. 6. A. 49.

d) Ein anderer Streit betraf das logische Wesen der Kausalität. Während eine frühere m e t a p h y s i s c h orientierte Auffassung die Kausalität als eine den Dingen innewohnende K r a f t betrachtete, weswegen sie die Kausalität der Unterlassung leugnete (v. Liszt: aus Nichts kann nichts werden), faßte man im Anschluß an Kant das Problem lediglich l o g i s c h als Kausal u r t e i l, als Kategorie unseres Erkennens, als Element unseres Bewußtseins, als logische Verknüpfung von Verhalten und Erfolg auf und rettete hiermit die Kausalität der Unterlassung, da das Urteil auch an ein Nichttun angelegt werden kann. Letztere Auffassung ist jedoch einseitig und unzureichend; denn nicht jede zeitliche Aufeinanderfolge zweier Akte oder Ereignisse, die logisch zueinander in Beziehung gesetzt werden, ist bereits eine Kausalbeziehung (z.B. Tag und Nacht, Essen und Spazierengehen). Hinzukommen muß noch ein menschliches Verhalten oder Naturereignis, das in dem Strom des Geschehens als Kraftstreben aufgefaßt wird und dem Strom eine Richtung gibt, die er ohne jenes Kraftstreben nicht hätte: d. i der richtige Kern der Bedingungstheorie.

II. Ausbau des abstrakten Gefährdungsprinzips im konkreten Wirkungszusammenhang als Grundlage für die objektive Verantwortlichkeit.

1. Das Gefährdungsprinzip schaltet die Zufalls- und bloße Erfolgshaftung aus; es ist die objektive Seite subjektiver Schuldhaftung, deren leicht erfaßbare Grundlage und leicht zu erkennende unmittelbare Voraussetzung. Es steht in der Mitte zwischen dem reinen Erfolgs- und dem reinen Willensprinzip und birgt in sich die jenen beiden innewohnenden strafrechtlich erheblichen Prinzipien: der Wille soll nur dann bestraft werden, wenn er sich in einer entsprechenden Richtung auf den unerwünschten Erfolg äußert; er muß aus der Persönlichkeit herausgetreten sein und seine gefährdende Wirkung in der Außenwelt entfaltet haben. Diese *Gefährdung* ist der Brennpunkt des Wirkungszusammenhangs innerhalb der Persönlichkeit und ihrer Umwelt; sie macht das *materiale Wesen der Kausalität* aus: die Kausalität ist *formal Hinwirken des Willens auf den Erfolg, material Gefährdung eines Lebenswertes unter Einbeziehung weiterer noch zu erwartender Schäden.*

2. Unter diesem Gesichtspunkt verfährt der *Gesetzgeber.* Er kann nicht ex post soziale Schäden verbieten, die auf menschliche Handlungen zurückzuführen und womöglich durch sog. zufällige Außenereignisse bedingt sind; alsdann wäre die objektive Haftung uferlos ausgedehnt, und es würde kaum noch ein Mensch zu handeln wagen, weil er befürchten müßte, irgendwie einmal die Bedingung zu einem Schaden zu setzen. Namentlich aber bei Unterlassungs- und Fahrlässigkeitsdelikten wäre die Haftungsmöglichkeit eine unbegrenzte, und eine unerträgliche Rechtsunsicherheit wäre die Folge. *Verbieten kann der Gesetzgeber nur ex ante Handlungen und Unterlassungen, die objektiv geeignet sind, soziale Schäden herbeizuführen,* also nur *typisch gefährdende Verhaltungsweisen.* Ein solches Verbot steht nicht nur in Einklang mit der Rechtssicherheit, sondern ist ein *Gebot der Rechtssicherheit* und fördert sie. Typische Gefährdungen sind ihrem Wesen nach *allgemein erkennbar;* sie sind der Kern des materialen Unrechts.

3. Das *materiale Unrecht enthält* die abstrakte Gefährdung von Rechtsgütern im konkreten Fall mit allen Fernwirkungen und mithin *die materiale, typische Kausalität.* Die Verbotsnormen zeigen sich in den gesetzlichen Tatbeständen, und diese sind Typen des Unrechts. In ihnen steckt daher auch die typische Kausalität, die abstrakte Gefährdungstendenz. So sicher Unrecht

und Kausalität logisch verschiedene Begriffe sind, so gewiß bilden sie ihrem Wesensgehalt nach eine Einheit. Die Kausalbeziehung zwischen Handlung und Erfolg ist ein Wesenselement des materialen Unrechts; die Kausalität ist im Unrecht enthalten, nicht (wie eine neuere Ansicht[65]) lehrt) in der Tatbestandsmäßigkeit.

4. Wie die typische Kausalität, die objektive Gefährdungstendenz für jeden normalen Rechtsgenossen erkennbar ist, so ist die typische Kausalität für den Richter auch praktisch verwendbar. Der Richter fällt das Urteil, wie zuerst von Rümelin formuliert wurde, als der erfahrenste, weiseste Richter[66]) *ex ante gemäß objektiver, nachträglicher Prognose.* „Nachträglich" ist sie, weil nicht das Urteil des Täters, wie noch v. Kries annahm, sondern das des Richters maßgebend ist, der den Kausalverlauf innerhalb der Umweltereignisse, den gesamten Wirkungszusammenhang überschaut. Aber er stellt seine Prognose und urteilt „ex ante", weil er sich auf den Standpunkt des Täters versetzt denken muß, um die gefährdende Tendenz zu erkennen. Dagegen muß er nach der Bedingungstheorie ex post urteilen, indem er von dem eingetretenen Erfolg aus rückschließend die Beziehung zu einer bedingenden Handlung des Täters zu ermitteln sucht; hiermit wäre keine Prognose, sondern eine Diagnose über den vorliegenden Sachverhalt und über die abgeschlossene Entwicklung zu treffen.

5. Die zu beurteilende *Sachlage* ist also *möglichst konkret* zu gestalten, möglichst zu individualisieren, damit ein allseitig gerechtes Urteil ermöglicht wird. Dagegen ist der *Maßstab* ein genereller, *abstrakter,* wenn er auch zu seiner Anwendung im Einzelfall zu konkretisieren und spezialisieren, d. h. auf den konkreten Fall zuzuschneiden ist. Es kommt aber auf die *objektive Eignung des Wirkens* an, auf seine generelle Tendenz; nur diese kann und will der Gesetzgeber erfassen. Unrichtig wäre es, auch in dieser Hinsicht zu individualisieren, wie es eine beachtliche neuere Ansicht[67]) ausführt. Alsdann könnte man den Fällen nicht gerecht werden, in denen ein bald nach der Tat eintretendes Ereignis oder auch die Tat eines anderen dem Kausalverlauf eine andere Wendung gibt: also *kein sog. Abbruch der Kausalität;* er ist für die typische Betrachtung ex ante unmöglich.

Wenn A den B tödlich verletzt, B aber an den Folgen der später erfolgten, aber schneller wirkenden Verletzung des C stirbt, so haben nach der abstrakten Gefährdungs- und der Adäquanztheorie A und C den Tod verursacht, nach der individualisierenden wie nach der Bedingungstheorie dagegen nur C (A würde auch nicht einmal Versuch begangen haben, soweit man der objektiven oder Gefährdungstheorie folgt).

Wenn A und B dem C eine Wunde beibringen, C aber nur an der Summe der Verletzungen stirbt, so haben nach der Individualisierungs- wie nach der Bedingungstheorie beide den Tod verursacht, nach der abstrakten Gefährdungs- und Adäquanz-

---

[65]) Engisch a.a.O. und Nagler im LK. 6. A. 45.

[66]) Diese Wendung ist aber nur als Maßstab zu verstehen, nicht etwa ist ein wirkliches oder auch nur ideales Subjekt gemeint. Es ist eine faßbare, praktikable Formel für das kritische, objektiv berechtigte Urteil. In gleichem Sinne erfordern andere den einsichtigsten Menschen mit überdurchschnittlichem Wissen (so Traeger, v. Hippel), noch andere den verkehrserfahrenen Menschen (so Allfeld, Köhler).

[67]) LK. 5. A. 80 und 6. A. 53; ähnlich schon Binding, Kohler, Wachenfeld, H. Mayer, Traeger.

theorie jedoch nur insoweit, als die Verletzung des A oder des B, eine jede für sich betrachtet, tödlich war.

6. Der *vorsätzliche oder fahrlässige Eintritt eines Dritten* kann (!) allgemein voraussehbar gewesen sein, also innerhalb des Wirkungs- und Gefährdungszusammenhanges liegen. So wenn der geladene Revolver aus dem in der Garderobe abgegebenen Mantel leicht herausfallen kann, ein Dritter ihn aufhebt und hierdurch den tödlichen Schuß auslöst[68]). Der Eintritt des Dritten wird aber meist außerhalb aller Wahrscheinlichkeit liegen. Das Gefährdungsprinzip bietet hier den zuverlässigsten Maßstab.

Die Bedingungstheorie kennt hier nur ein Entweder-Oder. So sprach man früher von einer Unterbrechung des Kausalzusammenhangs (nicht zu verwechseln mit dessen Abbruch, oben 5); er sollte erfolgen durch die freie und vorsätzliche Tat eines anderen. Die neuere Ansicht lehnte die Unterbrechung mit Recht ab, da der Kausalzusammenhang nur entweder bestehen könne oder nicht[69]). Bei der Beteiligung mehrerer wollte die Ex-post-Betrachtung rückschließend in der Bedingungsfolge so weit zurückgehen, bis sie auf die freie und vorsätzliche Tat eines Menschen stößt, dieser sei allein Täter, während die früheren Täter wegen der Unterbrechung des Kausalzusammenhanges nicht in Betracht kämen. Fällt die geladene Pistole aus dem im Gastzimmer aufgehängten Mantel des A heraus, legt B sie auf ein Fensterbrett, ergreift C sie und gibt sie weiter an den sinnlos betrunkenen D, dem sie wiederum der E entwendet, zielt endlich E zum Scherz auf seine Braut und trifft er sie tödlich, so hat nach jener Variante der Bedingungstheorie nur C den Tod verursacht, sofern man ihm Vorsatz nachweisen kann[70]). Nach der Adäquanztheorie haben sämtliche Personen A—E den Tod verursacht, da sie alle in dem objektiven Wirkungs- und Gefährdungszusammenhang stehen, ein Ergebnis, das auch dem ursprünglichen Sinn der Bedingungstheorie entsprechen würde; nur die Schuld ist bei den Personen verschieden (vgl. sofort zu 7).

7. Bei *Beteiligung mehrerer* kommt es nach dem Gefährdungsprinzip auf die *Stärke des Wirkens* der einzelnen Personen an; die Bedingungstheorie läßt Abstufungen nicht zu (vgl. soeben 6). Die *Anteile der Einflußstärke* sind graduell an dem wirklichen oder erstrebten Schaden abzuwägen; hiernach bestimmt sich die Strafwürdigkeit (unter Hinzunahme der Schuldhöhen). Auf diesem Prinzip beruhen die Täter- und Teilnehmerarten. In dem Gaststättenfall oben 6 liegt der Hauptanteil der Gefährdung natürlich bei A, sodann bei B und E, während die Schuldschwere sich anders verteilt und der Schwerpunkt etwa bei C und sodann wohl bei E liegt. Für derartige Erwägungen muß eine moderne Kausalitäts- und Verschuldenslehre die nötige Unterlage schaffen; sonst erfüllt sie nicht ihre Funktion.

Wenn A dem B eine körperliche Verletzung zufügt und B dem Kurpfuscher C in die Hände fällt[71]), so kann dessen Behandlung sich verschieden auf den Gesamtschaden auswirken, so daß sich danach auch der Haftungsanteil des A an dem Gesamtschaden verschieden bemißt. Die Tat des C kann: a) das Leiden verschlimmern, b) den Krankheitsverlauf beschleunigen, oder c) ihn verlangsamen, ohne ihn günstig zu beinflussen, oder d) ihn in keiner Hinsicht beeinflussen, so daß C an dem Körperschaden überhaupt keinen Anteil hat, sondern nur einen Betrug begeht. Zu beachten ist, daß A nach der Adäquanztheorie überhaupt unabhängig von dem Eintritt des C insofern beurteilt wird, als nur die Tendenz, die

---

[68]) RG. 34, 91.

[69]) RG. 64, 318, 370.

[70]) Vgl. den Fall bei Frank § 1 III 2a (S. 14).

[71]) RG. Rspr. 10, 208.

Eignung der Tat des A, die durch sie veranlaßte Gefährdung zum Gegenstand der Aburteilung zu machen ist; um diese Feststellung treffen zu können, muß der Richter an den wirklich eingetretenen Schaden anknüpfen und von seinem Grade abziehen, was durch die Mitwirkung des C entstanden ist. Unrichtig ist die Ansicht, daß ein jeder bei Mitverursachung für den Gesamterfolg haftet[72]).

8. Für die Feststellung der Schwere der Gefahr ist unerheblich das *Mitverschulden eines Dritten oder des Verletzten selbst* (beachte etwa den Kurpfuscherfall oben 7). Diese Mitverschuldung kann aber die Schwere des Unrechts beeinflussen, wenn der Verletzte oder der mitschuldige Dritte sich überängstlich verhalten und ihre eigene Lage verschlechtern; insoweit kann (und muß gerechterweise) sich der Grad des materialen Unrechts und des sozialen Schadens entsprechend verringern.

III. Unter dem Gesichtspunkt des einheitlichen Wollens- und Wirkenszusammenhangs findet auch das umstrittene Problem der **actio libera in causa** seine Erklärung: der Täter versetzt sich in den Zustand der Zurechnungsunfähigkeit (Rausch), um in ihm ein Delikt zu begehen. Zurechnungsfähig war er nicht mehr zur Zeit der Tat, worauf es ankommt, sondern nur zur Zeit des Willensentschlusses; aber Wollen und Wirken bilden ein zusammenhänges Ganzes, so daß der Vorsatz auch noch bis zur Tatbegehung wirkt; der Täter teilt sein Wollen und Wirken nur äußerlich in zwei Akte, um sich der Verantwortung zu entziehen; er ist zugleich zurechnungsfähiger mittelbarer Täter und zurechnungsunfähiges Werkzeug[73]). Ebenso wenn er sich in den Rauschzustand versetzt, obwohl er die Deliktsausführung voraussehen konnte (ein Autofahrer betrinkt sich)[74]). — Nach § 330a ist schon das Sichbetrinken strafbar, wenn er im Rausch ein Delikt begeht. Als Gefährdungs- und Vorbereitungsdelikt wird es durch die Rauschtat konsumiert; enthält diese aber neue strafwürdige Elemente, so liegt Idealkonkurrenz vor (Exzeß).

IV. Zeit und Ort der Tat.

Wenn Handlung und Erfolg nach Zeit und Ort auseinanderfallen („Distanzdelikte"), entsteht die Frage, ob Handlung oder Erfolg zB. für das Anwendungsgebiet der Strafgesetze maßgebend sind, wann und wo das Delikt im Sinne des Strafgesetzes begangen ist. Grundsätzlich entscheidet die *Handlung*, das Wirken, da hier ja der Schwerpunkt des Unrechts ruht und der Erfolgseintritt oft durch zufällige Ereignisse bedingt ist; zB. A schreibt den beleidigenden Brief in Berlin an den ebenda wohnenden B, dieser befindet sich auf einer Auslandsreise und erhält ihn dort erst nach Wochen.

StGB. § 3 (N F. v. 6. 5. 1940) läßt wahlweise als Begehungsort den Ort des Erfolgseintritts zu. Bei Unterlassungen ist maßgebend der Ort der erwarteten Tätigkeit oder — ebenso beim Versuch — des erwarteten Erfolges. Bei Teilnahme kommt auch (!) der Ort der Haupttat in Betracht[75]).

---

[72]) RG. 53, 79.

[73]) Ähnlich RG. 73, 183.

[74]) Vgl. RG. 60, 30.

[75]) RG. 74, 60.

§ 16. Rechtswidrige Unterlassungen[76])

I. *Theoretisch* besaß das Thema der Unterlassungsdelikte von jeher zentrale Bedeutung[77]), da sich hier die schwierigen Probleme der allgemeinen Verbrechensmerkmale durchkreuzen, insbesondere die (materiale) Rechtswidrigkeit und die Kausalität. Aber auch *praktisch* ist seine Bedeutung in letzter Zeit ausnehmend gestiegen, je mehr der soziale Gedanke alle Lebensgebiete durchdrang und die Forderung um sich griff, daß einer für den anderen auch ohne Rechtsvorschrift zu sorgen und einzustehen habe.

1. Das *Anwendungsgebiet* betrifft vor allem die Angriffsdelikte, speziell die Gewaltdelikte Tötung, Körperverletzung, Sachbeschädigung, Brandstiftung und andere gemeingefährliche Delikte; aber auch Äußerungsdelikte, wie Beleidigung, die sog. Staatsbeleidigung, Mißachtung von Staatsträgern und Hoheitszeichen durch Unterlassung von Ehrenbezeigungen, sowie die Unzucht vor (!) anderen durch Unterlassung des üblichen Benehmens. Von den Nutzdelikten werden die geheimen, raffinierten und verschlagenen Grunddelikte ergriffen: Betrug, Unterschlagung, (Untreue) und Hehlerei. Von den Triebdelikten kommen nur die Fahrlässigkeitstaten in Betracht, diese allerdings an erster Stelle.

2. Von altersher, aber zu Unrecht, unterscheidet man zwei Gruppen, die uns hier nur interessierenden „unechten" *Begehungsdelikte durch Unterlassung* und die „*echten Unterlassungsdelikte*", in denen die Unterlassung Tatbestandsmerkmal ist wie in §§ 139, 330c mit nur subsidiärer Geltung. Vgl. die Fälle oben § 14 II 6a. Es gibt nämlich auch Tatbestände, in denen die Unterlassung zwar nicht wörtlich, aber in anderen Wendungen Ausdruck gefunden hat: Verschweigen, Unterdrücken, Verheimlichen, Verbergen, so bei den Täuschungsdelikten, der Urkundenunterdrückung, der Hehlerei; die Unterschlagung und Untreue werden bekanntlich sehr häufig durch Unterlassung der Mitteilung oder der Herausgabe oder einfach durch Schweigen begangen. Alle diese Fälle rechnet man zu den unechten Unterlassungsdelikten. Der Gesetzgeber kann den Unterlassungsgedanken in den Tatbeständen in verschiedenster Weise typisch ausprägen. In sachlicher Hinsicht stehen diese Fälle juristisch einander sowie den sog. Handlungsdelikten gleich; überall tauchen die gleichen Probleme auf.

3. Die vielgesuchte Problemlösung kann nur im Wesen der *materialen Rechtswidrigkeit*, bei den Erfolgsdelikten außerdem in der *Kausalität* wurzeln; es kann sich nur noch um Ausgestaltung oder nähere Umschreibung von Prinzipien handeln. Wäre es anders, so läge ein schwerer systematischer Fehler vor. Hier bedarf es feinster Analyse und Individualisierung; sodann sind jene allgemeinen Maßstäbe anzulegen und konkrete Gestaltungsnormen zu gewinnen, weswegen die Fallentscheidungen so verschieden ausfallen und so nahe der Grenze zum Gegenteil stehen. Nach abstrakten Zauberformeln wird man vergeblich suchen.

Nichtssagend ist der Lösungsversuch des E. 36: wegen Unterlassung ist strafbar, wer „nach gesundem Volksempfinden als Täter erscheint". Und nur eine Umschreibung ist der Maßstab der „Garantenhaftung"[78]) oder die Abstellung auf den Tätertyp[79]); es fragt sich gerade, wer strafrechtlich haftet, und zwar als Täter.

---

[76]) Verweisen muß ich hier auf meine eingehende Bearbeitung der Unterlassung im GerS. 114, 1940, 279 mit ausführlichem Lit.-Verzeichnis (erschienen auch in Rivista penale 1941 mit Vorwort von Battaglini) sowie auf meine frühere Abh. in der Frank-Festg. 1930 I 202. Vgl. besonders Kissin Abh. H. 317 (1933), Wolter ArchRSozPh. 28, 498 (1933), H. Roeder Dt. Strafr. 1941, 105, 152.

[77]) Hierzu meine JurElementL. 1944, 125.

[78]) LK. 62 und Nagler schon im GerS. 111, 1, übernommen von Welzel 123.

[79]) Mezger ZStrW. 57, 684; Dahm ebda. 59, 138; Schaffstein in Festschrift f. Gleispach 70.

Immerhin lassen sich einige allgemeine Erkenntnisse und Grundsätze gewinnen. Auf diesem Gebiet kann man nur mit konkreten Gestaltungsnormen arbeiten, und eine Lösung von Fall zu Fall nach allgemeinen Maßstäben suchen.

Andere verlegen das Unterlassungsproblem nicht in die Rechtswidrigkeit oder die Kausalität, sondern seltsamerweise in die Tatbestandsmäßigkeit[80]).

4. Hinsichtlich der allgemeinen Verbrechensmerkmale unterscheiden sich die Begehungsdelikte durch Unterlassung in keiner Weise von den Begehungsdelikten durch *Handlung;* die *Strafvoraussetzungen* sind die gleichen, wenn der Täter einen Tatbestand durch Tun und durch Nichttun verwirklicht. Und völlig verfehlt ist es, die Kausalität der Unterlassung zu leugnen und statt dessen die Rechtswidrigkeit, die Rechtspflichtverletzung, die widerrechtliche Nichthinderung des Erfolges zu erfordern (v. Liszt)[81]), wodurch die gesamte Verbrechenssystematik ins Wanken gebracht, der Verbrechensbegriff überhaupt negiert wird. Die Strafvoraussetzungen müssen beidemal dieselben sein; nur die *Strafwürdigkeit* mag bei der Unterlassung in vielen Fällen wegen schwächerer Energieentfaltung geringer erscheinen: sie ist grundverschieden, wenn jemand einen anderen ins Wasser stößt und wenn er einen Ertrinkenden nicht rettet. Hinsichtlich der Strafvoraussetzungen ist aber einerlei, ob der Betrüger oder der Meineidige etwas Unwahres sagt oder das Wahre nicht sagt, ob die Krankenschwester eine falsche Pflege anwendet oder die richtige Pflege zur erforderlichen Zeit versäumt, ob der Bahnbeamte ein unrichtiges oder gar kein Signal stellt. Beidemal liegt ein Verbrechen deswegen vor, weil der unerwünschte, der sozialschädliche Erfolg rechtswidrig vom Täter verursacht wird.

II. Kausalität der Unterlassung.

1. Wer sie mit dem naturwissenschaftlich wie logisch unanfechtbaren Satz leugnet, das aus Nichts nichts werden könne, führt in unzulässiger, naturalistischer Methode einen juristisch unbeachtlichen Kausalbegriff ein, indem Kausalität als wirkende physische Kraft aufgefaßt wird. Wer anderseits die Kausalität lediglich als Urteil, als logische Form unseres Erkennens bezeichnet, nach der auch nur gedachte Größen, wie die Unterlassung, logisch miteinander verknüpft werden, stellt sich einseitig erkenntnistheoretisch ein und übersieht das tatsächliche sozial erhebliche Wirken des Täters. Vgl. oben § 15 I 4d.

2. Den Schlüssel bietet die obige (§ 15, § 12) Theorie des Wollens- und Wirkenszusammenhangs. In den Strom des natürlichen und sozialen Geschehens greift der Täter auf zweierlei Weise ein: er lenkt ihn entweder durch ein wirkliches, positives Tun in der Richtung auf den sozialschädlichen Erfolg ab, oder er läßt sich untätig von dem Strom in der Richtung auf diesen sozialschädlichen Erfolg treiben, während er ihn ablenken könnte und sollte. *Kausal ist die Unterlassung, wenn die (soziologisch) erwartete Handlung den Erfolg voraussichtlich abgewendet hätte, m. a. W.: wenn die Unterlassung dieser Handlung sozial gefährdend ist, die Handlung dagegen die Gefahr beseitigt hätte.*

---

[80]) So Nagler und Welzel.

[81]) Nicht durchsichtig und einwandfrei auch RG. 71, 189; 73, 55; 75, 164.

Die Kausalität ist auch bei der Unterlassung, ebenso wie beim Handlungsdelikt, das Hinstreben, Hinwirken, Hinlenken der Ereignisse auf den Erfolg. In der Kausalkette gibt es eine Fülle physischer und psychischer Glieder, positiver und negativer Elemente, die mehr oder weniger unentbehrlich für die soziale Gefahr sind. Die Unterlassung ist ein solches unentbehrliches Element in dem sozialgefährlichen Wirkungszusammenhang. Der Täter bedient sich des gefährlichen Stroms, wo nach sozialer Erwartung gerade er ihm eine andere Richtung hätte geben sollen. Dabei kommt es bloß auf die sozial erwartete Handlung an, nicht auf die rechtlich gebotene Handlung (das ist bereits eine Frage der Rechtswidrigkeit, nicht mehr bloß eine solche der Kausalität). Der *Versuch* bezieht sich auf denjenigen Zeitpunkt, in dem die Handlung zu erwarten war.

3. Die obige Fragestellung entspricht der Adäquanztheorie[82]), zu der man sich aber nominell nicht zu bekennen braucht. Ex ante ist zu fragen: Ist die Unterlassung der erwarteten Handlung objektiv geeignet, einen sozialschädlichen Erfolg dieser Art herbeizuführen? Hat sie hierzu die generelle Tendenz nach objektiver Prognose? Demgegenüber fragt die Bedingungstheorie ex post von dem vorliegenden konkreten Erfolg aus: Wäre dieser bestimmte Erfolg nicht eingetreten, wenn der Täter nicht untätig geblieben wäre, sondern gehandelt hätte? wobei nicht ersichtlich ist, ob hier nicht schon das rechtliche Gebot einzuschieben ist, also: wenn der Täter die vom Recht geforderte Handlung vorgenommen hätte?

Der Gegensatz beider Betrachtungsweisen ist auch bei der Unterlassung praktisch erheblich. Unterläßt ein Heilkundiger, auf stark belebter Straße einem Verletzten zu helfen, so fehlt nach der juristischen Betrachtungsweise (Adäquanztheorie) schon die „Kausalität“ zur Verschlechterung seines Zustandes, die objektive Gefährdung; denn es ist damit zu rechnen, daß ihn noch viele andere Passanten und auch die Verkehrspolizei bemerken (die alsdann nach der gegenteiligen Ansicht der Bedingungstheorie bei Untätigkeit sämtlich ebenfalls die Körperverletzung oder Tötung verursacht haben müßten); anders wenn der Unfall in einsamem Walde oder in später Nacht erfolgt. Dagegen würde nach der naturalistischen Bedingungstheorie allemal Kausalität vorliegen, wenn und soweit durch die unterlassene Heilhandlung dem Kranken geholfen wird.

Auch bei „Zufall“ würde nach letzterer Ansicht Kausalität gegeben sein. Wird der Kranke durch ein Auto tödlich überfahren oder durch Räuber überfallen, so hat hierzu der Heilkundige, der ihn hilflos liegen ließ, eine Bedingung gesetzt; nach der Bedingungstheorie liegt Kausalität vor, nach der Adäquanztheorie nicht.

III. Rechtswidrigkeit der Unterlassung. Hier liegt die Hauptschwierigkeit.

1. Die Rechtspflicht zum Handeln ergibt sich zunächst aus dem Gesetz, aus Gewohnheitsrecht, aus Vertrag, aus stillschweigender vertragsähnlicher Übernahme, vor allem aus der *Begründung und Erhöhung von Gefahr.* Nur

---

[82]) Ganz nahestehend hier für Unterlassungsdelikte RG. 75, 49, 372 (1942), wo also die Bedingungstheorie vom RG. verlassen und die Adäquanztheorie befolgt wird; jedoch verflüchtigt sich die Kausalität zur materiellen Rechtswidrigkeit, was methodisch zu beanstanden, im sachlichen Ergebnis zu begrüßen ist (materiale Kausalität, vgl. oben

innerhalb dieser Grenzen trifft es zu, in dem „vorausgegangenen Tun"[83]) einen Rechtsgrund zum Abwenden des schädlichen Erfolges zu erblicken.

Der Arzt, der eine operative Behandlung übernimmt, darf nicht vor ihrem Abschluß mit ihr zum Schaden des Patienten aufhören. Aber unrichtig wäre es, aus der freiwilligen Übernahme einer Hilfeleistung, zB. der Begleitung eines auf der Straße angetroffenen Gebrechlichen, eine Pflicht zur Fortsetzung ins Unbegrenzte zu folgern. Man darf nur nicht den Hilflosen im Zustande einer Gefahr verlassen, die man selbst hervorgerufen oder verschärft hat: alsdann hat man die Kausalität zu einem sozialschädlichen Erfolg in Lauf gesetzt, handelt also materiell rechtswidrig und ist verpflichtet, den selbstgeschaffenen schädlichen Zustand zu beseitigen. Nicht aber folgt eine Rechtspflicht aus freiwillig übernommener Hilfe, die nur als eine zeitweilige gedacht war. Sonst würde aus der Gutmütigkeit and Nächstenliebe ein unbegrenztes Einstehen für Körperverletzung und Tötung folgen.

2. Zu weit geht es daher ferner, die *Rechtspflichten* in das Gebiet der *moralischen* und *sozialen Pflichten* auszudehnen[84]). Zu Hilfe in Krankheit und Not ist (abgesehen von dem Sonderdelikt des § 330c) nicht jedermann verpflichtet; freiwillige Aufpasser und Wohltäter werden nicht nur oft als lästig und zudringlich empfunden, sie passen auch nicht in eine soziale Ordnung hinein, in der sich nicht ein jeder auf die Unterstützung anderer verlassen darf. Wohin würde es führen, wenn jeder für jeden zu sorgen hätte! Vor allem lautet, was noch immer nicht genügend beachtet wird, die entscheidende Frage nicht: Wie weit reicht die Rechtspflicht zum Handeln schlechthin?, vielmehr: *Wie weit reicht die Rechtspflicht zum Handeln mit der Folge strafrechtlicher Haftung bei ihrer Verletzung?* Die seit einigen Jahren bestehende Tendenz zur Ausdehnung der Rechtspflicht ist daher nur mit starkem Vorbehalt zu billigen.

3. *Erhöhte Pflichten* werden a) durch *Beruf* und besondere *Sachkunde* begründet. Es würde aber zu weit gehen, den Arzt und den Heilgehilfen allgemein zu Behandlung zu verpflichten; meist wird es sich Fremden gegenüber nur um die ersten Nothilfsmaßnahmen beim Fehlen anderer Fürsorge handeln, und zwar nur im Falle besonderer Gefahr, nicht bei alltäglichen oder chronischen Leiden.

b) Erhöhte Pflichten werden ferner durch *schwierige soziale, wirtschaftliche und hygienische Verhältnisse* geschaffen; in Zeiten der allgemeinen Not, wie in den letzten Jahrzehnten, werden die Menschen enger sozial verbunden und verpflichtet. Insofern ist eine Erweiterung der strafrechtlichen Haftung bei Unterlassung durchaus gerechtfertigt. Das Zusammendrängen der Menschen auf engem Raum in Luftschutzkellern und Verkehrsmitteln, in überfüllten Gaststätten und Aufenthaltsräumen hat neue soziale Ordnungen mit der Wirkung vermehrter strafrechtlicher Haftung hervorgerufen.

c) Zu weit geht es und ist anderseits zu eng, die *Gemeinschaft* als solche zum Rechtsgrund zu erheben, wie es neuerdings versucht wurde.

---

[83]) RG. 46, 343; 58, 130; 73, 57.

[84]) Jetzt auch RG. 71, 77, 189, 194; viel weiter dagegen wieder RG. 74, 189; 76, 164. Unbedenklich RG. 73, 389 und 74, 309 (für den Haushaltsvorstand).

So besteht zwar eine Fürsorgepflicht für Leib und Leben unter Verwandten[85]), in der Hausgemeinschaft[86]), beim See- und Bergsport[87]), in Jungkameradschaften[88]). Es besteht jedoch nicht in gleicher Weise eine Haftpflicht für Sachwerte. So sicher nicht in dem von Niethammer[89]) mitgeteilten Fall entgegen seiner eigenen Ansicht: in einer von 20 Mann belegten Stube hat der eine sein gewaschenes Hemd an einem offenen Herdfeuer zum Trocknen aufgehängt. Während die anderen Leute zum Dienst gehen, bleibt ein Mann zurück, um seine Kleidung zu putzen, und bemerkt, daß das Hemd nahe daran ist, Feuer zu fangen. Sollte man hier wirklich straf- und zivilrechtliche Haftpflicht annehmen?

d) Nicht zutreffend wird ferner eine Haftung der Person angenommen, die allein über den Raum[90]) verfügen kann, in dem eine Gefahr entsteht. So in dem obigen Fall oder in dem bekannten Schiffsarzt-Fall bei Frank. Sollte ein Hausbesitzer verpflichtet sein, einem Eindringling zu helfen, der auf der Treppe verunglückt?[91])

4. Der entscheidende Gesichtspunkt ist und bleibt, die *sozialen Beziehungen zwischen den Beteiligten,* insbesondere dem Unterlassenden und dem Verletzten, *auf die Verteilung der Pflichten sowie von Vorteil und Schaden hin zu untersuchen,* worauf es ja zur Bestimmung der hier in Frage stehenden materialen Rechtswidrigkeit immer ankommt.

a) *Die Gefahr muß für den Bedrohten erheblich sein;* aber der zu erwartende Nachteil darf auch *für den Unterlassenden nicht ebenso erheblich oder noch größer sein.*

Daher besteht keine Rechtspflicht, den Ertrinkenden zu retten, wenn dies nur bei eigener Lebensgefahr oder bei Befürchtung schwerer gesundheitlicher Schäden möglich ist. Anders bei besonderer beruflicher Verpflichtung, eigene Schäden auf sich zu nehmen (Badepersonal, Feuerwehr, Polizei, Soldat).

b) Von erster Bedeutung ist immer, ob und wieweit die Gefahr von dem Unterlassungstäter *verursacht* ist. Seine Pflicht *erhöht* sich, wenn die Gefahr auch von ihm *verschuldet* ist. Sie *verringert* sich, wenn sie auch *vom Gefährdeten verursacht* oder gar *verschuldet* ist.

Eine erhöhte Haftpflicht besteht bei fahrlässiger oder gar vorsätzlicher Gefährdung, zB. Anfahren auf der Straße. Anderseits verringert sich die Rechtspflicht stufenweise gegenüber der von dem Gefährdeten verschuldeten Krankheit, der verschuldeten Trunkenheit, dem Hausfriedensbruch, dem Einbruchsdiebstahl. Wird der Eindringling von dem Wohnungsinhaber in Notwehr angeschossen, so braucht ihm dieser nicht zu helfen, auch nicht einen Arzt zu holen, auch wohl nicht die Unfallspolizei zu benachrichtigen, wenigstens nicht mit der Folge strafrechtlicher Haftung bei Unterlassung. Die Pflichten erreichen ihren Tiefstand gegenüber dem Schwerverbrecher, und sie steigen um so mehr an, je weniger die Gefahr verschuldet ist und je mehr sie in „unglückliche Verkettung" der Ursachen übergeht. Die Haftpflicht ist geringer bei einer schon lange bestehenden oder einer allgemein verbreiteten Krankheit als bei einer unerwarteten Verletzung, etwa infolge Raubüberfalls. Hier spielt wieder der Adäquanzgedanke hinein.

---

[85]) RG. 64, 316; 66, 71; 67, 314; 72, 19.

[86]) RG. 69, 321.

[87]) RG. 73, 55. 390.

[88]) Bejaht, z. T. von Dahm, Mezger u. a.

[89]) ZStrW. 57, 431.

[90]) RG. 73, 56; v. Hippel II 164 gegen Traeger Unterlassungsdelikte 1915, 108.

[91]) Grenzfälle JurEl.L. 1944, 126/7 sowie unten 4b.

c) Für die praktisch besonders wichtigen Fälle des *Betruges durch Verschweigen* sind die konkreten Geschäftsbeziehungen, evtl. die generellen Geschäftsgebräuche mit zu berücksichtigen[92]).

Im konkreten Fall ist möglichst genau zu bestimmen, wann eine Pflicht zur Rede, zur Aufklärung oder Berichtigung besteht (wichtig für den Versuch, den Anfang der Ausführungshandlung!). Sie ist natürlich ohne weiteres bei irriger doppelter Begleichung einer und derselben Schuld anzuerkennen. Aber sie kann verschieden sein, je nach der beruflichen und sozialen Stellung des Pflichtigen, nach seiner Aufgabe und Fähigkeit. Sie kann einen verschiedenen Inhalt besitzen bei einem Dienstboten, Handlungsreisenden, Geschäftsführer, Unterbeamten und Personen in leitender Stellung; die Pflicht kann auch verschieden sein bei dauernden oder kürzeren Beziehungen oder einem Einzelauftrag normaler oder außergewöhnlicher Art.

Die Beantwortung wird wichtig für das Vorliegen einer Unterschlagung. Gibt man einem Boten 10 M mit der Weisung, eine Ware zu kaufen, die tatsächlich nur die Hälfte kostet, und liefert der Bote nur die Ware (und 1 M) ab, so war er verpflichtet, den Kaufpreis dem Geschäftsherrn mitzuteilen. Da Unterschlagung nicht durch bloße Fassung des Aneignungswillens, sondern erst durch einen tatsächlichen Aneignungsakt begangen werden kann, jedoch auch durch Unterlassung, so bedarf es der Feststellung, wann eine Redepflicht besteht, um den Zeitpunkt der Vollendung zu bestimmen (wichtig für die Konkurrenz mit Betrug).

d) Bei dauernd gefährlichen kulturellen Einrichtungen, Betrieben, Anlagen, Bauten, Verkehrsverhältnissen, Schutzvorrichtungen gegen Einbrecher (Fußangeln, Selbstschüssen, Falltüren) ist es oft zweifelhaft, ob und wieweit die Akte nicht selbst schon rechtswidrig sind (vgl. § 18 B I). Soweit durch Warnungszeichen, Schutz- und Aufklärungsmaßnahmen die Gefährlichkeit auf ein erträgliches Maß verringert und mithin die Rechtswidrigkeit ausgeschlossen wird, ist die Unterlassung dieser Vorsichtsakte wiederum rechtswidrig.

e) Aus den zahlreichen Betriebs- und Verkehrsvorschriften, zB. der RGewerbeO. und der StraßenverkehrsO. v. 13. 11. 1937, ergeben sich die verschiedensten Verpflichtungen zur Verhütung von Verletzungen. Aber auch ohne derartige Regelungen, die immer nur einige Ausschnitte und typische Fälle herausgreifen können, besteht eine allgemeine Fürsorgepflicht zur Verhütung von Schäden für den aufsichtspflichtigen Betriebsführer, den Inhaber industrieller Anlagen, den militärischen Vorgesetzten, den Turn-, Sport-, Schwimmlehrer. Dem Hausbesitzer liegt die Pflicht ob zur Treppenbeleuchtung, zur Säuberung der Zugänge, zum Streuen bei Glatteis. Die Pflichten sind oft nach örtlichem Gewohnheitsrecht auf Bürgerweg und Straße erweitert und auf die Mieter ausgedehnt, die sie auf einen gemeinsamen Verwalter übertragen können, der alsdann den Schaden zu tragen hat wenn ein gebrechlicher Straßenpassant vor dem Hause bei Tauwetter oder auf Obstresten ausgleitet und wegen Knochenbruchs erwerbsunfähig wird.

f) Über die Grenzen der Aufsichts- und Fürsorgepflicht bestehen auch sonst im konkreten Fall mancherlei Zweifel. Der im Augenblick verfügungsberechtigte Inhaber von Wohnungen, Aufenthaltsräumen, anderen Räumen und Verkehrsmitteln kann je nach einer Gefahrenlage die verschiedensten Obhuts- und Warnungspflichten besitzen. So begeht Kuppelei, wer die Unzucht der nicht nur zur Hausgemeinschaft gehörigen (auch volljährigen) Kinder und Hausangestellten, sondern auch der Untermieter nicht verhindert[93]). Der Gastwirt hat den Absatz von Diebesgut in seinen Räumen zu verhüten[94]). Der Schiffsoffizier muß dem Schmuggel der Mannschaft entgegentreten[95]). Der sachkundige Fahrgast ist verpflichtet, den Autofahrer vor übermäßiger schneller Fahrt zu warnen.

[92]) RG. 66, 56; 67, 292; 70, 45, 151, 225. Vgl. H. Roeder aaO. (Betrug durch Verschweigen) und dazu GerS. 114, 296 Anm. 28.

[93]) RG. 67, 314; GoldtdA. 54, 164; des Ehemanns gegenüber der Ehefrau: 58, 98, 266; 72, 19.

[94]) RG. 58, 299.

[95]) RG. 71, 176.

g) Anderseits sollte die **Aufsichtspflicht** nicht überspannt werden; sonst würde neben dem Täter oft noch ein Dritter, wohl als Teilnehmer verantwortlich sein, wenn er die Warnung, Ermahnung, Erziehung (zB. Jugendlicher) unterläßt.

Es ist aber auch der **Unterlassungsgedanke** nicht zu überspannen; neben der (vorsätzlichen oder fahrlässigen) Brandstiftung ist nicht noch einmal die Unterlassung des Löschens zu bestrafen, neben der Körperverletzung nicht die Unterlassung der Hilfe. Wenn der Handlungstäter den Eintritt des Erfolges nicht hindert, so setzt er innerhalb desselben Wollens- und Wirkenszusammenhanges eines Delikts die bisherige Tätigkeit fort, begeht aber kein neues[96]).

5. Die Rechtspflicht zum Handeln, zur „Erfolgsabwendung", kann also, wie im Ergebnis festzustellen ist, die verschiedensten näheren *Aufgaben* annehmen: Abwehr, Verhütung oder Verminderung von Gefahr, Interessenförderung, Nothilfe, Fürsorge, Aufklärung, Berichtigung, Warnung, Ermahnung, Belehrung.

Weitere Pflichten ergeben sich aus der Natur der jeweiligen Tatbestände, aus Gewohnheitsrecht, ja aus Gewohnheit, Sitte und Anstand. So kann eine Beleidigung durch Unterlassung von allgemeinen Höflichkeitsformen begangen werden, Abnehmen der Kopfbedeckung. Erheben von den Sitzen (zB. in einer öffentlichen Versammlung bei der allgemein üblichen Ehrung eines Staatshoheitsträgers). Auch Staatsbeleidigungen zB. durch Nichtachtung von Staatshoheitszeichen, Fahnen usw. sind in entsprechender Weise möglich.

6. Die Pflicht zum Handeln besteht nur bei der *Möglichkeit des Handelns*. Sie entfällt also bei eigener Unfähigkeit, zB. Krankheit oder unverschuldeter Abwesenheit des Verpflichteten oder bei gleichzeitiger Doppelverpflichtung.

So ist ein vielbeschäftigter Arzt nicht zur Hilfeleistung verpflichtet, wenn er bei eigenen Patienten dringend benötigt wird. Der Badewärter kann nicht den Ertrinkenden retten, wenn er ohne Vertretung bereits an anderer Stelle Lebensgefahr abwendet. In allen diesen Fällen gelten **Notstandsgesichtspunkte**, die ja ebenfalls nur eine Teilerscheinung des materiellen Unrechtsbegriffs sind. Wie bei allen **Pflichtenkollisionen** verdient der höhere Wert den Vorzug. Bei Gleichwertigkeit wird der Täter die ihm naheliegende Pflicht erfüllen; so wenn ihm gleichzeitig zwei widersprechende Dienstanweisungen erteilt werden. Auf den mitunter verwendeten, wenig befriedigenden Maßstab der „Unzumutbarkeit" braucht man hier so wenig zurückzugreifen wie bei den Entschuldigungsgründen[97]). Die Abgrenzung liegt übrigens im Bereich der Rechtswidrigkeit, nicht der Schuld.

IV. Das unerschöpfliche Thema der Unterlassungsdelikte stellt zu jeder Zeit neue Aufgaben. Meine beiden Abhandlungen und vor allem die ansehnliche monographische Literatur[98]) bieten eine Fülle von Beispielen. Dabei suchte ich zu einer Reihe von **Grundsätzen**[99]) vorzudringen, auf deren Begründung hier verwiesen werden darf (vgl. den dortigen Sperrdruck), und vor allem einen *systematischen Aufbau* der Problemlösung zu errichten, deren Grundriß hier wiedergegeben sei.

Bei der Beurteilung der Strafwürdigkeit sind im einzelnen objektiv die sozial gefährlichen und förderlichen Akte, subjektiv die sozialethisch verwerflichen und pflichtmäßigen Willensregungen gegeneinander abzuwägen.

---

[96]) So wohl RG. 72, 150.

[97]) Vgl. dazu RG. 70, 393; 72, 19; 73, 57; 74, 38.

[98]) Vgl. meine Zusammenstellung in GerS. 114, 280/1.

[99]) GerS. 114, 289 ff.

A. Objektive Gefährdung durch die Unterlassung (materiales Unrecht).

1. Strafvoraussetzungen der Gefährdung:
   a) Verschärfung einer bereits bestehenden Gefahr.
   b) Eintritt in eine bestehende Gefahrenlage bei verschärfter Rechtspflicht (zB. Feuerwehr). Grundsatz: Ein Mehr muß also entweder auf der objektiven oder auf der subjektiven Seite vorliegen; bei einem Weniger auf subjektiver Seite ist ein Mehr auf objektiver Seite erforderlich, und umgekehrt.
2. Modalitäten der Gefährdung:
   a) Schwere des voraussichtlichen Schadens,
   b) Nähe und Dringlichkeit der Gefahr,
   c) Zwei Faktoren des Grades der Gefahr: normaler Verlauf der Geschehnisse, Vermeidbarkeit des Erfolges infolge des Eingreifens Dritter.
   d) Jedoch: Unerheblichkeit des Machtbereichs.

B. Subjektive Pflichtwidrigkeit des Täters (materiale Schuld).

1. Begründung und Steigerung der Rechtspflicht:
   a) Begründung und Verschärfung der Gefahr durch den Täter selbst,
   b) bei bloßem Eintritt in eine schon bestehende Gefahrenlage:
      aa) Engere Lebensbeziehung zum Gefährdeten: Vertrauens-, Solidaritätsverhältnis. Soziale Verhältnisse von längeren Beziehungen und regelmäßig längerer Dauer: Ehe, Verwandtschaft, Hausgemeinschaft, Beruf usw.
      bb) Nur vorübergehende konkrete Lebensgrundlagen auf Grund sozialer Verbundenheit, wirtschaftliche Beziehungen usw.
2. Erfüllung der Rechtspflicht:
   a) Wahl der Mittel,
   b) Beschränkungen der Pflichterfüllung bei eigenen unverhältnismäßigen Gefahren und Opfern für den Unterlassenden,
   c) Verminderung der Pflichten des Unterlassenden wegen Pflichtwidrigkeit des Gefährdeten:
      aa) bei schweren Verfehlungen gegen die sittlichen und rechtlichen Pflichten des menschlichen Zusammenlebens,
      bb) bei Leichtsinn und Wagemut (materiale Fahrlässigkeit),
      cc) bei unverschuldeter Not, Krankheit und Hilflosigkeit. Ausnahmen: bei Gefahren alltäglicher Natur oder solchen Gefahren, die von einer Vielzahl in gleicher Weise zu tragen sind[100]).

§ 17. Versuch

I. Wesen und Strafwürdigkeit.

Strafe verdient nicht nur die Verwirklichung eines gesetzlichen Tatbestands, sondern in den schwereren Fällen schon der Versuch beim Ausbleiben des Erfolges; die Rechtsordnung schützt ihre Güter nicht nur gegen Verletzungen, sondern auch gegen schwerere Gefährdungen. So tritt zu der Vollendung des Verbrechens sein Versuch. *Versuch ist das Hinwirken auf den tatbestandsmäßigen, in Wirklichkeit aber ausbleibenden Erfolg.* Versuch ist also der erste Teil des jedem Verbrechen zugrunde liegenden „Wirkens"; der zweite Teil, der erstrebte Erfolg, entfällt. Der Vorsatz überschießt die Ausführung; der Wille ist stärker als der Erfolg, die materiale Schuld stärker als der tatsächliche Schaden. Versuch ist *nichtvollendetes Wirken.*

---

[100]) Über sog. abgeleitete Unterlassungsdelikte vgl. GerS. 114, 319.

1. Aus dieser Auffassung ergeben sich unmittelbar zwei Möglichkeiten:

a) *Versuch im eigentl. Sinne* ist die konkrete Gefährdung von Rechtsgütern bei erstrebter Verletzung: sog. *objektive oder Gefährdungstheorie*, herrschend in der bisherigen strafrechtlichen Dogmatik seit Feuerbach und Mittermaier. Nur das ist echter „Versuch".

b) Eine *subjektive Ergänzung* legen kriminalpolitische, von den neueren Entwürfen aufgegriffene Erwägungen nahe. Um die Kriminalität möglichst schon an der Wurzel zu packen, greift das Gesetz stärker als sonst auf den Willen des Täters zurück und sieht in dem Versuch ein Symptom für die Gefährlichkeit des Täters. Zu fragen ist, was der Täter gewollt und sich vorgestellt hat und ob dieses Tatbild eine Gefährdung von Rechtsgütern enthält (selbst wenn eine solche in Wirklichkeit gar nicht besteht, weil das Tatbild des Täters irrig ist); bei solcher Willensrichtung ist der Täter zum Verbrechen fähig und könnte es verwirklichen, wenn seine Vorstellung in einem anderen Fall der Wirklichkeit entspricht. Daher sollte ihn auch bei Irrtum schon voll die Versuchsstrafe treffen: sog. *subjektive oder reine Willenstheorie*, vertreten vom RG. von jeher (1, 439: Abtreibungsversuch mit absolut untauglichen Mitteln) im Anschluß an v. Buri, neuerdings kriminologisch nahegelegt, in der Wissenschaft nur vereinzelt seit Klein und Grolmann. Die objektive Auffassung entspricht im Streit um die Kausalität der Adäquanztheorie, die subjektive der Bedingungstheorie; die einzelnen Vertreter der Versuchs- und der Kausalitätstheorien sind sich allerdings nicht immer konsequent und sehen die Zusammenhänge zwischen beiden Lehren oft gar nicht (wie v. Liszt und Nagler in LK.).

2. Zusammengefaßt: *Versuch i. w. S., ist die tatsächliche oder auch nur gewollte* (vorgestellte) *Gefährdung besonders schutzwürdiger Güter durch entsprechende Betätigung des Willensentschlusses* (d. i. der Ausführungsbeginn) *bei tatsächlichem Ausbleiben des Erfolges* (d. i. beim Fehlen der objektiv und vom Täter erwarteten Kausalität).

StGB. § 43 verlangt zum Versuch „Beginn der Ausführung" und entsprechende „Willensbetätigung", steht also mindestens insoweit auf dem Boden der objektiven Theorie. Der Ausführungsbeginn muß also objektiv vorliegen, oder er muß nach dem (irrigen) Tatbild des Täters von ihm gewollt und entsprechend betätigt sein. Objektiv beurteilt werden also die Gefährlichkeit sowohl wie der Ausführungsbeginn; nur dann ist die Tat „objektives Unrecht", also eine rechtwidrige Tat, die allerdings hinter dem schuldhaften und gefährlichen Willen des Täters zurückbleibt.

a) *Versuch i. eigentl. S.*, echter Versuch (oben 1a) ist also regelwidriger atypischer Kausalverlauf, d. i. Mangel in der adäquaten Kausalität. Nach normalem Verlauf des Geschehens mußte man objektiv und mußte auch der Täter den Erfolg erwarten: bei dieser Dosis Gift mußte normalerweise der Tod eintreten. Jeder Versuch ist also ein konkret untauglicher (ex post im Sinne der Bedingungstheorie betrachtet): der Täter irrt über die natürliche Kausalität, über die konkrete Tauglichkeit des Mittels.

b) Die *subjektive Ergänzung*, die Erweiterung der Versuchsbestrafung (oben 1b) setzt dagegen voraus, daß die adäquate Kausalität ex ante auch der natürlichen ex post entspricht: abstrakte Untauglichkeit dieser Tat; Fälle dieser Art können nie zum Erfolg führen. Der Täter irrt über die adäquate Kausalität, über die abstrakte Tauglichkeit der Mittel oder über tatbestandsmäßig erhebliche Tatsachen (Tatumstände). Aber seine psychische Einstellung ist als objektiv gefährlich zu beurteilen, und die Betätigung entspricht auch dem Ausführungsbeginn. Daher soll er mit der Versuchsstrafe belegt werden.

Hier liegt oft schon nicht nur abstrakt-untauglicher und nicht nur strafbarer Versuch, sondern überhaupt kein Versuch vor, so bei dem sog. Mangel am Tatbestand, zu dem auch die Untauglichkeit des Objekts gehört. Der Versuch ist nach natürlicher Auffassung des Lebens wie des Rechts nur auf das Wirken, die Handlung, die Kausalität zu beziehen, nicht auf die Rechtswidrigkeit und die Tatbestandsmäßigkeit. Das zeigt schon der Gegensatz des Versuchs: die Vollendung. Wer eine herrenlose Sache in der Meinung entwendet, es sei eine fremde, begeht nach natürlicher Auffassung keinen Diebstahlsversuch; die vollendete Wegnahme der herrenlosen Sache in Zueignungsabsicht ist gewiß nicht der zum Versuch vom Gesetz erforderte Anfang der Ausführung eines nicht vollendeten Diebstahls, denn die Hinzufügung des Merkmals fremd bewirkt nicht die „Vollendung" des Diebstahls, bewirkt vielmehr die Erfüllung des gesetzlichen Tatbestands. Vollendet werden kann nur die Tat, die Ausführungshandlung, das Wirken, aber nicht die Rechtswidrigkeit, die Tatbestandsmäßigkeit. Wer jene Fälle noch als Versuch auffaßt, dürfte sich nicht nur mit dem Sprachgebrauch, sondern auch mit der Logik in Widerspruch setzen. Vgl. hierzu den Ausbau unten III 2.

Bisher fehlte es in Rspr. und Lit. an der genügenden Differenzierung: Versuch oder versuchsähnliche Erweiterung? Konkrete oder abstrakte Untauglichkeit? Untauglichkeit des Mittels (Mangel der Kausalität) oder sonstiger Mangel am Tatbestand (einschließlich am tauglichen Objekt und Subjekt)?

3. Die erste, meist unterlassene oder zu spät erst am Schluß gestellte Frage sollte auch hier die *Strafwürdigkeit* und ihr *Grad* sein. Dieser bemißt sich auch hier nach der Gefährlichkeit der Tat und der Verwerflichkeit der Gesinnung. Eine objektiv ungefährliche Tat ist zweifellos weniger strafwürdig, selbst wenn der Wille beidemal gleichmäßig verwerflich ist. Der echte Versuch ist strafwürdiger als der bloß subjektive Erweiterungsfall; der abstrakt taugliche Versuch ist strafwürdiger als der abstrakt untaugliche. Der letztere kann strafwürdig wohl nur bei Untauglichkeit des Mittels sein.

a) Es steht aber im Belieben des Gesetzgebers, auch den Versuch am untauglichen Objekt, der in Wahrheit kein Versuch mehr ist, sondern Mangel am Tatbestand, bei Gefährlichkeit des Täters unter Strafe zu stellen. In Zeiten des moralischen Verfalls und kulturellen Niedergangs sowie bei bedrohlicher Zunahme der Kriminalität wird der Gesetzgeber auch die Strafschraube schärfer anziehen und die Strafbarkeit weit in das Gebiet des Willens und der noch vor dem Ausführungsbeginn liegenden Vorbereitungshandlungen vortreiben. So haben sich die letzten Entwürfe auch für starke

Erweiterung der Versuchsstrafe entschieden (unter Verkennung des Wesens und der Grenzen des Versuches selbst). Das Normale ist jedenfalls, nur die objektiv gefährliche Tat als Versuch zu bestrafen. Eine Überspannung des Willensstrafrechts ist es sodann, mit den letzten Entwürfen Versuch und Vollendung als gleich strafwürdig anzusetzen[101]) oder gar mit E. 35 den Versuch als Grundtyp, die Vollendung als Schärfung aufzufassen.

b) Mit Recht wird die Strafbarkeit des Versuches nicht auch auf die leichten Delikte ausgedehnt; die Übertretungen sind ganz ausgenommen, und der Kreis der Vergehen ist beschränkt. Bezeichnend ist, daß die Strafrechtsangleichungs-VO. v. 9. 5. 1943, die das Willensstrafrecht streng durchführen wollte, nicht einmal alle Vergehen einbezogen hat. Unverständlich ist aber die Nichtausdehnung auf Beleidigung, besonders Verleumdung, und Körperverletzung.

c) Bisher nicht beachtet wurde, daß der Versuch in den Hauptdeliktsgruppen eine verschiedene Bedeutung besitzt. Bei den Nutzdelikten könnte Versuch allenfalls noch eher gleich Vollendung gesetzt werden, da der Wille hier für Tatbestand, Schuld und Strafwürdigkeit besonders wichtig ist und der wirkliche Schaden demgegenüber zurücktritt. Dagegen kommt es bei den reinen Angriffsdelikten vor allem auf den Erfolg an (sog. reine Schädigungsdelikte); hier liegt der Versuch grundsätzlich milder. Auch die reinen Triebdelikte bedürfen einer ähnlichen Scheidung begrifflich und im Strafmaß, soweit hier der Versuch überhaupt strafwürdig ist; dagegen ist auch hier wegen ihrer subjektiven Färbung eine stärkere Erweiterung ins Subjektive möglich.

d) Unter diesen Gesichtspunkten ist die reiche Rechtsprechung zu den beiden bisher im ganzen ungelösten Hauptproblemen der schwierigen Versuchslehre zu ordnen: der zeitlichen und der subjektiv inhaltlichen (kausalen) Umgrenzung des Versuches; *dem Ausführungsbeginn* einerseits (unten zu II), *dem untauglichen Versuch* andererseits (III).

Ein eigenartiger Gegensatz zum österreichischen Strafrecht: dort hält für den untauglichen Versuch der oberste Gerichtshof (wie übrigens auch der tschechoslowakische Kassationsgerichtshof) an der objektiven Theorie fest, obwohl aus dem österr. StGB. die subjektive Theorie folgt. Gerade umgekehrt in Deutschland: das höchste Gericht tritt für die subjektive, das Gesetz für die objektive Theorie ein. Dagegen folgt für die Abgrenzung der straflosen Vorbereitungshandlung die Rspr. beider Staaten ihrem Gesetz: insoweit gilt in Österreich die subjektive, in Deutschland die objektive Theorie[102]). Die Rspr. beider Staaten ist also nur halb gesetzestreu und überdies in den beiden Hauptproblemen der Versuchslehre sich selbst nicht getreu. Das soll weder für das Gesetz noch für die Gerichte ein Vorwurf sein, aber es ist ein Zeichen, wie kompliziert und ungeklärt die Rechtslage ist.

II. Versuch und Vorbereitung. Zeitliche Grenzen.

Versuch ist unvollendetes Wirken. Vergegenwärtigen wir uns den Verlauf des Wirkens, so wird es auch nicht so schwer sein, die praktisch weitaus häufigste und für theoretisch unlösbar gehaltene Frage zu beantworten:

---

[101]) Ebenso Mil.-Reg.VO. 1 v. 1945 Art. 3.

[102]) Auf diese auffallenden Rechtserscheinungen weist H. Roeder ZStrW 62, 303 (1944) hin. Die Gegensätze bedürfen dringend des Verständnisses und der Klärung.

die zeitlich Abgrenzung des Versuches von der regelmäßig straflosen Vorbereitung. Das *Wirken* durchläuft subjektiv wie objektiv mehrere Stadien: 1. Der *Willensentschluß* reift oft erst langsam, in mehreren Stadien heran, was nicht hier, sondern in der Vorsatzlehre interessiert, 2. *Vorbereitungshandlungen:* a) entferntere Vorbereitungen (Einkauf der Schußwaffe, Beschaffen von Diebswerkzeug), b) nähere Vorbereitung (Hingehen zum Tatort). 3. *Ausführung der konkreten Tat* („Ausführungshandlung" i. w. S.): a) *Anfang der Ausführung* (Anlegen und Zielen auf den Gegner, Öffnen der fremden Wohnungs- oder Schranktür), d. i. *„Versuch"*; b) Ausführungshandlung i. e. S., d. i. die Tatbestandshandlung (Töten, Wegnahme: Bruch des fremden und Begründung des eigenen Gewahrsams); mit dem Eintritt dieses „Tatbestandserfolgs" ist das Verbrechen *„vollendet"*; c) *Abschluß der Ausführung* (Beraubung der Leiche, tatsächliche Zueignung des Diebsguts, die nach dem gesetzlichen Tatbestand nur beabsichtigt zu sein braucht); mit diesem „weiteren Erfolg" hat der Täter seine Absicht verwirklicht, sein Ziel erreicht, die Tat „ausgeführt".

1. Es ist irreführend und unrichtig, wenn die h.M. und vor allem die Rspr. *Ausführung und Tatbestandshandlung* ohne weiteres gleichsetzen; dann wäre beim Diebstahl Versuch, nämlich Beginn der Ausführung, erst der Bruch fremden Gewahrsams, womit der Versuch zweifellos zu spät eingesetzt wird. Man darf überhaupt nicht mit einer verbreiteten Ansicht den Ausgang erst bei der Tatbestandshandlung wählen; ihr gegenüber wären unmittelbar vorhergehende Akte, wie das Anlegen der Schußwaffe und das Öffnen des Kastens, nur Vorbereitungen[103]).

StGB. § 43 verlangt zum Versuch *„Anfang der Ausführung"* (oben 3a) im Anschluß an code pénal (commencement d'exécution). Die *Vorbereitungshandlungen* werden vom Gesetz mit Strafe bedroht nur in Ausnahmefällen schwerer Natur (Hochverrat, Landesverrat, Meineid usw.), deren Kreis jedoch beständig erweitert wird, bald wegen besonderer Schutzwürdigkeit des Angriffsobjekts, bald wegen besonderer Eignung der Handlung zu anderen Gefährdungen (Verabreden, Auffordern, Anbieten, §§ 49a, b; Bereitstellen gefährlicher Gegenstände, §§ 151, 245a, Autofallen G. v. 1938). Überhaupt neigen Gesetzgebung und Rechtsprechung dazu, aus kriminal- und staatspolitischen Gründen die *Versuchsgrenze weiter zurückzuverlegen*, also auch nähere Vorbereitungshandlungen und auch den bloßen Willensentschluß einzubeziehen, sofern er sich nur durch irgendeine, sei es auch ungeeignete Handlung, äußert. *Je wertvoller das Schutzgut und je verwerflicher der Wille sind, desto mehr steigt auch die dem Versuch eigene konkrete Gefährdung und verschiebt sich somit der „Anfang der Ausführung" nach rückwärts.*

2. Die zeitliche Versuchsgrenze läßt sich einigermaßen exaktwissenschaftlich durch Erwägungen bestimmen, die aus der Kausalitätslehre geläufig

---

[103]) Bezeichnend für die h. M. etwa Nagler in LpzK. 1944 S. 91 m. Rspr.: die Vorbereitungshandlungen liegen „im Vorfeld des § 43, weil sie noch nicht tatbestandsmäßig sind". S. den folgenden Text zu 2 und 3.

sind; man kann sie annehmen, ohne Rücksicht darauf, wie man sich zu den Kausalitätstheorien selbst verhält.

a) Die bloße straflose Vorbereitung tritt in das Stadium des strafwürdigen Versuches mit der *unmittelbaren konkreten Gefährdung eines bestimmten Rechtsguts in einer besonderen* (individuell bestimmten) *Sachlage*. Bisher bestand, wenn überhaupt, nur eine unbestimmte, generelle Gefahr, deren Richtung und Entladung für ein objektives Wahrscheinlichkeitsurteil nicht voraussehbar war. Wenn jemand Gift kauft oder mit einer Schußwaffe, mit Dietrich und Zange abends sein Haus verläßt, so weiß ein objektiver Beobachter nicht, wann und wo ein Verbrechen, welches und gegen wen, begangen wird, selbst wenn der Täter sich durch gewisse Redensarten verdächtig macht, so daß ein Zweifel über eine kriminelle Absicht nicht besteht. Berechtigt wäre die polizeiliche Sicherungsmaßregel, nicht aber die richterliche Verurteilung wegen Versuchs (der Tötung oder des Diebstahls?). Nach E. 36 müßte wegen Versuchs verurteilt und die Strafe im Prinzip wie bei der Vollendung verhängt werden! Nach welchen Gesichtspunkten wäre sie aber zu bemessen?, mangels objektiver Sachlage nur nach den Redensarten des Verdächtigen? Hätte jener aber seinen Plan in Wirklichkeit ausführen können? und hätte er nicht etwa bei äußeren Widerständen innere Hemmungen empfunden? — Man sieht: jede Verflüchtigung über den objektiven Ausführungsbeginn hinaus in die fernen Gebiete der Vorbereitungen und des Subjektiven stößt schon praktisch auf Unmöglichkeiten. Ganz besonders irreführend spricht RG. mitunter sogar von „inneren Vorbereitungshandlungen".

Eine Diebesbande fuhr 1937 im D-Zug Hamburg—Köln und machte sich schon während der Fahrt durch ihr eigentümliches Gebaren, durch die offenbare Ziellosigkeit ihrer Reise und durch seltsame Unterhaltungen im Gange verdächtig. Unauffällig waren die jungen, kräftigen Männer ohne größeres Gepäck auf verschiedenen Bahnhöfen Hamburgs am Spätnachmittag in verschiedene Wagen gestiegen, um sich im letzten Wagen zu treffen. Zwei Reisende machten den Schaffner aufmerksam; dieser verständigte die Bahnpolizei in Osnabrück, wo sie ihren Fahrkarten gemäß den Zug verließen und an der Sperre verhaftet wurden. Bei ihrer Vernehmung machten sie widerspruchsvolle, aber anscheinend verabredete Angaben. Man kann als sicher annehmen, daß sie einen Einbruch großen Stils in einer der dortigen Banken planten, da sie entsprechende Werkzeuge und Packmaterialien, auch Rückfahrkarten nach Hamburg bei sich führten. Unter den Juristen wurde im Hinblick auf die damals gerade bekannt gewordenen Vorschläge der Strafrechtskommission, nach denen der Versuch gleich der Vollendung und schon Vorbereitungshandlungen als Versuch bestraft werden sollten, hin und her erwogen, ob hier wirklich Anklage wegen Einbruchsdiebstahls erhoben werden könnte; man konnte sich aber laut Bericht schon über Objekt und Mittel des Verbrechens keine rechte Vorstellung machen und überließ deswegen (!) die Leute mit Recht der Sicherheitspolizei. Auch andere Gründe sachlicher Art sprechen für dieses allein mögliche Ergebnis. Als strafbare Vorbereitung kann jetzt nur nach dem dürftigen § 245a der bloße Besitz von Diebeswerkzeug in Frage kommen.

b) Der Ausführungsbeginn läßt sich hiernach bestimmen als der *Übergang einer bisher nur unbestimmten, generellen Gefahr in das Stadium konkreter Gefährdung für ein bestimmtes Schutzgut* unter Ausschaltung anderer bisher noch im Bereich naher Möglichkeit gelegener Handlungen oder Unterlassungen, Hindernisse oder Zwischenfälle: die bisherige generelle Gefahr, eine unbestimmte Befürchtung, muß sich nach einer bestimmten Richtung in einem konkreten Schutzwert bei individueller Sachlage „lokalisiert" haben, gleichwie eine bisher nur wegen hohen Fiebers vermutete Krankheit sich nunmehr nach ihrem Ausbruch auf ein bestimmtes Organ wirft. Erst bei dieser *konkreten Tendenz auf eine bestimmte Tatbestandshandlung*, bei dieser Verschärfung der Gefahr und Zuspitzung der Sachlage, liegt überhaupt ein soziologisch wie strafrechtlich erfaßbares *Wirken* vor, jenes unvollendete Wirken, das eben Versuch bedeutet.

Ein Ausgang vom Tatbestand (Erfolg der Handlung), woran unter den Kausalitätstheorien auch die Bedingungstheorie scheitert, ist in der Versuchslehre verfehlt und unmöglich; so ist es unrichtig, Versuch „nur dann anzunehmen, wenn die Tatbestandshandlung ohne diesen Ausführungsbeginn nicht denkbar gewesen wäre, wenn dieser ein ‚notwendiger Bestandteil' jener gewesen ist" (so RG. 77, 164); das Erfordernis „notwendig" ist viel zu streng und beruht auf der hier nicht angebrachten logisch-formalen Denkweise jener Kausalitätstheorie. Vielmehr ist es ex ante zu sagen: dieser Akt läßt im weiteren Verlauf der Ereignisse die konkrete Tatbestandshandlung mit Wahrscheinlichkeit erwarten; das ist eben der Eintritt der nunmehr konkreten Gefährdung für ein Rechtsgut, der vorsätzlichen rechtswidrigen Tat, und deswegen ist der Akt Ausführungsbeginn, also Versuch.

c) Um diese konkrete Gefährdung im Einzelfall feststellen zu können, muß man allerdings den konkreten Fall in seinen für die Anwendung des Maßstabes erforderlichen Einzelheiten kennen, d. h. den Rechtsfall soweit *konkret gestalten*, daß die „konkrete Gestaltungsnorm" gebildet wird, die entscheidet, ob Versuch vorliegt oder nicht. Das Hilfsmittel der konkreten Gestaltungsnorm (Jur.Meth.L. §§ 40 ff.) erweist sich gerade bei der vorliegenden, nur „konkret" („klinisch") zu behandelnden Frage als naheliegend, fruchtbar und unentbehrlich. Mit konstruktiv aufgestellten Maßstäben und schematischen Formeln, um die man sich immer von neuem bemüht, wird man das Problem nicht meistern.

Die methodische Unsicherheit zeigt sich in einer im Anschluß an Frank gewonnenen Formel des RG. (77, 164, 173, schon seit 51, 341 ständig), in der richtige und unrichtige Gesichtspunkte vermischt werden: Anfang der Ausführung sei „jede Tätigkeit, die vermöge ihrer notwendigen (?) Zusammengehörigkeit mit einer Tatbestandshandlung (!) für die natürliche (!) Auffassung als deren Bestandteil (?) erscheint"; dem Erfordernis sei jedenfalls genügt, wenn die Tätigkeit das Rechtsgut „unmittelbar gefährdet" (!); der Ausführungsanfang müsse mit der Tatbestandshandlung (!) eine „natürliche Einheit" (?) bilden.

3. *Verschiedene konkrete Gestaltung in den drei Hauptgruppen.*

Bei Behandlung der Nutzdelikte ist eine gewisse Neigung zu erkennen, den Eintritt konkreter Gefährdung und daher den Ausführungsbeginn zeitlich zurück in den Bereich entfernterer Vorbereitungshandlungen und außerdem ins Subjektive zu verlegen, so in den üblen Devisenstrafsachen. Desgleichen bei den schwereren Triebdelikten, wie zB. der Unzucht. Dagegen nicht oder weit weniger bei den reinen Angriffs- und Schädigungsdelikten. Diese Behandlung ist bei den Nutzdelikten schon deswegen erklärlich, weil hier die verwerfliche Willensrichtung in einem Tatbestandsmerkmal (Eigennutz) selbst Ausdruck gefunden hat; hier entscheidet der Täter selbst, wie weit sein Streben reicht, wo es ernsthaft beginnt und aufhört. Stärker objektiv ist der Ausführungsbeginn bei den Angriffs- und den leichteren Triebdelikten zu bestimmen, weil hier der Schaden, sei es auch nur der erstrebte, vom Standpunkt des angegriffenen Rechtsschutzträgers zu beurteilen ist. Im Prinzip wird aber überall an der objektiven Theorie festgehalten.

a) Nutzdelikte.

Diebstahl § 242: Versuch ist das Betreten des Raumes, wenn hierdurch der unmittelbare Zugriff auf die Sache ermöglicht wird: RG. 54, 44 f.; Betreten des Stalls zum Diebstahl der Tiere: RG. 54, 182. Ebenso schon RG. 4, 44; 53, 129; ähnlich HRR. 36, 930. Versuch ist das Einschleichen des Bodendiebes bis zu den Bodenkammern in einem mehrstöckigen Hause: RG. 54, 264 (früher Zeitpunkt); bis zur Treppe des Stockwerks, in dem er stehlen will: RG. 70, 201 (sehr früh!); Betreten des Hofes, um dort zu stehlen: RG. JW. 22, 1040 (früh, aber zu unbestimmt!). Dagegen nur Vorbereitungshandlung ist das Betreten des Hauses, um zu stehlen, wenn der Täter sich noch nicht im klaren über die zu stehlende Sache ist: RG. 43, 332 (d. i. noch keine konkrete Gefährdung, an sich aber später Zeitpunkt!), auch 54, 182; vgl. auch 9, 183, OLG. Jena DJ. 39, 1402 (Herumtreiben in der Nähe des zu bestehlenden Eisenbahnwagens noch kein Versuch, bedenklich, weil Zeitpunkt spät angesetzt und noch speziellere Konkretisierung nicht notwendig ist). Versuch ist Rückbeförderung des Eisenbahnwagens zur Entwendung des Inhalts: RG. 53, 339; aber noch nicht Wegnahme des Frachtbriefs zu demselben Zweck: RG. 54, 331 (bedenklich, weil Zeitpunkt spät angesetzt und hier subjektives Merkmal zu berücksichtigen ist). Versuch ist Wegführung des Hofhunds zwecks Nichtstörung beim Diebstahl auf dem Hof: RG. 53, 217; ebenso Einwirkung auf den Pförtner, RG. 55, 199 (beidemal ist richtig der Zeitpunkt früh angesetzt und der subjektive Zweck entscheidend verwertet).

Schwerer Diebstahl: 243 N. 2: Versuch ist Überwinden einer Sicherungseinrichtung zwecks Einbruchs: RG. 43, 333; Bekleben des Fensters zum geräuschlosen Öffnen: RG. 54, 35. — § 243 N. 4: Versuch ist das Aufspringen auf den fahrenden Güterwagen, um aus ihm zu stehlen: RG. 54, 328 (nähere Konkretisierung nicht notwendig).

Raub § 249: Versuch ist Betreten und Abschließen des Ladens zur Beraubung: RG. 69, 328; Verfolgen eines Autos durch Fahrrad zur Beraubung: HRR. 36, 1204 (Zeitpunkt etwas früh und unbestimmt; auch entferntere Nacheile?).

Betrug § 263: Versuch ist Wegschaffen der Sachen, deren Ersatz der Täter von der Versicherungsgesellschaft beansprucht: RG. 72, 66; Abstempelung schadhafter Granaten: RG. 51, 341. Dagegen sollen nur Vorbereitungshandlungen sein: Anschaffung der betrügerisch abzusetzenden Ware: RG. 64, 131 (wohl richtig, weil Zeitpunkt früh und noch nicht genügend konkretisiert, trotz des klaren, verwerflichen Zwecks); Anfertigung einer unechten Urkunde zwecks Täuschung: RG. 58, 211 (m. E. unrichtig, weil Zeitpunkt spät und Zweck höchst verwerflich, auch wenn nicht näher konkretisiert!); Herstellung des Weinverschnitts zum betrügerischen Absatz: RG. 72, 283 (m. E. unrichtig, aus ähnlichen Gründen). Auch hier fällt die ungerechtfertigt milde Behandlung des Betrugs auf.

Urkundenfälschung § 267: Versuch ist Herstellung eines Formulars zu Fälschungszwecken: RG. 56, 204. Jedoch nur Vorbereitungshandlung Vorzeigung unechter Urkunden, um die Abschrift zu vergleichen: RG. 58, 213 (m. E. unrichtig, da Zeitpunkt spät und genügend konkretisiert).

Geldfälschung § 146: nur Vorbereitung ist die Herstellung eines Negativs von Banknoten, das erst noch photographisch entwickelt werden soll: RG. 65, 203 (bedenklich).

Zoll- und Devisendelikte, RAbgO. § 401a: Versuch ist Umgehung der Zollstelle: RG. 76, 194 Heranschaffung des Ausfuhrguts zur Grenze: RG. 49, 308; dessen Abtransport in der Richtung auf die Grenze: RG. 58, 359 (wohl richtig, wenn auch zeitlich weit ins Unbestimmte ausgedehnt). — DevisenG. v. 12. 12. 38 § 69 N. 4: Einnähen von Zahlungsmitteln in den Fußsack eines Autos zum Verschieben ins

Ausland: RG. 71, 53; Besteigen eines Zuges, um Devisen ins Ausland zu schmuggeln: HRR. 35, 63; Verpacken von Devisen im Koffer zu gleichem Zweck: HRR. 40, 320; Ansammeln und Verbergen von Zahlungsmitteln, um sie im Tank des Autos ins Ausland zu schaffen: DtStrR. 40, 152. Die zeitlich frühe Ansetzung des Versuchs, an sich nicht unbedenklich, erklärt sich aus dem verwerflichen Zweck und aus staatspolitischen Gründen.

Verbrauchsregelungs StrVO. v. 26. 11. 41 § 2: Versuch ist die Reise auf das Land mit Mangelware zum Umtausch gegen Lebensmittel, LG. Osnabrück nach DRZ. 47, 17, 182 (A. M. Oldenburg), richtig aus obigen Gründen. Ebenso für Betrug (bestr.).

Veruntreuung § 350: Öffnen des der Post anvertrauten Briefes zur Feststellung seines Inhalts: RG. 65, 145 nimmt nur Vorbereitung an (unbedenklich).

Eidesdelikte § 160: erfolglose Aufforderung einer Mittelsperson, die den Zeugen bestimmen soll: RG. 45, 283 nimmt nur Vorbereitung an (nicht unbedenklich).

Kuppelei § 181: Anbieten der Ehefrau zur Unzucht ist Versuch: JW. 35, 2734.

b) Triebdelikte.

Unzucht § 176 N. 3: Versuch ist Hingabe von Geschenken, um das Kind gefügig zu machen: RG. 52, 184 (richtige Ansetzung eines frühen Zeitpunkts, subjektiver Maßstab): Mitnahme des Kindes an den Tatort: HRR. 39, 1136 (früh). — § 173: Versuch ist Anfassen und Zureden der Tochter, um sie zum Beischlaf zu bestimmen: HRR. 37, 1426 (früh). — § 175a N. 3: Versuch ist Einwirken auf den Jugendlichen, um dessen Lustgefühle zu steigern und sittliche Hemmungen zu unterdrücken: RG. 71, 48 (früh).

Abtreibung § 218: nur Vorbereitungshandlung ist mündliches Angebot eines Abtreibungsmittels zum Kauf: RG. 69, 303 (wäre für Versuch wohl noch zu früher Zeitpunkt).

Aus dem früheren BlutschutzG. § 5 Abs. 1: Versuch ist Reise ins Ausland zwecks Eheschließung: RG. 72 143 (streng, war bedenklich früh); Abs. 2: Bemühung, den Eintritt in die Wohnung zum Geschlechtsverkehr zu erzwingen: RG. 74, 86 (bedenklich früh). Erklärt sich aus der damaligen Hochwertigkeit des gefährdeten Schutzgutes.

c) Reine Angriffsdelikte.

Tötung §§ 211 ff.: Versuch ist Anlegen des geladenen, noch nicht gespannten Revolvers: RG. 59, 386; Anschlag der geladenen Schußwaffe in der Richtung auf das Opfer: RG. DtR. 43, 575; Bereitstecken des Tötungsmittels am geplanten und geeigneten Tatort: RG. 77, 164 (Zeitpunkt ist im Vergleich mit der bisherigen Rspr. früh angesetzt, war im vorliegenden Fall aber bereits genügend konkretisiert!); Herantreten an das Opfer mit dem bereitgehaltenen Revolver auf Reichweite: JW. 29, 1495, auch RG. 68, 336 (Herausziehen des geladenen Revolvers); aber noch kein Versuch ist regelmäßig Kaufen, Bereitlegen, Laden der Waffen, falls nicht schon eine ganz bestimmt konkretisierte Gefahrlage geschaffen ist.

Vergiftung § 229: Versuch ist Vergiftung des dem Opfer zu gebenden Tees: RG. 59, 1; Gewaltanwendung zur Einflößung von Gift: JW. 25, 973.

Sachbeschädigung § 303: Versuch ist Bemühung um Zugang zu der zu zerstörenden Sache: RG. JW. 23.313 (verhältnismäßig etwas früh).

Brandstiftung § 306 ff.: nur Vorbereitung ist Herrichtung von Anlagen, in die der branderregende Strom geleitet werden soll: RG. 66 141 (verhältnismäßig spätes Vorschieben der Straflosigkeit).

Landesverrat § 91a: Versuch ist Antritt der Reise zur Grenze zwecks Eintritt ins feindliche Heer: VGH., DtR. 1940, 1426 (Zeitpunkt früh, aber schwere und konkretisierte Gefahr mit hoher subjektiver Verwerflichkeit).

AutofallenG. v. 1938 bedroht (ungerechtfertigt) schon entferntere Vorbereitungshandlungen mit der Todesstrafe, zB. das Spannen eines Seiles.

Zu a—b: Als typische straflose Vorbereitungshandlungen (Abweichungen ergeben sich aus der jeweiligen konkreten Gefahrlage und aus der Schwere des kriminellen Willens) haben sich in der Rspr. herausgebildet u. a. Gang des Täters an den Tatort, Heranschaffung der Mittel an den Tatort, Auskundschaften der Tatgelegenheit, Auflauern des Opfers, Verhinderung der Entdeckung, Herstellung und Beschaffung der Mittel: RG. 43, 333; 53, 339; 54, 33, 254; 55, 46; 64, 131.

III. Inhaltliche (material-normative) Begrenzung des Versuchs: Rechtswidrigkeit, untauglicher Versuch und Mangel am Tatbestand. Hier liegen die schwierigsten Probleme der gesamten strafrechtlichen Dogmatik. Eine verständige Praxis wird unmögliche Entscheidungen bei gesundem Rechtsempfinden (das es eben exaktwissenschaftlich zu erfassen gilt) gefühlsmäßig zu vermeiden wissen; aber Erkenntnis und Begründung fallen schwer und sind dringend geboten.

1. „Untauglicher" Versuch, wie man das umstrittenste Problem von altersher formuliert, kann verschiedenes bedeuten.

a) „Untauglich" ist *jeder* einzige Versuch insofern, als der Erfolg ausbleibt. Für eine solche Betrachtung vom Erfolg aus, ex post nach Art der Bedingungstheorie der Kausalität, kann es ein besonderes Problem des untauglichen Versuches nicht geben.

b) Meist wird unterschieden zwischen Versuch mit untauglichen *Mitteln* (zB. erfolglosen Abtreibungsmitteln) und Versuch am untauglichen *Objekt* (zB. Abtreibung an einer nicht schwangeren Frau), meist mit gleicher, selten (zB. v. Liszt) mit verschiedener Behandlung. Der erste Fall ist Mangel in der Kausalität, der zweite ist in Wahrheit Mangel am Tatbestand (ganz deutlich beim Diebstahlsversuch an einer herrenlosen Sache). Jedoch kann man auch das Objekt als Endpunkt der Kausalreihe ansehen, umgekehrt auch die Kausalität zum Tatbestand rechnen (zB. Engisch, Nagler). Neuerdings wird noch ein besonderes Problem des Versuches durch das untaugliche *Subjekt* aufgestellt (Amtsdelikt durch einen nichtbeamteten Angestellten); dieses kann keine andere Lösung finden wie der Versuch am untauglichen Objekt, da letzteres nur die Kehrseite von ersterem ist (Abtreibung durch Nichtschwangere, Blutschande mit Nichtverwandten). Eine verschiedene Behandlung leuchtet in allen diesen Fällen nicht ein.

c) Untauglicher Versuch kann folgenden Gegensatz betreffen: *relativ untauglich* heißt untauglich nur zur Begehung des geplanten Verbrechens (es wird eine zu geringe Dosis Gift gegeben); *absolut untauglich* (abstrakt, begrifflich) heißt untauglich zur Begehung dieses Verbrechens überhaupt, zur Verwirklichung des gesetzlichen Tatbestandes (Abtreibungsversuch durch harmlosen Tee, Betrugsversuch durch Behauptung wahrer Tatsachen). Nur der zweite Fall soll straflos bleiben (wenigstens nach der objektiven Theorie). Dieser Gegensatz kehrt seit Mittermaier in verschiedenen Varianten wieder (zB. LpzK. 6. A.), wobei sich der Autor der Abweichung wie überhaupt des Gegensatzes nicht immer bewußt zu sein scheint.

d) Ein noch anderer Gegensatz (oft unklare Vermischung mit dem vorigen zu c) stößt zu dem Kern des Problems vor. *Individuell oder konkret untauglich* heißt untauglich in dem vorliegenden einmaligen Fall; *generell oder abstrakt* (absolut) *untauglich* bedeutet, daß konkrete (!) Handlungen dieser „Art" (daher am besten genannt: generell untauglich) nach objektiver Prognose, nach allgemeinem Wahrscheinlichkeitsurteil nicht zum Erfolg führen können und daher als konkret ungefährlich straflos sind, wie die übernatürlichen und mystischen Mittel. So wenigstens nach der objektiven Theorie, auch in Einklang mit der herrschenden Versuchslehre[104]) sowie der noch nicht herrschenden Theorie der adäquaten Kausalität.

Hiernach ist straflos, weil ungefährlich, das Totbeten, auch wenn der abergläubische Mensch durch ein derartiges Mittel, sobald er es erfährt, einen Nervenschock erleiden und getötet werden kann; ferner der Täter, der statt Arsenik irrig Zucker gibt, auch wenn im besonderen Fall bei Zuckerkrankheit der Tod möglich ist. Strafbar ist dagegen, wenn der Täter seinem Opfer Arsenik gibt, während der widerstandsfähige Körper gegen gewisse Dosen gefeit sein kann. — Legt man andererseits den Maßstab der individuellen Tauglichkeit zugrunde, so wäre bei besonderer Widerstandskraft, Abhärtung und Gewöhnung an Gift die Gabe von Arsenik nach der objektiven Theorie konkret ungefährlich und daher straflos. Wenn ein Jäger auf einem Anstand, auf dem nur geladene Gewehre zu stehen pflegen, ein heimlich von einem Dritten entladenes Gewehr auf sein Opfer anlegt, so würde nach der individuellen Theorie strafloser, nach der generellen strafbarer untauglicher Versuch vorliegen. Wenn Tristan und Isolde durch Darbietung des allgemein bekannten Todestranks sich gegenseitig töten wollen, während Brangäne heimlich den Liebestrank bereitstellt (Akt 1 in Richard Wagners Meisterwerk), so wäre der untaugliche Tötungsversuch bei individueller Auffassung straflos, bei genereller strafbar.

2. *Ausbau und Erweiterung der generellen Gefährdungstheorie.*

a) Untauglicher Versuch kann in Frage kommen nur bei *Untauglichkeit des Mittels*, nicht auch des Objekts oder des Subjekts oder beim Fehlen eines sonstigen Tatbestandsmerkmals (zB. fremdes Eigentum oder fremdes Vermögen) oder beim Fehlen einer äußeren Strafbarkeitsbedingung (Zahlungseinstellung beim betrügerischen Bankerott). In diesen letztgenannten Fällen, wo lediglich ein (nicht zur Handlung gehörendes) Tatbestandsmerkmal fehlt, das der Täter irrig annimmt, liegt ein Verbrechen überhaupt nicht vor; denn Verbrechen ist Tatbestandsverwirklichung, und diese muß natürlich objektiv, nicht nur in der Vorstellung des Täters vorliegen. Es wäre eine eigenartige Denkweise, auf ein wesentliches objektives Erfordernis zu verzichten, wenn nur ein Beteiligter, hier sogar der Verbrecher, sein Vorliegen irrtümlich annimmt.

Gleichwohl haben sich die Rspr. und die neuesten Entwürfe zu dieser Methode bekannt. Man berief sich auf den Umkehrschluß aus § 59: wenn der Irrtum des Täters, der einen vorliegenden Tatumstand nicht kennt, zu seinen Gunsten schuldbefreiend wirkt, so muß umgekehrt der Irrtum des Täters, der einen nicht vorliegenden Tatumstand als vorliegend annimmt, zu seinen Ungunsten schuldbegründend wirken. Der Fehler ist ein doppelter. Ein Bedürfnis, jede derartige Schuldbelastung zu bestrafen, liegt in diesem Umfange nicht vor. Und ferner kann dieser Irrtum unmöglich als Versuch aufgefaßt und mit den geläufigen Versuchsfällen unter einen Begriff gebracht werden.

Versuch ist, wie oben I 2 b ausgeführt wurde, als unvollendetes Wirken nur auf die Handlung, die Begehungsweise, die Anwendung des Mittels zu beziehen, nicht auf Merkmale, die vom Willen und Wirken des Täters unabhängig sind, wie das

[104]) Dies war der Standpunkt meiner Grdlg. 1921 und ist noch jetzt der überwiegende in der Lit. Vgl. die Lehrb. und Komm. z. § 43.

Objekt und äußere Begleitumstände. Versucht und vollendet werden kann nur die Tat, das Wirken, die Handlung, die Ausführung, die Verbrechensbegehung; versucht und vollendet werden kann nicht die Tatbestandsmäßigkeit, nicht ein zum Tatbestand gehörendes Merkmal (außer den Tatbestandshandlungen), etwa die Merkmale: Vermögen, fremdes Vermögen, (lebender) Mensch, Verwandter, Beamter, Konkurseröffnung. Fehlt es an derartigen Merkmalen, so können sie durch ein Wirken des Täters nie hinzugefügt werden; die Tat tritt überhaupt nicht in das Stadium des Versuchs und bleibt wegen eines „Mangels am Tatbestand“[105]) jedenfalls unter dem Gesichtspunkt des Versuchs straflos.

b) Eine *Erweiterung des Versuches* aus kriminalpolitischen Gründen im Sinne der *subjektiven Theorie* ist nur möglich, wenn die *Tauglichkeit des Mittels im Tatbild des Täters* vorhanden ist. Es kann also nur dem objektiv untauglichen Mittel das vom Täter (nach dem vorgestellten Sachverhalt) als tauglich angesehene Mittel an die Seite gestellt und noch unter den Versuchsbegriff gebracht werden. Nur bei Gefährlichkeit des vorgestellten Mittels ist das Wirken des Täters, ist dieser selbst gefährlich, nicht aber bei der Vorstellung anderer Tatumstände, die von seinem Willen und Wirken unabhängig sind. Diese Erweiterung ins Subjektive hinsichtlich des Mittels ist besonders bei den Nutzdelikten gerechtfertigt, weil hier der Wille des Täters im gesetzlichen Tatbestand seine typische Ausprägung erfahren hat; und insoweit ist auch das RG. bei der Durchführung der von ihm bevorzugten subjektiven Theorie konsequent geblieben (vgl. unten 3).

Die Erweiterung ins Subjektive führt nicht einen neuen Maßstab, etwa einen subjektiven, für die Beurteilung der Tat ein; der Maßstab bleibt ein objektiver: die Gefährlichkeit des Mittels streng im Sinne der objektiven Theorie. Verschieden ist nur der Gegenstand der Beurteilung. Regelmäßig und normalerweise ist Gegenstand der wirkliche Sachverhalt, das tatsächliche Wirken des Täters. Die hier für zulässig befundene Erweiterung verlegt diesen Gegenstand ins Subjektive und fordert die Beurteilung des vom Täter vorgestellten Begehungsmittels. Dort *Tatsachenbeurteilung*, hier *Tatbildbewertung*. Zu der objektiven Tatdiagnostik tritt ergänzend die subjektive Täterdiagnostik. Diese führt aber nicht etwa jene verschwommene und unsichere Beurteilung der ganzen Täterpersönlichkeit ein, wie sie einmal das empfohlene Täterstrafrecht im Sinne hatte, sondern beschränkt sich auf das vom Täter vorgestellte Tatbild.

c) Der untaugliche Versuch ist nicht Mangel an Tatbestandsmäßigkeit, sondern Mangel am objektiv gefährlichen Wirken, also *Mangel an der materialen Rechtswidrigkeit* (Sozialgefährlichkeit). Der untaugliche Versuch enthält im Fall objektiver Tatsachenbeurteilung eine erste Abschwächung dieser Sozialgefährlichkeit, im Fall der Tatbildbeurteilung und Täterdiagnostik (oben b) eine zweite Abschwächung; es bleibt jedoch die Sozialgefährlichkeit bestehen, sonst wäre für die (zu jeder Strafwürdigkeit erforderliche) materiale Rechtswidrigkeit kein Raum. Der Mangel ist kein Fehlen, er ist nur eine Abschwächung und äußert sich nur in der verringerten Strafwürdigkeit bei der Strafzumessung.

---

105) So die h. M. in der Lit., besonders nachdrücklich Frank und Gf. Dohna.

d) Es fragt sich, ob Gesetz und Rspr. noch einen Schritt weitergehen und auch den *Mangel am Tatbestand* bestrafen sollen: insbesondere bei Untauglichkeit des Objekts (Entwendung herrenloser Sachen) und des Subjekts (beabsichtigtes Amtsdelikt durch bloße Angestellte). Bei gespannten politischen, sozialen, wirtschaftlichen, kulturellen Verhältnissen können Gesetz und Gericht aus kriminal- und staatspolitischen Gründen auch hier eine (allerdings nur geringere) Bestrafung verordnen; das wäre jedoch nicht mehr Versuch, auch nicht subjektiv erweiterter Versuch, sondern nur Ergänzung des Versuches durch eine neue Verbrechensform. Die Vorschrift müßte etwa lauten: *Gleich dem Versuch* (jedoch mit Strafmilderung usw.) *kann bestraft werden, wer nach dem von ihm vorgestellten Sachverhalt einen gesetzlichen Tatbestand verwirklichen würde,* vielleicht mit dem Zusatz: sofern dieser eine Strafe von mindestens ... androht (damit die Ausdehnung auf leichtere Delikte verhütet wird).

Dieser versuchsähnliche Tatbestand wäre auch für den Versuch mit untauglichen Mitteln auf Grund der subjektiven Theorie geeignet (oben b), obwohl dieser Fall begrifflich Versuch ist; es würden sich alsdann nur gegenüberstehen: *Versuch gemäß der objektiven Theorie* der Tatsachenbeurteilung mit Einschluß des *Versuches mit generell untauglichen Mitteln* (Aberglaube, Mystik) einerseits und *versuchsähnlicher Irrtumstatbestand (Putativdelikt) gemäß der subjektiven Theorie* der Tatbildsbeurteilung anderseits.

Zu dem letztgenannten Irrtumstatbestand würden gehören: die auf Irrtum beruhenden Handlungen mit Untauglichkeit des Mittels (zB. Täter gibt statt Arsen Zucker), mit Untauglichkeit des Objekts (Abtreibungsakt an Nichtschwangerer. Schuß auf die Leiche oder den Baumstumpf RG. 1, 451); vor allem auch die Fälle mit Untauglichkeit des Subjekts, die nicht zugleich schon eine Untauglichkeit des Objekts (wie bei der Blutschande) enthalten: Beamter, Soldat, Kaufmann. Auch beim untauglichen Subjekt neigt man (im Gegensatz zu früher) zur Bestrafung, so RG. 72, 109 gegenüber RG. 8, 199[108]). Allerdings kann nur bei wirklicher, nicht bei eingebildeter besonderer Pflichtenstellung eine Treupflichtverletzung begangen werden, wie die frühere Meinung zur Begründung der Straflosigkeit geltend macht; wer aber in dem irrigen Glauben, eine Vertrauensstellung zu besitzen, einer solchen zuwider handelt, gibt zu erkennen, daß er es auch mit seinen eigenen. sei es auch anderen und minderen Pflichten, etwa als Privatangestellter, nicht gewissenhaft nehmen würde, und erscheint bei verschärfter Strafjustiz als strafwürdig. Daß ein Nichtsoldat versuchte Fahnenflucht begehen kann, ist allerdings ein groteskes Ergebnis, geeignet, die neuere Rechtspflege als unnatürlich und lebensfremd in Mißkredit zu bringen; das zeigt aber gerade, daß Versuch abzulehnen und eine nur versuchsähnliche Pflichtverletzung „wegen versuchten Militärverbrechens" anzunehmen ist.

Auch eine irrige Annahme rein äußerer Tatbestandsmerkmale kann Strafe verdienen: wer eine herrenlose Sache, die er für fremd hält, in Zueignungsabsicht an sich nimmt, begeht zwar keinen Diebstahlsversuch (so jedoch die Rspr. OLG. 39, 227), zumal da er Eigentum erwirbt, was nach gesundem Rechtsempfinden nicht gerade durch Diebstahl geschehen kann: aber er kann wegen versuchsähnlicher Pflichtverletzung, „wegen beabsichtigten Eigentumsvergehens" mit geringerer Strafe belegt werden. Bei irriger Annahme von Schärfungsgründen (§§ 243, 244. 264) dürfte aber kein Anlaß für höhere Bestrafung vorliegen. Die irrige Annahme, eine öffentliche Urkunde zu erwirken, während nur eine private vorliegt (Falschbeurkundung nach

[108] Ähnlich jetzt Olshausen-Niethammer 12. A. 1944 § 43, 6 gegenüber Schönke 111 und Kohlrausch 1944 vor § 43 VI. Vgl. Bruns DStrR. 1938, 161.

§ 271), kann dagegen strafwürdig sein, vgl. unten 3. Strafwürdigkeit fehlt natürlich bei Irrtum zu Ungunsten des Täters über das Lebensalter und ähnliche äußere Verhältnisse, so wenn sich der nicht 14jährige Täter für älter hält (h. M.).

e) Soeben wurden zwei Arten unterschieden: ein echter (auch erweiterter) Versuch und ein Irrtumstatbestand (Putativdelikt). Nur im weiten Fall sollte nach unserer Ansicht der Irrtumsbegriff im Vordergrund stehen: er betrifft den vom Täter vorgestellten, von der Wirklichkeit abweichenden Sachverhalt. Dagegen neigt das RG. dazu (ebenso wie Binding, Nagler u. a.)[107]), auch den Versuch als einen Fall des Irrtums aufzufassen, was zu unnötiger Erschwerung des Verständnisses der einfachen Versuchsfälle und vor allem des untauglichen Versuchs führt. Richtig ist nur, daß der Versuch auf einem Irrtum über den Kausalverlauf beruht (oben I); die Verkoppelung des Versuchs mit dem Irrtum des § 59 sollte jedoch bei der Entscheidung von Fällen zurücktreten. Theoretisch ist der Versuch kein Fall des Irrtums, sondern ein Ausschnitt aus dem Wirken; er gehört zu dem Kapitel der Handlung und der Kausalität, nicht zur Schuldlehre. Jene Auffassung stellt sich auf die seltenen und schwierigen Ausnahmefälle des Versuchs ein und verschreibt sich von Anfang an nur der extremsten subjektiven Theorie.

„Putativdelikt" im obigen Sinne enthält einen Irrtum über die Tatbestandsmäßigkeit oder die Rechtswidrigkeit, wobei vorausgesetzt ist, daß tatbestandsmäßige und rechtswidrige Handlungen dieser Art innerhalb der bestehenden Rechtsordnung überhaupt möglich sind. Putativdelikt im Sinne von Wahndelikt kann auch dahin verstanden werden, daß der Täter glaubt, eine strafbare oder rechtswidrige Handlung zu begehen, während seine Tat nach unserer Rechtsordnung nicht tatbestandsmäßig mit Strafe bedroht ist, wie Sachentziehung, Vermögensbeschädigung, Täuschung, oder nicht rechtswidrig, wie Glücksspiel schlechthin oder Unzucht schlechthin. Putativdelikte auch in dieser zweiten Bedeutung zu bestrafen, besteht kein Bedürfnis.

f) Die äußeren Strafvoraussetzungen müssen, weil zum Tatbestand i. w. S. gehörig, vorliegen, soll der Versuch strafbar sein; anders nimmt RG. 13, 41 ohne Konkurseröffnung versuchtes Konkursdelikt an. Eine Ausnahme können m. E. nur die von mir sog. äußeren Strafbarkeitsbedingungen leichtesten Grades (dritter Ordnung) machen, die noch Beziehungen zur Kausalität haben, zB. §§ 226, 178, 139. Hier könnte vor Todeseintritt Versuch vorliegen.

3. *Verschiedene konkrete Gestaltung des sog. untauglichen Versuches in den drei Hauptdeliktsgruppen.* Das Bild ist weniger klar als bei der zeitlichen Begrenzung des Versuches, die Rspr. ist zu unsicher, das Problem zu schwer, und die Fälle sind zu selten. Nur hinsichtlich des untauglichen Mittels ist das RG. konsequent in der Durchführung seiner subjektiven Theorie. Der Vorstoß ins Subjektive geschieht am weitesten bei den Nutzdelikten und ist hier (wie oben II 3) auch für die objektive Theorie durchaus annehmbar, schon weil der Wille in den Tatbeständen dieser Gruppe seine Ausprägung erhalten hat. Die Beschränkung auf das Objektive tritt am meisten bei den reinen Angriffsdelikten hervor; hier kommt es eben mehr auf den wirklichen Angriff, den drohenden Schaden und die tatsächliche Kausalität an: die objektive Beurteilung entspricht mehr auch dem Willen des Täters, so daß diese objektive Einstellung auch der subjektiven Theorie entspricht. Bei den Triebdelikten tritt die stärker subjektive Beurteilung hervor, sofern sie schwerer Natur sind. Die Bestrafung des untauglichen Versuches bei den Trieb- wie bei den Angriffsdelikten nach der subjektiven Theorie wirkt dagegen bei den harmlosen Fällen (Totbeten und Beschwörung!)

---

[107]) Vgl. LpzK. 238, 289, 294 (wo der untaugliche Versuch unter die Putativdelikte eingereiht wird. Auf Irrtum stellen ab RG. 42, 94 (Betrug), 47, 190 und 72, 112 (Blutschande).

überaus lebensfremd und grenzt ans Lächerliche und Groteske, eben weil die Fälle selbst so ungefährlich sind. Bei den leichteren Nutzdelikten, selbst bei Diebstahl in seinen unbedeutenden Erscheinungen, wäre eine rein subjektive Theorie durchaus diskutabel, ohne komische Nebenwirkungen auszulösen. Am häufigsten erscheinen in der Rspr. (ein deutliches Zeichen für die Gefährlichkeit und Verwerflichkeit!): Fälschungsdelikte (Eidesdelikte), Betrug, Unzucht, Abtreibung; schwächer: Diebstahl, Unterschlagung, Hehlerei, Einbruch; ungleich seltener und schwächer besonders die reinen *Angriffsdelikte.*

Daß die weite Ausdehnung des Versuchs durch die subjektive Theorie des RG. dem Rechtsempfinden des Volkes entspricht (so gelegentlich RG. 34, 217 für Blutschande sowie allgemein LK. 6. A. 276), darf bezweifelt werden, ebenso daß hiermit einem Bedürfnis der Praxis genügt wird, für die bei unsicherem Beweisergebnis in der Feststellung der äußeren Tatsachen die Möglichkeit einer Bestrafung des Willens des Täters verbleibt (so ebenfalls LK. aaO.), denn der Wille gilt in der Regel als schwerer feststellbar.

a) Nutzdelikte. Versuch wurde angenommen:

Diebstahl, Unterschlagung §§ 242, 246: irrige Annahme, die herrenlose Sache sei eine fremde: Rspr. OLG. Königsberg 39, 227 (streng subjektiv; m. E. falsch, nicht Versuch, sondern versuchsähnliches, strafbares Putativdelikt mangels Tatbestandmerkmals). Vgl. oben 2 d.

Hehlerei § 259: irrige Annahme, die Sache sei durch eine Vortat belastet: RG. 64, 131 (streng subjektiv, m. E. falsch, strafbar als versuchsähnliches Putativdelikt mangels Tatbestandmerkmals). Dagegen RG. 52, 197: Versuch aus § 259 straflos, Strafe aus § 246.

Betrug § 263 (auch Erpressung § 253): irrige Annahme, sich rechtswidrig (!) zu bereichern, während ein Anspruch besteht: RG. 11, 77; 38, 426; 42, 92; 49, 20; Rspr. 7, 428 (Erpressung); vgl. auch RG. 51, 204; 65, 276; 75, 92 (streng subjektiv; m. E. strafbar als versuchsähnliches Putativdelikt mangels Tatbestands). Anders RG. 4, 236 (straflos mangels Rechtswidrigkeit). — Behauptung wahrer Tatsachen zu Betrugszwecken in irriger Annahme, sie seien erlogen: RG. 50, 35; Rspr. 8, 98 (untaugliches Mittel; nach objektiver und subjektiver Theorie strafbarer Versuch). — Annahme, einen nicht bestehenden Steueranspruch zu kürzen: RG. 53, 318; 66, 199; 68, 53; HRR. 38, 131; anderer Ansicht RG. 64, 238; 65, 172; 66 200; JW 31, 317 (als Wahnverbrechen straflos; m. E. Mangel am Tatbestand und untaugliches Objekt, aber als versuchsähnliches Putativdelikt strafbar). — Mitteilung falscher Tatsachen an einen nicht existierenden Briefempfänger: RG. 18, 82 (richtiger: versuchsähnliches Putativdelikt). — Versuch der Konterbande wenn der Täter das gekaufte Gut irrig für Schmugelware hielt: RG. 55, 138 (richtiger: versuchsähnliches Putativdelikt). — Verkehrsmäßige Verwertung von Nichtgeldstücken: RG. 16, 112. Geldfälschung?

Betrugsähnliches Devisendelikt: DevisenG. § 69 N. 4: Nichtgenehmigte Verfügung über nicht bestehenden Geldanspruch: RG. 73, 5 (Mangel am Tatbestand, untaugliches Objekt; richtig wäre: strafbares versuchsähnliches Putativdelikt).

Urkundenfälschung § 271: irrige Annahme, öffentliche Beurkundung zu erwirken bei tatsächlicher Privaturkunde: Arg. RG. 60, 215 (m. E. strafbar als versuchsähnliches Putativdelikt). — § 267: kein Versuch, wenn Täter bei der Fälschung die private Urkunde für eine öffentliche hält: RG. 66, 124.

Eidesdelikte: Irrige Annahme, eine unechte Beweisaussage zu machen: DJ. 36, 1731 (untaugliches Mittel, strafbarer Versuch nach objektiver wie subjektiver Theorie). Irrige Annahme, für unechte Beweisaussage die richtige Eidesformel zu erstatten, während sie dem Gesetz nicht genügt: RG. 24, 91; 58, 302; 67, 333 (untaugliches Mittel, strafbarer Versuch nach beiden Theorien). Irrige Annahme der Zuständigkeit des Beamten, vor dem der Täter eine unechte Beweisaussage beschwört: RG. 60, 25; 65, 206; 72, 81 (wohl strafbarer Versuch mit untauglichen Mitteln).

A m t s - u n d M i l i t ä r d e l i k t e : irrige Annahme dieser Vertrauensstellung begründet Versuch durch untaugliches Subjekt: RG. 72, 109, straflos nach RG. 8, 199; hierzu vgl. oben 2 d (m. E. als versuchsähnliches Putativdelikt strafbar).

Eine gesetzliche Anerkennung der subjektiven Theorie enthält der Sonderfall des § 90a Abs. 4.

b) T r i e b d e l i k t e. Versuch liegt nach RG. in höchst bedenklichen Entscheidungen vor:

U n z u c h t : § 173 I: irrige Annahme, mit der eigenen Tochter zu verkehren: RG. 47, 189; 66. 126 (Untauglichkeit des Objekts, nicht des Subjekts maßgebend; m. E. straflos oder höchstens strafbar als versuchsähnliches Putativdelikt). — § 175a N. 3: Täter hält den bereitwilligen Jugendlichen irrig für widerstrebend: RG. 70, 199 (Mangel an Tatbestand, m. E. straflos oder höchstens strafbar als versuchsähnliches Putativdelikt). — § 176 N. 3: Täter hält das Mädchen von 14 Jahren für jünger: RG. 39, 316 (untaugliches Objekt, m. E. straflos oder höchstens strafbar als versuchsähnliches Putativdelikt). — §§ 172, 173: bei irriger Annahme von Ehe und Verwandtschaft ist strafbarer Versuch möglich: RG 72, 112: anderer Meinung RG. 8, 199 und 34, 220 (m. E. wegen Untauglichkeit des Objekts strafbar nur als versuchsähnliches Putativdelikt). — Zu dem früheren BlutschutzG.: Mischling hält sich irrig für Juden und begeht Versuch der Rassenschande: RG. 72, 122; hierzu Lit. wie oben zu 2 d Anm.

A b t r e i b u n g § 218: Verwendung untauglicher Mittel: RG. 1, 439 Plen.; 17, 158; 68, 13 (Versuch nach objektiver wie subjektiver Theorie). An der Nichtschwangeren ebenfalls Versuch: RG. 8, 198 (höchstens strafbar als versuchsähnliches Putativdelikt,) zugleich mit untauglichen Mitteln: RG. 34, 217; 47, 16 (Versuch). — Täter verschafft einer vermeintlich Schwangeren Abtreibungsmittel und vermeintlich taugliche Abtreibungsmittel: RG. 68, 13 (m. E. in ersterem Fall höchstens strafbar als versuchsähnliches Putativdelikt).

c) R e i n e A n g r i f f s d e l i k t e. RG. nimmt Versuch nur bei Gefährdung hochwertiger Rechtsgüter oder besonders schwerem Schaden an; ein Fall zB. von Sachbeschädigung lag nicht vor.

T ö t u n g § 211 ff. Täter glaubt, auf einen lebenden Menschen zu schießen, der bereits verstorben ist: RG. 1, 451 (m. E. kann wegen Untauglichkeit des Objekts nur versuchsähnliches Putativdelikt vorliegen; es fragt sich aber, ob die Strafbarkeit hier so weit ins Subjektive vorgeschoben werden soll). Bei Untauglichkeit des Mittels liegt an sich Versuch vor: RG. 33, 321 lehnt aber Strafbarkeit mit Recht ab bei Verwendung übernatürlicher und abergläubischer Mittel und von sog. Sympathien (Konzession an die objektive Theorie der generellen Gefährdung!).

V e r g i f t u n g : Versuch mit unzulänglicher Dosis: RG. 24, 382.

T r a n s p o r t g e f ä h r d u n g : Täter stellt die Weiche richtig ein im Glauben, sie stehe falsch: Versuch mit untauglichen Mitteln nach bekannter Rsp. von Untergerichten.

4. Die *Rechtswidrigkeit* des Versuches mit Einschluß seiner Erweiterungen und Ergänzungen, also auch des strafbaren versuchsähnlichen Putativdelikts, hat die bekanten Wirkungen, die sich allgemein an die Rechtswidrigkeit und Strafbarkeit knüpfen; das mache sich klar, wer die Strafbarkeit des Versuches zeitlich und subjektiv unermeßlich ausdehnen möchte. In Betracht kann kommen u. a. die Möglichkeit von Notwehr und von (akzessorischer) Teilnahme, ferner §§ 49a, 139, 241, 253, 259.

IV. Schuld.

1. a) Erfordert wird zum Versuch *Vorsatz;* nicht anders ist auch der „Entschluß“ in § 43 zu verstehen, nicht anders auch die oben III 2 d für die

versuchsähnliche Pflichtverletzung vorgeschlagene Verurteilung wegen eines „beabsichtigten" Verbrechens, das ja nur in der „Vorstellung" des Täters vorhanden zu sein braucht. Möglich wäre bei Irrtum über die Rechtswidrigkeit auch Fahrlässigkeit (Rechtsfahrlässigkeit), wenigstens bei versuchsähnlicher Begehung; „Versuch" der Steuergefährdung, nach RG. 59, 119 straflos, kann nach der objektiven Gefährdungstheorie sehr wohl strafwürdig sein. Möglich ist teilweise Verwirklichung eines fahrlässigen Delikts, strafbar nach §§ 314/6.

b) Die *Vorsatzarten* sind sämtlich denkbar; Eventualvorsatz reicht aus. Der Vorsatz muß auch hier die rechtliche Bedeutung der Tat umfassen, also die materiale Rechtswidrigkeit (Sozialgefährlichkeit), was ja auch die Grundlage der objektiven Theorie ausmacht. Er muß an sich auf Vollendung der Tat gerichtet sein. Strafwürdig ist aber wenigstens nach der objektiven Theorie auch, wer weiß, daß der Erfolg ausbleibt oder über seinen Eintritt zweifelt, ferner, wer überhaupt nur den Versuch will (Lockspitzel, agent provocateur [108]); es ist nicht einzusehen, daß derartige, die Rechtsgüter angreifende und das Rechtsleben beunruhigende Handlungen nach einer weitverbreiteten Meinung[109]) straflos ausgehen sollen. Wer nicht (sofort) einbrechen, sondern nur ausprobieren will, ob er mit falschem Schlüssel die fremde Schranktür öffnen kann, ist gewiß strafwürdig, und zwar nach beiden Theorien.

2 *Freiwilliger Rücktritt vom Versuch, tätige Reue*, § 46 wirkt strafbefreiend.

a) Die h. M. nimmt nichtssagend einen „Strafaufhebungsgrund" an. Fragt man, weshalb die Strafe entfällt, so ersieht man aus dem Sinn der Vorschrift, daß das den Versuch ausmachende schuldhafte Wirken des Täters von ihm selbst durch ein Gegenwirken aufgehoben wird, so daß der dem Recht erwünschte Zustand wiederhergestellt oder gesichert wird. Sachlich liegt daher ein „*Schuldaufhebungsgrund*" (§ 24) vor. Hiergegen wurde zu Unrecht eingewendet, daß die Schuld, durch den Vorsatz verwirklicht, nicht wieder beseitigt werden könne. Die Schuld begleitet jedoch das Wirken auf dessen einzelnen Stufen und hört daher von selbst auf, sobald der Täter sich zu einer entgegengesetzten Tätigkeit entschließt. Vgl. näher § 19. Dieses Gegenwirken setzt daher *Freiwilligkeit* voraus, d. i. die entscheidend (überwiegend) selbständige Bestimmung durch eigene Motive, die den kriminellen Willensentschluß (das Wirken des Kriminalitätserregers) überwinden. Einerseits ist die rein moralische Berechtigung unerheblich; wahre sittliche Reue ist nicht erforderlich. Anderseits reicht die bloße äußere Tätigkeit nicht aus. Insofern ist ganz bezeichnend die Wendung „tätige Reue" (die für beide Fälle des § 46 paßt); der Täter muß die Ausführung, d. i. seine zum schädlichen Erfolg hinwirkende Tätigkeit aufgeben oder (beim Unterlassungsdelikt und beim sog. beendeten, fehlgeschlagenen Versuch, § 46 Z. 2) eine

---

[108]) Hierüber Näheres in der Teilnahmelehre.

[109]) So LK. 6. A. 277/8; die dortigen Entscheidungen fußen z. gr. T. auf der subjektiven Theorie, stehen z. T. aber auch in Widerspruch mit ihr und sind beidemal nicht immer unbedenklich.

Tätigkeit entfalten, die den schädlichen Erfolg überwindet, u. z. beidemal unabhängig von äußeren, ihn zwingenden Hinderungsgründen.

b) § 46 bringt diesen Grundgedanken nicht deutlich und einwandfrei zum Ausdruck. Z. 1 betrifft den sog. nicht beendeten Versuch; der Täter hat noch nicht die beabsichtigte Handlung ausgeführt, die nach seinem Entschluß den verbrecherischen Erfolg herbeiführen sollte. Hier verlangt § 46 ein Aufgeben der Tätigkeit mit der negativen Fassung: ohne daß er an der Ausführung durch Umstände gehindert wurde, die von seinem Willen unabhängig waren. Das „Aufgeben" hat sich aber nicht nur auf die Ausführung sondern auch auf den Verbrechensentschluß zu beziehen, u. z. endgültig; der Täter bleibt also strafbar, wenn er den Entschluß bei besserer Gelegenheit ausführen oder neu fassen will (anders unter wörtlicher Anlehnung an § 46 die h. M.)[110]. Hier zeigt sich die Tragweite der Schuldaufhebungstheorie: der Entschluß muß dem besseren Willen weichen. — — § 46 Z. 2 betrifft den beendeten oder fehlgeschlagenen Versuch; hier verlangt das Gesetz eine den Erfolg abwendende Tätigkeit zu einer Zeit, als die Handlung noch nicht entdeckt war. Aber auch hier ist Freiwilligkeit erforderlich (abweichend Frank), und die Entdeckung ist nicht allein maßgebend, da das den Erfolg abwendende Gegenwirken schon vor der Entdeckung begonnen, aber erst nachher abgeschlossen sein kann (nicht beachtet von RG. 1, 309); auch kann bei Entdeckung der Erfolg noch eintreten (RG. 65, 149).

c) Den Kern der strafbefreienden Vorschrift bildet die dort nur so unvollkommen zum Ausdruck gelangte *Freiwilligkeit;* es ist dieselbe *Freiheit des Willens,* die im Strafrecht wie in der Ethik die unumgängliche Voraussetzung für Schuld wie für Verdienst, für Strafe wie für Lohn ist. Wie Freiheit des Willensentschlusses mit Schuld belastet, so vermag sie von Schuld zu entlasten, die Schuld aufzuheben — es wäre schlimm, wenn Ethik und Strafrecht hierzu nicht die Mittel und Einrichtungen böten, und nur die h.M. in der strafrechtlichen Dogmatik hat sich diesem notwendigen Blick verschlossen. Die Entwürfe haben den Grundgedanken des § 46 aufgegriffen und *weit über den Versuch hinaus ausgebaut,* dem Vorgang des bisherigen § 310 für die vollendete Brandstiftung folgend. Diese Vorschriften besitzen nicht nur kriminalpolitische Bedeutung, wie man früher (schon seit Feuerbach) den § 46 allein rechtfertigen wollte: das Gesetz baue für den Täter, in dessen Hand die Schadensverhütung meist allein liege, goldene Brücken, um ihm Straffreiheit zu sichern (v. Liszt), und dieser volkstümlichen Erklärung folgten die meisten[111]).

Die Vorschriften besitzen vor allem *ethischen Gehalt,* und dieser gibt daher auch den tieferen *kriminalpolitischen* Grund; vor allem enthalten sie eine ethische Verpflichtung zwingender Art. Der *Schuldaufhebungsgrund* beruht auf ethischer und auf logischer Schlüssigkeit, die der herrschenden Dogmatik unbegreiflicherweise verborgen bleibt. Die Schuldbeziehung hätte besonders schon von der älteren subjektiven Theorie erkannt werden müssen.

Zu der bisherigen rein psychologischen Auffassung muß also noch der ethische Maßstab treten[112]): die Berechtigung des Motivs. *In einer konkreten*

---

[110]) Wie der Text (und mithin für die Schuldaufhebungstheorie) Binding Grdr. 139, Schönke § 46 II 1, LpzK. 6. A. 304, nahestehend RG. 77, 350. Anders insbes. Frank § 46 II, Olshausen 216, Mezger Lehrb. 405.

[111]) Wiederholt das RG., schon 3, 249 und noch 72, 349 und 73, 60; auch Nagler LK. 6. A. 300, der sonst kriminalpolitischen Erwägungen wenig zugänglich ist.

[112]) Eine Wendung zum Ethischen glaubt Kohlrausch § 46, 4a in der Rspr. d. RG. zu bemerken.

Gestaltungsnorm des Richters sind die Motive des Täters abzuwägen. Überwiegt ein ethisch nicht berechtigtes Motiv, z. B. die Furcht vor Anzeige oder die Geringwertigkeit des Gewinns, so entfällt die „tätige Reue".

d) Der Grundsatz der Freiwilligkeit, in den älteren Entw. und der Lit. oft „Rücktritt aus freien Stücken" genannt, hat in der Rspr. verschiedene konkrete Gestalt gefunden. Vielfach wurde (zu eng und str ng) zur Unfreiwilligkeit gefordert, daß der Umstand auf den Täter derart eingewirkt hat, daß es für ihn nach der gewöhnlichen Lebensauffassung einen „zwingenden (!) Grund" bedeutete, von der Ausführung abzusehen: RG. 55, 65; 65, 149. Eine Abschwächung enthält aber wohl die Wendung „unabweisbarer Grund": RG. 75, 393. Eine Abstufung nach der Stärke der Motive ist nicht ohne gewisse Willkür möglich[113]). Ein eingebildetes Hindernis (ganz im Stile der subjektiven Theorie) hebt die Freiheit der Wahl ebenfalls schon auf: RG. 75, 393. Verzicht auf die Ausführung wegen Geringwertigkeit des Gewinns bedeutet insoweit Freiwilligkeit nach RG. 70, 1 (anders 55, 66), jedoch Unfreiwilligkeit hinsichtlich des erwarteten höheren Gewinns (vgl. RG. 37, 402); hier muß eben die ethische Auffassung einsetzen (oben c). Nicht erforderlich ist, daß die Freiwilligkeit lediglich auf inneren Regungen beruht, wie RG. 37, 402 forderte; sie besteht auch dann, wenn äußere Umstände mitwirken; letztere dürfen nur nicht den Ausschlag geben. Unfreiwilligkeit liegt also bei vorwiegend äußeren Einflüssen vor; solche sind: Entdeckung (die der unglückliche § 46 in seinen zweiten Fall verwies) oder Furcht vor bevorstehender Entdeckung, wenn hierdurch der Erfolg vereitelt würde (RG. 65, 149?); ungeeignet befundene Mittel oder ungeeignet befundene Objekte (keine Wertgegenstände am Tatort); untragbarer (!) Schmerz, zB. bei Abtreibung (RG. 35, 102; 57, 278; 70, 1). Dagegen stehen Mutlosigkeit, Unsicherheit, Furcht vor Strafe an sich der Freiwilligkeit nicht entgegen, soweit andere, berechtigte Motive überwiegen (anders RG. 75, 393); unerheblich ist auch Wechsel des Willensinhalts: zuerst Mitleid, dann Schrecken beim Anblick des Opfers.

e) „Rück-tritt" ist nur möglich vom eigentlichen Versuch gemäß der objektiven Theorie, nicht auch von einem versuchsähnlichen Putativdelikt von einem nur in der irrigen Vorstellung des Täters vorhandenen Tatbild, so daß der untaugliche Versuch schlechter gestellt wäre (wenigstens beim beendeten Versuch, RG. 17, 160; 51, 211)[114]). Für den letzteren Fall verbleibt die „tätige Reue", das freiwillige „ernstliche Bemühen", den vorgestellten Erfolg abzuwenden. Diese letzteren Wendungen verdienen als die umfassenderen den Vorzug. Dem folgen zT. die Entwürfe (E. 25 § 24; E. 27 § 27).

V. Strafbarkeit (über die Strafwürdigkeit und den Grad vgl. oben I 3):

1. Bei Verbrechen stets, bei Übertretungen nie, bei Vergehen nur in den vom Gesetz ausdrücklich bestimmten Fällen (seit Strafr. Angl. VO. v. 29. 5. 43 erweitert);

2. bisher milder als das vollendete Delikt; seit VO. v. 29. 5. 43 (Sieg der subjektiven Theorie) kann (!) der Versuch milder bestraft werden. Bei Milderung ist möglich Ermäßigung bis auf ein Viertel des angedrohten Mindestbetrags; an Stelle von Todesstrafe und lebenslangem Zuchthaus tritt bei Milderung Zuchthaus von 3 bis 15 Jahren.

3. Ist „Unternehmen" (= Versuch) Tatbestandsmerkmal, so ist Milderung nicht zulässig. Versuch des Versuchs ist straflos; ebenso Versuch bloßer Vorbereitungshandlungen, die ausnahmsweise strafbar sind (§ 49a).

§ 18. Die einzelnen Rechtfertigungsgründe.

Sie werden nur bei den reinen Angriffsdelikten praktisch, nicht bei den Nutz- und Triebdelikten. Ihre Bedeutung ist insofern entsprechend nur gering. — Über ihre Herleitung aus dem materialen Recht und als negative

[113]) Hierzu Gf. Dohna ZStrW. 59, 541.

[114]) Hinsichtlich des nicht beendeten Versuchs mag es zweifelhaft sein; RG. 43, 138; 68, 83 hält hier Rücktritt für möglich.

Vertypung der materialen Rechtswidrigkeit vgl. oben § 13 I 4 b. Über ihre Funktion § 13 II 2. Über ihre Gruppierung unmittelbar gemäß den drei leitenden Prinzipien des Unrechts § 13 III. — Im folgenden sei die dritte Gruppe aus systematisch-technischen und pädagogischen Gründen vorangestellt und mit Notwehr begonnen als dem praktisch wichtigsten und häufigsten, einfachsten und durchsichtigsten, primitivsten und historisch frühesten Typ, dem Grundtyp aller Strafausschlußgründe, während die problemreicheren Typen später folgen mögen. Die sachliche Gruppierung bleibt jedoch unberührt und für die Behandlung und Erklärung von Wichtigkeit.

A. Selbstschutz durch Abwehr von Gefahr und Hilfe in Not.

I. Notwehr.

Notwehr ist *rechtmäßige Abwehr gefahrdrohenden Unrechts gemäß dem jeweiligen Kräfte- und Werteverhältnis des Sachverhalt,* d. h. gemäß der Abwägung der in dem Sachverhalt gegenüber stehenden Interessen, Legaldefinition StGB. § 53 = BGB. § 227: die Verteidigung, die erforderlich ist, um einen gegenwärtigen rechtswidrigen Angriff von sich oder einem anderen abzuwehren.

1. Der *Angriff.* a) *Rechtswidriger Angriff* ist die nicht vom Recht gedeckte, auf Verletzung oder Gefährdung fremder Lebensgüter abzielende Handlung. Wehrfähig sind nicht nur Leib und Leben (d. i. der Hauptfall der Notwehr), sondern auch Ehre, Freiheit und Sachwerte, darunter auch bloßer Besitz[115]).

Die Rechtswidrigkeit ist hier also im Sinne des materialen Unrechts zu verstehen, womit zugleich eine einheitliche, systematisch geschlossene Auffassung der Rechtswidrigkeit gewahrt bleibt. Statt dessen will eine verbreitete Ansicht[116]) rechtswidrig hier „untechnisch" vom Angriff her, nicht von der Rechtsordnung und dem Opfer aus verstehen als etwas, was der Angegriffene nicht zu dulden braucht. Abgesehen von der eigenartigen Unterstellung, daß unsere Rechtsprechung mit zwei verschiedenen Rechtswidrigkeitsbegriffen arbeiten soll („doppeltes Unrecht", „doppeltes Recht", „doppelte Moral"!), begeht jene Ansicht eine arge petitio principii; es fragt sich gerade, was der Angegriffene nicht zu dulden braucht und wogegen er sich wehren darf. Und daher nimmt man die Folgen (unten 5) hier vorweg, ohne den Grund und Zusammenhang zu erklären[117]). Der Anlaß zu einem derartigen Zwiespalt ist die unrichtige Ansicht, daß jeder Notstand die Rechtswidrigkeit ausschließt und der Wunsch, dagegen Notwehr zuzulassen. Dem Fehler will man beizeiten begegnen, und so wird der ganze systematische Aufbau brüchig. Mangelnde Logik rächt sich stets an irgendeiner Stelle. Notwehr ist Abwehr von „Unrecht", das natürlich nicht im „untechnischen" Sinne zu verstehen ist.

b) *Gegenwärtiger Angriff.* Er darf nicht bereits abgeschlossen sein; man darf nicht nach Eintritt der Verletzung sich durch eigenen Angriff rächen, was schon keine „Abwehr von Unrecht" wäre. Anderseits gehört zur Gegenwart die gesamte Kette des durch den Angriff ausgedrückten *Wirkens* des Angreifers, also die ganze Ausführungshandlung im weiteren Sinne (vgl. § 15) von Beginn der Gefährdung bis zur Erreichung des Ziels, also auch noch

[115]) RG. 60, 278.

[116]) Vgl. LK. 6. A., Schönke und Olshausen zu § 53.

[117]) Bezeichnend etwa Welzel Grdz. 68, wonach sogar gegen (technisch verstanden) rechtmäßige Handlungen, zB. im Notstand befindlicher Personen, Notwehr zulässig sein soll.

nach tatbestandlicher Vollendung; daher ist Notwehr noch möglich, wenn der mit der Beute fliehende Dieb das Haus des Eigentümers oder seinen Machtbereich noch nicht verlassen hat, weil bis dahin die Zueignung noch nicht erfolgt ist[118]).

c) Der Angriff kann ausgehen von allen *Menschen*, auch von Kindern und Zurechnungsunfähigen, nicht aber von Tieren, wie vielfach angenommen wurde[119]). Angriffe von *Tieren* versetzen in Notstand (BGB. § 228). Wenn A einen Hund auf B hetzt, so befindet sich B gegenüber dem A in Notwehr, gegenüber dem Hund in Notstand. Wenn A einen Geisteskranken auf B hetzt, ist B gegen beide zur Notwehr berechtigt. — Der Angriff kann auch gegen einen anderen als den Notwehrtäter gerichtet sein („Nothilfe").

d) Mitwirkung: Der Angriff darf nicht von dem Notwehrtäter provosiert sein, damit er unter dem Deckmantel der Notwehr verletzen kann; eine solche Verteidigung würde kein Notwehrrecht begründen[120]). Die Rechtslage ist die folgende: Das Notwehrrecht besteht in derartigen pathologischen Fällen nur äußerlich als formales Recht; seine Ausübung wäre ein Mißbrauch, gleich der Schikane (unten B vor I). In Wahrheit hat der Anreizer bewußt die Tendenz zu seiner Gefährdung gesetzt; er hat seine Notlage selbst verursacht und verschuldet. Er ist nicht Notwehrer, sondern Anreizer und Selbstangreifer. Anders wenn er durch Necken, Foppen, Hänseln nur eine (untergeordnete) Bedingung[121]), also nicht die entscheidende, wirksamste Ursache, die allgemeine Tendenz gesetzt hat; alsdann wäre er notwehrberechtigt, müßte sich allerdings in der Wahl der Mittel um so größere Schonung und Zurückhaltung auferlegen (vgl. sofort zu 2). Die Erklärung mit „Mitverursachen" im Sinne der Bedingungstheorie verfehlt also die wichtige Grenze und versagt auch hier. — Bei einer allgemeinen Rauferei kann sich grundsätzlich niemand auf Notwehr berufen; die Untergerichte bemühen sich hier, soweit bekannt, meist auch nicht, den Knäuel dahin zu entwirren, wer Anreizer, Angreifer und echter Notwehrer ist. Nur zweierlei bedarf Ausnahmebehandlung und gerichtliche Feststellung: wo liegt ein Exzeß gegenüber dem Durchschnitt vor? und wo ein Bemühen, sich herauszuziehen und zu meiden?

2. Die *Verteidigung* muß *erforderlich* zur Abwehr des Angriffs sein. Eine gute, erfahrene Rechtsprechung wird mit diesem Maßstab ohne die nicht viel mehr besagenden Zusätze der Reform (nach gesundem Volksempfinden, ohne Rechtsmißbrauch usw.) auszukommen wissen. Besser wäre die Milderung gegenüber „erforderlich": nach der Sachlage *geboten;* hierauf weist schon StGB § 53 Abs. 1. Zu berücksichtigen ist die *Gesamtsituation* unter Einsetzung und *Abwägung* aller *mitwirkenden Kräfte und beteiligten Werte gemäß den Prinzipien der Gerechtigkeit und des Gemeinwohls.*

Zu beachten ist, daß der gesetzliche Maßstab der „Erforderlichkeit" an sich irgendeine Proportionalität zwischen Angriffs- und Schutzwerten nicht voraussetzt. Als bei den Reformen wiederholt der vom BGB. § 228 verwendete Maßstab der Interessen- und Güterabwägung auch für die Notwehr vorgeschlagen wurde, ist mit Recht von beachtlicher Seite (Bumke) mit Nachdruck schon bei Beratung des E. 25 darauf hingewiesen, daß bei Notwehr nicht Wert gegen Wert, sondern Recht gegen Unrecht steht; der Eigentümer dürfe daher den Einbruchsdieb niederschießen, wenn er sich nicht anders verteidigen kann[122]), und es sei dem in seinem Schlaf-

[118]) Ähnlich RG. 55, 82; jedoch ist bloße Intensivierung oder Sicherung der Verletzung nicht ausreichend.

[119]) Frank § 53 I.

[120]) RG. 60, 262.

[121]) RG. 73, 341.

zimmer überraschten kränklichen Manne nicht zuzumuten, ängstlich abzuwägen, ob das Leben des jungen Einbrechers in angemessenem Verhältnis zu dem Diebstahlsobjekt steht.

Jedoch ist Notwehr nur eine *materiell rechtmäßige* Abwehr von Unrecht; die einseitige Ausübung eines formalen Rechts nur um des Rechts willen kann ein Rechtsmißbrauch sein, wenn nicht die *Gesamtlage* berücksichtigt und möglichst alle in Betracht kommenden *Kräfte und Werte in einer gerechten Weise abgewogen* werden. So ergibt sich auch ohne Reform eine Reihe von Modifikationen von Fall zu Fall, da auch die starre Legaldefinition funktionell eine *konkrete Gestaltungsnorm* gemäß der Rechtsidee, dem Juristischen Grundgesetz der Gerechtigkeit und des Gemeinwohls erfordert. Folgende Gesichtspunkte sind zu beachten, und zwar gemäß dem Standpunkt ex ante, also des Zeitpunktes der Tat:

a) Auf Seiten des *Angriffs*: aa) dessen *Begehungsweise*, seine Stärke, Heftigkeit, Nachhaltigkeit, Vorbereitung mit eigenen Schutzvorkehrungen. Je höher der Grad, desto weitergehend die Erlaubnis aller erdenklichen Abwehrmaßnahmen. Bei ganz harmlosen Angriffen sind nur leichteste Notwehrmittel zu vertreten. Zu weit geht es aber, bei Bagatelldelikten, wie Obst- und Felddiebstählen durch Kinder usw., Notwehr ganz auszuschließen und eine besondere Unfugabwehr[123]) einführen zu wollen; eine solche könnte nur die soeben genannte leichtere Art der Notwehr unter „entsprechender" Milderung des Mittels sein. — bb) *Die Schwere des Erfolges*, also des drohenden, des voraussehbaren, des normalerweise zu erwartenden *Schadens*. In diesem Rahmen ist auch der Wert des angegriffenen Gutes zu berücksichtigen; die Abwehr muß in der Tat verschieden sein, je nachdem der Angreifer nahezu wertlose, sofort und leicht zu ersetzende Sachgüter oder kostbarste, unwiederherstellbare Lebenswerte bedroht. — cc) Auch die *Person des Angreifers* bedarf der Berücksichtigung, wenn auch erst in zweiter Linie. Angriffe von Kindern nimmt man leichter hin, und Angriffen durch Geistesgestörte und Trunkenbolde geht man richtiger aus dem Wege, als sofort zur Schußwaffe zu greifen. — dd) Unerheblich für die Art der Verteidigung ist dagegen, ob der Angreifer vorsätzlich, fahrlässig oder schuldlos handelt[124]); denn die Verteidigung ist unabhängig von *Schuldbewertung* und *Vergeltung*, richtet sich vielmehr nur nach Zweckmäßigkeitsgesichtspunkten.

b) Auf Seiten der *Abwehr*: aa) Zunächst ist erheblich, ob und in welchem Grade der Angegriffene sich oder andere überhaupt schützen *will*. Wenn er selbst verletzen wollte (oben 1 d) und nur nebenbei einen ihm oder anderen geltenden Angriff abschlägt[125]), so rechtfertigt dies seine eigene Verletzung nicht oder doch nur (bei Möglichkeit einer Verteilung der einzelnen Akte) in entsprechendem Maße; der letzte Fall wird nicht genügend beachtet. — bb) Zu berücksichtigen ist die *Schwere des Abwehrmittels* und des durch dieses zu erwartenden Schadens, also auch der Wert des zu verletzenden Gutes. Bei mehreren Schutzmöglichkeiten ist die *nächstliegende*, gewissermaßen normale oder adäquate, also die *gerecht* erscheinende Art zu wählen: Abwehr eines Schlages durch verstärkten Schlag und notfalls durch Waffe, einer Beleidigung durch Worte oder notfalls durch Tätlichkeiten, eines einfachen Hausdiebstahls durch Einschließen oder Festnahme unter Benachrichtigung anderer, insbesondere der Polizei. Es ist also nicht sofort zur Schußwaffe mit meist schwerer oder tödlicher Verletzung zu greifen; vorangehen sollten Warnung, Drohung, leichte Gewalt, evtl. Blindschuß. Liegen mehrere Schutzmöglichkeiten gleich nahe (oder gleich fern), so ist die *zweckmäßigste*, notfalls mildeste, schonendste, leichteste Art zu bevorzugen. — cc) Die *Person des Notwehrers* verdient ebenfalls Berücksichtigung. Wer „ohne Schimpf sich dem Angriff durch die Flucht entziehen" (RG.), d. h. ihm

[122]) Vgl. auch RG. 55, 82.

[123]) So Oetker in Festg. f. Frank I 360, zustimmend Frank 159, Mayer Strafr. 256, LK 6. A. 431.

[124]) Welzel 69 will hier Abstufungen eintreten lassen.

[125]) RG. 54, 199.

ausweichen oder aus dem Wege gehen kann, wie gegenüber Trunkenbolden oder offenbar gefährlichen Personen, sollte dieses Mittel wählen, schon weil auf den Gegenschlag erfahrungsgemäß ein dritter folgt. Die Kriminalpolizei rät bekanntlich, sich auf Kampf mit Einbrechern nicht einzulassen, sondern sich zu verbergen oder zu entfernen und, wenn möglich, die Polizei, die Überfallstation oder Dritte telefonisch zu benachrichtigen. Auch muß (und wird normalerweise) der Angegriffene die Unterstützung dazu befähigter und bereiter Dritter annehmen, ohne daß seine Ehre Einbuße erleidet, was selbst auf Uniformträger zutrifft[126]), wenn sie von einer organisierten Einbrecherbande überrascht werden. Förster befinden sich bei dienstlichen Streifen in bestimmten Gegenden Wilderern gegenüber oft in Lebensgefahr. Es kommt darauf an, was dem Angegriffenen im Einzelfall mit Rücksicht auf Beruf, Alter, Körperkraft und Umweltlage z u z u m u t e n ist. Mitunter ist es ratsam, dem Angriff nicht nur auszuweichen, sondern selbst geringe Schäden auf sich zu nehmen, so wenn Kinder oder Geistesgestörte angreifen.

c) W i r k u n g a u f u n b e t e i l i g t e D r i t t e. Dürfen auch deren Güter durch den Notwehrer mitverletzt werden?[127]) Die Frage ist zu bejahen, wenn eine Trennung der Güter aus tatsächlichen Gründen schlechterdings unmöglich ist; so wenn sich der Angreifer in fremde Kleider steckt, so daß der Notwehrer auch eine Sachbeschädigung gegen Dritte begehen muß. Nur um diese zu vermeiden, braucht er nicht den Angriff zu dulden. Ebenso wenn ein Kirchenbesucher auf beleidigende oder aufreizende Worte des Geistlichen die gottesdienstliche Feier[127a]). Sind dagegen die Rechtsgüter, wenn auch schwer, von einander zu scheiden, so deckt die Notwehr nicht auch das Gut des Dritten. So wenn sich jemand im Gasthaus mit einem fremden Bierglas wehrt oder wenn in engem Raum im Abteil oder Luftschutzkeller, auch ein Dritter mitgetroffen wird. In allen Fällen ist der Notwehrer dem unbeteiligten Dritten gegenüber im Notstand; sein Angriff ist diesem gegenüber berechtigt oder zum mindesten entschuldigt, und dann kann wieder der Dritte in Notstand geraten.

d) W i r k u n g a u f d i e A l l g e m e i n h e i t. Generelle Schutzvorrichtungen, wie sie gegen Einbrecher getroffen werden, gefährden oft die Allgemeinheit in verschiedenem Maße und sind daher verschieden auch in Hinsicht auf ihre Rechtswidrigkeit zu beurteilen, wenn ein Dritter (Kind, Zurechnungsunfähiger) zu Schaden kommt. Bedenkenfrei sind eingemauerte Glasscherben, Stacheldrähte, gefährliche freilaufende Hofhunde; fragwürdiger sind Fußangeln. Selbstschüsse, elektrische Hochspannungen und Falltüren, selbst wenn Warnungstafeln angebracht sind und die polizeiliche Genehmigung vorliegt. Wird ein Einbrecher oder sonst unbefugter Eindringling beschädigt, so ist ihnen gegenüber die Verteidigung natürlich rechtmäßig[128]).

3. *Überschreitung (Exzeß) der Notwehr* (also des Maßes der Erforderlichkeit) ist rechtswidrig, kann aber fahrlässig oder schuldlos sein. Nach § 53 Abs. 3 ist der Notwehrexzeß „in Bestürzung, Furcht oder Schrecken" ein Schuldausschlußgrund. Nach den Entwürfen soll außerdem mit Recht ein Schuldmilderungsgrund in Frage kommen; denn der freie Willensentschluß, die Möglichkeit des Andershandelns und mithin der Schuldvorwurf können je nach dem Grad der Erregung bald entfallen, bald sich nur verringern.

4. *Putativnotwehr:* Bei Irrtum des Täters über die tatsächlichen Voraussetzungen der Notwehr entfällt der Vorsatz, kann aber Fahrlässigkeit vorliegen. Beispiel: A trifft auf der Straße den B, der ihn (um 1933) mit dem neuen Hitlergruß durch Ausstrecken des rechten Arms begrüßt; er glaubt, daß B zum Schlage ausholt, und verprügelt ihn.

[126]) RG. 71, 134; 72, 58, 383.

[127]) Bejahend Frank; dagegen RG. 58, 29 und die h. M.

[127a]) RG. 21, 168.

[128]) S. zu der Frage zT. abweichend LK. 427, Olshausen 333 (wonach polizeiliche Genehmigung auch für Rechtmäßigkeit der Notwehr entscheidend ist).

5. *Rechtsfolgen.*

a) Die Notwehrhandlung ist nicht widerrechtlich (so ausdrücklich BGB. § 227), also rechtmäßig. Daher ist gegen Notwehr nicht wieder Notwehr zulässig.

b) Dagegen ist bei Notwehrexzeß und Putativnotwehr die Handlung rechtswidrig, während dem Täter ein Entschuldigungs- oder Schuldmilderungsgrund zur Seite steht. Daher ist gegen sie Notwehr zulässig.

II—VI. Notstand, Vorbemerkungen.

Notstand ist ein *außergewöhnlicher Zustand gegenwärtiger Gefahr* („Not"), *gegen die es Selbstschutz nur durch Verletzung fremder Rechtsgüter* (oder durch Nichterfüllung einer Rechtspflicht) gibt. Während bei Notwehr Recht gegen Unrecht steht, sah man im Notstand Recht gegen Recht stehen und suchte aus diesem Konflikt durch eine dem Recht selbst entsprechende Lösung herauszukommen, die das Recht aus eigener Kraft vermeintlich nicht bieten konnte. So entstand seit den Tagen der griechischen Philosophie zugleich ein rechtsphilosophisches Problem (das „Brett des Karneades", das schwimmend nur einen Menschen trägt, während der andere ertrinkt). Modernes Beispiel: ein Flugzeug muß im Sturm Güter abwerfen (große Havarie).

In Wahrheit steht hier nur formales Recht gegen formales Recht, Gesetz gegen Gesetz, Normpflicht gegen Normpflicht. Das materiale Recht kann nicht gegen sich selbst stehen, was ein logischer und sozialethischer Widerspruch in sich wäre; dieses ist vielmehr zum Ausgleich berufen und aus eigener Kraft dazu befähigt. Das *Juristische Grundgesetz der Gerechtigkeit und des Gemeinwohls*, wie es oben § 13 formuliert wurde, ist gleichsam darauf zugeschnitten, den Ausgleich in Notstandskollisionen zu vollziehen.

Dabei ist nicht schematisch gemäß dem Güterabwägungsprinzip, das ja nur *ein* Ausfluß und Ausdruck jener Rechtsidee ist, nach dem wertvolleren Interesse und dem nützlicheren Erfolg zu fragen[129]), wie es im Zivil- und im Verwaltungsrecht noch eher hinzunehmen wäre. Vielmehr ist maßgebend, welches Verhalten seiner allgemeinen Tendenz nach mehr der Gerechtigkeit und dem Gemeinwohl entspricht. *Der höhere Wert wird von der Rechtsordnung gebilligt; eine Handlung, die ihm entspricht, ist rechtmäßig.* Das ist der Grundgedanke für den zivilrechtlichen Notstand, der also stets ein „*Notrecht*" begründet. Für den von ihm verschiedenen strafrechtlichen Notstand kommt außerdem das Schuldprinzip in Betracht: *Ein Verhalten, das die Grenzen der Rechtmäßigkeit überschreitet, ist zwar rechtswidrig, kann aber entschuldigt sein,* weil und soweit der Notstandstäter durch den außergewöhnlichen Zustand der Not psychisch gebunden und in seiner freien Willensentschließung beschränkt ist; dieses Prinzip liegt den beiden strafrechtlichen Notstandsfällen (unter III, IV) zugrunde.

Die Rechtsordnung könnte auch dieses letztere Verhalten für rechtmäßig erklären, indem sie dem berechtigten Selbsterhaltungsinteresse des Notstands-

[129]) Das wird vielfach verkannt. zB. von Welzel 72, der selbst differenziert (73 zu d; ganz verfehlt 73 zu c, s. unten III 2c).

täters Rechnung trägt, womit der allerdings erwünschten einheitlichen Behandlung des Notstands im Einklang mit einer neueren wissenschaftlichen Richtung entsprochen wäre; alsdann wäre aber nur wieder ein formales Recht vom Gesetz geschaffen, während der Standpunkt des verletzten Notstandsgegners, der doch ebenfalls ein Recht besitzt und es nicht wegen der Not eines beliebigen, ihn zufällig angreifenden Dritten einfach verlieren kann, nicht berücksichtigt wäre, wozu doch die Rechtsidee berufen ist.

Hiermit wird eine sog. **Differenzierungstheorie** vertreten insofern, als der strafrechtliche Notstand bis zu einem gewissen Grade als Rechtfertigungs-, darüber hinaus bloß als Entschuldigungsgrund aufgefaßt wird, also bald ein Notrecht gibt, bald nicht. Dies entspricht der jetzt herrschenden Meinung (RG. 61, 249; 64, 31; 66, 225, 398; v. Liszt-Schmidt, Frank, Olshausen, Lobe in LK. 5. A., Mezger, Gf. Dohna, Wegner, Schönke, E. Wolf)[130]). Dagegen soll jeder Notstand objektiv rechtfertigen nach einer früheren Meinung (Binding, Stammler, Oetker, R. Merkel, Gerland, v. Liszt, v. Hippel, Allfeld), die auch später Verfechter fand (Nagler LK. 6. A., Welzel, H. Mayer). Da einige dieser Vertreter aber gegen die Notstandshandlung Notwehr zulassen, sind sie sich entweder nicht konsequent oder verstehen den Rechtswidrigkeitsbegriff unzulässigerweise in mehrdeutigem, in verschiedenem Sinne (oben A I 1 a).

Außerdem vertreten wir eine **Vereinigungstheorie** gegenüber einer rein objektiven und einer rein subjektiven Theorie. Die objektive Theorie sieht das Wesen des Notstands in der Kollision von Interessen oder von Pflichten (so die h. M.), die subjektive Theorie in der Beschränkung der Motivation und der Zurechnungsfähigkeit (seit Kant und Feuerbach), in der Billigung des Selbsterhaltungstriebes und in der Entschuldigung wegen menschlicher Schwäche (später seit Wächter und Schütze). Beide Theorien sind einseitig und ergänzen sich gegenseitig. Der Notstand entschuldigt in allen Fällen wegen der psychischen Hemmung gleich der Zurechnungsunfähigkeit und den schwereren Fällen des Notwehrexzesses; insofern wäre es richtiger, ihn grundsätzlich zu den Entschuldigungsgründen zu rechnen. Aber innerhalb dieses weiteren Kreises erscheint ein engerer, in dem die Notstandshandlung das wertvollere Interesse wahrt und insofern ein „Notrecht" schafft. Da unter den abstrakten Verbrechensmerkmalen die Rechtswidrigkeit aber der weitere, die Schuld der engere Kreis ist, so muß der Notstand zuerst schon als Notrecht unter den Rechtfertigungsgründen (gleich der Notwehr) seine Darstellung finden, während nur die Ueberschreitung des Notrechts als Entschuldigungsgrund, wie ein Annex des Notrechts (gleich dem Notwehrexzeß) erscheint. In der Schuldlehre genügt daher eine Verweisung auf die jetzige Darlegung. — Diese systematische Gruppierung ist daher aus darstellerischen Gründen empfehlenswerter, als den strafrechtlichen Notstand erst am Schluß unter den Entschuldigungsgründen folgen zu lassen (vgl. v. Liszt-Schmidt), wodurch der Zusammenhang der gleichen Fragen zerrissen wäre.

II. Zivilrechtlicher Notstand (Notrecht).

1. *Angreifende Notstandshandlung* (sog. aggressiver Notstand, BGB § 904): *die Verletzung fremden Eigentums* (zB. durch Beschädigung des Nachbargartens) *zur Abwehr gegenwärtiger Gefahr* (Dachstuhlbrand im eigenen Haus) *ist rechtmäßig, wenn der drohende Schaden unverhältnismäßig groß wäre* (d. h. das Niederbrennen des eigenen Hauses wäre ein unverhältnismäßiger Schaden gegenüber dem Zertreten der Gartenanlagen, von denen aus der Brand gelöscht werden soll).

2. *Abwehrende Notstandshandlung* (sog. defensiver Notstand, BGB. § 228), auch *Sachwehr* genannt, richtet sich speziell gegen die gefahrdrohende Sache

[130]) Vgl. außerdem die Abh. von Eb. Schmidt ZStrW. 49, 350, Siegert (1932), Henkel (1933), Maurach (1935), und schon m. Grdlg. 324 ff.

selbst, während im 1. Fall allgemein fremdes Eigentum, also auch das eines unbeteiligten Dritten, verletzt wird. Diese *Verteidigung gegen gefahrbegründende Sachen* (einen wütenden Hund) *ist rechtmäßig, wenn der zu erwartende Sachschaden* (die Tötung des Tieres) *gegenüber der drohenden Gefahr* (dem Beschädigen des eigenen Beinkleides) *nicht unverhältnismäßig groß ist.*

Schulfall: Im Symphoniekonzert springt ein bellender Hund auf den Dirigenten, dessen Bewegungen ihn reizen. Der Künstler tötet ihn, indem er ihm den Taktstock in die Kehle sticht: Fall 2. Er schützt sich, indem er dem Cellisten das Instrument entreißt und es sich zur Deckung vorhält: Fall 1. Der Cellist als Eigentümer eines kostbaren Stradivari-Violoncello wäre aber notwehrberechtigt.

Fall aus jüngster Zeit: Wilde Tiere brechen auf die Bombenangriffe (1943/44) aus dem Käfig des Berliner Zoo aus und laufen die Straßen entlang. Der Fußgänger darf das ihn anfallende Tier töten: Fall 2. Er darf sich in einen Laden nach Einschlagen der verschlossenen Tür retten: Fall 1.

Beidemal ist die Notstandshandlung *rechtmäßig* unter der Voraussetzung, daß ein unverhältnismäßig größerer Schaden infolge der Rettung vermieden wird. Bei der *Güterabwägung* wird vom BGB. also eine erhebliche Differenz erfordert, ein schwaches Überwiegen reicht noch nicht aus. Im zweiten Fall, bei der Sachwehr, tritt die Güterabwägung etwas zurück; hier steht die *Abwehr*, wie bei der Notwehr, an erster Stelle.

Die *Rechtsfolge* ist beidemal ein echtes Notrecht des Gefährdeten, also zugleich eine Duldungs- und Unterlassungspflicht des Notstandsgegners, dem kein Notwehrrecht zusteht, der jedoch selbst einen Notstand erleiden und demgemäß seinerseits Schutzmaßnahmen ergreifen kann.

III. Echter strafrechtlicher Notstand.

Er ist nach dem unzulänglichen § 54 ein (außergewöhnlicher) *unverschuldeter* (anders BGB.) *Zustand gegenwärtiger Gefahr für Leib und Leben* (enger als BGB., dort auch andere Rechtsgüter) *des Täters selbst oder eines Angehörigen* (enger als BGB.), *wogegen es Rettung gibt nur durch Verletzung fremder Rechtsgüter oder* (was meist übersehen wird) *durch Nichterfüllung einer Rechtspflicht* (weiter als BGB., das nur einen *Sach*notstand kennt).

Beispiele: Havarie eines Schiffs oder Flugzeugs: in schwerem Sturm werden Güter oder notfalls auch Menschen zur Rettung der Mehrzahl über Bord des sonst nicht mehr verkehrsfähigen Fahrzeugs geworfen. Auf der Autobahn biegt ein Wagenführer, um den Zusammenstoß mit einem anderen zu vermeiden, plötzlich scharf nach falscher Seite aus und verletzt dabei Personen oder Sachen. Altes Schulbeispiel ist der berüchtigte Mignonettefall (ZStrW. 5, 367): die schiffbrüchige Mannschaft der Mignonette, nahe dem Hungertode auf dem Meere treibend, lost um das Leben; das Los fällt auf den Schiffsjungen; die Männer schlachten und verspeisen ihn. Zahlreiche moderne Fälle brachte nach den Weltkriegen die allgemeine Volksnot, der Mangel an Raum und an täglichen Bedarfsmitteln.

1. Voraussetzungen: a) Die *Gefahr* ist *gegenwärtig*, wenn der Schutz zu spät käme, falls nicht sofort gehandelt würde[131]). Nach den Entwürfen muß der drohende Schaden erheblich sein. *Unverschuldet* soll die Notlage sein, also nicht nur die Gefahr, sondern der Zustand, der die Rechtsverletzung erfordert.

[131]) RG. 66, 225; auch bei Dauergefahr gegenüber gemeingefährlichen Trunkenbolden: RG. 60, 318.

Wenn zwei Touristen, leichtsinnig und mangelhaft ausgerüstet, eine gefährliche Hochgebirgstour unternehmen und auf dem Grat der eine den anderen in den Abgrund gleiten läßt, weil das Seil nur einen einzigen tragen kann, so ist zwar die Gefahr, nicht aber die Notwendigkeit der Rechtsverletzung schuldhaft herbeigeführt.

b) Die *Notstandshandlung* muß der letzte oder unter mehreren Möglichkeiten der nächstliegende *gebotene Weg* der Rettung sein.

Im Zweifel ist das geringste Übel zu wählen, Verletzung von Tieren statt Menschen, Verletzung eines Menschen statt mehrerer. Die Grundsätze über Notwehr (oben I 2) gelten hier entsprechend; auch hier ist, und zwar hier ganz besonders wegen der Schuldfrage, die individuelle Eigenart der Sachlage und des Täters zugrunde zu legen. Sämtliche Kräfte und Werte sind gegeneinander abzuwägen. Es wäre untragbar und absurd, allerschwerste Delikte nur zur Vermeidung eines ganz geringfügigen, körperlichen Eingriffs zu rechtfertigen oder auch nur zu entschuldigen. Gewisse Personen müssen und zwar selbst ohne ausdrückliche gesetzliche Pflicht, auch schwere Gefahren auf sich nehmen: der Soldat (MilStGB. §§ 49, 84 ff.), der Seemann (SeemannsO. §§ 34, 41), die Organe der Rechtspflege und der Vollstreckung, die Polizei, die Feuerwehr, der Arzt, das Pflegepersonal, überhaupt Beamte, die Inhaber gehobener Berufe, Geistliche und Lehrer, die Angestellten in Laboratorien, Bergwerks- und Industriebetrieben usw. Ungünstige Wirkung auf Dritte und auf die Allgemeinheit ist auch hier tunlichst zu vermeiden. Auf der anderen Seite ist aber zugunsten des Notstandstäters zu berücksichtigen, daß er durch schwere Not, hohe Gefah· und inneren Zwang zu der Rechtsverletzung als dem alleinigen Rettungswege getrieben wurde, also psychisch bis zu einem gewissen Grade entlastet wird.

2. *Rechtsfolgen.*

a) Die Notstandshandlung ist *rechtmäßig* nur insoweit, als sie von dem materiellen Recht, dem Juristischen Grundgesetz der Gerechtigkeit und des Gemeinwohls, also u.U. auch von dem Güterabwägungsprinzip des BGB. §§ 228, 904 gedeckt ist. Darüber hinaus kann ihr ein *Entschuldigungs-* oder *Schuldmilderungsgrund* zur Seite stehen; dies die h.M. (vgl. oben Vorbem. zu II—VI). Nur im zweiten Fall, also gegen den bloß entschuldigenden Notstand, ist Notwehr zulässig.

b) Auch hier sind *Exzeß-* und *Putativnotstand* möglich und beachtlich; sie können die Schuld ausschließen oder mildern. Daher ist Notwehr zulässig.

c) Bestimmt oder bestärkt ein *Dritter* den Notstandstäter, sich zu retten, so ist er natürlich *nicht Teilnehmer* oder mittelbarer Täter[132]), sondern leistet selbst *Notstandshilfe* oder nimmt selbst die Notstandshandlung vor.

IV. Nötigungsnotstand nach § 52 ist eine Sonderart des allgemeinen Notstandes des § 54 (oben zu III). Letzterer ist also nicht anwendbar, wenn der Spezialfall vorliegt. § 52 setzt voraus eine Notlage, die von einem Menschen durch *Nötigung* herbeigeführt wurde; die Notstandshandlung muß also durch einen anderen „abgenötigt" sein[133]), während bei § 54 unerheblich ist, auf welche Weise die Notlage entstanden ist, sei es durch sonstige

---

[132]) Dieses Argument benutzen Gegner der Entschuldigungstheorie, um diese zu widerlegen (Welzel 73). Aber der Dritte will doch nicht zu einer strafbaren (rechtswidrigen) Tat, sondern zu einer rettenden Notstandstat bestimmen oder bestärken.

[133]) RG. 66, 225.

menschliche Handlungen als gerade durch Nötigung oder durch Tiere oder durch Naturkräfte. § 52 ist überflüssig und verunglückt; aber er schließt sich ganz gut an den ihm in Grund und Rechtsfolge verwandten § 51 an und stellt auf diese Weise eine gewisse Verbindung zwischen der Zurechnungsunfähigkeit und dem allgemeinen Notstand des § 54 her, also zwischen zwei verwandten Entschuldigungsgründen, deren Zusammengehörigkeit mithin schon aus der gesetzlichen Reihenfolge zu entnehmen ist.

1. Voraussetzungen. § 52 nennt zwei Mittel: a) unwiderstehliche Gewalt. Hierher gehört nicht die vis absoluta, der äußere Zwang, der bereits das willkürliche Handeln, das Wollen und Wirken ausschließt: wenn A den B in eine Schaufensterscheibe stößt, so fehlt es schon an einer Handlung des B, so daß ein Rechtfertigungs- oder Entschuldigungsgrund überhaupt nicht in Rede steht. Vielmehr kommt in Betracht nur die vis compulsiva die den fremden Willen beeinflussende, ein Verhalten erzwingende Gewalt, zB. Schlagen, Foltern, um eine Unterschrift zu erzielen. — b) Drohung, d. i. die vorbereitende Ankündigung der soeben genannten vis compulsiva (also nicht diese selbst), etwa unter Vorhalten eines Messers. § 52 enthält gleich § 54 die (nicht billigenswerte) Beschränkung auf Gefahr für Leib oder Leben des Täters oder eines Angehörigen (definiert in Abs. 2). Die Notlage darf nicht anders abwendbar sein als durch die Notstandshandlung. — Im übrigen gelten die Voraussetzungen des allgemeinen Notstands (III 1); doch kann die Notlage eines Notstandstäters auch mitverschuldet sein.

2. Rechtsfolgen: Die Notstandshandlung ist rechtmäßig oder nur entschuldigt[134]), wie beim allgemeinen Notstand (III 2). Der Nötigende ist Anstifter; nach h. M. ist er mittelbarer Täter (bei limitierter Akzessorietät wenigstens insoweit, als der Genötigte rechtmäßig handelt). Im Fall der vis absoluta ist natürlich nur der Nötigende Täter.

V. Übergesetzlicher Notstand.

1. In ihm kommt der *allgemeine Notstandsbegriff* zum Ausdruck, wie er den gesetzlichen Sondervorschriften oben in den Vorbemerkungen vor II vorangestellt wurde. Die Gesetze suchen in diesen schwierigen Fragen — einem wahren Notstand auch für den Gesetzgeber! — zuerst soweit möglich durch Typen zu helfen. Dies gelingt nur teilweise; in dem vielgestaltigen Leben tauchen neue Notlagen auf, für die von der Rechtsprechung eigene Typen gefunden werden müssen. Um nicht sofort auf das allgemeine Juristische Grundgesetz und seine Sondergrundsätze (oben § 13) zurückzugreifen, kann man den obigen *für die einzelnen Sondertypen des Notstands gemeinsamen Grundgedanken* herausstellen; auf diesem induktiven Weg behält man Fühlung noch immer zum Gesetz.

2. Diesen von ihm sog. übergesetzlichen Notstand hat das RG. erstmalig für die Abtreibung anerkannt und sich hiermit zugleich zum materialen Rechtswidrigkeitsbegriff bekannt (61, 242: der Arzt unterbricht die Schwangerschaft einer schwerkranken Frau wegen unmittelbarer Selbstmordgefahr). Die Schwangerschaftsunterbrechung ist später geregelt im G. z. Verhütung erbkranken Nachwuchses v. 14. 7. 1933 § 14: sie ist zulässig bei ernster Gefahr für Leib und Leben der Mutter, wenn sie von einem Arzt kunstgerecht durchgeführt wird: Voraussetzung ist grundsätzlich Einwilligung der Frau, außerdem Zulassung durch eine Gutachterstelle. Hiermit ist zugleich ein weiterer gesetzlicher Notstandsfall geschaffen. — Für den Fall des Staatsnotstands (vgl. unten VI) hat das RG. aber bald darauf den gleichen Grundsatz des übergesetzlichen Notstands nicht anerkannt, obwohl er dort mindestens ebenso gut hätte angewendet werden können:

---

[134]) Ebenso RG. 64, 30 und jetzt h. M.

ein Zeichen, daß noch andere Gründe als dieser Typ mitsprachen, vor allem auch die hinter ihm wie hinter allen Gesetzen stehende Rechtsidee selbst.

Andere[135]) lehnten diesen Typ bald als unzulässig, bald als überflüssig angesichts der zahlreichen neuen Sondergesetze ab. Noch andere[136]) nahmen aber jene RGEntscheidungen zum Anlaß einer weiteren Ausdehnung, auch als Beweis für die nunmehrige Anerkennung des materialen Unrechts und seiner Ausstrahlungen durch das RG. und wollen mit übergesetzlichem Notstand alle Fälle entscheiden, in denen eine Korrektur oder Ergänzung des Gesetzes im Sinne der Gerechtigkeit nahegelegt wird — wozu der neue Typ sicher nicht berufen ist.

3. Erforderlich für die Verwendung des Begriffs ist das Vorliegen der typischen *Hauptvoraussetzungen des Notstandes*, also solcher, in denen die Sondertypen II—VI im wesentlichen übereinstimmen. Diese sind: a) die Notlage, der Zwangszustand, infolge Kollision von Gütern oder Pflichten; b) die Notlage muß gegenwärtig sein; c) sie muß u.E. außergewöhnlich sein, alltägliche Fälle kommen natürlich nicht in Betracht; d) die Abwehr muß ausschließlich durch Rechtsverletzung möglich sein, so daß andere Mittel nicht vorhanden sind; e) nur im Hinblick auf diese typischen Notstandsmerkmale kann eine Interessenabwägung in Betracht kommen, während der Vorzug des wertvolleren Interesses sich nicht aus den Notstandsgesetzen, sondern nur aus allgemeinen Rechtsprinzipien, insbesondere dem Juristischen Grundgesetz, ergibt. Gerade diejenigen, die den übergesetzlichen Notstand ins Uferlose ausdehnen, berufen sich mit Vorliebe auf den letzten Punkt zu e).

4. Fälle des übergesetzlichen Notstandes sind daher außer dem früheren Fall der Schwangerschaftsunterbrechung (oben 2) und dem problematischen Fall des Staatsnotstands (unten VI) insbesondere: Ein Arzt begeht eine Übertretung, um einem Schwerkranken Hilfe zu bringen, HRR. 1940 N. 255 nennt hierzu das Fahren auf verbotenem Weg, möglich wäre auch eine Verletzung der Beleuchtungsvorschriften. — Dagegen war das Ausgehverbot der militärischen Besatzungsmächte ein zwingendes Verbot, von dem allerdings Ärzte und Pflegepersonal mit einem besonderen Ausweis befreit waren. — Störung des Gottesdienstes durch Feuerrufe, wenn im Dorf tatsächlich (also nicht nur angeblich) ein Brand entstanden ist, RG. 5, 258. Ebenso nächtliche Ruhestörung aus ähnlichem Anlaß. — Hehlerei an Wehrmachtsbenzin, das während des Krieges für die Front bestimmt war, um der Gemeinde in schwerer Not (Mangel an Treibstoff und an Fahrzeugen während eines strengen Winters) zu helfen; RG. 77, 115/16 (bedeutendes Urt. d. 1. Str.senats v. 4. 6. 1943) erkennt übergesetzlichen Notstand an, wenn die Tat das einzige (!) Mittel zur Abwendung der Gefahr war, und führt aus, daß die militärischen Frontinteressen regelmäßig (!) den lebenswichtigen Interessen der Heimat vorgehen, daß die Besonderheit des Einzelfalls aber einmal eine Ausnahme zuläßt. Zugleich Verstoß gegen die VerbrauchsregelungsVO.: Soldaten, die das Benzin gestohlen und dem Gemeindevorsteher übergeben hatten, wurden wegen Diebstahls bestraft; Sondergericht Düsseldorf hatte auch wegen Hehlerei verurteilt, RG. sprach ihn insoweit frei [136]a).

Die ebenfalls hierher gehörige, bekanntlich höchst umstrittene Frage, ob der Untergebene von einem bestimmten (militärischen) Dienstbefehl abweichen darf, weil nur hierdurch der von dem Vorgesetzten offenbar gewollte und mindestens ihm erwünschte und willkommene Vorteil erreicht werden kann[137]), ist nur in

---

[135]) So LK. 6. A. 366 ff. 442.

[136]) Weitgehend Eb. Schmidt ZStrW. 49 350 (1929), Der Arzt im Strafrecht 1939, Wolter ArchRWPh. 22, 66, ZStr.W. 48, 32.

[136]a) Ähnlich liegende Fälle RG. 74, 353; RG. JW. 35, 2637; HRR. 48 Nr. 38; KG. DJ. 35, 1596; KG. JW. 38, 745.

[137]) In bejahendem Sinne dramatisch behandelt in H. v. Kleists Meisterwerk: Der Prinz von Homburg.

seltensten und wichtigsten Ausnahmefällen, bei klarem Sachverhalt und größter Wahrscheinlichkeit des außer allen Zweifel günstigen Ergebnisses zu bejahen, so daß ein Ausbleiben des Erfolges so gut wie ausgeschlossen ist[138]). Es ist der gleiche Konflikt zwischen formaler und materialer Rechtspflicht wie bei der Frage, ob der Richter vom Gesetz, der Verwaltungsbeamte von der Anordnung abweichen darf, nur ungleich schärfer, weil der Soldat in erster Linie zur Disziplin verpflichtet ist, während hinter dem Juristen die Rechtsidee steht, die auch hinter dem Gesetz stehen sollte. Hier knüpft der Staatsnotstand an (vgl. sofort VI).

5. Kein Fall des übergesetzlichen Notstandes ist es, wenn in der Zeit des großen Mangels an Sachwerten A dem B die Aktenmappe oder die Pelzhandschuhe wegnimmt, weil ihm die seinen gestohlen wurden und er sie nötiger gebraucht als jener. Hier fehlt die außergewöhnliche Spannung der Güter- oder Pflichtkollision. In der Zeit der allgemeinen Einschränkungen darf niemand sein Gut auf Kosten anderer retten, weil er es (vermeintlich oder tatsächlich) nötiger hat als andere.

6. Nicht in den Kreis des übergesetzlichen Notstandes gehören die oft hierher gestellten folgenden Fälle. Verletzung des Berufsgeheimnisses durch den Rechtsanwalt, früher (vor der gesetzlichen Regelung) ferner durch den Arzt und Apotheker; hier fehlt regelmäßig (!) die für den Notstand typische, gegenwärtige Gefahr und die Ausschließlichkeit der Abwehr. Diese Fälle sind einzuordnen in die Gruppe der Wahrnehmung berechtigter Interessen (unten C IV). Ferner gehören der Hauptgruppe C an die Abtreibung aus eugenischen Gründen (vor dem G. v. 1933), die Euthanasie, die ärztliche Operation ohne Einwilligung, die Züchtigung fremder Kinder. Hier fehlt es an einer der typischen Notstandsvoraussetzungen.

VI. Staatsnotstand. Allgemeine Nothilfe.

Es fragt sich ob man ein Delikt begehen darf, um hiermit dem Staat zu dienen und ihn womöglich zu retten. Ein Unterfall ist: darf man einen Staatsmann beseitigen, der (vermeintlich oder wirklich) ein Volksschädling ist? Ein noch speziellerer Unterfall, ob ein Soldat von dem Dienstbefehl abweichen darf, um bei eigenartiger neuer Sachlage den von dem Befehl erstrebten oder erwünschten militärischen Vorteil zu erreichen (der Prinz von Homburg bei Heinrich von Kleist), wurde oben als Fall des übergesetzlichen Notstands (V 4) behandelt. Wer die Fragen bejaht, geht oft noch weiter und nimmt nicht nur ein Recht, sondern sogar eine Pflicht an, da Rettung von Volk und Staat zu den höchsten Aufgaben der Volkgenossen und Staatsbürger gehört. Er beruft sich also unmittelbar auf die Rechtsidee selbst.

Die Fälle können als (evtl. übergesetzlicher) *Notstand* oder je nach der Sachlage auch als *Notwehr* aufgefaßt werden. Besser ist es, sie wegen des Vorherrschens öffentlichrechtlicher Gesichtspunkte als einen *Sondertyp der allgemeinen Nothilfe* zu betrachten; denn eine Güter- und Pflichtenabwägung (die doch dem übergesetzlichen Notstand wesentlich ist, oben V 3) kommt hier nicht in Frage, da das Staatswohl in der Tat und über allem Zweifel voransteht.

Es zeigt sich aber *innerhalb der Rechtsidee eine Kollision der Prinzipien,* zu der oben (§ 13) bereits Stellung genommen wurde: für den Richter und erst recht für den staatstreuen Volkgenossen geht die Rechtssicherheit vor und darf die materiale Gerechtigkeit und das Gemeinwohl nur in den selten-

[138]) Mit gleichen Vorbehalten bejaht von E. Schwinge in Dt. Rechtswiss. 1939, 119.

sten und im Ergebnis klarsten, über allem Zweifel erhabenen Ausnahmefällen zum Durchbruch gelangen. Dem einzelnen steht es nicht zu, darüber zu entscheiden, worin im konkreten Fall das wahre Staatswohl liegt; würde ein jeder ein Delikt zur Verwirklichung des vermeintlichen Staatswohls begehen, so würde ein solcher Rechtszustand sicher nicht dem Staatswohl entsprechen. Das Juristische Grundgesetz besagt, daß rechtmäßig nur ein solches Verhalten ist, das auch generalisiert, also nicht nur isoliert in einem Einzelfall, dem Staatsganzen mehr dient als schadet. Ein Versuch, mißliebige Minister gewaltsam zu beseitigen, verträgt aber gewiß keine Generalisierungsfähigkeit. Selbst wenn der verfolgte Zweck berechtigt sein sollte, so ist es nicht das gewählte Mittel. Ein moderner Rechts- und Kulturstaat stellt hierzu andere Mittel zur Verfügung (staatliche Organe, Volksvertretung, Rechtsweg, Verwaltungsbeschwerden); fehlt es hieran, so ist ein solcher Staat ohnehin von kurzer Lebensdauer, so daß sich nicht erst ein vereinzelter Idealist zu opfern braucht.

2. Hauptfall für Staatsnotwehr: ein Verbrecher, etwa ein Spion will mit wichtigen Staatsgeheimnissen über die Grenze flüchten Darf ein Dritter ihn (über StPO. § 127 hinaus) verletzen oder töten? Die Frag ist zu bejahen, wenn wirklich Organe der Sicherheitspolizei, Grenzschutz- oder Zollbeamte nicht mehr rechtzeitig zu benachrichtigen sind und ein anderes Schutzmittel nicht bereitsteht[139]). Grundsätzlich ist jedoch daran festzuhalten, daß der Staat sich selbst schützen kann und selbst darüber bestimmen muß, wie weit er seinen Schutz im Einzelfall durchführen will und welche Fälle er als erhebliche Anlässe ansieht. Di wilde Polizei ist dem Staate ebenso unerwünscht, wie der freiwillige Wohltäter dem Privatmann. — Weitere Anlässe: Hoch- und Landesverrat. Desertion, Spionage, Bedrohung lebenswichtiger Waren- und Rohstoffvorräte, Offenbarung vor Staatsgeheimnissen, Geheimdruckerei, Herstellung revolutionärer Schriften.

Notstandshandlungen aus der neuesten deutschen Geschichte: Tötung der Separatistenführer seit 1919[140]); Kapp-Putsch 1920; Requisitionen der Freikorps bei den Aufständen im Osten 1921; Femetötungen zur Beseitigung schwerer Volksschädigungen (RG. 63, 220; 64, 104); Spiritusschmuggel im besetzten Ruhrgebiet (RG. 64, 46); Attentat auf die Minister Erzberger und Rathenau (1921/22); Hitler-Putsch 1923; Hitler-Revolution 1933; Röhm-Affäre gegen Hitler (Juli 1934); Generalsverschwörung Juli 1944.

3. Zur Lit.: Die Behandlung hat im Staats- wie im Strafrecht je nach den grundlegenden Anschauungen stark gewechselt, ganz abgesehen von der Verschiedenheit der Fälle und der Anlässe.

Früher war anerkannt ein Widerstandsrecht der Vasallen gegen eine unfähige und pflichtvergessene Regierung; das neuere Staatsrecht läßt ein solches nicht mehr zu, auch nicht soweit der Staat nur als Schutzanstalt aufgefaßt wird. Vgl. Kurt Wolzendorff, Staats- und Naturrecht in der Lehre vom Widerstandsrecht des Volkes gegen rechtswidrige Ausübung der Staatsgewalt 1916. — Ein Nothilferecht (Notstand oder Notwehr) zugunsten des Staates wurde abgelehnt von H. Mayer Strafr. d. deutschen Volkes 1936, 259. Schubert Abh. H 311, 37 u. a.; anerkannt von Oetker GerS. 97. 411; 99, 156; Stock ebda. 111. 168; M. Ritter ebda. 115, 239; 116, 122, 179; Klee K. Ber. II 94; G. Boldt ZStrW. 56, 183, der zwar Notwehr zuläßt, aber Putativnotwehr nicht entschuldigen läßt, womit die ganze Rechtsgrundlage ins Wanken gerät. Ritter aaO. wollte einen allgemeinen Hilfsdienst zugunsten der Volksgemeinschaft aufstellen, in dem sogar Notwehr wie Notstand aufgehen sollten; zustimmend i. g. Nagler LK. 370.

---

[139]) Anerkannt mit sehr erheblichen Einschränkungen von RG. 63, 220; 64, 103.

[140]) DJZtg. 1923, 718 („Schlacht am Siebengebirge"). Vgl. die Fälle in KrimSoz. S. 224.

4. In einer völlig verschiedenen, üblen Bedeutung wird von Staatsnotstand gesprochen, wenn die *Staatsregierung* oder einzelne *Organe* Maßnahmen ergreifen, zu denen sie nach der Verfassung oder, was das Übelste ist, nach der Rechtsidee und der Moral nicht befugt sind, vermeintlich um den Staat (d.h. ihre Regierung) zu schützen und um dem Staats- und Gemeinwohl (d.h. dem Parteiwohl und sich selbst) zu dienen.

Bei der Tötung der abtrünnigen Parteigenossen anläßlich der Röhm-Affäre 1934 erklärte Hitler, er sei bei solchen Anlässen der oberste Richter. Ähnliche Erklärungen erfolgten später wiederholt. Das RJM. unter Gürtner hielt es für notwendig, die Maßnahmen gegen die Röhm-Revolte nachträglich durch G. v. 3. 7. 1934 (RG. Bl. I 529)[141]) für rechtmäßig zu erklären, was nach normalem Rechtsverfahren unmöglich ist. Auch die Taten und Anlässe wiederholten und steigerten sich; vieles ist noch in Dunkel gehüllt, wie es lange Zeit der Reichstagbrand 1933 war. Offen vor aller Welt geschah das Judenprogrom 1938, zu dessen Ausführung die Jugend ausersehen und geschult war.

B. Ausübung formaler Rechte und Befugnisse.

Diese Gründe, die von der Rechtsordnung in typischer Weise ausgeprägt sind, beruhen auf dem Prinzip der Rechtssicherheit und finden daher ihrerseits eine Einschränkung durch die Prinzipien des materialen Unrechts: die Ausübung der Befugnisse darf nicht gegen die Gerechtigkeit und das Gemeinwohl verstoßen. Keine Rechte bestehen bei *Schikane*[142]), d.h. *Mißbrauch* einer Befugnis nur zur Schädigung anderer Personen (BGB. § 226), bei *Herbeiführung eigener Not*, um in ihr von Selbsthilfe unter Verletzung anderer Gebrauch machen zu können, oder bei *Herbeiführung von Not für andere*, um diese für sich auszubeuten. Rechtsmißbrauch allgemein bedeutet Ausnutzung eines formalen Rechts zu eigenem Interesse unter Verletzung fremder höherwertiger Lebensinteressen (Lebensnotwendigkeiten) entgegen den Anforderungen der Gerechtigkeit und des Gemeinwohls[143]). Die Bedeutung der Systematik äußert sich auch praktisch; so unterscheidet sich Selbsthilfe von Notwehr dadurch, daß erstere ein formelles Rechtsverhältnis voraussetzt[144]).

I. Zwangs- und Gewaltrechte von Privatpersonen.

1. *Selbsthilfe* zum Schutz sonst gefährdeter Ansprüche, BGB. §§ 229/31, 561: Wegnahme, Beschädigung oder Zerstörung von Sachen, Festnahme des fluchtverdächtigen Schuldners, Beseitigung des Widerstandes des Verpflichteten.

---

[141]) Vgl. Klee KBer. I 1934, 68.

[142]) Vgl. RG. 4, 124; 69, 308.

[143]) So JurEIL. 1944, 21.

[144]) So erklärt sich zwanglos folgende Entscheidung. Wenn der Hauswirt A, den in seiner Wohnung der Mieter B mit Unterstützung des Freundes C in ungehöriger Weise zur Rede stellt, beide hinausweist, so befindet A sich gegenüber B in Selbsthilfe, gegenüber C in Notwehr.

2. *Gewaltrechte des Besitzers*, BGB. §§ 859, 860, 865.

3. *Vorläufige Festnahme* des auf frischer Tat Betroffenen oder Verfolgten bei Fluchtverdacht oder nicht sofortiger Feststellung seiner Person, StPO § 127; früher VO. über Waffengebrauch der Wehrmacht v. 17. 1. 1936, für Forst- und Jagdschutzberechtigte v. 6. 2. 1935 (7. 3. 1939), für Polizei v. 2. 8. 1939

II. Öffentlichrechtliche Zwangs- und Gewaltrechte.

1. *Die Zwangs- und Sicherungsmaßnahmen der Beamten und Militärpersonen* fallen dem Wortlaut nach unter Tatbestände der Freiheitsdelikte, der Körperverletzung, der Tötung (der Soldat im Felde, der Scharfrichter). Selbstverständlich wird hier schon den Tatbeständen ihrem Sinne nach nicht genügt, da die Tatbestände ja als Unrechtstypen aufzufassen sind und jene Akte nicht nur Rechte, sondern vor allem Pflichten darstellen, die in den verschiedensten Gesetzen unserer Rechtsordnung festgelegt sind. Da hier normalerweise ein Unrecht nicht vorliegen kann, wird man in dieser Gruppe auch gar nicht einen Typ von Rechtfertigungsgründen erblicken.

Es können jedoch Fälle vorkommen, in denen *Schikane* oder *Exzeß* oder sonstiger *Mißbrauch* der Rechte vorliegen; alsdann zeigen sich jene Tatbestände in ihrem Unrechtstyp. So erfüllt der Vollzugsbeamte, der den Strafgefangenen über die Strafzeit hinaus in Haft behält, den Tatbestand der Freiheitsberaubung; und wer eine Hinrichtung ohne Vorliegen der prozessualen Veraussetzungen veranlaßt, begeht ein Tötungsdelikt. Es gibt nun auch einige *Grenzfälle*, in denen die Feststellung schwierig ist, wo der Mißbrauch des Rechts, der Exzeß der Befugnis, beginnt; so etwa bei der Körperverletzung oder der Sachbeschädigung eines Vollstreckungsbeamten oder eines Soldaten. Hier ist es sehr wohl möglich und richtig, von Rechtfertigungs- und (bei Irrtum des Täters über die Grenze, also über die Rechtmäßigkeit) von Entschuldigungsgründen zu sprechen.

Es zeigt sich an diesen Grenzfällen, daß die Konstruktion der Tatbestände und der Rechtfertigungsgründe als Typen des materialen Rechts (der Rechtsidee, des Juristischen Grundgesetzes) sich auch für diese Gruppe bewährt. Nur dreht sich hier das Verhältnis von Normal- und Ausnahmefall gegenüber der Gruppe I 1 und 2 um; die Untergruppe I 3 bildet einen Übergang.

Unrichtig ist es, mit der jetzt h. M.[145]) in der Gruppe II überhaupt die äußere Tatbestandsmäßigkeit zu leugnen; man übersieht, daß es Gienzfälle zum Exzeß, zur Schikane, zum Rechtsmißbrauch gibt. Die Streitfrage liegt ähnlich wie bei der ärztlichen Heilbehandlung (unten C V). Widerspruchsvoll verfahren solche, die in durchaus verwandten Fällen bald die Tatbestandsmäßigkeit, bald die Rechtswidrigkeit leugnen und außerdem beide Verbrechensmerkmale als einander nebengeordnet ansehen. Die Züchtigung durch den Lehrer soll tatbestandsmäßig, aber nicht rechts-

[145]) Vgl. die Komm. und Lehrb., etwa Olsh. vor § 51 N. 4, LK. 5. A. 14 ff., 6. A. 27 ff., v. Liszt-Schm. § 35 sowie unten C V. Übersichten über den Stand der Ansichten gab Nagler (zuletzt in Festg f. Frank I 1930, allerdings mit der Bindingschen einseitigen Tendenz zum schroffen Formalismus).

widrig sein, die entsprechende Handlung durch den Beamten und durch den Arzt dagegen soll schon nicht den Tatbestand erfüllen! Der Grund eines derartigen unerfreulichen Zwiespalts ist der Mangel an Einsicht in das Verhältnis von Tatbestand und Rechtswidrigkeit.

2. Der *rechtswidrige verbindliche Befehl des Vorgesetzten* stellt ein umstrittenes Problem, das sich von dem hier eingenommenen Standpunkt leicht und befriedigend so löst. Der Vorgesetzte V befiehlt dem Untergebenen U rechtswidrig, also ohne Vorliegen der erforderlichen Voraussetzungen, einen unschuldigen Dritten zu verhaften. Führt U es aus, so handelt er ebenfalls rechtswidrig[146]), da allein durch Befehl und Pflicht zu Disziplin aus Unrecht niemals Recht werden kann. Aber U ist wegen der zwangsweisen Bindung möglicherweise ohne Schuld (gleichwie bei der Nötigung nach § 52 oder § 54). Daher ist der von U rechtswidrig angegriffene Dritte notwehrberechtigt, nicht aber U wiederum gegenüber dem Dritten. Diese Rechtslage befriedigt auch in den Folgen am meisten. Allerdings befindet sich U zwischen V und dem Dritten in schwieriger Lage, da er sich von beiden Seiten Zwang gefallen lassen muß; er müßte am ehesten gegen die Ungerechtigkeit des V vorgehen und evtl. das untragbare Amt, das ihn in solche Konflikte stürzt, niederlegen.

Eine verbreitete Ansicht[147]) nimmt Rechtmäßigkeit der Handlung des U an, sie beugt sich offenbar vor der Macht des verbindlichen Befehls. Danach müßte jedoch der unschuldige Dritte die schädlichen Auswirkungen ertragen, und das ist eine ungerechte, unmögliche Lösung. Nur gegen den nicht auftretenden V wäre der Dritte notwehrberechtigt.

Ein ungerechter, sozialschädlicher Befehl erzeugt bei irgendeiner Person eine unangenehme Situation; es fragt sich, welche Lösung des Konflikts vom Standpunkt der Gerechtigkeit das verhältnismäßig geringste, tragbarste Übel enthält. Die schädlichen Folgen muß in erster Linie natürlich V tragen, in zweiter U und erst in letzter der unschuldige Dritte. Rückschließend hat man den Boden für die beste Konstruktion und Begründung zu bereiten. — Nach der h. M. (oben zu II 1) müßte bei den Beamten V und U folgerichtig sogar der Tatbestand der Freiheitsberaubung entfallen.

Die obige Lösung steht auch im Einklang mit MilStGB. § 47 Abs. 1, wonach U bei Vorsatz als Teilnehmer verantwortlich war. — Übrigens ist der ausführende U Täter, und in dieser Hinsicht ist V Anstifter, nicht etwa ist V mittelbarer Täter (vgl. u. § 25).

III. Erziehungs- und Züchtigungsrechte der Eltern, Lehrer und Lehrherren, teils gesetzlich, teils gewohnheitsmäßig anerkannt, zum Teil auch im Verordnungsweg geregelt, lassen die sich *innerhalb maßvoller Grenzen* haltenden Akte der Einsperrung, Körperverletzung usw. nicht als rechtswidrig erscheinen. Die Rechtswidrigkeit beginnt bei Mißbrauch der Rechte,

---

[146]) Dies wohl die jetzt überwiegende Ansicht, auch schon Grdlg. 322. Dagegen stellen mich irrig zu den Gegnern übereinstimmend v. Liszt-Schmidt 210, Mezger 227 und Nagler LK. 6. A. 377.

[147]) So Beling Vbr. 177, Grdz. 59; Allfeld 138; v. Hippel II 263; H. Mayer Strafr. 237, Frank-Festg. I 620; Welzel 46 (die Dienstpflichterfüllung sei rechtmäßig, die Freiheitsberaubung rechtswidrig: eine unmögliche Aufspaltung des einheitlichen Aktes, was allein schon gegen die Lehre vom vorsätzlich zweckerfüllten Handeln spricht); H. Ramm ZStrW. 38. 363.

bei Exzeß und Schikane. Die Zulässigkeitsgrenzen sollten für die Züchtigung möglichst eng, möglichst tief gezogen werden, da das leibliche Züchtigen in pädagogischer, kulturell-ethischer und hygienischer Hinsicht von sehr fragwürdigem Werte ist. Vgl. hierüber unten C V 2.

IV. Einwilligung des Verletzten.

1. Sie ist die Einräumung einer besonderen Befugnis zu dem schädigenden Akt, d. h. zu der tatbestandlichen Ausführungshandlung, und schließt die Rechtswidrigkeit insoweit aus, als der Einwilligende über den angegriffenen konkreten Schutzwert überhaupt rechtswirksam verfügen, insbesondere auf ihn verzichten kann. Und hierfür gilt ein objektives Prinzip: *Die Einwilligung schließt die Rechtswidrigkeit aus, wenn das verletzte Privatinteresse gemäß seiner Art keine überwiegende Bedeutung für das staatliche Gemeinwohl besitzt.* Demgegenüber erscheint die Einwilligung als Symptom, als Hilfsfigur, nicht die einzige und nicht die beste[147a]).

Zu den verzichtbaren Gütern gehören das Vermögen i. w. S. (§ 242 ff., Ausnahme § 304, ferner § 263 im Gegensatz zu § 267), die Ehre, die Freiheit, die Geheimniswahrung (§§ 299, 300), der Hausfrieden (§ 123), nur begrenzt aber die Geschlechtsehre (Ausnahmen bilden die gegen die Allgemeinheit gerichteten Sexualdelikte §§ 173, 174, 175, 176 Z. 3). Die Allgemeinheit kann aber im Einzelfall an Erhaltung von Sachwerten erheblich interessiert sein, so daß die Einwilligung in den Fällen der §§ 303, 242, 246. 259 Rechtsmißbrauch und daher unwirksam wäre, so in wirtschaftlichen Krisenzeiten, in Kriegs- und Nachkriegszeiten. Unwirksam ist die Einwilligung bei der falschen Anschuldigung, dem Ehebruch (so RG., bestr.), bei der Tötung (§ 216 a. F.! anders im Falle des § 210a).

Für Körperverletzungen gilt jetzt § 226a; die Einwilligung darf nicht „sittenwidrig" sein, ebenso aber (eine ganz andere Frage!) auch nicht die Tat selbst[148]). § 226a bringt das allgemeine Prinzip der Gerechtigkeit und des Gemeinwohls zum Ausdruck und gilt auch für andere Delikte, so für die Freiheitsdelikte und für die Beleidigung[149]): ein Mädchen willigt in eine beleidigende Behandlung ein, deren unzüchtiger Inhalt ihr unverständlich ist.

Mitunter gehört zum Tatbestand selbst schon die Einwilligung (wie beim Wucher), mitunter umgekehrt ihr Ausschluß (wie beim Hausfriedensbruch und bei der Notzucht). Beidemal kommt die Einwilligung in ihrer Bedeutung als Rechtfertigungsgrund natürlich nicht in Betracht.

[147a]) Vgl. näher m. Abh. Ger S. 113 106 f. Hiernach gruppieren sich die Taten besser als nach der überlieferten Lehre. Regelmäßig ist die Einwilligung bei den reinen Angriffsdelikten unbeachtlich, bei den Nutzdelikten beachtlich. Es kommt aber auch auf die Schwere der Verletzung und den Grad der Strafwürdigkeit an.

[148]) Erfolgt die Einwilligung in die Entnahme von Blut zur Rettung eines Kranken nur gegen Entgelt, so ist sie sittenwidrig. Vollzieht sie der Heilkundige, um dem Einwilligenden Geld zu verschaffen, so handelt er sittenwidrig, während die Einwilligung rechtmäßig sein kann; vgl. m. Abh. Ger S. 113, 106 f.

[149]) RG. 71, 349; 75, 179; vgl. JurMethL. 326 N. 2 und LK. 376.

2. Eine **wirksame Einwilligung** setzt voraus die Übereinstimmung des Willens des Verletzten mit dem des Täters in bezug auf dessen Ausführungshandlung[150]). Der **Einwilligende** muß sich außerdem der Tragweite und rechtlichen Bedeutung der Einwilligung bewußt sein, was in jedem Fall mit Rücksicht auf dessen Eigenwert zu prüfen ist. Generelle Voraussetzungen lassen sich nicht aufstellen; auch nicht über das Lebensalter. So mag ein Jugendlicher wirksam einwilligen in eine Beleidigung oder einen geschlechtlichen Akt, nicht aber in Wegnahme eines Vermögensgegenstandes, in einem anderen Fall umgekehrt trotz gleichen Alters[151]). Verschieden sind meist zu behandeln Personen von verschiedenem Geschlecht und Beruf. Die Einwiligung kann auch stillschweigend durch Duldung erfolgen; sie braucht überhaupt nicht nach außen kundgegeben zu werden (Willens-, nicht Erklärungstheorie). Wesentlich ist nur das Vorliegen eines Verzichts auf das Schutzgut.

Der **Täter** braucht die Einwilligung nicht zu kennen; evtl. liegt untauglicher Versuch vor (ein versuchsähnlicher Fall!). Nicht erforderlich ist, daß er auf Grund der Einwilligung gehandelt hat[152]); denn die Einwilligung ist nur ein objektiver Rechtfertigungsgrund der Tat. Sie muß bei Beginn der Ausführung vorliegen; geschieht sie wirksam erst während der Tat, so kann Versuch gegeben sein. Eine erst nach Vollendung erteilte „Genehmigung" kann höchstens noch für die Strafbemessung erheblich sein; die Rechtswidrigkeit entfällt selbst dann nicht, wenn der Verletzte die Tat erst nach Vollendung erfährt und sie gebilligt hätte, wenn sie ihm vorher bekannt gewesen wäre.

3. Die **Folge** einer wirksamen Einwilligung ist, daß die Tat rechtmäßig ist; nach anderer Meinung[153]) soll nur rechtliche Indifferenz (Neutralität) vorliegen, eine Billigung durch die Rechtsordnung fehlen, vgl. oben § 13 III. Nimmt der Täter irrig Einwilligung an, so kann die Schuld fehlen (ähnlich der Putativnotwehr): ein beliebtes Mittel, den Diebstahl an wertlosen Sachen gerechterweise straflos zu lassen.

V. Entbehrliche und zugleich oberflächliche, unzureichende Figuren sind die unter den Rechtfertigungsgründen oft erscheinenden, privatrechtlich orientierten Begriffe: **mutmaßliche Einwilligung, Handeln im mutmaßlichen Interesse des Verletzten, Geschäftsführung ohne Auftrag**[154]). Hinter den bequem und leicht schematisch ohne genügende Individualisierung anzuwendenden Begriffen bergen sich die Prinzipien des materialen Unrechts.

VI. **Wahrheitsgetreue Parlamentsberichte** sind nach StGB. § 12 nicht rechtswidrig, auch wenn sie Tatsachen zum Schaden des Staats weitergeben. Nach anderer Ansicht soll nur ein persönlicher Strafausschließungsgrund vorliegen. Diese Fälle ähneln am meisten der Gruppe zu oben B II 1.

C. Förderung von Lebensinteressen in Richtung auf das Gemeinwohl.

Das Gemeinwohl allein reicht weder als Prinzip noch als allgemeiner Typ aus (oben § 13 III 4); es würde leicht die Gefahr eines *Verdachts* von Parteijustiz oder wenigstens von individueller Gefühlsjurisprudenz heraufbeschworen werden. Auch hier sind *Sondertypen*, wie in den beiden andern Hauptgruppen, erforderlich; hier sind sie nur ungleich schwerer zu bilden. Die Aufgabe liegt bei der Wissenschaft und der Rechtserfahrung; auch das Gewohn-

---

[150]) Ähnlich RG. 68, 307.

[151]) RG. 73, 16; 75, 180.

[152]) A. M. Welzel Grdz. 79.

[153]) LK. 375.

[154]) Beliebte Erklärungen seit Rosenberg GerS. 62, 75, Zitelmann Arch.ziv.Pr. 90, 1 (1906) und v. Hippel II 249.

heitsrecht (das hier zulässig wäre) versagt, und die Rechtsprechung tappt im Dunkeln.

I. Allgemeine sozialnützliche Einrichtungen trotz der mit ihnen verbundenen Gefahren; und zwar Einrichtungen wirtschaftlicher, hygienischer, militärischer oder allgemein kultureller Art. Einmalige sozial nützliche Veranstaltungen reichen ebenso wenig wie die allgemeine Sozialnützlichkeit als Sondertyp aus. Mit derartigen Einrichtungen wird auch die ihnen innewohnende Gefährlichkeit in Kauf genommen, soweit sie im Verhältnis zu ihrer Sozialnützlichkeit erheblich geringer wiegt. Das im juristischen Grundgesetz enthaltene Güterabwägungsprinzip gilt auch hier; die adäquate Kausalität ist auch hier ein unentbehrliches Hilfsmittel für die Prüfung. Die aus einem derartigen Unternehmen regelmäßig entstehenden, normalerweise zu erwartenden Verletzungen und Gefährdungen sind also nicht rechtswidrig. Sollte ein Betrieb, etwa ein Industriewerk oder eine wissenschaftliche Untersuchungsstation, regelmäßig derart starke Schädigungen erwarten lassen, daß sie in keinem angemessenen Verhältnis mehr zu ihrer kulturellen Nützlichkeit stehen, so würden die schädigenden Akte auch rechtswidrig sein.

In diesen Kreis gehören die meisten modernen Verkehrsmittel, Bergwerksunternehmen, maschinelle Betriebe, chemische Laboratorien, Röntgeninstitute, Turnen, Sport, militärische und polizeiliche Veranstaltungen. Die Erklärung, die schädigenden Akte unterfielen nicht den Tatbeständen der Tötung, Körperverletzung usw.[155]) reicht nicht aus, da es ja in sozialgemäßen Betrieben auch Mißbräuche und Exzesse gibt, die zur Folge rechtswidrige Handlungen haben können.

Für die Rechtswidrigkeit werden erheblich der Grad des Schadens, die Nähe der Gefahr, die Möglichkeit ihrer Vermeidung oder Milderung durch Vorsichts- und Schutzvorrichtungen, die kulturelle Bedeutung der Einrichtung und der Grad ihrer Entbehrlichkeit (zB. eines Sports gegenüber einer wissenschaftlichen Versuchsstation oder einem Bergwerk).

II. Wohl der Mitmenschen bei Hilfe in Not (über die Grenzen von Notwehr und Notstand hinaus), oder Fürsorge *in Abwesenheit*, zB. Eindringen in die fremde Wohnung, um das Licht auszuschalten oder dem Wasserschaden vorzubeugen, *oder Werterhaltung einer gefährdeten Sache*, zB. Fütterung fremder dem Verhungern naher Tiere. Das Prinzip sehen andere im Handeln in fremdem Interesse (Frank) oder in Geschäftsführung ohne Auftrag (v. Hippel, LK.)[156]) oder in der mutmaßlichen Einwilligung (Mezger, Schönke). Die Handlung kann aber auch ohne oder gegen den Willen des Gefährdeten berechtigt, ja im Allgemeininteresse geboten sein.

III. Förderung der Gesundheit, Beseitigung von Leiden oder wenigstens ihre Milderung ist ein Spezialfall von II.

1. Die früheren Erklärungen[157]) betrafen meist nur die ärztliche Operation und versagen immer in einer gewissen Hinsicht: a) Ärztliches Berufs-

---

[155]) So seit Stooß häufig.

[156]) So LK. 5. A. Dagegen betont 6. A. außerdem den „Hilfsdienst" im Anschluß an M. Ritter.

[157]) Von neueren Bearbeitungen des vielerörterten, ergiebigen Problemgebietes vgl. etwa Eb. Schmidt Der Arzt im Strafrecht 1939; MonSchr. 33 85; Engisch ZStrW. 58, 38; MonSchr. 30, 417; Sauer GerS. 113, 79, 86.

recht. Berechtigt zum Eingriff können aber sein auch nahe Angehörige, Bekannte, sachkundige Dritte zB. bei Unfällen und bei Gefahr im Verzuge. — b) Einwilligung des Patienten oder seiner Vertreter, wenn jener die Erklärung wegen jugendlichen Alters oder schweren Krankseins nicht wirksam abgeben kann. An diesem Erfordernis hält RG. in ständiger Rechtsprechung[158]) fest. Dagegen kann der Arzt die Einwilligung mitunter nicht erst abwarten oder einholen, bald aus Gründen der Schonung, bald wegen Gefahr im Verzuge und dringender Eile, bald mangels Verständnisses der Beteiligten, die er übrigens nur in seltenen Fällen in fachlicher Hinsicht aufklären kann, so daß die Einwilligung sich meist auf einen anderen Gegenstand als den medizinisch erheblichen bezieht; hier wird die wirkliche Erklärung zur leeren Formalität, die der Arzt durch geschickte Fragen und Erläuterungen mit einem oft erheblichen Zeitaufwand stets erfüllen kann, wodurch seine berufliche Tätigkeit unnötig und zum Schaden für die Behandlung erschwert wird; mitunter muß der Arzt während der Operation wegen eines neuen Krankheitsbildes sich zu einer völlig neuen Behandlungsart entschließen. Man könnte das Erfordernis der Einwilligung dahin abschwächen, daß der Arzt einen offenbar entgegenstehenden Willen des Patienten oder des Vertreters berücksichtigen muß, da ein jeder selbst darüber bestimmen darf, ob und wie er weiter leben will, ob als Krüppel, ob körperlich entstellt oder nach Berufsverlust, ob er die erheblichen Schmerzen ertragen, die Kosten auf sich nehmen will. Die Entwürfe wollen demgemäß bei Zuwiderhandlung gegen den offensichtlichen Willen des Kranken oder des Vertreters wegen Freiheitsdelikts (Nötigung oder nötigungsähnlichen Delikts) strafen. Gegen alle diese Ansichten spricht, daß ein pflichtbewußter Arzt sich nur von den wissenschaftlichen, praktisch erprobten medizinischen Kunstregeln leiten lassen wird; es entscheidet allein der Gesichtspunkt der Heilung oder Milderung. —

c) Demgemäß will die neuere Ansicht, auch der Entw., in der ärztlichen Handlung schon den Tatbestand der Körperverletzung nicht sehen: Heilbehandlung sei nicht Gesundheitsschädigung (so zuerst mit Nachdruck Stooß 1899). Gegen diese volkstümliche Anschauung spricht, daß es nicht auf die natürliche Auffassung und Ausdrucksweise ankommt, sondern auf die rechtliche Würdigung. Der Tatbestand der Körperverletzung bedeutet allgemein einen Eingriff in die körperliche Unversehrtheit mit gewissen schädlichen Wirkungen. Wie man den Tatbestand auch des Näheren fassen will, der ärztliche Eingriff wird stets darunter fallen und ist beinahe ein Schulfall, zumal wenn die Heilbehandlung mißlingt, womit die strafrechtliche Frage ja erst brennend wird. Und wenn das Gesetz ausdrücklich erklärt, daß die Heilbehandlung nicht Körperverletzung im gesetzlichen Sinne sei, so bedarf diese Anschauung des Gesetzes doch wieder der wissenschaftlichen Rechtfertigung. Strafrechtlich bedeutungsvoll ist eben der schädigende Erfolg und bereits die nicht heilende Tendenz.

2. Daher kann für die Bildung des Tatbestands, der ja den Unrechtsgehalt typisch ausprägen soll, nur die Frage entscheidend sein, ob und wie weit ein Akt gemäß den von der Wissenschaft anerkannten ärztlichen Kunstregeln die generelle Tendenz besitzt, d. h. objektiv geeignet ist, den körperlichen Zustand des Kranken (unberücksichtigt bleiben also seine berufliche und wirtschaftliche Lage, erst recht Familienverhältnisse oder gar politische Erwägungen) in gesundheitlicher Hinsicht günstig zu beeinflussen; auch hier sind Vorteile und Nachteile (Schmerzen, Schäden für andere Organe) innerhalb der körperlichen Gesamtstruktur gegeneinander abzuwägen. Da Heilung oft außerhalb des ärztlichen Könnens liegt, so ist mindestens eine Besserung des Zustandes oder auch nur eine Verringerung der Beschwerden, eine Milderung der Schmerzen anzustreben oder, wenn sonst der sichere Tod in Bälde zu erwarten wäre, dessen Hinausschiebung mit der Möglichkeit neuer Behandlungsweisen. Die entscheidenden Gesichtspunkte werden also durch das

[158]) RG. 25, 375; 61, 256; 74, 92, 350.

Juristische Grundgesetz in obiger Fassung (§ 13 I 3 f) gerade an diesem schwierigen Problem ganz besonders nahe gelegt. Handelt der Arzt den durch die ärztliche Wissenschaft und Erfahrung erprobten Regeln nach bestem Wissen und Gewissen zuwider, so liegt Rechtsbruch vor, kann es aber an Schuld fehlen.

Auch hier begründet der *Exzeß* Rechtswidrigkeit. So wenn der Arzt in übertriebener Ängstlichkeit den Arm amputiert, wo ein geringerer Eingriff erfahrungsgemäß genügt hätte; ein Assistenzarzt wäre hier zur Hinderung (Notwehr) berechtigt. Die Erklärung oben zu 1 c läßt also im Stich, gerade wo schwierige Grenzfälle zur Entscheidung stehen, oder führt zu ungerechten und dem Wohl des Patienten nicht entsprechenden Lösungen. Ein Gesetz, das die ärztliche Heilbehandlung aus dem Tatbestand der Körperverletzung schlechtweg ausschließt, müßte geradezu berichtigend unter Hilfe des materialen Unrechtsbegriffes ausgelegt werden, der dem Gesetz erst verständige Grenzen verleiht; sonst müßte jener zweite Arzt, der die sachgemäße Behandlung bezweckt, wegen unzulässiger Notwehr rechtswidrig handeln und wegen Nötigung bestraft werden. Außerdem würde nicht berücksichtigt, daß auch Dritte zu dem Eingriff berechtigt sind.

3. Nach den gleichen Grundsätzen ist die Euthanasie (Sterbehilfe) zu behandeln. Sie sollte m. E. zulässig sein, aber nur in seltensten Ausnahmefällen, wenn ein schneller Tod das geringere Übel gegenüber dem langsamen qualvollen Dahinsiechen mit sicherem Ende ist, und nur durch ärztlichen Eingriff nach übereinstimmendem Urteil mehrerer Ärzte, durch Dritte nur in besonderen Ausnahmezuständen, so im Felde durch Kriegskameraden oder bei endlosen politischen Wirren durch Angehörige zur Verhütung eines sicher bevorstehenden qualvollen Lebens. Die Gefahr eines Irrtums[159]) oder eines Mißbrauchs liegt nahe. Verlangen des Kranken ist weder erforderlich noch ausreichend; von Einwilligung kann natürlich nicht die Rede sein. Selbstverständlich kommen andere als in dem Wohl des Kranken liegende Gründe nicht in Frage, etwa bevölkerungs-, rasse- oder allgemein sozialpolitische Erwägungen oder gar wirtschaftliche Interessen der Familie (die noch das nächste Monatsgehalt des Ernährers voll erhalten möchte, wie man das ethisch Unmögliche zuweilen hört!). Eine gesetzliche Regelung ist nicht geboten und würde kaum glücken; ein gewissenhafter Chefarzt würde nach Aussprache mit den anderen zuzuziehenden Anstaltsärzten den richtigen Weg im Einzelfall finden[160]).

4. Der Volksgesundheit dient das umstrittene G. zur Verhütung erbkranken Nachwuchses vom 14. 7. 1933. Die Schwangerschaftsunterbrechung ist nicht nur aus medizinischen Gründen oder zur Rettung der Mutter (notstandsähnlicher Fall, oben A V 2), sondern auch aus eugenischen (sog. rassehygienischen) Gründen zulässig, § 10a. Wirtschaftliche und sozialpolitische Gründe (Nahrungssorgen, Wohnungsnot, Arbeitslosigkeit) bleiben außer Betracht[161]).

IV. Wahrung berechtigter Interessen.

1. Vom StGB. nur geregelt bei der *Beleidigung* in dem beliebten § 193. Berechtigt muß sein nicht nur das Interesse, sondern auch die „Wahrnehmung". Die Wendung ist nur eine andere Fassung der grundsätzlichen

[159]) Ergreifend dargestellt in der Novelle Th. Storms: Ein Bekenntnis (ein Arzt tötet seine eigene Frau und erfährt bald darauf ein Heilmittel).

[160]) Das beliebte Thema wurde oft monographisch behandelt. Vgl. die Lit. in den Komm. u. Lehrb., außerdem C. Peicher Die Sterbehilfe im Srafrecht 1929 (Diss. Königsb.) und E. Bötel Die Rechtmäßigkeit der Euthanasie 1934 (Diss. Erlangen).

[161]) Erwogen auf der Tagung der IKV. (Mitt. 1933).

Formel: rechtes Mittel zum rechten Zweck (oben § 13), bedarf daher wie jene des weiteren Ausbaues. Mit Recht wurde von jeher der „notstandsähnliche Gesichtspunkt" (Frank), der dem juristischen Grundgesetz entstammt, von der Rechtsprechung verwendet, so daß das zu wahrende Interesse wertvoller sein muß, als das verletzte Schutzinteresse an Wahrung der Ehre. Daher steht unter dem Schutz des § 193 auch das öffentliche Interesse und gerade dieses, während die Rspr. früher unbegreiflicherweise nur das eigene des Beleidigers und das ihn naheangehende Interesse Dritter für beachtlich hielt. Unter gleichem Schutz können Äußerungen im engsten Familienkreis und wohl auch Freundeskreis straflos sein[162]).

2. Dieselbe Vorschrift paßt auch für *andere Tatbestände*, wenigstens reine Angriffsdelikte und vor allem Äußerungsdelikte. Die Entwürfe stellen sie auch für *Geheimnisverletzung* auf. Geregelt später in der *RÄrzteO.* v. 13. 12. 35 § 13 und in RApothekerO. v. 18. 4. 37: Die Mitteilung eines Berufsgeheimnisses ist rechtmäßig, wenn sie zur Erfüllung einer rechtlichen oder sittlichen Pflicht oder zu berechtigtem Zweck erfolgt und das bedrohte Rechtsgut (!) überwiegt. Die Vorschrift befriedigt nicht ganz. Hier finden sich vermischt mit der Fassung des § 193 die beiden Sonderprinzipien des berechtigten Zwecks und der Güterabwägung; es fehlt die Berechtigung des Mittels. Ferner sind konkrete Interessen oder Werte, nicht (abstrakte) Rechtsgüter abzuwägen.

Rechtmäßig ist zB. die Mitteilung des Arztes an die Eltern eines jungen Mädchens, daß er dessen Bräutigam an schwerer venerischer Krankheit behandle, um die Auflösung der Verlobung zu erwirken; RG. nahm hier rechtswidrige Geheimnisverletzung an[163]). Auch ohne die zit. RÄrzteO. war hier ein Rechtfertigungsgrund gegeben; wollte man nicht den damals noch wenig bekannten materialen Unrechtsbegriff oder das Prinzip des übergesetzlichen Notstands zugrunde legen, so hätte man § 193 analog anwenden sollen. Die Streitfrage besteht noch jetzt für Rechtsanwälte. Teilt ein Verteidiger mit, daß ihm ein freigesprochener Angeklagter ein Geständnis abgelegt hat, da er nur so verhütet, daß wegen derselben Tat ein Unschuldiger bestraft wird (weil die Tat nur von einem dieser beiden begangen werden konnte), so ist die Geheimnisverletzung zur Wahrung berechtigter Interessen erfolgt, da das staatliche Interesse an Nichtbestrafung des Unschuldigen natürlich überwiegt.

3. Hierher gehören auch die meisten Fälle des sog. *übergesetzlichen Notstands* (oben A V).

V. Zurechtweisung Jugendlicher zur Ordnung bei grober Ungehörigkeit. Dieser Fall ist eine Sonderart von IV, ebenso wie III von II.

1. Das viel erörterte Problem sollte in dieser Fassung formuliert werden, statt in der üblichen Form: Züchtigung fremder Kinder. Anerkannt wird ein Recht hierzu von einer Mehrheit der OLG. und der Lit.[164]), aber auch von zahlreichen Untergerichten, soweit ersichtlich, mit sehr wechselnden Begründungen, wobei fast alle Prinzipien zur Anwendung gelangen: allgemeines Wohl, öffentliches Interesse, berechtigter Zweck, Güterabwägung, übergesetzlicher Notstand, Hilfsdienst für die Volksgemeinschaft; alle diese bis jetzt genannten Gründe sind nur Sondergrundsätze

---

[162]) Zu dem großen Thema des § 193 vgl. u. a. auch m. Abh. Die Ehre und ihre Verletzung 1915 sowie die Komm.

[163]) Ebenso Finger Geheimnisverletzung, VD. B. 8, 363.

[164]) Auch von m. Grdlg. 397/8; vgl. die Übersicht bei LK. 369/70 und Voltz ZStrW 59, 339 ff. gegenüber 374.

des Juristischen Grundgesetzes des Gemeinwohls im Rahmen der Gerechtigkeit. Abseits liegt die Ansicht, daß der Tatbestand der Körperverletzung fehlen soll[165]. Früher war beliebt die bequeme Berufung auf Geschäftsführung ohne Auftrag oder auf mutmaßliche Einwilligung des Erziehungsberechtigten. Letztere Begründung dürfte selten den Tatsachen entsprechen; welche Eltern sollten wünschen, daß beliebige, unbekannte Dritte ihre Kinder bei Unart züchtigen? Eigenartig ist, daß nach einigen[166]) ein entgegenstehender Wille für den Dritten nicht beachtlich sein soll, während er für den ungleich höher berufenen Arzt in der weit wichtigeren und nur von ihm sachgemäß zu entscheidenden Frage der Zulässigkeit einer Operation beachtlich sein soll. Das RG. und einige Schriftsteller[167]) haben mit leichterer Begründung ein Recht Dritter abgelehnt.

2. Ein Züchtigungsrecht allgemein ist nur in engsten Grenzen anzuerkennen, da das körperliche Züchtigen, d. h. ein Prügeln und Schlagen, kein taugliches Erziehungsmittel darstellt und als Abschreckungsmittel nicht in gehobene Kulturstufen und in den Zustand sittlicher Reife hineinpaßt. Daher sollte schon das den Lehrern und selbst das den Eltern zustehende Züchtigungsrecht nur mit größter Vorsicht und Zurückhaltung ausgeübt werden, da ein leichtes Züchtigen nicht ernst genommen wird, ein schweres dagegen oftmals nachteilige Folgen für die Gesundheit zeitigen kann. Für Dritte sollte es daher an noch engere Voraussetzungen geknüpft werden: a) In erster Linie gibt es nur eine *Befugnis zur Zurechtweisung in Form eines Ordnungsrufs oder einer Ermahnung;* b) erst wenn diese Mittel versagen oder von vornherein wirkungslos erscheinen, darf eine maßvolle körperliche Züchtigung erfolgen unter folgenden Bedingungen: aa) *gesundheitliche Schäden* müssen *außer dem Bereich der Möglichkeit* liegen; bb) sie muß *sofort* geboten sein als *geeignetes Mittel zur Erhaltung oder Wiederherstellung von Ordnung, Ruhe, Sicherheit,* von normalen Verhältnissen im Verkehr, sei es in der Öffentlichkeit, sei es im Haus oder unter Nachbarn oder zur Verhütung der Beschädigung von Personen oder der Beschädigung von Sachwerten kultureller oder natürlicher Art (Verkehrsmittel, Parkanlagen, Bäumen, Tieren usw.). cc) Als Maßstab muß gelten die *Schwere der Ungehörigkeit* und der *Grad der Wiederholungsgefahr.* dd) Dagegen ist m. E. kein Grund das Verlangen von Privatpersonen oder auch weiterer Kreise, der sog. Öffentlichkeit, nach sofortiger Vergeltung der Ungehörigkeit; die Lynchjustiz ist kein Recht und begründet keine Rechte.

---

[165]) Dahm Verbrechen und Tatbestand 40.

[166]) v. Hippel II 255. Welzel Grdz. 82 (gegenüber 52, 81).

[167]) Vgl. etwa RG. 61. 191 sowie die Lehrb. von v. Liszt-Schmidt. Gerland, Wachenfeld, Köhler, Mezger; ferner Sieverts Subjektive Unrechtselemente 1934, 205.

4. Abschnitt

Das Verbrechen als Schuld

§ 19. Das Wesen der Einzeltatschuld

Das Verbrechen ist schuldhaftes Unrecht. Im folgenden ist die subjektive Seite zu betrachten, die das Strafrecht von allen anderen Gebieten des Rechts unterscheidet und seine enge Verwandtschaft mit der *Ethik* aufzeigt. Die Schuld ist es, die den Staaten erst Recht und Pflicht zu den denkbar schwersten Eingriffen in die Lebenskreise der Einzelmenschen gibt. Schuld ist ein sozialethischer Mangel und enthält den *Vorwurf schwerer sozialerheblicher Pflichtverletzung.* Es gibt *zwei grundverschiedene Arten* von Schuld: eine Erkenntnis, die den Forschungsergebnissen der neueren Kriminologie zu verdanken ist und die sich auch in der Dogmatik und selbst schon in der Gesetzgebung (§ 20a) auszuwirken beginnt. Die Schuld bei der akuten Kriminalität stellt das eigentliche Wesen der Schuld dar; sie bezieht sich auf das *einzelne Wollen und Wirken,* die Einzeltat. Die Schuld bei der chronischen Kriminalität bezieht sich zwar nicht auf einen anderen, von jenem einzelnen Wollen und Wirken wesensverschiedenen Gegenstand, wohl aber auf eine *Vielheit jener Einzeltaten,* die in ihrer Verbindung und Häufung doch einen anders gearteten und sich anders entwickelnden Gegenstand bedeuten: sie ist *chronische Willensrichtungs- und Tendenzschuld, chronische Lebenseinstellungsschuld,* nicht unbedenklich genannt: Gesinnungs- und Charakterschuld. Ueber diese bisher wenig geklärte zweite Art ist gesondert in § 20 zu sprechen. Bisher behandelte man dieses wichtige, die Schwerkriminalität betreffende Thema unter den Gesichtspunkten der Strafbemessung und Strafschärfung; es ist aber die Strafvoraussetzung bei den Verbrechensmerkmalen aufzudecken, und diese kann nur bei der Schuld liegen. Es ist die gleiche Problemlage wie bei Notwehr und Notstand; man begnügt sich nicht mehr mit der einstigen Erklärung durch Strafausschließungsgründe, sondern geht auf die eigentlichen Verbrechensmerkmale Unrecht und Schuld zurück.

I. Aufbau der Schuld. Kriminalistische Kreationstheorie, d. h.: der ätiologische Schwerpunkt liegt im Schöpfungsakt des eigenen Willens des Täters, nicht in der Anlage und nicht in der Umwelt (oben § 12).

1. *Gegenstand der Schuld* ist das Kraft- und Wertstreben eines Menschen, speziell sein Wollen; es setzt sich in dem Wirken (Handeln und Unterlassen) fort. Die einzelnen Entwicklungsstadien wurden oben § 12 III C aufgeführt:

a) Der *erste Anreiz* in der Täterpersönlichkeit besteht bei einer bestimmten Umweltlage in einem Unlustgefühl, einem Gefühl des Mangels mit dem vielleicht noch unbestimmten Wunsch, es zu befriedigen und ein „Wertgefühl" zu erzeugen; Triebe und Instinkte herrschen vor. Hier liegt der *Keim des Kriminalitätserregers.* Seine drei Urformen lassen sich entsprechend den drei sich aus ihnen entwickelnden Grundtypen der Verbrechen kennzeichnen als Angriffs- und Schädigungswille (Zorn), Nutzungswille (Eigennutz zur Hebung der Not) und Genußwille (Leichtsinn, Gleichgültigkeit).

b) Es erhebt sich nun ein Kampf der Motive und Gegenmotive. *Motiv* ist die „treibende" Kraft, die Triebkraft, der „Motor" im Kraft- und Wertstreben. Empfindungen und Vorstellungen treten mehr hervor; das Ergebnis des Für und Wider ist die Motivation: die drei Grundtypen (oben a) klären sich zur dritten Stufe.

c) *Beweggrund* oder Leitmotiv ist die richtunggebende psychische Grundlage für die weiteren Stadien; der Täter rechtfertigt die geplante Tat vor sich selbst. Auch mehrere Beweggründe können auftreten und sich ergänzen. Soweit sich die Willensrichtung auf einen Tatbestandserfolg hin klärt, tritt eine bestimmte *Absicht* auf (Zueignungs-, Bereicherungs-, Zerstörungs-, Schädigungsabsicht). Bei den reinen Triebdelikten bleibt es beim instinktiven Genießen.

d) *Entschluß* zu einer Tat oder Vortat bei geeigneten Umwelt- und Anlagebedingungen. Der freie, selbständige Wille „wählt", widersteht der Versuchung, folgt den hemmenden Vorstellungen, entscheidet sich, setzt sich durch, rafft sich auf, läßt sich nicht gehen, nimmt sich zusammen. Diese „*Willensfreiheit*" wird somit zugleich zum *Verantwortlichkeitsbewußtsein;* hier wird die Grundlage für Lob und Tadel, Lohn und Strafe vom Täter geschaffen.

e) *Betätigungswille* (Antrieb, Impuls) und *Betätigungseignung* bei entsprechender Sachlage lösen endlich die Tat aus; es gilt noch Hindernisse zu überwinden und passende Gelegenheiten zu suchen oder abzuwarten. Mit der Tat hat sich der Kriminalitätserreger durchgesetzt. Diese Etappe zu e wird in Theorie und Praxis meist übersehen.

f) Von jetzt ab begleitet das sich noch beständig weiter entwickelnde Wollen die ausgelöste Tat (einschl. Unterlassung) in den einzelnen Stadien ihres Wirkens, bei der Vorbereitungs- und Ausführungshandlung, bei den Tatbestandshandlungen bis zum Erfolg. Die *äußeren Umstände,* die zum Handeln hinzutreten, werden bald mehr, bald weniger vom *Wissen* des Täters umfaßt. Hier setzt der *Vorsatz* ein; bei seinem Fehlen kommt *Fahrlässigkeit* in Betracht. Das intellektuelle Moment tritt naturgemäß erst während der Tat stärker hervor, während mit ihr der Trieb in der Mehrzahl der Fälle zurücktritt, ohne zu schwinden.

Zu a)—f):

Dies der Grundtyp des planmäßigen, Vorbedachts- oder Absichtsdelikts. Es ist jenes Planen, wie es auch im gesunden sozialen Leben als das Normale und speziell als der Grundtyp des wirtschaftlichen Planens und Schaffens erscheint; es ist auch der normale Verlauf des Wollens und Wirkens im kriminellen Leben. Von diesem regelmäßigen Verlauf gibt es zahlreiche Abweichungen, bald weitere Verzweigungen und Verteilungen in Unterabschnitte und Zwischenakte, bald Zusammenlegung, Vereinigung, Ueberspringung einzelner Stadien. Vgl. im einzelnen oben § 15 IV: der erste Anreiz enthält oft noch nicht das Ziel; dieses bildet und klärt sich erst allmählich. Nebenerfolge geben mitunter den Anstoß für ein Motiv und für das Hauptmotiv; Stimmungen schlagen vielfach in ihr Gegenteil um und lassen alsdann den Plan entstehen. In der Regel sind Triebe und Gefühle bei der akuten Kriminalität das Primäre, Vorstellungen das Sekundäre. Letztere bleiben vielfach aus oder verkümmern, wie bei den Schwäche-, Trieb-, Notdelikten, bei den Zufallsdelikten (Fahrlässigkeit, Unterlassung), den Gewalttaten im Affekt und bei ausgesprochenen Gelegenheitstaten.

aa) Bei Affekten fehlen die Motive und Gegenmotive, der Beweggrund, das Heranreifen des Entschlusses; sie sind pathologisch, wenn sie durch Gegenvorstellungen nicht mehr abwendbar sind, z. B. als Seelenstürme und Gemütsaufwallungen im Zorn oder in Rauschzuständen auftreten. Sie liegen oft schon an der Grenze zwischen Kriminalität und Geistesstörung; entscheidend für erstere ist die Selbstbestimmung durch vernünftige Erwägungen (RG. 63, 48; 67, 149). Kein Kriterium allein ist die Willensfreiheit; denn die Selbstbestimmung kann erfolgen durch krankhafte Empfindungen, Vorstellungen und Gefühle oder im krankhaften Motivationswege. An der Grenze der Zurechnungsfähigkeit stehen oft hysterische Affekte, perverse Unzuchtsdelikte.

bb) Auch bei starken Umwelteinflüssen, wie bei Zufalls- und reinen Gelegenheitsdelikten, in starker Not oder unter zwingender Wirtschaftslage, fehlt oft der Motivationsprozeß, das Heranreifen des Entschlusses, die Entwicklung des Betätigungswillens, und gleitet der Täter alsbald zur Ausführungshandlung hin.

So schwächt sich mitunter der normale Lauf akuter Kriminalität nach mehrfachen Richtungen bedeutend ab. Die stärkste Variante besteht allerdings bei der chronischen Kriminalität, so daß dort eine neue Schuldwesensart erscheint. Hierüber unten § 20.

Ueber das Wesen der Willensfreiheit vgl. oben § 12 I; über die verschiedene Bedeutung des Wortes Willen vgl. § 12 IV 3.

2. *Maßstab* der Schuld ist der gleiche wie auf der objektiven Seite des Verbrechens: formal die Mißbilligung durch das Recht, material die Sozialgefährlichkeit und Sozialschädlichkeit, speziell für das Wollen die *sozialethische Verwerflichkeit* („Unerträglichkeit"), worin der rechtliche und moralische *Schuldvorwurf* besteht. Der modernen soziologischen und kriminologischen Forschung haben wir die Einsicht zu verdanken, daß den objektiven Unrechtstypen, und zwar den Grundtatbeständen, auch besondere sozialethische Schuldtypen entsprechen; der *materiale Schuldbegriff* begnügt sich nicht mit der Formel eines Schuldvorwurfs oder Schuldurteils, worin sich die bisherigen Schulddefinitionen zu erschöpfen pflegten, sondern forscht unentwegt nach den Gründen, Motiven, Untugenden, um bis zum Kern des Kriminalitätserregers vorzustoßen.

a) Der *Kriminalitätserreger*[1]) ist seinem psychologischen Wesen nach ein *Trieb*, aus dem sich jenes Kraft- und Wertstreben entwickelt, das auf Befriedigung des Triebs, nämlich auf Behebung des Unlustgefühls und Erzeugung eines entsprechenden Wertgefühls gerichtet ist: auf erhöhte Kraft, gesteigertes Wohlleben, Unterdrückung gegnerischer Werte, Schädigung oder Gefährdung des Gemeinwohls auf Kosten unberechtigter eigener Interessen. Er trägt in sich die sozialpathologische Tendenz zur Schädigung des Volkskörpers, wie der Krankheitsbazillus die individualpathologische Tendenz zur Schädigung des natürlichen Organismus. Insofern besitzt der Kriminalitätserreger nicht nur psycho-, sondern auch soziologischen und sozialethisch-strafrechtlichen Charakter.

b) Jener Trieb ist seiner Natur nach chronisch-*grassierend* (sich beständig aus sich selbst erneuernd) angelegt, wie seine große Antipode ewig ist: die regulative Idee der Sittlichkeit, der Humanität, der Kultur. Der Kulturschöpfer ist das Sinnbild der ewigen Aufgabe zum Guten und Vollkommenen, die nie voll und ganz gelöst werden kann; der Kriminalitätserreger ist das Sinnbild der Tendenz zum Bösen und zum sozialen Niedergang. Wie die Ideen der Sittlichkeit und der Kultur gegenüber allen besonderen ethischen und sittlichen Normen gedacht werden müssen, so ist auch der Kriminalitätserreger eine für die Kriminologie und die reine Strafrechtslehre *unentbehrliche wissenschaftliche Größe*, wenn überhaupt Verbrechen und Strafe exaktwissenschaftlich behandelt werden sollen. Denn dieser Begriff enthüllt die in der Persönlichkeit wurzelnde, nicht ausschließlich durch Anlage oder Umwelt bedingte *Ursache des „freien" Willensentschlusses* und löst den Gegensatz von Kausalität und Willensfreiheit auf.

c) Der Kriminalitätserreger enthält die Keime zu den chronisch wirkenden, über sich selbst hinauswachsenden *drei psychischen Tendenzen zu den Hauptdeliktsgruppen: Schädigungs- und Angriffswille, Nutzungswille, Genußwille;* als Motive: Zorn im Affekt, Eigennutz zur Behebung von Mangel und Not, Leichtsinn oder Gleichgültigkeit gegenüber fremden Werten. Diese drei Willensstrebungen entfalten sich zu *drei verschiedenen Gruppen von kriminellen Untugenden*, den Antipoden von ethischen Tugendpflichten, wie sie bei näherem Zusehen den *gesetzlichen Tatbeständen* zugrunde liegen, also dem Gesetzgeber vorgeschwebt haben müssen[2]). Eine Uebersicht über die gegenwärtigen kriminologischen Forschungsergebnisse wurde oben in der Tafel der *Verbrechens- und Verbrechertypen* § 11 gegeben. Die materiale Schuldidee fordert aber zu immer weiteren, tiefer eindringenden Forschungen heraus. Wie die Menschenseele überhaupt, ist auch die Verbrecherseele unergründlich: stets neue Aufgaben. Vgl. über den chronischen Zug § 20 I.

---

[1]) Erstmalig von mir aufgestellt in KrimSoz. § 68; außerdem dargelegt in meinen Gutachten für den Römischen Kongreß für Kriminologie 1937 (Strafrechtserneuerung H. 8 1938).

[2]) Wertvolles Tatsachenmaterial hierzu hat gesammelt Bernhard Heimann Der Betrug der Vorbestraften, Diss. Münster 1942. Daselbst auch Untersuchungen über die Frühkriminellen und die Rückfallsgeschwindigkeit.

3. *Schuld ist demnach formal das die unrechtmäßige Handlung oder Unterlassung erzeugende und begleitende, sozialethisch verwerfliche freie Wollen trotz Kenntnis oder Kennensollens des Unrechts; material die freie Willensbetätigung der den Tatbestandstypen zugrunde liegenden kriminellen Untugenden* (der sozialethischen Pflichtwidrigkeiten) *trotz Kenntnis oder Kennensollens des Unrechts.* In diesen Definitionen sind die der Schuld *wesentlichen gesetzlichen Merkmale* enthalten: Zurechnungsfähigkeit (Willensfreiheit), Vorsatz (Kenntnis des Unrechts), Fahrlässigkeit (Nichtkenntnis bei Kennensollen).

4. Die *gesetzlichen Schuldmerkmale* gruppieren sich wie folgt, und haben eine verschiedene Bedeutung für das Wesen der Schuld, was leicht übersehen wird:

a) *Schuld-Elemente* oder psychische Begleitumstände der Schuld: *Voratz und Fahrlässigkeit.* Diese tragen also nicht selbst in sich den Schuldcharakter. Es ist daher mißverständlich, Vorsatz und Fahrlässigkeit als Schuldformen oder gar als Schuldarten zu bezeichnen; sie sind nur wesentliche Bestandteile der Schuld. Nicht Vorsatz ist Schuld, nicht Kenntnis des Unrechts ist Schuld; Schuld ist vielmehr sozialethisch verwerfliches (usw.) Wollen *trotz* Kenntnis des Unrechts. Einwandfrei sagen kann man auch, wenn man durchaus den Schuld- (und Willens-)Charakter des Vorsatzes vertreten möchte, was allerdings leicht mißzuverstehen und daher besser zu vermeiden ist: Vorsätzliches *Handeln* (!) oder vorsätzliches Wollen und Wirken ist eine Art der Schuld. — Aus dieser Auffassung des Vorsatzes als Kenntnis des Unrechts folgt, daß der *Irrtum* die negative Kehrseite des Vorsatzes ist. Irrtum ist kein Schuldausschließungsgrund, wie die bisher h. M. sagt, sondern nur ein Ausschluß des Vorsatzes; alsdann kann entweder Fahrlässigkeit in Betracht kommen oder die Tat schuldfrei bleiben.

b) *Reine Schuldtypen.* Hierüber unten §§ 23/4. In dieser Gruppe der gesetzlichen Merkmale kommt im Gegensatz zur vorigen der Schuldgedanke selbst irgendwie zum Ausdruck[3]), sei es auch nur in einem Ausschnitt. Diese Merkmale sind daher nicht bloße Elemente (Bestandteile) des Schuldbegriffs, sondern dessen Vertypungen, wie die Tatbestände und Rechtfertigungsgründe typische Gestaltungen des Unrechts sind. Während es nur diese zwei Arten von Unrechtstypen gibt, weist die Schuld deren fünf auf: aa) *Schuldvoraussetzungen,* z. B. Zurechnungsfähigkeit; bb) *Schuldschärfungsgründe,* z. B. bei den uneigentlichen Amtsdelikten; cc) *Schuldmilderungsgründe,* z. B. Verwandtschaft § 217; dd) *Schuldausschließungsgründe,* z. B. Notwehrexzeß, strafrechtlicher Notstand; ee) endlich eine umstrittene Gruppe: *Schuldaufhebungsgründe,* z. B. Rücktritt vom Versuch, tätige Reue. Diese Gruppierung besitzt Erkenntniswert; so werden die drei mittleren Arten (bb, cc, dd) erheblich für § 50. Eine Schuldaufhebung, die für die Strafzumessung und für die Kriminalpolitik von besonderer Bedeutung

[3]) Insofern haben die Neueren (Gf. Dohna, Welzel, v. Weber) richtig gesehen, wenn sie die Zurechnungsfähigkeit, nicht aber den Vorsatz zur Schuld rechnen.

wird, ist für das Wesen der Schuld, die einen großen Willens- und Wirkungszusammenhang bildet, ungemein aufschlußreich.

c) *Gemischte Schuldtypen;* diese stellen zugleich typische Ausprägungen des Unrechts dar, sie überhöhen sowohl die objektive wie die subjektive Seite des Verbrechens. Das sind die umstrittenen sog. subjektiven Unrechts- und die objektiven Schuldelemente. Hierüber unten § 24 a. E. Drei Unterarten kommen in Betracht: aa) Typische Ausprägungen von Merkmalen der *Schuldentwicklung:* Absichten, Motive; bb) Typen für die *subjektive Gefährlichkeit* (chronische Schuldtypen): Rückfall, Gewohnheits- und Gewerbsmäßigkeit; cc) *Persönliche Eigenschaften und Verhältnisse* (§ 50), z. B. Beamte und Soldaten.

5. Stand der Ansichten[4]).

Der Schuldbegriff hat sich erst spät von dem Kausalitätsbegriff völlig gelöst. Eine primitive Ansicht[5]) sah in der Schuld nichts weiter als den Oberbegriff von Vorsatz und Fahrlässigkeit, wie sie noch jetzt im Privatrecht u. z. dort unbedenklich vertreten wird. Als die Schuld in ihrer Sonderbedeutung als Gegensatz zur Handlung und Kausalität einerseits, zur Rechtswidrigkeit anderseits erkannt wurde, faßte man sie zuerst rein psychologisch als subjektive Beziehung des Täters zur Handlung (Wissen und Wollen), so noch v. Liszt[6]), später ebenso einseitig rein normativ als Schuldurteil, als Vorwurf, so Frank, der aber zuerst (in Gießener Festschrift 1907) betonte, daß der Schuldbegriff auch die Zurechnungsfähigkeit sowie das Fehlen von Entschuldigungsgründen umfassen müsse. Wie bei der Kausalität haben sich auch hier als einseitig und unzureichend herausgestellt die psychologisch-natürliche sowie die logisch-normative Betrachtung; die Schuld muß beiden Aufgaben genügen. Diesem Erfordernis genügt zwar die Motivationstheorie (M. E. Mayer)[7]): Schuld sei fehlerhafte Motivation; sie bleibt aber rein formal, paßt auch weder für die Fahrlässigkeit noch für die chronische Kriminalität, vgl. § 21 II 3. Dem Liszt-Kreis ist jedoch zu verdanken, daß man neben dem umfassenderen formalen Begriff nach einem materialen forschte; während man diese bisher aber nur als Parallele zur materialen Rechtswidrigkeit aufstellen zu dürfen glaubte (so noch m. Grdlg. § 20), führte erst die neuere Kriminologie auf den Weg zur Sozialethik (wohl zuerst m. KrimSoz. § 68)[8]) und auf die Suche nach einem spezifischen Kriminalitätserreger. Einen dritten Gegensatz brachte die Auffassung der Schuld nicht (oder nicht nur) als Tatschuld, sondern (auch) als Charakterschuld: sie wurde bestimmt als antisoziale oder asoziale Gesinnung. Seit Tesar und Kollmann[9]) wurde das Verbrechen nur also Symptom einer solchen Gesinnung angesehen, womit sich das Einzeltat-Strafrecht verflüchtigt und die Tatbestände des Besonderen Teils nur noch als Beispiele aufgefaßt zu werden brauchen. In ähnlichen Bahnen bewegen sich neuere Ansichten: die Schuld als Gesinnungsverfall (E. Wolf Strafrechtl. Schuldlehre I 1928), als Lebensführungsschuld (Mezger Grdr. 3. A. 84)[10]), als Lebensentscheidungsschuld (Bockelmann Studien zum Täterstrafrecht 1939/40). Demgegenüber halten andere noch streng an der formalen Tatschuld fest (LK. 6. A.: Schuld als Handlungswille, Welzel etwas weiter material: als unrichtige sinnvolle Wertentscheidung). Endlich lassen die zahlreichen Bestrebungen, zu einem neuen „Willensstrafrecht" oder „Täterstrafrecht" zu gelangen, ihrem Sinne nach auf die Suche nach einem materialen

[4]) Aeltere gute Uebersicht von O. Berg Abh. H. 220 (1927).
[5]) Binding Grdr. 115, Allfeld § 31, v. Hippel II 275.
[6]) Bis zur 24. Aufl.
[7]) Lehrb. 241, 249/50.
[8]) Aehnlich Anossow MonSchr. 22, 1931, 537.
[9]) Vgl. Grdlg. 568.
[10]) und ZStrW. 57, 688.

Schuldbegriff schließen. Abseits stehen diejenigen, die das Gebiet der Schuld (= Verantwortung) durch Ausscheiden des Vorsatzes stark beschränken[11]).

II. Funktion und Ausbau.

1. Der Schuldbegriff dient vor allem der *Vertiefung und Verinnerlichung* des Strafrechts und speziell der Strafvoraussetzungen. Unter dem Ruf „Abkehr vom Erfolgsstrafrecht und Hinwendung zum reinen *Willensstrafrecht*" stand die allerdings z. T. über das Ziel hinausschießende letzte Reform (1933), während wir ein gemäßigteres, aber vom Schuldgedanken getragenes „Gefährdungsstrafrecht" empfehlen (oben § 7). Erforderlich ist alsdann vor allem eine Ausgestaltung des materialen Schuldbegriffs. Er führt zu einer schon früher von der deutschen Klassik und aus anderen Gründen erstrebten *„Ethisierung* des Strafrechts"; so hat auch der Kriminalitätserreger sozialethische Funktion (oben I 2 c).

2. Der formale wie der materiale Schuldbegriff sollen beherrschen die richterliche *Strafbemessung*, auch den *Strafvollzug* insofern, als die Einwirkung auf die Psyche des Gefangenen eine verfeinerte Kenntnis der Schuld voraussetzt. Die Schuld ist die Voraussetzung der *Sühnefunktion* der Strafe; an sie hat auch jede Erziehung anzuknüpfen, d. i. die Ausmerzung des Kriminalitätserregers (I 2 a).

3. Bei der Ermittlung der Strafvoraussetzungen hat jedoch der Richter die Schuld als solche ebensowenig *ausdrücklich festzustellen*, wie die (materiale) Rechtswidrigkeit. Es genügt vielmehr und ist anderseits erforderlich die Feststellung der gesetzlichen Schuldmerkmale, insbesondere Vorsatz und Fahrlässigkeit, während die Zurechnungsfähigkeit nur insoweit geprüft und urteilsmäßig festgestellt werden muß, als bisher Zweifel über ihr tatsächliches Vorliegen auftauchten. Das Gleiche gilt von den anderen Schuldtypen, insbesondere den Entschuldigungsgründen; die prozeßuale Rechtslage ist dieselbe wie bei den Rechtfertigungsgründen. Im Zweifel hat also Freisprechung zu erfolgen[12]).

4. Die erhöhte Betonung des Schuldprinzips führte vielfach zu *subjektivistischen Lösungen* mancher dogmatischer Streitfragen, so zur (teilweise sogar gesetzlichen) Anerkennung der bisher bestrittenen subjektiven Theorie in der Versuchs- und Teilnahmelehre Hier ist Vorsicht geboten, da die Wissenschaft in erster Linie nach objektiven, leichter erfaßbaren und sicherer festzustellenden Merkmalen ausgehen muß. Auch das viel verlangte *Täterstrafrecht* folgt nicht notwendig aus dem stärkeren Betonen des Schuldprinzips; dieses kann sich voll wirksam (allein oder vorwiegend) im Einzeltat-Strafrecht geltend machen.

---

[11]) S. oben zu 4b bei N. 3. So bleibt nach v. Weber für die Schuld nur die Zurechnungsfähigkeit nebst dem Fehlen der Entschuldigungsgründe (Rechtsirrtum, Notstand usw.). Maurach (1948) will sogar Schuld und Verantwortung unterscheiden, womit das System immer komplizierter wird.

[12]) Unbegreiflicherweise völlig verkannt von LK. 6. A. (vgl. oben bei den Rechtfertigungsgründen S. 53, 54 bei **Anm. 13**).

5. Sehr wichtig ist die durch das Schuldprinzip ermöglichte, noch längst nicht abgeschlossene Gewinnung von Täter-, *Verbrechertypen* (s. oben § 11) sowie der Erkenntnis der *chronischen* Kriminalität (s. sofort § 20). Nur einige Erscheinungsformen, die der Erweiterung bedürfen, sind die §§ 20a, 42e, bis 1946 42k. Für die *Kriminologie* und die Kriminalpolitik ist der Schuldbegriff von weitesttragender Bedeutung.

6. Der materiale Schuldbegriff ermöglicht die Aufstellung von *Schuldgraden* und Abstufungen nach der verschiedensten Richtung. Die Typen oben I 4 c bedürfen der Erweiterung. Fraglich ist aber, ob es gelingen wird, durch sie die *Tatbestände* über die *Verfeinerung und Verinnerlichung* hinaus, die schon jetzt erfolgt sind, auch zu ersetzen oder auch nur zurückzudrängen. Die objektiven Merkmale erfüllen besser ihre Funktion, als so unbestimmte Begriffe wie Arglist, Böswilligkeit, Mutwillen usw.[13]). Für die richterliche Feststellung der Strafvoraussetzungen ist auch wichtiger, was in der Außenwelt geschieht, als was im Innenleben des Täters sich beim Kampf der Motive abspielt. Die Ethisierung darf nicht zu einem Motivenstrafrecht führen.

Wohl aber geben die *Motive* die Grade der moralischen Verwerflichkeit an, wie sie (allerdings nicht sie allein) für die *Strafbemessung* erheblich sind. So ist im Gegensatz zu der populären Anschauung regelmäßig (!) der vorwiegend auf Not beruhende Diebstahl leichter zu bewerten als Betrug und Urkundenfälschung (Täuschung, Lüge, Verkehrsunsicherheit !), leichter als Unterschlagung (Verrat, Vertrauensbruch !), ungleich leichter als Hehlerei und die anderen Ausbeutungsdelikte. Leichter als die Nutzdelikte wiegen m. E. regelmäßig (!) ihrem Grundtyp nach die Trieb- und Notdelikte, vor allem die weitaus meisten Angriffsdelikte.

III. Jede Schuld ist nach dem Willensstrafrecht Schuld der Einzelperson; es gibt keine Verbrechen von Verbandspersonen. Vgl. unten § 20 V. Eine beschränkte Ausnahme führte die Brit. Mil. Reg. 1945 VO Nr. 1 ein. Nach Art 4 sind Gesamtgeldstrafen zulässig' gegen Gemeindevertreter bei Feststellung von Gesamtverantwortlichkeit (einer erheblichen Zahl der Einwohner). Hier dürfte es sich in Wahrheit nicht um echte Strafe, sondern um eine strafähnliche Maßnahme (Geldbuße) handeln.

§ 20. Chronische Tendenzschuld

Ueber diese zweite Art von Schuld vgl. oben § 19 Vorbem. vor I.

Gesetzliche Gestalt unzulänglicher, aber im ganzen annehmbarer Art hat sie in den §§ 20a, 42e, (bis 1946) 42 k gefunden. Ihnen gilt es eine kriminologische Grundlage und sinnvolle Auslegung zu geben, soll die Regelung nicht allzu willkürlich und äußerlich erscheinen. Aber auch ohne diese Bestimmungen bedarf das Thema der *dogmatischen* Behandlung, da die kriminellen Tatsachen des modernen Lebens es erfordern.

13) Ihre Definition kann auch nur im Zusammenhang mit dem jeweiligen Tatbestand, in dem sie erscheinen, erfolgen. Sie aus ihrer eigenen Natur erklären zu wollen, ist müßig und würde über Umschreibungen nicht hinausführen. Vgl. unten § 24.

I. Aufbau der chronischen Schuld, Tendenz- oder Neigungs- oder Willensrichtungs- oder Lebenseinstellungsschuld (oder allenfalls Lebensgewöhnungsschuld) — alles geeignete Ausdrücke, während leicht mißverständlich ist, von Charakter- oder Gesinnungsschuld zu sprechen: die Potenzen allein reichen nicht aus; zu ihnen müssen noch die (aktiven) Tendenzen treten.

1. *Entwicklung und Gestalt* sind die gleichen wie bei der Einzeltatschuld. Die Tendenzschuld ist kein Gegensatz zu ihr, sondern eine Abart, eine Sondererscheinung. Sie ist zunächst wie jene entstanden. Wenn der Täter aber gleiche oder ähnliche Taten in größerer Zahl begangon hat, so braucht er später nicht mehr die einzelnen Stadien zu durchlaufen, sondern knüpft gleich einem erfahrenen Kaufmann, Arzt oder Richter an seine eigene Lebenserfahrung, Gewöhnung und Routine an. Entweder wiederholt er den Entwicklungsprozeß in abgekürzter und beschleunigter Weise unter Ueberspringung der einzelnen Zwischenstufen, oder er benutzt den ihm vertrauten Gang als Schema, Typ und Richtschnur, von dem er nur insoweit abweicht, als neue Umweltlagen es erfordern.

Nur selten kommt es noch zum Kampf der Motive; Gegenmotive bleiben aus, und das alte Leitmotiv wirkt weiter. Ein besonderer Betätigungswille (Impuls, Antrieb) erübrigt sich, da die Gelegenheit meist schon abgewartet oder aufgesucht wurde, so daß Widerstände und Hemmungen nicht entstehen. Der *Kriminalitätserreger* von einst ist wieder am Werke und *ersetzt jene ausgefallenen Stationen*, stellt sich bei jeder günstigen Gelegenheit ein und löst sofort den Tatentschluß und die Tat aus. Die allmählichen Entwicklungsprozesse von einst sind zu festen Bindungen und Potenzen, gleichsam zu Strängen im Charakter geworden, die wie ein krankhaftes Zellengewebe zu dauernden Tendenzen und Richtungen erstarken, das Gesunde überwuchern und schließlich den gesamten Organismus beherrschen. Von dem Grundmotiv des Kriminalitätserregers bis zur Tat verkürzen sich die Schritte immer mehr, so daß schließlich unmittelbar auf den Anreiz die Tat folgt.

Eine schwere Lungentuberkulose mag sich auf Grund einer akuten Lungenentzündung erst allmählich entwickelt haben; in den späteren Stadien bedarf es nur eines geringfügigen äußeren Anlasses, um sofort das Fieber wieder zu entfachen, das schließlich überhaupt nicht mehr weicht, und der Arzt sieht nur noch den Krankheitsherd, der sich beständig erweitert. Aehnlich ist der Jurist geneigt, eine beharrliche Gesinnungsart oder Charaktereigenschaft als unmittelbare Ursache der Tat zu erkennen; in Wahrheit liegen ihr zahlreiche gleichartige Kraft- und Wertstrebungen zugrunde, die sich infolge der Zähigkeit des Kriminalitätserregers zu einer konstanten psychischen Größe verdichtet haben. Aber auch diese ist in beständigem Wechsel, nimmt neue Tendenzen auf und stößt alte von sich ab.

2. Auch der *Maßstab* und die *Bewertung* sind die gleichen wie bei der akuten Einzeltatschuld. Für eine exakte, gewissenhafte Würdigung des

vermeintlichen Charakterzustandes ist erforderlich, daß die einzelnen, sicher erkennbaren Strebungen, unter denen sich zumeist solche von verschiedenem objektivem Werte befinden, einzeln gewürdigt werden, so daß zu einem bestimmten Zeitpunkt die Schlußabrechnung stattfinden kann. Alsdann erscheint allerdings ein neues Objekt gleich dem Saldovortrag: die *Gesamttendenz*. Sie ist aber nicht ein unmittelbarer Lebensvorgang, sondern ein konstruktives Erzeugnis: die Diagonale im Parallelogramm der Kräfte.

3. So ergibt sich ein wesenhafter *Grundstock* der chronischen Potenz- und Tendenzschuld: eine *konstantere, sich in zahlreichen Wiederholungen äußernde Willensrichtung* (Eignung und Neigung), *in der der Kriminalitätserreger wirkt und immer mehr erstarkt*. Die bloß zahlenmäßige Wiederholung ist äußerlich: §§ 244, 264 sprechen vom dritten Rückfall; von der Kriminalistik wird gruppiert nach den einfach, mehrmals, mehr als viermal Vorbestraften. Aber auch vielmalige Begehung kann nur auf akuter Kriminalität beruhen, wie die sog. bunten Vorstrafenlisten zeigen (z. B. zwei Diebstähle, Unzucht, Sachbeschädigung, Fahrlässigkeit, Bedrohung, üble Nachrede). Auch die *subakute Kriminalität* gehört nicht zur chronischen, z. B. die auf gleicher Umweltlage (z. B. Gastwirtsbesuch, Nachbarstreit) oder auf gleichen anlagebedingten Affekten (Alkoholgenuß) beruhende *Häufung* etwa von Roheitsdelikten. Typisch für die chronische Natur ist ein konstant, einheitlich zielstrebig, von innen heraus *(endogen) sich entwickelnder Willens- und Wirkungszusammenhang: hochkriminelle Neigung und Eignung*, entsprechende Haltung, Lebenseinstellung und Betätigung.

4. Die chronische Tendenzschuld ist eine *sekundäre Form einer Mehrheit von Einzeltatschuld:* der Täter hat Eigenschaften (Potenzen und Tendenzen) erworben, die er teils bei nötiger und möglicher Widerstandskraft nicht anzunehmen brauchte, teils (wenn er zu dieser Abwehr nicht imstande war) von sich später abstoßen konnte; überall lag hier materiale Schuld vor, die sich zur *subjektiven Gefährlichkeit* verdichtete und erhärtete. Eine spätere neue Tat von ähnlicher deliktischer Art ist daher eine sekundäre Erscheinung früherer akuter Schuldfälle und ein jetziger Ausfluß chronischer Tendenzschuld. Hiermit erledigt sich das umstrittene Problem, ob und wieso es möglich ist, den Schuldvorwurf in der Gefährlichkeit zu erblicken, also auf Zukünftiges zu beziehen[14]. Die objektive Gefährlichkeit gehört natürlich nicht zur Schuld.

II. Intensitätstypen der chronischen Tendenzschuld[15].

Während bei der akuten Einzeltatschuld ein Normaltyp, das planmäßige Delikt (Absichtsdelikt) mit graduellen Abschwächungen je nach dem

14) Vgl. Lit. z. § 20a, bes. Olshausen-Niethammer § 20a N. B 7c, Bockelmann Stud. z. Täterstrafr. 44 ff., Gallas ZStrW. 60, 378, Lange ebda. 62, 203, 205, 199 (der Kern der Schuld bestehe in der Unterlassung, nicht das aus sich gemacht zu haben, was möglich gewesen wäre). Aehnlich dem Text Rietzsch Dringende Fragen der Sicherungsverwahrung 1938, 50.

15) Vgl. des Näheren: Kriminologie § 15.

Grad der Anlage- und Umwelteinflüsse zu erkennen war (einfache Gelegenheits-, Affekt-, bloße Zufallsdelikte), ergibt sich für die chronische Tendenzschuld umgekehrt von dem soeben beschriebenen Grundstock aus eine Reihe gradueller Steigerungen: auf gleicher oder verwandter Bahn erstarkt der Kriminalitätserreger immer mehr und zieht um sich gleich den Jahresringen des Baumes immer weitere Ringe in der kriminellen Psyche.

1. *Vorstufe: Einfache gleichartige Tendenzschuld, chronische Willensrichtungs- und Lebenseinstellungsschuld, Tendenzschuld ersten Grades.* Dieses Stadium, entsprechend dem Grundstock der chronischen Kriminalität, ähnelt noch am meisten der akuten und subakuten Häufungskriminalität. Kennzeichnend ist eine *moralische Krisenhöhe* (im Gegensatz zum moralischen Verfall der folgenden Stadien zu 2); von hier ist bei günstiger Umwelt noch ein Einhalt im kriminellen Lauf, im endogenen Prozeß möglich.

a) Leichteste Form ist der *bloße Rückfall* des gleichen Delikts oder nahe beieinander liegender Tatbestände, Diebstahl, Raub, Betrug, Hehlerei usw. Die gesetzlichen Tatbestände dieser sog. einfachen, zahlenmäßigen Rückfallschärfungen, §§ 244, 250, 260, 264 usw., enthalten eine nicht immer glückliche Zusammenstellung und zahlenmäßige Beschränkung. Das Entscheidende ist: Der Täter hat sich an einen Deliktstyp gewöhnt und wiederholt ein hierher gehöriges Delikt.

b) *Artverwandter Rückfall:* der Täter bleibt innerhalb der gleichen Gruppe der Tatbestandstypen oder wechselt einmal in Nachbargruppen (vgl. Tafel A oben § 11) hinüber. Beispiele: Diebstahl, Wilderei, Betteln, Raub, Erpressung, Hehlerei. Oder: Körperverletzung, Bedrohung, Beleidigung, Widerstand, Hausfriedensbruch, vielleicht auch mit Notzucht oder Einbruchsdiebstahl oder Brandstiftung oder Sachbeschädigung. Wesentlich ist ein Zusammenhalt der Delikte durch gleichartige, auf gleicher oder verwandter krimineller Untugend beruhende Willensrichtung, Tendenz, Lebenseinstellung. Hier ist der Kriminalitätserreger wieder stärker am Werk und zieht weitere Ringe; die Umwelteinflüsse wie die bloße Gewöhnung treten an Bedeutung zurück.

2. *Habituelle Tendenzschuld:* dauernde Willensrichtungs- und Willenshaltungsschuld, Kriminalität *aus Hang.* Hier hat der Kriminalitätserreger mit allen seinen *drei Wurzeln* weite Kreise der Persönlichkeit ergriffen; bezeichnend ist ein zunehmender *moralischer Verfall.* Die Kurven verlaufen ziemlich flach und gleichmäßig ohne die für die akuten Stadien bezeichnenden plötzlichen Wechsel und Spitzen. Die Rückfallsintervalle verkürzen sich. Dafür nimmt der Kreis der Delikte größeren Umfang und stärkere Verschiedenheit an. Der Täter wechselt oft in fremdartige Gruppen hinüber; er zeigt seine Routine auch auf neuen Gebieten.

a) *Gesteigerte Gewöhnungs- und Hangschuld, Trieb- und Schwächeschuld;* das sind die *Gewohnheitsverbrecher* i. e. S.: keine Gewöhnung an bestimmte Delikte oder Deliktsgruppen, sondern Hang zur Kriminalität überhaupt. Der Kriminalitätserreger verästelt sich nach allen Richtungen. Aber die Kriminalität entwickelt sich langsam und schleichend, „streng chronisch". Der Verbrecher reift allmählich heran, noch etwas stärker von Umwelteinflüssen abhängig, und wird erst verhältnismäßig spät fertig (im Gegensatz zu den häufigen Fällen der Frühreife zu unten b), erhält sich dafür aber gern umso zäher bis ins höhere Alter. Hierher gehören vor allem die Not- und Schwächedelikte: Diebstahl, Betteln, Landstreichen, Unzucht, auch Betrug, Unterschlagung, Hehlerei, Zuhälterei, Glücksspiel, Geld- und Urkundenfälschung. Die gesetzlichen Fälle der Gewohnheitsmäßigkeit (vgl. oben § 14 III 2b) sind nur einige willkürliche Beispiele.

b) *Gesteigerte Energie- und Zielstrebigkeitsschuld;* das sind die *gewerbsmäßigen* und speziell weiter gesteigert die *berufsmäßigen Verbrecher:* stärkere Intensität und Zweckbewußtheit; Absichts-, Vorbedachts-, planmäßige Delikte, streng chronisch auftretend. Die Kurven steigen schnell und steil an, oft rapide und galoppierend, und halten sich auf ansehnlicher Höhe. Umwelt- und selbst Anlageeinflüsse treten stark zurück; der freie Wille waltet selbstherrlich und sucht nicht nur, sondern schafft und erzeugt Gelegenheiten. Der Kriminalitätserreger beherrscht das gesamte Erwerbsleben des Täters und seinen Beruf. Hier ist ein bedenkliches Zeichen der Beginn in jungen Jahren mit schweren Delikten wie Betrug, Urkundenfälschung, Unterschlagung. Die gesetzlichen Fälle der Gewerbsmäßigkeit (oben § 14) sind willkürlich herausgegriffen. Hauptfall ist der Betrug; hier wird Gewerbsmäßigkeit erst seit 1933 unter den Schuldschärfungen berücksichtigt. Sodann Diebstahl und Hehlerei; ein vom Hehler organisierter und überwiegend von ihm ausgewerteter Einbruch, etwa ein Bankdiebstahl, sichert seine Lebensstellung oft auf viele Jahre. Weitere Fälle liegen ebenfalls bei der Hehlereigruppe: Glücksspiel, Wucher, Zuhälterei; sodann bei der Unterschlagung, Untreue, Geld- und Urkundenfälschung, in kleinerem Ausmaß bei der Wilderei und der Abtreibung.

In den beiden letzten, schwersten Schuldgraden (2a und b) ist ein echter *„krimineller Habitus"* zu erkennen, der aber nur zu verstehen ist als eine Fülle krimineller Strebungen innerhalb einer Persönlichkeit, grundverschieden von dem geborenen Verbrecher im Sinne der Lombroso-Schule und von dem dispositionellen Verbrechertyp neuerer Deterministen. Der Mensch mag eine *kriminelle* Disposition oder Veranlagung in dem Sinne zeigen, daß er gewisse, für die Entstehung der Kriminalität günstige Charaktereigenschaften aufweist: geringe psychische Widerstandskraft, leichte Beeinflußbarkeit, schwankende Haltung in Entschlüssen, ausgesprochener Erwerbssinn bei asozialer Gesinnung, Neigung zu Roheit und Brutalität, zu Herzlosigkeit gegenüber fremdem Leid, zu Gleichgültigkeit und Leichtsinn. Und außerdem mag eine ungünstige *Umweltlage* hinzukommen: wirtschaftliche Not, mangelnde Erziehung, Arbeits- und Berufslosigkeit. Ueberall ein für Gedeihen und Entfaltung des Kriminalitätserregers geeigneter Boden. Gleichwohl vermag der normale Mensch den kriminellen Keim zu unterdrücken, Gegenmotive durchzusetzen, Entschlüsse in sozialethischer Richtung zu fassen und zu betätigen. Der *kriminelle Habitus* des Schwerverbrechers kann *nur durch eigene Schuld, durch schöpferisch kriminelles*

Wollen und Wirken erworben werden. Das ist der Sinn der *kriminalistischen Kreationstheorie* (im Gegensatz zur rein biologischen Anlagetheorie und zur rein soziologischen Umwelttheorie).

III. Funktion und Ausbau der chronischen Schuldgrade.

1. Es gilt das Gleiche, wie für die Schuld überhaupt, oben § 19 II. Die chronischen Schuldgrade sind nur Steigerungen der allgemeinen Schuld, nicht ihr gegenüber etwas wesentlich anderes, etwa reine Täter-, Gesinnungs- oder Charakterschuld, wie von deterministischer Seite behauptet wird. Die Bedeutung der einzelnen *Schuldgrade* zeigt sich insbesondere bei der *Strafzumessung* und sodann beim *Strafvollzug*. Es ist daran festzuhalten, daß nur einzelne, genau festzustellende Elemente des Wollens und Wirkens nach rechtlichen, rechtssoziologischen und sozialethischen Maßstäben bewertet werden können und müssen.

2. Demgegenüber will eine andere, keineswegs (wie sie glaubt) neue, vorwiegend von Deterministen vertretene Schuldlehre die *Persönlichkeit des Täters* selbst als Maßstab aufstellen: ein Kennzeichen für die Schuldschwere soll die „Persönlichkeitsadäquanz" der unrechtmäßigen Tat sein[16]; die Schuld soll umso schwerer wiegen, je mehr die Tat dem Charakter entspricht, je persönlichkeitseigener sie ist, während nach der hier aufgestellten Kreationstheorie nur entscheidend ist, ob und inwieweit die kriminelle Tat die Schöpfung des Täters ist oder auch durch persönlichkeitsfremde Mächte (Umwelt, Erbanlage) bedingt wurde. Die Persönlichkeitsadäquanz kann nur bei chronischer Kriminalität erheblich werden; denn bei der akuten entspricht die einmalige Tat gerade nicht dem Wesen der Persönlichkeit, stellt vielmehr nur eine „Entgleisung" dar und könnte daher nur als entlastend in Frage kommen. Bei der chronischen Kriminalität dagegen belastet sie den Täter insofern, als sein Schuldkonto in der bereits bekannten Richtung weiter erhöht wird. Anderseits wird der Täter auch durch eine persönlichkeitsfremde Tat belastet, da er seine Wendigkeit, Umstellungsfähigkeit oder die Erweiterung seines Wirkungsfeldes kundgibt; es ist dies ein Fall akuter Kriminalität neben oder innerhalb der chronischen. Jener Maßstab ist also kein geeigneter Schuldgrad.

Wenn der chronische Verbrecher ein weiteres gleichartiges Delikt begeht, sich also selbst treu bleibt, müßte er mangels neuen freien Willensentschlusses wegen seiner Persönlichkeitsadäquanz nicht weiter (im Sinne der Einzeltatschuld) belastet werden; er entfaltet ebensowenig kriminelle Energie wie der Geisteskranke. Daher ist neben der Einzeltatschuld noch ein weiterer Begriff der chronisch gleichartigen Schuld erforderlich

3. *Je nach dem ätiologischen Typ können Umwelt, Anlage und freier Willensentschluß die Schuld steigern oder mindern.* Daß man diese Relativität, diese verschiedene Bedeutung des Typs, ja der Schuld selbst nicht

16) Wach Die kriminalistischen Schulen 1902, 21; Mezger Lehrb. 275.

beachtet hat, gab Anlaß zu den widersprechendsten, paradox klingenden Sätzen, die sogar zu „Strafzumessungsregeln" erhoben wurden.

So heißt es bei Mezger[17]: Umwelt entlastet, Charakter belastet. — Kohlrausch[18]: Charakter entlastet, Motiv belastet. — Umgekehrt M. E. Mayer[19]: Charakter belastet, Motiv entlastet.

Geht man von der Einzeltatschuld, also von der eigentlichen Schuld aus, so muß man natürlich sagen: Umwelt entlastet, Anlage (also der anlagebedingte Charakter) entlastet, Willensentschluß (also Motiv und insofern Persönlichkeit) belastet. Diese Verteilung ist innerhalb der akuten Kriminalität grundsätzlich richtig. Für die spezifisch umweltbedingten Delikte (Gelegenheits- und Zufallsdelikte) kann aber starke Umweltbedingtheit belasten, weil der Täter sich leicht beeinflussen läßt und von Leichtsinn und Gleichgültigkeit geleitet wird. Ebenso kann für die spezifisch anlagebedingten Delikte (Affekt- und Absichtsdelikte) starke Anlagebedingtheit belasten, insoweit der Täter nicht genügend Widerstandskraft entgegensetzt und seinem Trieb folgt. — Im Bereich der chronischen Kriminalität belastet der Charakter, also der die chronische Schuld weiterführende, sie steigernde Willensentschluß; belasten kann aber der Umwelt- und selbst der Anlageeinfluß und insofern das Motiv, wenn sie dem Chronischen noch etwas Neues hinzufügen und die bisherige Kriminalitätssphäre erweitern: zunächst vielleicht nur akut, aber vielleicht schon mit der Tendenz zu einem neuen chronischen Feld.

4. *Die chronische Schuld ist zwar generell, aber nicht in jedem Einzelfall schwerer als die akute.* Wie eine Lungentuberkulose auf einen individuell erträglichen Stand gebracht werden kann und ein Leben während vieler Jahre mit Pflichterfüllung ermöglicht, während eine akute Lungenentzündung das Leben bedroht, so kann eine chronische Gewohnheits- oder selbst Gewerbsmäßigkeitskriminalität trotz Unverbesserlichkeit und beständiger Rückfalls- und Steigerungsgefahr sozial erträglicher sein als vereinzelte akute schwere Gewalt- und Triebdelikte. Es wäre daher verfehlt, die Schuld allgemein in der chronischen Schuld als ihrer schwersten Erscheinung ganz aufgehen zu lassen.

Abzulehnen ist die neuerdings aufgetretene und begreiflich unter Kriminologen viel Anklang findende Auffassung der Schuld als Charakterschuld mit dem Maßstab der Persönlichkeitsadäquanz. Hiergegen spricht, daß die Schuld als chronische weiterbesteht, auch wenn es für den Täter unmöglich wird, sich in gleicher oder gleichartiger Weise kriminell zu betätigen, sofern der Kriminalitätserreger ein neues Gebiet infiziert; die Unmöglichkeit kann zum Umschwung führen etwa wegen Krankheit oder Gebrechlichkeit des Täters (der Berufseinbrecher geht zum Betrug oder zur Hehlerei über), wegen Alters (von der Unzucht zur Kuppelei oder Zuhälterei), wegen Wandlung der Umwelt (vom Glücksspiel zum Betrug), wegen Wohnungswechsels (von der Wilderei zu städtischen Delikten) oder wegen Berufsaufgabe (Schlosser, Metzger, Bücherrevisor, Kellner, Heilgehilfe). Es ist ähnlich, wie wenn sich die Tuberkulose nach Verkapselung des Herdes in der Lunge auf ein anderes jetzt stark angestrengtes Organ wirft.

5. *Hauptkennzeichen für das Chronische* ist nicht das Verbleiben in derselben Deliktsgruppe (daher ist unzulänglich die seit v. Liszt und Exner eingebürgerte Auffassung als „Zustandskriminalität"), vielmehr die *folge-*

---

17) Lehrb. 275 N. 13.

18) Sollen und Können 14, 31.

19) Lehrb. 497. Dazu ironisch v. Liszt: eine geeignete Strafzumessungsregel! (Mayer war als einer der ersten unermüdlichen Vorkämpfer für einen eingehenden Ausbau der Strafzumessungslehre bekanntgeworden.)

richtige, zielstrebige Entwicklung des Kriminalitätserregers. In der Kriminologie werden typische Entwicklungsreihen[20]) festgestellt. So die folgende: in der Jugend Roheitsdelikte, Brandstiftung, Diebstahl und Unzucht; in der Reife Betrug, Urkundenfälschung, Untreue und Unterschlagung; später Hehlerei und wiederum Betrug; zuletzt noch Beleidigung, Schwächediebstahl und das Altersdelikt der Kinderunzucht.

Folgende einzelne Symptome für die chronische Kriminalität lassen sich hiernach feststellen. Sie betrifft vor allem die *Entwicklung,* weniger die Entstehung, weniger auch die Stärke und Intensität. *Chronisch heißt: allmählich heranreifend und langsam erstarkend,* daher meist schleichend, anfangs verborgen und nicht leicht erkennbar, und auch später hohe latente Kriminalität; hier ist schon der Betrug am Werke. Akut dagegen: schnell sich entwickelnd, emporschnellend und meist auch schnell abflauend und vergehend; daher regelmäßig eine vorübergehende, einmalige Erscheinung.

Gemeint ist aber immer nur die regelmäßige, typische Erscheinung; es gibt auch Ausnahmen: wie die Lungentuberkulose auch einmal akut mit starkem Fieber und sofortigem Blutsturz auftreten kann, so erscheint zuweilen die chronische Kriminalität in jungen Jahren plötzlich mit Betrug und Urkundenfälschung. Der Höhepunkt wird bei akuten Fällen meist früh, bald nach der Entstehung erreicht (Tötung), um alsdann ebenso schnell zu weichen; das Chronische steigt langsam und stetig, erhält sich zähe und hartnäckig auf der Höhe, läßt nur langsam oder gar nicht nach, steigt nach manchen Stillständen in „Schüben" weiter heran. Ein akuter Verlauf zeigt heftige, scheinbar regelwidrige „Sprünge" mit unerwarteten Spitzen; der chronische Prozeß erscheint mit leicht welligen, flachen Kurven planmäßig angelegt mit innerer Gesetzmäßigkeit, weil der Kriminalitätserreger sich entfaltet und ausbreitet.

Die H a u p t k r i s e n z e i t pflegt um das 25. Lebensjahr zu bestehen, wenig erheblich ist entgegen einer verbreiteten Meinung das 21. oder gar das 18. Lebensjahr, noch weniger die frühere Jugend. Wichtig sind aber stets Zeitpunkt und Charakter der Erstkriminalität, die auch daraufhin zu prüfen ist, ob ihr nicht eine latente Kriminalität voraufgegangen sein mag, die sich in den chronischen Fällen oft erst spät ergibt. Ein wichtiges Symptom ist dabei die Kürze der Rückfallsintervalle.

6. Der Gegensatz von Einzeltatschuld und „s c h ä d l i c h e n Neigungen", d. i. chronischer Tendenzschuld, fand Ausdruck in RJugGerG. v. 6. 11. 1943 § 4 II.

IV. Gesetzliche Ausgestaltungen der chronischen Schuld sind in Anbetracht der Neuheit des Gebietes, dessen Erforschung noch in den Anfängen steht, selten und dürftig.

1. Gleichartiger Rückfall, vgl. oben § 14 III 2b.

2. Gewohnheits- und Gewerbsmäßigkeit, strafschärfend oder schuldbegründend, vgl. oben § 14 Geschäftsmäßigkeit § 144.

3. *Gefährlicher Gewohnheitsverbrecher* §§ 20a, 42e und *gefährlicher Sittlichkeitsverbrecher*[21]) § 42k (bis 1946) seit dem sog. GewohnheitsverbrecherG. v. 24. 11. 1933. Die Vorschriften enthalten nicht etwa Sonderdeliktstatbestände

20) Vgl. KrimSoz. § 68; Kriminologie § 12.

21) Der Typ des Sittlichkeitsverbrechers behält seine Bedeutung, auch nachdem die vorgesehene Entmannung seit Streichung des § 42 k durch KontrollratsG. Nr. 11 Art. 1 nicht mehr zulässig ist; er fällt unter § 42e.

eines sog. Täterstrafrechts[22]), sondern im Interesse der Rechtssicherheit höchst kasuistisch gefaßte Voraussetzungen für Schuldschärfungen[23]) sowie für Sicherheitsmaßregeln (Sicherungsverwahrung, früher auch Entmannung); für jene ist die Zeit der Tat, für diese die Zeit des Urteils maßgebend. Sie knüpfen also an andere Tatbestände an. — § 20a erfaßt erst die dritte Tat unter bestimmten Voraussetzungen und erfordert, daß der Täter nach der „Gesamtwürdigung der Taten ein gefährlicher Gewohnheitsverbrecher ist".

a) *„Gewohnheitsverbrecher"* bedeutet hier, daß *mehrere* (nach § 20a mindestens drei) *Straftaten aus einer in der Persönlichkeit verwurzelten Willensrichtung (Tendenz), Neigung und Bereitschaft hervorgehen und daß sie weitere Straftaten in nicht größeren zeitlichen Abständen erwarten lassen.* Der Typ ist zu verstehen in streng chronischem Sinn, umfaßt also nicht den artverwandten, sich innerhalb einer Deliktsgruppe haltenden Rückfall, sondern nur den Gewohnheitsverbrecher i. e. S., den gewerbs- und den berufsmäßigen Verbrecher, also die Typen 7, 8 und 9 der Tafel B in § 11. Das ist der „eingewurzelte Hang"[24]) (seit RG. 68, 155), die Erstarkung des Kriminalitätserregers, gesteigert durch stetige Entwicklung und weitere Entfaltung: die Täterpersönlichkeit entwickelt sich in bestimmter Richtung, die ihr Wollen und Wirken in gewissen Lebenslagen immer wieder zum Verbrechen führt. Im Willens- und Wirkungszusammenhang herrschen aber Tendenzen zu bestimmten Delikten vor, die einer und derselben Wurzel entspringen und auf gleichen oder doch nahe verwandten sozialethischen Untugenden beruhen (vgl. die genannte Tafel). Keim und Richtung sind immer dieselben; das ist eben der chronische Charakter.

Es ist also eine typische Gesamtentwicklung erkennbar; der psychologische Prozeß und die sozialethische Bewertung ergeben jene typischen Formen, nach denen wir die Hauptdeliktsgruppen bildeten: zu Beginn erscheint der Kriminalitätserreger noch in Trieb- und Gewaltdelikten, früh auch im Diebstahl, später reift er in der Betrugsgruppe heran und erstarkt in ihr sowie in den anschließenden Verräter- und Ausbeutergruppen. Später bilden sich Misch-, Spezial- und zuletzt Schwäche-, echte Gewohnheitstypen. Das ist ein häufiger, keineswegs der einzige Entwicklungsprozeß. Groß ist die Zahl der Willensschwachen und Haltlosen[25]). Die Umwelt- und selbst die Anlageeinflüsse treten späterhin an Bedeutung um einiges zurück; umso selbstherrlicher entfaltet sich der Täterwille und wird

---

22) So Olshausen-Niethammer, dagegen nimmt RG. 68, 364 (ähnlich Schönke) Strafschärfungsgründe an.

23) Insoweit müssen die den einzelnen Merkmalen zugrunde liegenden Tatsachen vom Vorsatz umfaßt werden.

24) Das Wort „Hang" paßt insofern nicht, als es überwiegend gefühlsbetont ist und die schwersten Formen der gewerbs- und berufsmäßigen Verbrecher nicht betrifft, die zielbewußt und planmäßig immer neue Gelegenheiten schaffen und gerade nicht im alten Gleise fortschreiten. Insofern sind die üblichen Auslegungen des § 20a, ja dieser selbst zu eng. Anderseits stehen dem Begriff starke Einflüsse der Notlage und günstige Gelegenheiten nicht entgegen; RG. 72, 295; 73, 46.

25) Vgl. die Zusammenstellung in LK. 6. A. 194.

das Verbrechen zum ureigentlichen „Werk des Täters". Jedoch können sehr wohl durch neue Umwelteinflüsse oder neue akute Delikte in Augenblicksstimmungen oder Affektstürmen neue Pläne gefaßt und neue chronische Tendenzen eingeschlagen werden. Den Schwerpunkt aller Tendenzen stellen aber immer Spezialtypen im Bereich der Nutzdelikte, während die gefährliche Gewalt- und Roheits- sowie die widerwärtige sog. kleine Kriminalität ausscheiden; nur die kleinen Betrügereien bilden einen Ausschnitt der großen Betrugskriminalität[26]).

§ 42k (aufgehoben durch KontrollratsG. v. 30. 1. 46) erforderte entsprechend einen (gewohnheitsmäßigen) Sittlichkeitsverbrecher; hierzu sollten entgegen dem § nur die Typen der Unzucht mit anderen gehören, nicht auch der Unzucht vor anderen § 183.

b) §§ 20a, 42e und k setzen außerdem (objektive) *Gefährlichkeit* voraus, die also nicht notwendig aus dem Chronischen zu folgen braucht, sondern auch auf akuter Kriminalität, Gewalt-, Affektdelikten oder auf ungünstiger Umweltlage beruhen kann. Auch eine Verschlechterung der wirtschaftlichen, der Wohnungsverhältnisse, der sozialen Umgebung („entwurzelte Deklassierte ohne soziale Anschlüsse") kann Gefährlichkeit begründen[27]). Ob diese Einführung eines der materialen Rechtswidrigkeit angehörigen Erfordernisses notwendig war, kann dahingestellt bleiben; reine chronische Kriminalität kann jedoch in der Tat ungefährlicher Natur sein, wie eine leichtere, stationär gewordene Tuberkulose. Gefährlichkeit bedeutet daher wohl eine graduelle Steigerung der bereits dem Gewohnheitsverbrecher wesentlichen Merkmale. Die Begehungsweise kann besonders gefährlich, das Angriffsobjekt besonders wertvoll, die Neigung besonders hartnäckig, die Grassierungsgefahr besonders drohend, der zeitliche Abstand zwischen den Akten besonders kurz sein[28]).

c) Endlich müssen gerade die erforderlichen *Straftaten* eine *Gesamtwürdigung* ergeben, daß der Täter die Eigenschaften zu a und b besitzt. Daß der Schluß sich aus nur einer Straftat und aus anderen, früher begangenen ergibt, soll also nicht genügen. Vielleicht ist diese der Rechtssicherheit dienende Bestimmung doch zu eng ausgefallen. Bei wachsender kriminalistischer Erkenntnis dürfte Ermessensfreiheit walten, die dem Richter zur Zeit noch nicht anvertraut werden sollte. Der jetzige § 20a ist ein bezeichnender Ausdruck für mangelnde kriminologische Reife.

V.[29]). Die vielerörterte Kollektivschuld von Gemeinschaften, „verbrecherischen Organisationen" im Sinne des Urteils des Internationalen Militärgerichts in Nürnberg v. 1. 10. 1946[30]), setzt voraus, daß die herrschenden Zweckstrebungen der Mitglieder auch (also nicht: ausschließlich, auch nicht: überwiegend) kriminelle Tendenzen enthalten; das Verhalten der bestimmenden Per-

---

26) So im wesentlichen übereinstimmend RG. 68, 98 (kleiner Betrug), DJ. 38, 1597, JW. 39, 87 (kleiner Diebstahl), Schönke 51. And. M. z. T. Olshausen 98 und LK. 6. A. 196.

27) Auch unverschuldetes Leiden RG. 69, 135; Altersschwäche RG. 73, 277.

28) Einige Fälle werden hervorgehoben von RG. 72, 260, 296, 357.

29) Das Folgende veröffentlichte ich in DRZ. 1947 S. 48. Vgl. auch m. Abh. in Zentraljustizblatt in der Brit. Zone, Beilage Spruchgerichte 1947 S. 6 ff.

30) Rob. H. Jackson (Anklagevertreter der Ver. Staaten) SüddJZ. 56, 84 (vorwiegend über das Material und das Verfahren, aber auch über das materielle Strafrecht anderer Staaten: wertvolle Quellen und Präzedenzfälle!).

sonen (also nicht notwendig: der bestellten Führer und Leiter) muß auf objektiv sozialgefährliche Erfolge gerichtet sein, und sie müssen sich dieser schädlichen Tendenz bewußt sein. Wer nicht schuldbewußt ist, nimmt an der Kollektivschuld der Gemeinschaft nicht teil, desgleichen insoweit auch nicht an der Gemeinschaft überhaupt trotz seiner äußeren Zugehörigkeit.

Wie sich die objektiven Handlungen, die Zwecke und Mittel der Einzelpersonen zu einem Kollektivunrecht, einer Kollektivgefährlichkeit vereinigen, so daß die Gemeinschaft als solche sozialschädlich und rechtlich verboten ist, so fügen sich auch subjektiv die einzelnen schuldbewußten Willensstrebungen zur Kollektivschuld der Gemeinschaft zusammen; diese kann somit eine Art der chronischen Tendenzschuld sein. Je enger und inniger eine Gemeinschaft ist, umso leichter und reiner ist Kollektivschuld möglich, z. B. bei der Familie, dem Kollegium einer Behörde, der Schulklasse, bei kleinen Vereinen und enger begrenzten Organisationen. Je größer, lockerer und weiter der Kreis wird, umso mehr schwindet die Möglichkeit einer Kollektivschuld; in kleineren Volkskreisen ist sie noch möglich, nicht aber bei einem großen Volk als ganzem. Das sog. Völkerstrafrecht befaßt sich überwiegend mit Sanktionen, während echte Strafen nur die Vertreter der Staaten erleiden können[31]). Die große, lose verbundene Gesellschaft steht jenseits der Schuldgrenze, wie sie auch keine Ehre besitzen kann. Unrichtig ist die Annahme einer widerlegbaren Schuldvermutung der Gemeinschaftsmitglieder. Ein noch nicht erkanntes Problem besteht in der Abweichung der Kollektivschuld von den verschiedenen hohen Schuldgraden der Einzelpersonen; die Höhe der Kollektivschuld bemißt sich nach dem Durchschnitt der Einzelschuldgrade, entsprechend dem Parallelogramm der objektiven Kräfte. Die Gemeinschafter können schuldhaft handeln als Mittäter, mittelbare Täter, Anstifter, Gehilfen. Versuch und Fahrlässigkeit reichen aus.

§ 21. Vorsatz. Irrtum

I. Wesen des Vorsatzes. Seine Bedeutung kann nicht hoch genug veranschlagt werden; er steht im Zentralpunkt der gesamten Strafrechtslehre, und es gibt keinen Strafrechtsfall, in dem nicht das Vorliegen von Vorsatz geprüft werden müßte. Der Vorsatz rekapituliert die gesamten, bisher behandelten objektiven Strafvoraussetzungen und außerdem die weitaus meisten, dem Besonderen Teil zu entlehnenden objektiven Tatbestandsmerkmale; denn er projiziert sie ins Subjektive, worin sein Wesen besteht. Er bildet die Grundlage für die Zurechnungsfähigkeit sowie den positiven Kern der praktisch so wichtigen Irrtumslehre; gehört es doch zu den beliebtesten Entschuldigungen eines objektiv der Tat überführten Angeklagten, er habe nicht gewußt, Unrecht zu tun. In diesem Falle muß ihm Vorsatz nachgewiesen werden; sonst kommen nur Fahrlässigkeit oder Freispruch in Frage.

1. Das Wesen des Vorsatzes wurde oben § 19 I 3, 4 im Schuldbegriff verankert. Hiernach ist *Vorsatz gleich Kenntnis des Unrechts;* soweit es hieran fehlt, liegt Irrtum vor. *Irrtum* ist also nichts weiter als die negative Seite des Vorsatzes. Will man in der Vorsatzdefinition auch das Unrecht näher kennzeichnen, so wäre zu sagen: Vorsatz ist die *Kenntnis des (material) Unrechtmäßigen,* d. h. der *Sozialschädlichkeit eines konkreten Wollens und Wirkens.* Und will man auch die Kenntnis näher bezeichnen, so wäre (im Anschluß an den Irrtums-§ 59) zu sagen: Kenntnis oder *Vor-*

[31]) Hierzu m. Schrift Völkerrecht und Weltfrieden 1948 S. 237 ff.

stellung der Tatumstände, die auf das material Unrechtmäßige schließen lassen, und zwar mindestens *Wahrscheinlichkeitskenntnis,* Vorstellung zum mindesten von der Wahrscheinlichkeit jener Tatumstände. Will man den Zusammenhang mit dem Schuldbegriff, von dem der Vorsatz ja nur ein Element darstellt, zum Ausdruck bringen, so müßte es heißen: Vorsätzliche Tat ist ein unrechtmäßiges Wollen und Wirken trotz dessen Kenntnis, oder kürzer: ein bewußt unrechtmäßiges Wollen und Wirken. Im Anschluß an die früheren Entwürfe ließe sich auch kurz, wenn auch einseitig und mißverständlich, der Vorsatz als Wissen und Wollen des unrechtmäßigen Erfolges bestimmen.

2. Neben dieser *formalen,* für die Feststellung des Vorsatzes im Gerichtsurteil[32]) ausreichenden Definition sucht die neuere Forschung noch eine *materiale* zu bieten, die sich bei der Strafbemessung, im Strafvollzug und bei der Bekämpfung bewähren müßte; eine solche muß naturgemäß den materialen Schuldbegriff einbeziehen: *Vorsatz im materialen Sinne ist die sozialethisch verwerfliche Rücksichtslosigkeit* (gegenüber fremden Lebenswerten oder dem Gemeinwohl) *bei bewußt sozialschädlichem* Wirken.

Viel zu eng ist die von anderen versuchte materiale Vorsatzdefinition als Geringwertung des angegriffenen Rechtsgutes durch den Täter; denn dieser braucht sich keine Vorstellung von der Rechtsgutsverletzung zu machen, nicht einmal bei den Angriffsdelikten, für die jene Definition höchstens in Frage käme. — Ganz abweichend kennt das englische Recht nur eine materiale, keine auf einen Tatbestand bezogene Schuld- und Vorsatzauffassung.

Zur näheren Bestimmung der in der obigen Definition nur sehr allgemein gehaltenen Merkmale sind die einzelnen kriminellen Untugenden gemäß der Tafel A in § 11 einzusetzen. Hier erscheinen also in der Reihenfolge, in der sich die Vorsatzdelikte nach ihrer Strafwürdigkeit aufbauen, die folgenden Pflichtwidrigkeiten:

a) Roheit (Gewaltdelikte); Neid und Mißgunst (Diebstahl, Wilderei, Raub, Betteldelikte).

b) Lüge und Entstellung (Betrug, Fälschungsdelikte, Verleumdung); Gleichgültigkeit und Leichtsinn (Beleidigung, üble Nachrede, Unzucht vor anderen).

c) Verschlagenheit, Vertrauensbruch (Untreue, Unterschlagung, politische Delikte, Hochverrat usw., Ehebruch, Abtreibung); Störung der Rechtssicherheit (Geheimnisverletzung, Hausfriedensbruch, Delikte gegen die öffentliche Ordnung, Begünstigung).

d) Habgier unter Ausbeutung fremder Schwächen, Not und Laster (Hehlerei, Erpressung, Wucher, Glücksspiel, Zuhälterei, Kuppelei); Wollust unter Ausbeutung fremder Schwäche (Unzucht mit anderen).

3. Mit diesen Begriffsbestimmungen ist bereits zu einem großen Teil der zahlreichen Streitfragen um den wichtigen Begriff Stellung genommen. Dies gilt vor

---

32) Schon im Hinblick auf diese praktische Anwendung bedarf es einer einheitlichen geschlossenen Darstellung der Vorsatzlehre aus einem Guß entgegen neueren Zersplitterungsversuchen. So stellen Gf. Dohna und Welzel die zum Vorsatz (nach bisheriger Lehre) gehörigen Probleme an zwei, v. Weber sogar an drei verschiedenen Stellen ihres Systems dar.

allem von dem überspitzten, unfruchtbaren Streit zwischen Willens- und Vorstellungstheorie[33]. Wir bekennen uns zu der letzteren, weil wir den Vorsatz nicht als Schuldtyp, **sondern als Schuldelement, also als Begleiterscheinung** des schuldhaften Wollens, nicht als dieses Wollen selbst auffassen, vgl. oben § 19 I 3, 4. Der Schuldvorwurf selbst richtet sich natürlich nur gegen das Wollen, nicht gegen das Wissen. Aber wir zeigten soeben zu 1 die nahe Verbindung auf und haben auch gegen die Einbeziehung des Willens nichts weiter geltend zu machen, als das Folgende: Gedient ist mit dieser Erweiterung der Praxis keineswegs; denn der Richter pflegt und vermag nur das Wissen, nicht den Willen festzustellen. Beim Diebstahl z. B. wird nur die Feststellung getroffen, daß der Täter die Wegnahme einer fremden Sache gekannt, nicht daß er sie gewollt hat. Daß die Sache in fremdem Eigentum steht, kann der Täter nur wissen, nicht wollen. Die Willenstheorie versagt bei der Fahrlässigkeit und beim Eventualvorsatz; sie legt die Verwechslung von Vorsatz und Absicht (d. i. eben Wille) nahe. Sie führt zu gewaltsamen, lebensfremden Konstruktionen, nur um den Schuldgedanken zu retten, den sie selbst beim allgemeinen Schuldbegriff mangelhaft bestimmt hat und nunmehr beim Vorsatz irgendwie unterbringen muß[34]; eine unrichtige Schuldauffassung rächt sich am Vorsatzbegriff!

II. Gegenstand des Vorsatzes, d. h. der zum Vorsatz erforderlichen Kenntnis des Täters, ist das materiale Unrecht seines Handelns (Wollens und Wirkens). Erfordert wird also Kenntnis der Sozialgefährlichkeit seiner Tat, des Widerspruchs mit den sozialethischen Anschauungen der Rechtsgemeinschaft und (als deren Vertypung) der Tatbestandsmäßigkeit, genauer aller „Tatumstände" i. S. des § 59, also aller wesentlichen Tatsachen, die auf die Tatbestandsmäßigkeit als Unrechtstyp schließen lassen. Im einzelnen ist daher folgendes vorauszusetzen:

1. *Kenntnis aller wesentlichen Tatsachen, die objektiv,* d. h. nach richterlichem Urteil, *auf die Tatbestandsmäßigkeit schließen lassen.* Jedoch ist *nicht* erforderlich Kenntnis des Täters von den Tatbestandsmerkmalen selbst, auch nicht Kenntnis, daß die Tatsachen dem gesetzlichen Tatbestand oder gar den einzelnen Tatbestandsmerkmalen unterfallen (Subsumtionskenntnis); diese beiden letzteren Arten der Kenntnis kann nur der Jurist besitzen, während vom Täter nur die Kenntnis der Tatsachen selbst und des Widerspruchs seines Verhaltens mit den sozialethischen Anschauungen aller Rechtsgenossen zu erwarten ist.

a) In dieser Hinsicht muß der Täter also wissen, daß die *Tatsachen* vorliegen, *die auf den gesetzlichen Tatbestand schließen lassen,* z. B. beim Diebstahl, daß die Sache eine fremde ist, daß sie in fremdem Gewahrsam stand, daß er durch die Tat den fremden Gewahrsam bricht und eigenen

---

33) Die h. M. vertritt die Willenstheorie, bestimmt jedoch unzulänglich den Schuldbegriff, in dessen Bereich der Wille seine Stätte hat. Immerhin hat auch die Vorstellungstheorie seit Franks grundlegendem Aufsatz ZStrW. 10, 169 eine Reihe von Vertretern gefunden, außer Frank und m. Grdlg. 609 ff.: v. Liszt, Gerland, Kohler, Klee, Lucas, Wachenfeld, Exner, vgl. Engisch Untersuchungen über Vorsatz und Fahrlässigkeit 1930; nahestehend RG. 51, 311; 53, 85; 58, 249 trotz Ablehnung insofern, als sich der Vorsatz in Voraussicht des Erfolges (Bewußtsein der Kausalität) erschöpfen soll.

34) Bezeichnend LK. 378: das Wollen im Rechtssinn umfasse alle vorgestellten (!) Tatumstände und Tatbestandsmerkmale, auch die „rechtlich getönten", wie fremde Sache, mit den vorgestellten Folgen der Tat.

begründet. Bei den Erfolgsdelikten muß der Täter wissen, daß sein Verhalten kausal zu dem Erfolg ist, daß es diesen bewirkt; insofern definierte man früher vielfach[35]) zutreffend, wenn auch höchst einseitig, den Vorsatz als Bewußtsein der Kausalität oder Voraussicht des Erfolges (mit guter Parallele zu Fahrlässigkeit, d. i. Nichtvoraussicht trotz Voraussehbarkeit des Erfolges).

Kein Vorsatz liegt also vor, wenn der Täter eine fremde Sache in der irrigen Annahme entwendet, sie sei herrenlos, während der Eigentümer sie nur verloren hat; ebenso begeht keine vorsätzliche Tötung, wer eine nach seiner Ansicht harmlose Ohrfeige gibt, die eine tödliche Gehirnentzündung verursacht.

Wenn man die Kausalität im Sinne der Bedingungstheorie des RG. versteht, muß man hier in der Vorsatzlehre den Adäquanzgedanken einarbeiten. Wenn A den B mit Tötungsvorsatz verletzt und ihm nur eine Wunde zufügt, B aber im Krankenhaus durch einen Brand oder infolge Infektion ums Leben kommt, so ist der Tod nicht durch A im Sinne der Adäquanztheorie „bewirkt", weil die Verletzung nicht tödlich war; nach der Bedingungstheorie liegt zwar Kausalität vor, sie wird aber nicht vom Vorsatz umfaßt, obwohl dieser auf Tötung gerichtet war, weil der Täter mit einem adäquaten Verlauf rechnete und sich hierbei irrte. Hier kann nur vorsätzlicher Tötungsversuch angenommen werden. Die h. M. verlangt, daß der Kausalverlauf vom Täter in seinen wesentlichen Zügen vorausgesehen wurde und nicht außerhalb der täglichen Erfahrung lag[36]). Wie weit aber normaler Verlauf anzunehmen ist, mag zweifelhaft sein. So soll vollendete vorsätzliche Tötung vorliegen, wenn zwar die Axtschläge nicht tödlich waren, der Tod aber durch Infektion (anders, wenn infolge Versehens im Krankenhaus) eintritt, weil eine solche innerhalb täglicher Erfahrung liegt (worüber man doch anders urteilen kann). In Wahrheit liegt hier nur Versuch vor, weil die Schläge nicht tödlich waren; mit Infektion konnte der Täter ebensowenig rechnen, wie sie dem normalen Erfahrungsurteil entsprechen dürfte. Man sieht, daß alle diese Streitfragen nicht in der Vorsatz-, sondern in der Kausalitätslehre auszutragen sind, was bisher die h. M. nicht eingesehen hat.

b) Der Täter muß ferner wissen, daß *nicht Tatsachen* vorliegen, *die einen Rechtfertigungs- oder Entschuldigungsgrund*[37]) *schaffen würden.*

Verletzt der Täter also einen anderen in der irrigen Annahme, daß dieser ihn angreifen will, während der andere nur den Arm zum Hitlergruß 1933 ausstreckt, so fehlt es dem Täter am Vorsatz; es liegt Putativnotwehr vor. Anders wenn der Gegner nach Vollendung des Diebstahls mit der Beute flieht und der Täter irrig glaubt, er dürfe ihn noch nach Abschluß des Angriffs verletzen; das wäre (unerheblicher) Irrtum nicht über Tatsachen, sondern über den Inhalt eines Gesetzes. Kein Vorsatz liegt vor bei Irrtum über Besitz und Umfang eines Züchtigungsrechts oder bei irriger Annahme einer Einwilligung des Verletzten, eines übergesetzlichen Notstandsrechts, eines Notstandes, einer Staatsnothilfe, der Voraussetzungen für § 193: alles umstrittene Fälle[38]). Vgl. unten III 1 g.

c) Eine Ausnahme machen nur die den *äußeren Strafbarkeitsvoraussetzungen* zugrunde liegenden Tatsachen; diese brauchen, dem Wesen jener Gruppe gemäß, nicht vom Vorsatz umfaßt zu werden. Vgl. oben § 14 III 4.

Der Täter braucht also im Fall der §§ 226, 227 den Tod nicht vorauszusehen, im Fall der bisherigen §§ 102/3 die Verbürgung der Gegenseitigkeit nicht zu kennen; im Fall des § 186 mag er von der Wahrheit der Tatsache überzeugt sein; und beim

35) Z. B. RG. v. Liszt u. a.

36) Vgl. RG. 70, 258.

37) Insofern ist die an die Spitze gestellte Definition (Kenntnis des Unrechts) zu eng und ungenau.

38) Widerspruchsvoll RG. 73, 259.

Widerstand nach § 113 mag er die Amtsausübung nicht für rechtmäßig halten. Vorsatz liegt gleichwohl überall vor, der Irrtum ist unerheblich.

2. Der Täter braucht nur die *für die rechtliche Würdigung wesentlichen Tatsachen* zu kennen. Wenn seine Annahme in nur unwesentlichen Punkten von der Wirklichkeit abweicht, die Tatsachen also einander *gleichwertig* sind, so wird durch einen solchen unwesentlichen Irrtum der Vorsatz nicht ausgeschlossen.

Unwesentlich ist der „Irrtum im Motiv", sofern dieses nicht ausnahmsweise Tatbestandsmerkmal ist (Gewinnsucht, Habgier, Wollust usw.), während die Tatsachen selbst die gleichen bleiben. Unwesentlich ist der Irrtum bei Personen- oder Objektsverwechslung unter der Voraussetzung der Gleichwertigkeit. So wenn der Täter irrtümlich einen anderen verletzt, etwa wegen falscher telefonischer Verbindung beleidigt, sofern dieser nicht besonderen strafrechtlichen Schutz, etwa als hoher Staatsträger, genießt. Unwesentlich ist ein Irrtum, wenn der Dieb Geld und (!) zum alsbaldigen Verbrauch geringwertige Genußmittel stehlen will, in dem entwendeten Kasten zu Haus aber Juwelen oder Manuskripte vorfindet. Anders wenn er nur geringwertige Genußmittel vorfindet und diese alsbald verbraucht (Mundraub in Tateinheit mit versuchtem Diebstahl). Anders in dem schwierigen umgekehrten Fall, wenn er nur Mundraub begehen will, tatsächlich aber (nur) Geld vorfindet; versuchter Mundraub ist straflos, fahrlässiger Diebstahl kann vorliegen, ist aber ebenfalls straflos; in Frage kommt aber Unterschlagung, wenn er das Geld nicht alsbald zurückgibt, wozu er sich kaum entschließen wird. Eine Gewaltlösung wäre: vollendeter Mundraub, da der Sachbegriff auch die Lebensmittel umfaßt; jedoch die Tatsachen sind vergewaltigt, der Richter trifft eine unrichtige tatsächliche Feststellung. Wie will man aber den gewiß strafbedürftigen Fall sonst entscheiden, wenn er das Geld sofort, nachdem er es bemerkt, wegwirft? Sachbeschädigung würde nicht den strafwürdigen Kern des Falls treffen[39]. — Hält der Täter die gestohlene Sache für unbesessen, so kommt Unterschlagung in Betracht, wenn er sich die Sache nach der Wegnahme wirklich aneignet[40].

Diese Irrtumsfälle (Haupttyp: A stiftet den B an, den C zu töten, B tötet irrig den D) wurden einst im Anschluß an den berühmten Strafrechtsfall Rose-Rosahl[41] viel behandelt, der aber meist unrichtig entschieden wurde. Der Holzhändler Rosahl bei Halle a. d. Saale bestimmt den Arbeiter Rose, den Handelsmann Schliebe, der soeben Geld einkassiert hatte, zu erschlagen. Rose trifft in der Dunkelheit aber den Gymnasiasten Harnisch, der nach längeren Qualen stirbt. Der Irrtum ist für den Täter wie für den Anstifter juristisch unwesentlich. Anders wenn der eine etwa als Staatsträger oder (nach § 215 a. F.) als Aszendent besonders geschützt ist; alsdann ist anzunehmen versuchte vorsätzliche Tötung des C in Idealkonkurrenz (Tateinheit) mit vollendeter fahrlässiger Tötung des D.

Diese letzte Art der Lösung wollte man auch bei Gleichwertigkeit der Gegenstände anwenden (so im Fall Rose-Rosahl), was jedoch eine unnötige Erschwerung bedeuten würde und nicht befriedigt, wenn Versuch oder Fahrlässigkeit (wie oben) straflos sind. Nur muß man sich dabei vor unrichtigen, unwahren Urteilsformulierungen hüten. So dürfte das Urteil in obigem Fall nicht lauten: B wird wegen vorsätzlicher Tötung des D verurteilt, A wegen Anstiftung des B hierzu. Dieses Urteil würde die

39) Hier hilft nur eine klare Rechtsmethodik. Der Richter stellt die Tatsachen wahrheitsgemäß fest, also versuchten Mundraub. Dann bildet er an Hand des materialen Unrechtsbegriffs eine konkrete Gestaltungsnorm und bestraft „unter entsprechender Anwendung des § 370 N. 5 (Mundraub)" mit Geldstrafe oder Haft. Ueber die konkrete Gestaltungsnorm vgl. den folgenden Text zu 3.

40) LK. 484.

41) Preuß. Obertribunal Goltd. Arch. 7, 332; RG. 70, 295. v. Hippel, der den Fall behandelt, begeht ebenfalls eine naheliegende Personenverwechslung (Rose mit Rosahl). Andere begehen schlimmere juristische oder gar logische Irrtümer!

Tatsachen fälschen; denn B hat den D nicht mit Vorsatz getötet, und noch weniger hat A (Rosahl) ihn gerade zur Tötung des ihm vielleicht befreundeten D (Harnisch, dessen Tod noch dazu besonders qualvoll war) angestiftet. Vielmehr darf man nur abstrakt formulieren: wegen vorsätzlicher Tötung eines anderen (!) und wegen Anstiftung dazu. Allerdings sollen Urteile möglichst konkret und lebensnahe lauten, und sie müssen es in der Begründung! Hier ist unbedingt klare Methodik geboten.

Von diesen Irrtumsfällen der Objektsvertauschung (errof in objecto, in persona) suchte man früher zu unterscheiden das Verfehlen des Angriffziels (aberratio ictus) durch Naturereignisse: A will den B töten, trifft aber infolge eines Windstoßes oder wegen Abprallens des Geschosses den C oder das Pferd des B. Auch diese Fälle beruhen auf einem Irrtum u. z. über den Kausalverlauf. Die Behandlung ist die gleiche wie bei der Objektsverwechslung; es besteht kein sachlicher Unterschied[42].

b) Unter generellem Vorsatz kann man zunächst die häufigen Fälle verstehen, in denen sich ein anfangs nur in allgemeinen Umrissen gefaßter Vorsatz erst während der Tatausführung auf bestimmte Objekte oder nach bestimmter Richtung hin spezialisiert, je nachdem der Verlauf oder die Gelegenheit oder die Planung es zulassen[43]. Da das Verbrechen ein sich oft auf einen längeren Zeitraum erstreckender Willens- und Wirkenszusammenhang ist, so ist auch diese allmähliche Entwicklung des Vorsatzes möglich. — In anderem Sinne bedeutet der sog. Webersche dolus generalis, ähnlich der aberratio ictus, die irrige Annahme des Täters, die Tat vollendet zu haben, während der Erfolg erst durch eine spätere Tat eintritt, durch die der Täter die Beute sichern, die Spur verwischen will: der Täter hält das nur verletzte Opfer für tot und wirft es nach Beraubung in den Strom, um die Tat zu verbergen. Wegen Gleichartigkeit beider Begehungsmittel sollte hier nur eine einzige, sich allmählich entwickelnde Handlung mit entsprechendem Vorsatz angenommen werden: vollendete vorsätzliche Tötung. Nach herrschender Meinung: versuchte vorsätzliche Tötung in Realkonkurrenz (Tatmehrheit) mit vollendeter fahrlässiger Tötung[44]. Allerdings ist Verschiedenwertigkeit der Strafwürdigkeit und der Schuld möglich; so wenn der Tod erst nach längerem, qualvollem Siechtum erfolgt, was der Täter ablehnte. Alsdann trifft die zweite Lösung zu.

3. Diese Tatsachen fügen sich zu einem Sachverhalt zusammen, dessen *sozialschädliche Tendenz* dem Täter bekannt sein muß. Während die Kenntnis der Gesetze, der einzelnen Tatbestandsmerkmale sowie der Einordnung der Tatsachen unter diese (Subsumtionskenntnis) beim Täter nicht erwartet werden kann, darf die Kenntnis des konkreten materialen Unrechts, d. i. der *konkreten Gestaltungsnorm*, erfordert werden, da die konkreten sozialethischen Vorstellungen bei allen zurechnungsfähigen Menschen die gleichen sind. Auf der konkreten Gestaltungsnorm beruht jede Rechtsanwendung, jede Rechtsprechung, jede „tatsächliche Feststellung" des Strafurteils. Diese konkrete, unmittelbar im sozialen Leben wirkende, die Rechtsordnung tragende, sich an die Rechtsgenossen wendende, dem Durchschnittsmenschen faßliche und sie berührende Norm[45]) kann und muß der Täter kennen; nicht zu kennen braucht er die abstrakte Norm, den Rechtssatz, den gesetzlichen Tatbestand, aber auch nicht eine (abstrakte) ethische

---

42) S. jedoch Frank § 59 III 2 a. E.

43) RG. 61, 261: Der flüchtige Dieb hält sich durch einen Schuß mehrere Verfolger fern.

44) Vgl. RG. 70, 258, LK. 383; ähnlich dem Text v. Liszt-Schmidt 268, Gf. Dohna 18, Welzel Grdz. 61 und schon Weber 1825; vgl. auch RG. 67, 258 (Bedingungstheorie!).

45) JurMethL. § 44 S. 370, 387. Zustimmend Niethammer DJ. 1941 S. 233/4 und Klee Z. d. Akad. f. Dt. Recht 1941 S. 160.

Norm, eine im Volke lebende moralische Anschauung, ein sozialethisches Unwerturteil. Hätte man sich über diese methodische und rechtstheoretische Grundfrage zur Klarheit durchgerungen, insbesondere die doch wahrlich einleuchtende Unterscheidung von abstrakter und konkreter Rechtsauffassung beachtet, so wäre mancher Streit über die Behandlung des Rechtsirrtums vermieden oder in die richtigen Bahnen gelenkt.

a) Um dem Richter den oft schwer zu erbringenden Nachweis dieses Erfordernisses zu ersparen, kann man zwei Wege nehmen. Entweder wird nur *Zurechnungsfähigkeit* verlangt, die ja ein vertypter Vorsatz ist und die gleichen Bestandteile wie dieser schon in der Formulierung aufweist. Oder es wird insoweit zum Vorsatz nur *Kennenmüssen* erfordert[46]), wonach im Vorsatz also teilweise nur ein Fahrlässigkeitsmaßstab enthalten ist. Beidemal Surrogate, die in den weitaus überwiegenden Normalfällen für die Praxis ausreichen mögen.

b) Dann sollte aber in praktischen Ausnahmefällen die theoretische Regel zum Durchbruch kommen, also die *Unkenntnis des materialen Unrechts den Vorsatz ausschließen* (ähnlich wie objektiv der gleiche praktische Umweg über die Negation gewählt wird, wonach das Vorliegen der materialen Rechtsmäßigkeit die Rechtswidrigkeit ausschließt). Es sind jene gar nicht so seltenen Grenzfälle, in denen schon der überdurchschnittliche Mensch Recht von Unrecht nicht unterscheiden kann, wo auch unsere sozialethischen Wertanschauungen in beständigem Wandel begriffen und wo besonders in Nebengesetzen Verbote enthalten sind, die selbst von Juristen leicht übersehen werden.

Hierher gehören die Strafgesetze über Glücksspiel, Wucher, Kuppelei (also die Ausbeutungsverbote), selbst über Hehlerei (in den Nebengesetzen), über Begünstigung, über die der Urkundenfälschung angehängten Delikte, über Gewerbe-, Steuer- und Zoll-, über politische Delikte. Frauen und Jugendliche von sonst höherem kulturellen und moralischen Niveau urteilen namentlich auf den Gebieten der Hehlerei und der Urkundenfälschung oft unbegreiflicherweise sorglos.

III. Irrtum.

1. Dieses heftig umstrittene, praktisch höchst bedeutsame Thema wurde von der oben vorgetragenen Vorsatzlehre bereits erschöpfend erledigt; jeder Irrtum über wesentliche Tatsachen und über die materiale Unrechtmäßigkeit des Wirkens schließt den Vorsatz aus. Zusammenfassend möge ein konstruktiver Aufbau die Ergebnisse veranschaulichen.

1. Tatsachen (Sachverhalt)
2. Tatbestandsmerkmale
3. gesetzliche Tatbestände und Ausschlußgründe
4. materiale Unrechtmäßigkeit

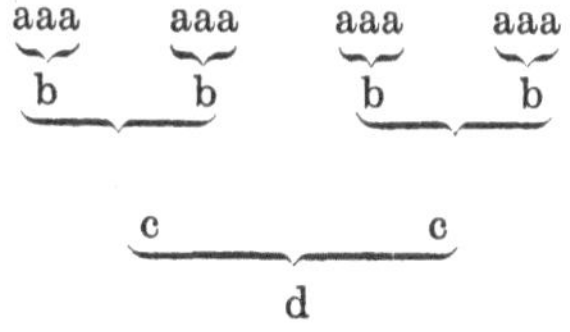

46) So schon seit den Anregungen Franks zu § 59 III und v. Hippels II 300, 337, 346.

a) Den Vorsatz schließt aus: aa) die Nichtkenntnis der erheblichen Tatsachen (1), das sind die „Tatumstände" des § 59; ferner bb) die Nichtkenntnis, daß die Zusammenfassung dieser Tatsachen zum Sachverhalt (1) unter die materiale Unrechtmäßigkeit (4) fällt (Subsumtionsirrtum, erster Fall).

b) Dagegen ist der Vorsatz durch sämtliche andere Arten des Irrtums *nicht ausgeschlossen*. Unerheblich ist daher der Irrtum aa) über die Tatbestandsmerkmale (2) sowie bb) über die gesetzlichen Tatbestände und Rechtfertigungsgründe (3), ferner auch cc) der Irrtum darüber, daß a unter b, b unter c, c unter d fällt (weitere Fälle des Subsumtionsirrtums).

c) Bei wesentlichem Irrtum fehlt zwar der Vorsatz, tritt aber natürlich nicht stets Straflosigkeit ein. War der Irrtum nicht entschuldbar (Nichtkenntnis bei Kennensollen!), so kommt Fahrlässigkeit in Betracht. Soweit vom Gesetz eine Fahrlässigkeitsstrafe nicht vorgesehen ist, sollte für den Fall des unentschuldbaren Irrtums über die Einordnung unter das materiale Unrecht (4) allemal die *Rechtsfahrlässigkeit* strafbar sein; hierfür will E. 36 einen besonderen Tatbestand schaffen[47]).

d) Der Irrtum bewirkt auch dann natürlich keine Straflosigkeit, wenn der Täter irrig Tatsachen annahm, die *nach einem anderen Gesetz Strafbarkeit begründen*. Irrt sich der Dieb über die Gewahrsamsverhältnisse, so kann noch Unterschlagungsvorsatz bestehen bleiben. Wie weit *Versuch* anzunehmen und untauglicher Versuch strafbar ist, auch soweit der Irrtum sich nicht auf den für den Versuch typischen Kausalverlauf bezieht, ist umstritten. Vgl. oben § 16 I.

e) Mitunter fassen die Gesetze zu Rechtsbegriffen tatsächliche und rechtliche Merkmale zusammen (Glücksspiel, Unzucht, Beamte)[48]); alsdann kommen für unsere Frage nur die *Tatsachen* in Betracht.

f) Beachtlich ist der Irrtum nur bei den *Tatsachen*, die den *objektiven Tatbestandsmerkmalen* zugrunde liegen. Erheblich ist er bei den positiven Schuldtypen, z. B. Arglist, mutwillig, böswillig, Beamteneigenschaft, Verwandtschaft usw., soweit die ihnen zugrunde liegenden *Tatsachen* in Betracht kommen, also nicht die Rechtsbegriffe selbst. Ein Irrtum über die Zurechnungsfähigkeit ist aber unbeachtlich, da sie Schuld*voraussetzung* ist. Unerheblich ist er bei Gleichartigkeit objektiver Tatsachen; ferner bei den äußeren Strafbarkeitsvoraussetzungen.

g) Wie die Tatbestände sind, was sich von selbst verstehen sollte, die *Rechtfertigungsgründe* zu behandeln; Putativnotwehr schließt ebenso den Vorsatz aus, wie die irrige Annahme der Einwilligung oder eines Berufs-, Operations-, Züchtigungs-, Befehls-, Interessenwahrnehmungsrechts (§ 193), immer nur soweit es sich um die zugrunde liegenden Tatsachen oder um das allgemeine materiale Verbotensein, nicht auch um die rechtlichen Be-

47) KBer. I 63, 69.
48) RG. 19, 259; 40, 326.

griffsmerkmale handelt. Wie die Rechtfertigungsgründe sind aber auch die *Entschuldigungsgründe* zu behandeln, wie E. 27 erfreulich klarstellt: Was für Putativnotwehr gilt, muß auch für Putativnotstand gelten. Ebenso zu behandeln sind endlich die Schuldschärfungs- und Schuldmilderungsgründe (unten § 24; beachte die dortige Ergänzung zu V).

Nimmt A irrig an, daß der Mitbewohner B ihn bestohlen hat, während C der Dieb ist, und hält A dem B seinen Verdacht sachlich vor, so ist diese Beleidigung zwar rechtswidrig, aber die Rechtswidrigkeit wird nicht vom Vorsatz umfaßt; daher ist § 193 nicht unmittelbar anwendbar, wozu die Gerichte neigen, sondern nur mit Hilfe des § 59: Notwehr wäre also zulässig. Beleidigt A bei dieser Gelegenheit aber zugleich unter verletzender Form oder öffentlich den B, wozu er sich für berechtigt hält, da ihm diese Einschränkung am Schluß des § 193 natürlich unbekannt ist, so ist er wegen Formbeleidigung strafbar; dieser Irrtum ist unbeachtlich.

2. Stand der Ansichten.

a) Unhaltbar ist die immer von neuem vorgetragene und widerlegte Verteilung (!) des RG. (dem auch VE. 09 in Ermangelung einer besseren Lösung folgte), daß der Tatsachen- und der außerstrafrechtliche Rechtsirrtum, nicht aber der Irrtum über das Strafgesetz[49]) den Vorsatz ausschließt, obwohl diese Sätze selbst im einzelnen weitgehend zutreffen, während im Einzelfall die Grenzen kaum zu ziehen sind. Unerheblich ist aber, ob eine Rechtsnorm dem Strafrecht angehört oder nicht; die Notrechtsfälle des BGB., die zahlreichen, weitverstreuten und ungeschriebenen Rechtfertigungsgründe sind schwer in dem Schema unterzubringen; der Irrtum über die das Blankettgesetz ausfüllende Norm soll außerstrafrechtlicher Irrtum sein[50]). Gegen das RG. auch RAbgO. v. 16. 10. 34 § 395, DevG. v. 12. 12. 38 § 71 und schon „RechtsirrtumsVO." des Bundesrats v. 18. 1. 17.

b) In Schwierigkeiten gerät die Willenstheorie (oben I 3), für die der Irrtum naturgemäß nicht die bloße Kehrseite des Vorsatzes sein kann, sondern ein neues Problem gegenüber dem Vorsatz sein muß. Er wird regelmäßig als Ausschluß der Schuld aufgefaßt und in privatrechtlicher Denkweise dem Zwang (Notstand) untergeordnet. Dann muß nach neuen Gesichtspunkten gesucht werden, da ja auch die Schuld als Wille aufgefaßt wird. So erklärt sich die innerlich durchaus unbegründete Unterscheidung zu a. Manche fassen jeden erheblichen Irrtum als Subsumtionsirrtum auf[51]), müssen alsdann aber Subsumtion logisch neuartig und sehr weit verstehen, während sie doch gegenüber dem Bestand von Tatsache und Rechtsnorm etwas Drittes, nämlich deren Verbindung, den Schluß, die Einordnung der Tatsache unter die Norm bedeutet. Nach anderen[52]) ist umgekehrt der Subsumtionsirrtum gerade unerheblich, da die Subsumtion nur dem Juristen obliegt. Nach einer das RG. bekämpfenden früheren Meinung[53]) ist nicht nur der Tatsachen-, sondern jeder Rechtsirrtum erheblich; das mag der Gerechtigkeit gegenüber dem Täter im Einzelfall entsprechen, unterliegt aber dem beliebten Einwand, daß diese Ansicht praktisch unannehmbar sei und die Rechtspflege lahmlegen würde. Von noch anderen Autoren[54]) und von E. 27 § 20 (gegenüber § 17; anders noch § 25) wird zwischen Tatbestands- und Verbotsirrtum unterschieden; jener soll den Vorsatz ausschließen, dieser die Schuld mildern! Aehnlich Schweiz Art. 20.

---

49) Hierüber eingehend alle Komm.; vgl. RG. 8, 147; 23, 374; 57, 235. Neuerdings für das RG. A. Wegner in Festschr. f. Raape 1948, 401.

50) RG. 57, 15; 76, 41.

51) RG. 14, 226; Finger 246; LK. 483.

52) v. Liszt u. a.

53) So früher die Bindingkreise im Gegensatz zur Lisztschule. Später auch RVerwG. im DtR. 1943, 1011.

54) Vgl v. Hippel 2, 349; Gf. Dohna 41; Welzel 114; v. Weber a. a. O.; auch RG. 72, 122; 73, 5, 264.

IV. Die Kenntnis. Arten des Vorsatzes.

Je nach den Graden der Kenntnis stuft sich der Vorsatz, der ja Kenntnis ist, in Arten ab. Die Willenstheorie (oben I 3) steht auch hier vor neuen Schwierigkeiten und sieht sich zu Folgewidrigkeiten genötigt; denn man kann nur wollen oder nicht wollen.

1. *Gewißheitskenntnis*, d. i. direkter oder bestimmter Vorsatz: der Täter weiß, daß sein Verhalten unrechtmäßig ist. Eine Steigerung ist die *Absicht:* der Täter will, daß sein Verhalten zu einem bestimmten Ziel führt, daß ein bestimmter Erfolg eintritt; erforderlich nur nach wenigen Tatbeständen, den sog. Absichtsdelikten (§§ 242, 263 usw.), vgl. unten § 24.

2. *Wahrscheinlichkeitskenntnis.* a) Gewißheitskenntnis ist in Wahrheit nur selten möglich; gerade der Gewissenhafte wird meist nur mit Wahrscheinlichkeiten rechnen. Während man diese Typen gern als Uebergang und Grenzfall von Vorsatz und Fahrlässigkeit ansieht, liegt hier gerade das eigentliche Wesen des Vorsatzes. Wie objektiv das rechtswidrige Handeln, das Bewirken des Erfolges, die (adäquate) Kausalität nur als Wahrscheinlichkeitstendenz auf den tatbestandlichen Erfolg, nur als Eignung der Handlung zur Herbeiführung dieses Erfolges zu bestimmen ist, so ist mit logischer Folgerichtigkeit der Vorsatz nur als Kenntnis dieses objektiv wahrscheinlichen Vorgangs oder Merkmals aufzufassen, insbesondere als Bewußtsein der adäquaten Kausalität, als Bewußtsein des normalen Verlaufs der Geschehnisse und des wahrscheinlichen Vorliegens der objektiven Merkmale. *Der Wahrscheinlichkeitsvorsatz ist der Grundtyp des Vorsatzes;* der direkte Vorsatz zu 1 erscheint von hier aus nur als eine erste Steigerung. Hiernach ergibt sich ein klarer, folgerichtiger Stufenaufbau der Hauptarten von Vorsatz und Fahrlässigkeit:

(1) *Absicht;* der Täter sagt sich: der schädliche Erfolg *soll* eintreten.

(2) *Direkter Vorsatz;* der Täter sagt: der Erfolg *wird sicher* eintreten, ein anderes Merkmal sicher vorliegen.

(3) *Wahrscheinlichkeits-*, insbesondere bedingter oder *Eventualvorsatz;* der Täter sagt: der Erfolg wird *voraussichtlich* (mit aller Wahrscheinlichkeit, nach normalem Verlauf) eintreten, das Merkmal nach aller Wahrscheinlichkeit vorliegen, wenn auch ein anderer Verlauf, ein anderer Erfolg, ein anderes Merkmal möglich sind.

(4) *Bewußte Fahrlässigkeit;* der Täter sagt: der Erfolg wird *voraussichtlich* (wahrscheinlich) *nicht* eintreten, das Merkmal wahrscheinlich nicht vorliegen, wenn es auch entfernt möglich ist.

(5) *Unbewußte Fahrlässigkeit;* der Täter denkt überhaupt nicht an den (objektiv voraussehbaren) Erfolg; oder er sagt: der Erfolg wird *sicher nicht* eintreten, das Merkmal sicher nicht vorliegen.

b) Hauptfälle: aa) *Alternativer Vorsatz:* der Täter hält den Schlag für tödlich oder für nur verletzend, die gefundene Sache für in fremdem oder in keinem Gewahrsam stehend. — bb) *Kumulativer Vorsatz:* der Täter sagt sich, daß der Bombenwurf den A töten wird, wahrscheinlich aber auch die in der Nähe befindlichen B und C. — cc) *Eventueller oder bedingter Vorsatz.* Diese am häufigsten behandelten, nicht glücklich benannten Fälle sind dahin zu verstehen, daß der Täter Zweifel über die Rechtmäßigkeit seines Handelns hat, daß er sich aber auch „für den Fall" einer naheliegenden oder einer wahrscheinlichen Widerrechtlichkeit („eventuell", „bedingt") zum Handeln entschließt.

So wenn der Täter bei Wahrscheinlichkeitskenntnis Zweifel hat, ob der Schuß das Wild oder den Treiber trifft, ob die im Nebel nicht deutlich zu erkennenden Tiere Wild oder Kühe sind, ob die angenommenen Sachen Diebs- und Hehlgut sind (RG. 55, 205), ob der Schlüssel beim Diebstahl falsch ist (RG. 52, 85), über das Alter des mißbrauchten Jugendlichen nach § 176 Z. 3 (RG. 22, 423), über die Widerrechtlichkeit des Hausfriedensbruchs (RG. 47, 249), über Bestand und Inhalt von Rechtsvorschriften (RG. 70, 142).

c) Das *Unterscheidungsmerkmal* sollte überall die *Wahrscheinlichkeit* oder zum mindesten die an Wahrscheinlichkeit grenzende *nahe Möglichkeit*[55]) sein, während die Fälle entfernter Möglichkeit nur für die Fahrlässigkeit in Betracht kommen. Dagegen möchte die *Willenstheorie* auch die letzteren zum Vorsatz ziehen, sofern der Täter den Erfolg und auch die ihm unerwünschten Umstände in seinen Willen aufgenommen hat; der Wille kann sich nur auf den Erfolg, nicht auf andere Tatbestandsmerkmale oder auf die Widerrechtlichkeit beziehen.

Wie dieses Willenselement näher zu verstehen ist, darüber bestehen bei den Vertretern erhebliche Meinungsverschiedenheiten; es sind hier stufenweise s t r e n g e r e und gemäßigte Ansichten mit immer stärkerer Annäherung an die Wahrscheinlichkeitstheorie zu erkennen. Während früher ein Gutheißen oder Billigen[56]) erfordert wurde, wonach alle dem Täter weniger erwünschten Begleitumstände ausfallen müßten, drang später eine sog. E i n w i l l i g u n g s t h e o r i e durch[57]). Sodann wurde das Willensmoment noch mehr abgeschwächt, zugleich aber eine weitere Annäherung an die Fahrlässigkeit vollzogen durch die Wendungen: in den Kauf nehmen[58]) (so E. 36), auf die erkannte Gefahr hin handeln[59]), oder: der Täter mußte mit dem nahe möglichen Eintritt rechnen[60]). Diese letzten drei oder zum mindesten zwei Fassungen sind ein deutlicher Ausdruck der Wahrscheinlichkeitstheorie. Das Gleiche gilt von den nahestehenden Frankschen Formeln: Vorsatz liegt vor, wenn der Täter auch bei bestimmter Kenntnis, daß er den Erfolg herbeiführen würde, gehandelt hätte[61]); oder wenn der Täter sich sagt: mag es so oder anders sein oder werden, auf jeden Fall handle ich[62]). Wenn ihn die bestimmte Kenntnis vom Handeln abgehalten hätte, liegt nur Fahrlässigkeit vor. Der vorsätzliche Täter handelt dann eben im Hinblick auf den wahrscheinlichen Eintritt des Erfolges.

---

[55]) Für die Wahrscheinlichkeitstheorie sprachen sich aus außer m. Grdlg. § 21 u. a. Lucas (VE. 09), Köhler, Traeger, Exner, Grünhut, A. Wegner, L. Müller, Lobe Allg. T. 1933 S. 111 (unter Bezug auf Sauer ZStrW. 51, 181), H. Mayer, Großmann (Hamburger Schr. H. 6, 1924), Runck Dol. event. (Diss. Würzburg 1929), Gottwald Grenze zw. Vors. u. Fahrl. (Diss. Marb. 1929); vgl. Engisch Untersuchungen 1930 S. 106 ff.

[56]) So früher oft RG., auch noch 65, 69; 72, 43.

[57]) Dies die h. M.; vgl. v. Hippel VDA 3, 373; RG. 31, 217 (einwilligen); 67, 426 (einverstanden sein).

[58]) RG. 60, 3; 72, 43; 73, 168.

[59]) RG. 60, 167; 70, 142.

[60]) RG. 62, 69.

[61]) RG. 33, 4; 46, 231.

[62]) Aehnlich RG. 67, 425; 75, 32; DtR. 41, 1202.

Wenn der Täter den Erfolg für wahrscheinlich hält und dann handelt, nimmt er den Erfolg selbstverständlich in Kauf; die Einwilligungstheorie hat insoweit dasselbe Ergebnis wie die Wahrscheinlichkeitstheorie. Aber sie sieht das Kennzeichen des Vorsatzes in dieser äußeren Nebenfolge, der Gefühlsbetonung, statt auf den Grund, die Wahrscheinlichkeitsvorstellung, zurückzugehen. Diese Gefühlsbetonung, ein zu erwartendes Lustgefühl, aber auch dann zum Vorsatzmerkmal zu erheben, wenn der Täter mit nur ganz entfernten Möglichkeiten rechnet, geht zweifellos zu weit. Bei solchen nur ganz ungefähren Vorstellungen kann nur Fahrlässigkeit in Frage kommen. In derartigen Fällen Vorsatz nur deswegen zu begründen, weil dem Täter auch solch entfernter Erfolg angenehm wäre, hieße ein höchst unsicheres, starken Schwankungen unterworfenes Kriterium einführen, das im Rechtsleben schon wegen seiner schwierigen Feststellbarkeit höchst unwillkommen wäre und das sicher dem Wesenskern des Vorsatzes nicht entspricht.

Schulungsfall[63]: Der Waldeigentümer W. hat mit seinem Förster F. einen heftigen Streit, der zu dessen sofortiger Entlassung führt. Beide trennen sich im Wald und zünden sich zu ihrer Beruhigung eine Zigarre an. Ein Funken verursacht einen Waldbrand von größtem Ausmaß. Nach der Einwilligungstheorie ist jetzt zu unterscheiden. Rührt der Funken aus der Zigarre des W. her, so bewußte Fahrlässigkeit; kommt er aus der Zigarre des F., so Eventualvorsatz. Beidemal grundverschiedene Bestrafung und Behandlung. Nach der Wahrscheinlichkeitstheorie beidemal Vorsatz, wenn sie mit der nahen Möglichkeit eines Brandes rechneten (etwa in trockenem Kiefernwald), sonst Fahrlässigkeit.

Gesetzesvorschlag[64]):

Vorsätzlich handelt, wer weiß oder mit der nahen Möglichkeit rechnet, daß die Tat den Tatbestand eines Strafgesetzes verwirklicht und daß sie nicht gerechtfertigt oder entschuldigt wird.

§ 22. Fahrlässigkeit

I. Wesen. Fahrlässigkeit ist ein Fall des Irrtums, also des Ausschlusses des Vorsatzes, und zwar der unentschuldbare Irrtum. Die *Tat*fahrlässigkeit wird nur in den vom Gesetz genannten Fällen bestraft, bei Uebertretungen jedoch allgemein, soweit die Tat überhaupt fahrlässig begangen werden kann (seit Frank h. M)[65]). Die *Rechts*fahrlässigkeit sollte, wie schon die letzten Entwürfe (E. 36) anstrebten, überall bestraft werden, damit der (nach jetzt h. M.) den Vorsatz ausschließende Rechtsirrtum nicht ganz straflos ausgeht, sondern in den nicht entschuldbaren Fällen die verdiente, sei es auch mildere Strafe erhalten kann. Die jetzige gesetzliche Regelung, nicht ohne Willkür, ist also stark reformbedüftig und bereits reformreif. Auch die Auswahl der Tatbestände bedarf der Nachprüfung von Fall zu Fall; so besteht jetzt ein Bedürfnis, auch bei Sachbeschädigung und Beleidigung die fahrlässige Begehung zu bestrafen. Kriminologisch kommen in Betracht vor allem Tötung, Körperverletzung, gemeingefährliche Delikte, Falscheid, Delikte im Kraftwagen- und sonstigen Verkehr, Feilhalten verdorbener Lebensmittel.

1. Die *Fahrlässigkeit ist Nichtkenntnis des Unrechts bei Kennensollen.* Sie ist wie der Vorsatz keine Art (Form, Typ) der Schuld; in den Schuld-

[63]) Aus Jur. Elementarlehre 1944 S. 122 mit näherer Erläuterung.

[64]) Gemäß Sauer ZStrW. 51 (1931), 183. Dagegen ist ein § über Irrtum und Absicht (wie in E. 27) vom Standpunkt der Vorstellungs- und Wahrscheinlichkeitstheorie aus entbehrlich

[65]) RG. 72, 246.

begriff wurde sie oben verankert (§ 19 I 4). Sie enthält nicht selbst einen Schuldvorwurf, womit sich endlose Streitfragen erledigen; schuldhaft ist das unrechtmäßige Wollen und Wirken (Handeln) bei Nichtkenntnis und Kennensollen des Unrechts. In diesem Sollen steckt allerdings ein Vorwurf (der sog. zweite), der aber kein Schuldvorwurf ist, weil er nicht an den Willen, sondern an den Verstand gerichtet wird. Dieser Vorwurf bringt gegenüber dem Vorsatzbegriff etwas wesentlich Neues und kompliziert das Problem erheblich während im übrigen die Glieder des Vorsatzbegriffs (Kenntnis, Unrecht, Entschuldigungs-, Schuldschärfungs- und Schuldmilderungsgründe, z. B. fahrlässige Ueberschreitung des Notstands!) wiederkehren und ebenso wie dort zu deuten sind. Insbesondere ist die Kenntnis wie dort nur eine *Wahrscheinlichkeitskenntnis.*

So ergeben sich ohne weiteres die beiden Arten: *unbewußte Fahrlässigkeit ist völlige Unkenntnis des Unrechts; bewußte Fahrlässigkeit ist Unkenntnis der Wahrscheinlichkeit,* d. i. Kenntnis der entfernten Möglichkeit. Ueber die Abstufung und die Abgrenzung gegenüber dem Vorsatz vgl. oben § 21 IV 2a. *Fahrlässigkeit ist ein objektiv und subjektiv vermeidbarer Mangel an Kenntnis des unrechtmäßigen (sozialschädlichen) Wollens und Wirkens bei pflichtmäßigem Kennensollen oder Besserkennensollen.*

2. Die Fahrlässigkeit gehört wie die Unterlassung zu den in allen Farben schillernden Begriffen. Schwierigkeiten bereitet die *materiale Definition,* da hiermit die Verbindung zu dem so umstrittenen Schuldvorwurf aufzunehmen ist, womit auch das Verständnis für den eigenartigen Verstandesvorwurf vorbereitet wird. Der unbewußten Fahrlässigkeit liegt als kriminelle Untugend die *Gleichgültigkeit* gegenüber anderen (übrigens auch eigenen) Lebenswerten zugrunde, der bewußten die *Leichtfertigkeit,* in den schwereren Fällen der *Leichtsinn* (sog. sträflicher Leichtsinn) wiederum gegenüber fremden Werten sowohl wie eigenen Werten und Pflichten. Wie bei den Graden der Kenntnis, des Wissens und der Vorstellungen gibt es auch bei den Untugenden nicht scharfe Einschnitte und Abgrenzungen, sondern zahlreiche und allmähliche Uebergänge. — In ansteigender Reihenfolge kommen etwa diese Untugenden in Betracht:

a) Zufälligkeit: starkes Ueberwiegen von Umwelteinflüssen, triebhaftes Handeln,

b) Unbedachtheit, Unaufmerksamkeit, Unüberlegtheit, Uebereilung, Unbesonnenheit, Gedankenlosigkeit: überwiegend intellektuelle Mängel,

c) Unbekümmertheit, Unbedenklichkeit: intellektuelle und gefühlsmäßige Mängel,

d) Unbesorgtheit: höherer Grad der Vorstufe,

e) Sorglosigkeit: noch höherer Grad der Vorstufen besonders in sozialen Pflichtenkreisen,

f) Mangel an Sorgfalt im Durchschnitt gewisser Lebenskreise: Beginn der *privatrechtlichen Fahrlässigkeit* (ordentlicher Hausvater, Kaufmann, Reeder, Frachtführer, Rechtsgenosse, Verkehrsbeteiligter): die im rechtlichen, sozialen, wirtschaftlichen, technischen, äußeren Verkehr geltende Durchschnittsnorm wird nicht erreicht; Aufstieg von der culpa levissima bis zur culpa lata,

g) Nachlässigkeit, Unsorgfältigkeit: Steigerung der Vorstufe,

h) Unvorsichtigkeit: weitere Steigerung der Vorstufen in besonderer Rücksicht auf andere Personen und auf deren (und die eigene) Gefährdung,

i) Gleichgültigkeit: weitere Steigerung der Vorstufen namentlich in sozialer und sozialethischer Hinsicht, Passivität, asoziales Beharrungsvermögen, mangelnder Sinn für fremde Interessen und für eigene Pflichten im Hinblick auf eigene Interessen, Ruhe und Bequemlichkeit. Hier setzt die *strafrechtliche Fahrlässigkeit* ein.

k) Leichtfertigkeit: weitere Steigerung der Vorstufen: asoziales Sichgehenlassen mit stärkerer Betonung der intellektuellen und sozialethischen Mängel. Hier beginnt die *bewußte Fahrlässigkeit.*

l) Leichtsinn: weitere Steigerung der Vorstufen, stärkere Beteiligung moralischer (individualistischer) Mängel. Dies sind Fälle der sog. *groben Fahrlässigkeit.*

m) Gewissenlosigkeit, Skrupellosigkeit: noch stärkere Betonung individual- und sozialethischer Mängel,

n) Rücksichtslosigkeit: noch stärkere Betonung der sozialen und strafrechtlichen Pflichten und deren Verletzung unter Gefährdung und Bedrohung anderer Personen. Hier setzt der *strafrechtliche Vorsatz* ein und beginnen die eigentlichen strafrechtlichen Motive (§ 11 Tafel A): Arglist, Mutwilligkeit, Böswilligkeit, Roheit, Eigennutz, Gewinnsucht, Habgier (§ 24 IV).

Hiernach läßt sich die Fahrlässigkeit im materialen Sinne bestimmen als *sozialethisch verwerflicher Sorgfaltsmangel* (Gleichgültigkeit, Leichtfertigkeit, Leichtsinn) *gegenüber anderen Lebenswerten bei nicht* (oder nicht voll) *bewußt sozialschädlichem* (Wollen und) *Wirken.*

3. Stand der Ansichten. Am Problem der Fahrlässigkeit scheiterten einst Binding und später mancher kleinere Kriminalist, der von einem fertigen Schuldbegriff oder einem „Willensstrafrecht" ausging. Man bemühte sich, eine Paralleldefinition zum Vorsatz aufzustellen und sah die Unmöglichkeit, von der Willenstheorie aus die Fahrlässigkeit zu erklären und vor allem als Schuld zu begründen, da dort ja der Wille fehlt, zumal bei der Unterlassung, wo auch ein objektives Nichts vorliegt. Uebrig blieb nur die unvorsichtige Pflichtwidrigkeit (RG. 30, 26), die formal nicht näher erklärt werden konnte und deren materialer Ausbau nicht unternommen wurde oder zu den verschiedensten Lösungen führte. Nach Feuerbach ist Fahrlässigkeit pflichtwidrige Unaufmerksamkeit; nach Lammasch und Exner rücksichtslose Geringwertung fremder Rechtsgüter (worin andere das materiale Wesen des Vorsatzes sehen); nach Köhler bewußte Ablehnung der Aufmerksamkeit; nach Kohler und Finger Gleichgültigkeit gegenüber der Rechtsordnung; nach Engisch mangelndes Interesse hinsichtlich der Unrechtsvermeidung. Formal ist Fahrlässigkeit nach v. Liszt unbefriedigend Verstandesschuld, nach Binding gekünstelt Willensschuld, nach Nagler (LK.) unverzeihliche Unbedachtsamkeit, Verhaltenswille, der die Rechtswidrigkeit verkennt; nach Welzel zwecktätige vermeidbare Erfolgsverursachung, als Charakterschuld eine auf Willensmängeln beruhende Fehleinstellung (obwohl gerade umgekehrt die unbewußte Fahrlässigkeit meist einmalige Augenblickstat ist).

Beliebt namentlich in der Rspr. und den Entwürfen ist der Anschluß an die privatrechtliche Einstellung auf die Außerachtlassung der erforderlichen Sorgfalt. Während die Entwürfe vor 1933 eine nach dem damaligen Stand der Wissenschaft fein ausgearbeitete Legaldefinition bringen, läßt E. 36 die bewußte Fahrlässigkeit ganz unerwähnt, vermeintlich weil sie praktisch bedeutungslos ist (s. u. II 1). RG. schließt sich gern der subtilen Bestimmung durch KE. 13 an (67, 18 u. ö): Außerachtlassung der Sorgfalt, zu der der Täter nach den Umständen und den persönlichen Kenntnissen und Fähigkeiten verpflichtet und imstande war, und deswegen Mangel an Voraussicht des Erfolges, es sei denn, daß ein anderes Verhalten ihm nicht zuzumuten war. Im ganzen zustimmend LK. vor § 51 a. E.

II. Gegenstand der Fahrlässigkeit ist der Mangel an Kenntnis des Unrechts wie beim Vorsatz (§ 21 II).

1. Es braucht nur an der *Wahrscheinlichkeitskenntnis* zu fehlen; rechnet der Täter mit der entfernten Möglichkeit, so liegt *bewußte Fahrlässigkeit* vor (der Ausflügler wirft einen brennenden Zigarrenrest in den Wald): eine Anschauung, die dem Privatrecht durchaus ungeläufig und auch im Strafrecht nicht beliebt ist.

Der Einwand, daß Fälle bewußter Fahrlässigkeit praktisch höchst selten sind, erklärt sich daher, daß der Begriff nicht geläufig, ungewohnt, unbeliebt, unbekannt war und daß man die Möglichkeitskenntnis meist zum Eventualvorsatz zog, so daß vom Standpunkt der Willenstheorie in der Tat nur wenig Fälle übrigbleiben, in denen der Täter „im Vertrauen handelt, der Erfolg werde nicht eintreten" (Franksche zweite Formel sowie RG. wiederholt)[66]. Gegenüber dem Vorsatz fehlt hier also die Billigung nach RG.[67]; oder: Merkmal ist die leichtsinnige (!) Unterlassung pflichtmäßiger Prüfung[68]. Dagegen soll die bloße Hoffnung auf die Vermeidung des Erfolges zur bewußten Fahrlässigkeit noch nicht genügen[69]. Die wichtige Grenze zum Vorsatz ist hiernach also ein höchst unsicheres gefühlsmäßiges Merkmal. In Wahrheit ist der Gefühlsgehalt bei der Fahrlässigkeit weit geringer als beim Vorsatz, in den noch eher emotionale Regungen hineinspielen. Vgl. oben § 21 a. E.

2. Der Wissensmangel kann verschiedene Erscheinungsformen aufweisen; es ergeben sich verschiedene *Stufen und Grade von verschiedener Strafwürdigkeit*, die sich mit den Stufen des materialen Gehalts (oben I 2) kreuzen können, was selten beachtet wird[70].

a) Der Täter denkt an das Merkmal überhaupt nicht; so z. B. bei den Unterlassungsdelikten.

b) Er denkt daran (gewissenhaft) und sagt sich: aa) es liegt nicht vor, oder bb) es liegt jetzt z. Z. des Willensantriebs und des Ausführungswillens nicht vor oder noch nicht vor oder nicht mehr vor.

c) Er sagt sich (ebenfalls gewissenhaft oder noch gewissenhafter): aa) es liegt ein ähnliches anderes Merkmal vor, oder bb) es liegt nicht ein solches vor, auf das es bei der Unrechtsbewertung gerade ankommt.

d) Er kennt einsichtig genug das erhebliche Unrechtsmerkmal, aber: aa) er denkt zufällig gerade nicht an dem rechtserheblichen Zeitpunkt

66) RG. 56, 349; 58, 134; 67, 18.
67) RG. 6, 250; 29, 218; 30, 27; 67, 18.
68) RG. 73, 168.
69) RG. 66, 262.
70) Einige psychologische Bemerkungen bei Sigrid Fischer: Das Vergessen als Fahrlässigkeit 1934 (Abh. H. 346).

(unten 3) daran, oder bb) er vergißt es, oder cc) er ist zerstreut, oder dd) er wird durch äußere Ereignisse abgehalten oder abgelenkt.

e) Der Wissensmangel ist überwiegend bedingt: aa) durch Umwelteinflüsse, bb) durch Anlage, Bildungsstand oder Charakter des Täters (Phlegma, Affekt, Optimismus), cc) durch den vorliegenden Verlauf des Wollens und Wirkens.

3. Der Irrtum kann sich auf *jede rechtserhebliche Tatsache* und auf die Qualifizierung dieses Sachverhalts als *unrechtmäßig* beziehen wie beim Vorsatz. Irrt sich der Täter über mehrere Merkmale, so liegt doch nur eine einzige Fahrlässigkeitsschuld[71]) vor. Der *Rechtsirrtum* kann nur das materiale Unrecht, nicht einzelne gesetzliche Tatbestände oder Tatbestandsmerkmale betreffen; der *Tatirrtum* alle Tatumstände des Tatbestands sowie der Rechtfertigungsgründe[72]) samt den Entschuldigungsgründen.

Vorliegen muß der Irrtum *zur Zeit* des Willensantriebs, des Ausführungswillens und der Ausführungshandlung; früher oder später kann er vorliegen oder fehlen; er kann sich auch wandeln, entschuldbar werden oder in Eventualvorsatz übergehen. Daß man die Tat nicht als einen großen Willens- und Wirkenszusammenhang mit feinsten Nuancierungen der Glieder begriff, rächt sich an dieser gefährlichen und gefürchteten Stelle. „*Gewollt*" ist (was oft verkannt wird) die Ausführungshandlung stets, ebenso wie beim Vorsatz; der Kenntnismangel ist ein Begleitumstand des Wollens und Wirkens.

III. Maßstäbe und Forderungen: das Kennensollen oder Besserkennensollen; die erforderliche Sorgfalt, die Gleichgültigkeit, die Leichtfertigkeit, der Leichtsinn.

1. Die Hauptfragen sind: *hätte der Täter sich anders verhalten können und sollen? hätte er also den Schaden, die Gefahr* als drohend („wahrscheinlich") *erkennen können und sollen? und hätte er sie vermeiden können und sollen?* Ein ähnlicher Maßstab wie bei dem verwandten Unterlassungsdelikt. Dort hieß es: hätte er (statt des Unterlassens) anders wollen und handeln können und sollen? Hier heißt es: hätte er (statt des mangelhaften Wissens) besser wissen und danach wollen und handeln können?

Außerhalb dieser Frage liegt aber eine solche, wie sie die Willenstheorie folgerichtig stellen muß: Hätte der Täter, wenn er anders und besser gewußt hätte, auch in Wirklichkeit danach gehandelt (also nicht nur: hätte er danach handeln können?) oder hätte ihn das bessere Wissen nicht daran gehindert, unrechtmäßig zu handeln? Nur bei Bejahung der zweiten Frage hätte man fahrlässige Willensschuld annehmen dürfen. Im ersten Fall müßte das Verhalten straflos sein.

2. *Zwei Pflichten* ergeben sich hiernach: zum *Besserwissen* und *zum Besserhandeln* (Wollen und Wirken). Für sie bieten die beiden oben (II 2, I 2) aufgestellten Reihen einen Anhalt zur näheren Bestimmung der Fahrlässigkeit, die, auch darin der Unterlassung eng verwandt, ganz be-

---

71) RG. 76, 7.

72) Z. B. des Züchtigungsrechts, RG. 76, 3.

sonders auf die *individuelle Eigenart des konkreten Falles, des Täters wie der Umweltverhältnisse* eingestellt sein muß. Auch in dieser Hinsicht haben die beiden obigen Stufenfolgen nützliche Vorarbeit geleistet. Sie sind bei allen abstrakten Sätzen, die ja nur ganz allgemein gehalten sein können, fortlaufend heranzuziehen. Hier liegt ein bedeutsamer Unterschied vom Privatrecht, das weitgehend objektive Maßstäbe anwenden und auf den Durchschnitt der Verkehrsverhältnisse bedacht sein muß.

a) Die *Leistungsfähigkeit des Täters* in seiner gegenwärtigen konkreten Lebenslage ist in erster Linie zu berücksichtigen[73]: seine körperliche wie geistige Anlage und augenblickliche Disposition, sein Bildungsstand, Beruf und Wissen. Schwere Fälle der Fahrlässigkeit bis zum gröbsten Leichtsinn können vorliegen, wenn der Täter eine Aufgabe übernimmt oder sich gar um sie bemüht und in sie hineindrängt, der er nicht gewachsen ist. Schwere Fälle bewußter Fahrlässigkeit sind hier nicht selten; diesen Begriff hätte man gerade hier anwenden und klar herausarbeiten sollen, statt ihn zu unterdrücken: man wird mitschuldig am Wachsen der Kriminalität.

K u r p f u s c h e r e i nicht nur auf ärztlichem, sondern auf jedem Gebiet des kulturellen, politischen, wirtschaftlichen Lebens gehört bekanntlich zu den übelsten Betrugsspezialitäten und schwersten Fällen chronischer Kriminalität. Entsprechend können die höchsten Grade der Fahrlässigkeit erreicht werden, wenn ein Heilkundiger ohne genügende Vorbildung und ohne die konkret erforderlichen Hilfsmittel die Behandlung einer als ernst erkennbaren Krankheit übernimmt[74]; auch wenn sich ein Arzt nicht mit den Fortschritten seiner Wissenschaft vertraut macht[75]. Ein Gleiches gilt von a l l e n a n d e r e n v e r a n t w o r t u n g s v o l l e n Berufen, Lebensstellungen und augenblicklichen L e b e n s l a g e n. Zu erwägen ist, ob der Gesetzgeber nicht ein fahrlässiges Betrugsdelikt aufstellen sollte, bei dem wenigstens für die Vermögensbeschädigung bewußte Fahrlässigkeit genügte; es könnten dann auch die politischen und wirtschaftlichen Kurpfuscher und Hochstapler besser erfaßt werden. Der Grad der Fahrlässigkeit richtet sich nach der Schwere der erkennbaren Gefahr, nach dem Grad des Leistungs- sowie des Wissensmangels, nach dem Grad der anti- oder asozialen Gesinnung, auch nach dem Maße, in dem der Täter Kenntnisse zwar gehabt hatte, aber nicht zur rechten Zeit besaß oder wegen äußerer Einflüsse besitzen konnte (vgl. die Staffel II 2).

b) Die unzureichende Betätigung der zureichenden *Fähigkeiten* bei naher Möglichkeit der Betätigung trotz Gefahrdrohung gehört mit zu den schwersten Fällen der Gleichgültigkeit sowie der Leichtfertigkeit, ja des Leichtsinns. Hier rückt der Grad der anti- oder asozialen Gesinnung noch weit mehr in den Vordergrund. Außerdem kommen für die Bemessung der Fahrlässigkeit in Betracht die Schwere und Nähe der Gefahr, die soziale Wichtigkeit der Pflicht, das Maß der Erkennbarkeit für den Täter sowie der Abhängigkeit von äußeren Einflüssen, die Möglichkeit und Bereitschaft anderer Hilfen und Abwehrmittel, das Vorhandensein von Zweifeln und Bedenken sowie die Art ihrer Beseitigung (Staffel oben II 2).

Oft treten hinzu noch besondere Pflichten, so zur Vorprüfung, zur Vorbereitung, zur Sammlung und Anspannung des Willens, zur Zuziehung von Sachverständigen oder Spezialisten, zur Aufklärung, zur Erkundigung und Befragung des Opfers oder Dritter,

---

73) RG. 58, 30; 60, 351; 67, 20.
74) RG. 59, 355; 74, 60.
75) RG. 67, 23.

zur Annahme oder Auswahl von Hilfen und Hilfspersonen, zur Ueberwachung und Nachprüfung, zur Belehrung Unkundiger (Kranker, Angestellter)[76]. Auch die Umwelt, Zeit und Oertlichkeit bedürfen eingehender Berücksichtigung. Die Anforderungen sind entsprechend geringer, wenn bei Gefahr im Verzuge eine gefährliche Operation notwendig wird auf dem Land, bei einem Neubau, in einer Baracke, bei ungünstigen Temperaturen, ohne geschultes Pflegepersonal, bei Mangel an Medikamenten und an notwendigem Material, wie bei Kriegen und in anderen Zeiten der Not. — Ueber Besonderheiten der Berufsfahrlässigkeiten vgl. §§ 222, 230. In Betracht kommen kriminologisch vor allem Verkehrseinrichtungen, Heilkunde, Baufach, Verkauf gesundheitsschädlicher Waren.

c) Die *Voraussehbarkeit des Schadens*, der Wahrscheinlichkeit des Erfolgseintritts, hatte man oft und namentlich früher als Hauptkennzeichen der Fahrlässigkeit überhaupt bezeichnet[77]; sie macht das Wesen der (adäquaten) Kausalität aus und gehört objektiv zur Rechtswidrigkeit, subjektiv zur bewußten wie zur unbewußten Fahrlässigkeit. Für den Grad der Kenntnisse ist wiederum die Staffel II 2 zu beachten. Mit dem Wandel der Verkehrsverhältnisse und der Bereicherung an Verkehrsmitteln haben auch die Anschauungen der Bevölkerung und das Verhalten der aktiv Beteiligten wesentliche Aenderungen erfahren.

So mußte der Kraftwagenführer, der Motorradfahrer früher mit der Unvorsichtigkeit und Sorglosigkeit der Straßenbenutzer rechnen und beständig auf Regelwidrigkeiten gefaßt sein, so daß er selbst zu erhöhter Aufmerksamkeit und Bereitschaft verpflichtet war; heute tritt mit der Verfeinerung der Verkehrsvorschriften und der Erziehung aller Bevölkerungsschichten selbst auf dem Lande und in verkehrsärmeren Gegenden eine erhebliche Entlastung der Fahrer ein[78]. Anderseits sind deren Pflichten, mit der Zunahme der Verkehrsmittel (Krieg, Besatzungsmächte) und der Einsparung von Verkehrslenkern an gefährdeten Kreuzungspunkten, wiederum bedeutend verschärft. Auch die Fahrgäste werden zur Mitverantwortung und notfalls zum tätigen Eingriff umso mehr herangezogen, je weiter die technische Erfahrung und Uebung des interessierten Publikums um sich greift. Die Pflichten wandeln sich über die StraßenverkehrsVO. v. 13. 11. 1937 hinaus beständig und können nie in erschöpfender Weise abstrakt normativ niedergelegt werden. Der Verkehr reguliert sich, wie überhaupt weite Gebiete des sozialen Lebens, in zunehmendem Maße von selbst, so daß zunehmend mit der Normalität des Verkehrsablaufs gerechnet und ein triftiger Anlaß für die Annahme eines atypischen Geschehens abgewartet werden muß[79]. Hiernach sind auch die Maßstäbe und Grade strafwürdiger Unsorgfältigkeit, Gleichgültigkeit und Leichtfertigkeit in dauerndem Wandel begriffen. — Für Medizinalpersonen und alle an der Gesundheitspflege Beteiligte erleichtert die Zunahme von Erkenntnis und Erfahrung, Schulung und Fortbildung eine sachgemäße Prognose, Diagnose, Behandlung, Nothilfe und Vorbeugung, verschärft deswegen aber auch die Sorgfaltspflicht und die Haftung für Fahrlässigkeit auch in deren unteren, der Straflosigkeit angegrenzten Bereichen.

3. *Gesamtwürdigung.* Die vorstehenden Einzelheiten mögen zeigen, wie auf diesem konkret und daher auch normativ unerschöpflichem Gebiet die beiden Staffeln I 2 und II 2, die Maßstäbe und Grade der Fahrlässigkeit

---

[76]) Zahlreiche Anwendungen bei Binding Normen IV, Engisch Untersuchungen, Nagler LK. 391 ff.; vgl. RG. 19, 342; 20, 311; 22, 297; 25, 122; 39, 317; 57, 151; 58, 133; 59, 286; 67, 24; 71, 124.

[77]) v. Liszt faßte Fahrlässigkeit als Nichtvoraussicht des voraussehbaren Erfolges. Vgl. RG. 76, 1.

[78]) RG. 71, 80, 85 gegenüber RG. 65, 140. Lehrreich die Fälle des RG. bei Exner in Frank-Festg. 1930 I 579/80.

[79]) RG. 70, 74; 72, 55; 73, 206, 241.

zu verstehen und weiter auszubauen sind. Der „buntschillernde" Begriff der Fahrlässigkeit ist abhängig von den nur konkret voll erfaßbaren, alle Normen und Typen durchbrechenden beiden Objekten der Gesamtbeurteilung, der Eigenart der Täterpersönlichkeit und der individuellen Sachlage[80]. Hier sind überall *„konkrete Gestaltungsnormen"* aufzustellen und immer neu zu bilden. Im Gegensatz zum Privatrecht kann nicht eine Durchschnittspersönlichkeit, bezogen auf einzelne Interessengebiete, in Frage kommen, sondern es muß Ueber- wie Unterdurchschnittliches auch mit eigenen Maßstäben bemessen werden.

So handelt ein Spezialist, der sonst nur hochwertige Leistungen bietet, zweifellos fahrlässig, gleichgültig bis leichtfertig, wenn er im Einzelfall gegen besseres Können dem Opfer Schaden zufügt, aber eine Durchschnittsleistung bietet; man denke etwa an gefährliche Kehlkopfoperationen, an technische Gutachten über Hoch- und Tiefbau an Elektrizitätsanlagen usw. Auf der anderen Seite mag ein anderer, der unter größten Anstrengungen und Entbehrungen hinter dem Durchschnitt zurückbleibt, durch Kriegsschäden, wirtschaftliche Not und eigene Krankheit entschuldigt sein[81]. Nach allen Richtungen und in den verschiedensten Abstufungen sind im Strafrecht Abweichungen und Ausnahmen von der Durchschnittsnorm möglich und geboten[82], was von E. 27 durch die Einschränkung der „Nichtzumutbarkeit" mangelhaft angedeutet wird[83].

Gesetzesvorschlag[84]: Fahrlässig handelt, wer bei einer Tat wegen mangelnder Sorgfalt, zu der er nach den Umständen und nach seinen persönlichen Verhältnissen verpflichtet und fähig ist, entweder nicht weiß oder mit der nur entfernten Möglichkeit rechnet, daß die Tat den Tatbestand eines Strafgesetzes verwirklicht und daß sie nicht gerechtfertigt oder entschuldigt wird.

§ 23. Schuldfähigkeit (Zurechnungsfähigkeit und Deliktsfähigkeit).

Die Gesetze bestimmen in negativ typischer Weise, welche Personen nicht oder nur beschränkt fähig sind, schuldhaft zu handeln. Diese Schuldvoraussetzung steht innerhalb, nicht außerhalb[85] der Schuld selbst; die Fälle sind echte Schuldtypen. Zwei Gruppen kommen in Betracht: Zurechnungs- und Deliktsfähigkeit (abgesehen von besonderen Schuldvoraussetzungen, vgl. § 24 III 1). In den einfach vertypten Fällen wird bestimmt, welche Gründe *im Einzelfall* die Schuld ausschließen; das sind die psychopathologischen Gründe mangelnder *Zurechnungsfähigkeit* i. e. S. in § 51 (Bewußtseinsstörung) und in § 58 (Taubstummheit). In den dopppelt vertypten Fällen bestimmt das Gesetz, welche Personen *generell* nicht als schuldfähig gelten, mag bei ihnen im Einzelfall auch volle Schuld vorliegen; das sind die durch

80) Viele Einzelentscheidungen sind zusammengetragen von Exner a. a. O. 569 und Nagler in LK. 388 f.

81) RG. 58, 29.

82) RG. 59, 341; 60, 86.

83) RG. 30, 25 (Benutzung verkehrsunsicherer Pferde: Leinenfängerfall); 36, 78; 74, 195 (der Straßenbahnschaffner hält sich an eine mangelhafte Dienstanweisung).

84) ZStrW. 51 (1931), 183.

85) So LK., Kohlrausch u. a.; richtig Frank.

das Lebensalter begründeten Fälle mangelnder *Deliktsfähigkeit* oder Strafmündigkeit nach RJugGG. In der zweiten Gruppe könnte kein Deliktsunfähiger im Einzelfall voll schuldhaft handeln (Brandstiftung oder Diebstahl durch einen Elfjährigen). In beiden Gruppen begnügt sich die Rechtsordnung (seit G. v. 24. 11. 33) nicht mit den genannten naturalistischen (biologischen) Voraussetzungen, sondern stellt noch juristische (normative) typische Merkmale für die Schuld auf, die also aus dem Wesen der Schuld selbst entnommen werden; es befolgt eine sog. verbindende oder gemischte Methode.

I. Gemeinsame normative Schuldvoraussetzungen für §§ 51, 58 und für RJugGG. v. 6. 11. 1943 § 3 (sachlich gleich JGG. v. 1929 § 3).

1. *Zurechnungsfähigkeit* ist hiernach *die Fähigkeit, das Unrecht der Tat einzusehen und*[86]) *nach dieser Einsicht zu handeln;* d. i. vertypter, generalisierter Vorsatz, der ja dieselbe Formel aufweist. Die systematisch richtige Reihenfolge, die selten befolgt wird (wohl aber vom Gerichtsurteil!), ist daher: Vorsatz — Zurechnungsfähigkeit — Deliktsfähigkeit. Unrecht ist material zu verstehen; um dies klarzustellen, sagten die neueren Entwürfe nicht mehr wie früher „Rechtswidrigkeit" oder „das Ungesetzliche" (JGG. v. 23)oder gar „Strafbarkeit" (StGB. bis 23), sondern „das Unrechtmäßige" (E. 27) oder „das Unerlaubte" (E. 25; so noch die neuere Fassung der §§ 51, 58 seit G. v. 24. 11 1933); RJugGG. sagt wieder „Unrecht". Sachlich ist überall das gleiche, das materiale Unrecht, also die Sozialgefährlichkeit oder Sozialschädlichkeit gemeint; das Unerlaubte betont vielleicht etwas stärker die sozialethische Seite (die aber noch zur Rechtsidee, zum juristischen Grundgesetz gehört). Während StGB. früher nur die intellektuale Seite nannte und als Maßstab für die Zurechnungsfähigkeit im Anschluß an das französische Recht die zur Erkenntnis der Strafbarkeit erforderliche Einsicht verlangte, ist seit JGG. v. 1923 mit Recht der emotionale Gehalt an die Seite gestellt.

Wenn vorsätzliches Handeln ein Handeln trotz Kenntnis des Unrechts bedeutet, so besteht die Zurechnungs-, Schuld-, insbesondere Vorsatzfähigkeit in der Fähigkeit, das Unrecht zu erkennen und sich demgemäß zu einem Handeln zu entschließen, d. h. zum rechtmäßigen Handeln, also der Versuchung zum Unrecht zu widerstehen. Der Zurechnungsfähige betätigt typisch

[86]) § 51 n. F. verleitet durch seine negativ alternative Fassung zur unlogischen Uebertragung ins Positive. Logisch unrichtig heißt es z. B. selbst im ausgezeichneten LK 6. A. S. 397 (Z. 12 v. u.): Schuldfähigkeit ist nach § 51 die „Fähigkeit, das Unerlaubte der Tat einzusehen oder (lies. und) nach dieser Einsicht zu handeln, ebenso RG. 69, 213; 73, 121". In der Fassung des Gesetzes liegt sodann eine unfreiwillige Komik: Zurechnungsfähig ist, wer zu jeder Schandtat fähig ist! Hier rächt sich die negative Fassung; das Gesetz sollte richtiger das Gegenteil sagen: unfähig, das Unerlaubte der Tat einzusehen oder nach dieser Einsicht (d. h. des U n r e c h t s !) n i c h t zu handeln, oder: anders als geschehen zu handeln, oder: nicht nach dieser Einsicht, d. h. des Unrechts, sondern nach einer besseren Einsicht zu handeln. Die Komik erhöht sich, wenn sich die Juristen darauf berufen, die Vorschrift wäre in dieser Fassung von den Medizinern gebilligt, denen die Gesetzgebungskommission die Formulierung zur Begutachtung vorgelegt habe. Sie hätten daraufhin auch Vertreter der Logik angehen sollen.

ein bewußt unerlaubtes Wollen und Wirken. Die Bestandteile der Zurechnungsfähigkeit schließen sich daher eng an den Aufbau des Wollens und Wirkens an (oben §§ 15, 19); sie fassen dessen Elemente generalisierend zusammen.

Zurechnungsfähigkeit enthält insbesondere, wie der frühere § 51 einseitig und mißverständlich hervorhob, die „Fähigkeit zur freien Willensbestimmung", d. h. zur Selbstbestimmung beim Entschluß und Willensantrieb mit der Möglichkeit, sich anders zu entschließen und anders zu handeln. Hierin liegt die selbständige schöpferische Verbindung aller zum schädlichen Erfolg hinstrebenden und sie durchkreuzenden Vorstellungen und Gefühle zu einem einheitlichen, klar bestimmten Willensakt mit dem Leitmotiv zu den folgenden Willensantrieben und Einzelakten bis zum erstrebten Erfolg, dazu das Vermögen, die Willensantriebe und Willenshemmungen gegeneinander abzuwägen[87]) und in diesem Kampf der Motive und Gegenmotive sich selbständig zu bestimmen, alles begleitet von der Kenntnis des Unrechts.

2. In diesem Willens- und Wirkenszusammenhang ist auch enthalten die von Deterministen einseitig und mißverständlich bezeichnete „normale Bestimmbarkeit durch Motive", wobei „normal" aber nicht als durchschnittlich, sondern als frei und selbständig zu verstehen ist: nicht der Durchschnittsmensch, sondern der sittliche Mensch bildet die Norm. Wichtig ist, daß das intellektuale und das emotionale Element im Zusammenhang stehen: das Wollen und Handeln müssen bewußt normgemäß geschehen. Es dürfen also Einsicht und Wille nicht unabhängig nebeneinander herlaufen; so kann die Einsicht vorhanden sein, ihr aber kein Wollen entsprechen, wie bei Trieb-, Sexual-, Alterdelikten[88]), oder der Wille mag sich nicht von der an sich vorhandenen Einsicht bestimmen lassen, sondern von Nützlichkeitserwägungen. Zurechnungsfähigkeit kann auch vorliegen, wenn der Täter das volle Verständnis für den Sachverhalt wie für sein Unrecht besitzt[89]).

3. Vom rein deterministischen Standpunkt ist eine befriedigende Bestimmung der Zurechnungsfähigkeit nicht möglich. Dies gilt von den bekannten Versuchen, die Zurechnungsfähigkeit zu retten als Fähigkeit zu charaktermäßigem Verhalten oder als normale Bestimmbarkeit durch Motive oder durch die Strafdrohung oder durch die Strafwirkung oder gar durch den Strafvollzug. Zurechnungsfähigkeit wäre Eindrucksfähigkeit der Strafandrohung oder Empfänglichkeit für sie. Danach wären nur der Durchschnitts-, der Normalmensch, der erst- und einmalige Täter zurechnungsfähig, nicht aber der chronische Täter, der Gewohnheitsverbrecher, der Unverbesserliche, aber auch nicht der Ueberzeugungstäter. Zwischen chronischer Schwerkriminalität und Geisteskrankheit bestünde kein Unterschied, wie schon gegen v. Liszt seit den von Birkmeyer und Nagler herausgegebenen Streitschriften immer wieder eingewendet wurde. Maßgebend müßte dann auch ein falscher Zeitpunkt sein, das Urteil oder der Vollzug, während die Zeit der Tat offenbar entscheidet. Endlich sind jene Ansichten einseitig auf Freiheitsstrafen eingestellt, während sie gegenüber der Geldstrafe und der Todesstrafe versagen. Jenen Ansichten liegt eine andere Schuldauffassung zugrunde (vgl. §§ 19, 20), auch eine andere Strafrechtstheorie (Sicherung, Erziehung, Abschreckung).

4. *Verminderte Schuldfähigkeit (Zurechnungsfähigkeit)*, § 51 Abs. 2, liegt vor, wenn die krankhaften Geisteszustände die Fähigkeit, das Unerlaubte der Tat einzusehen oder nach dieser Einsicht zu handeln, zur Zeit der Tat erheblich vermindern; hier kann der Richter die Strafe nach den

87) Hervorgehoben wiederholt vom RG., vgl. 57, 76; 63, 46.
88) Vgl. RG. 73, 122.
89) HRR. 39, 532.

Vorschriften über die Versuchsbestrafung mildern. Er kann sie auch verschärfen, z. B. bei chronischer Trieb- und Schwächekriminalität. Von dieser einst heftig umstrittenen Vorschrift werden nicht etwa jene unvermeidlichen Grenzfälle zwischen Zurechnungsfähigkeit und Zurechnungsunfähigkeit erfaßt, sondern die Fälle verminderter Schuld[90]), also nur Fälle echter Schuld. Die Vorschrift enthält eine Strafbemessungsregel nach dem Maßstab vergeltender Gerechtigkeit und im Einklang mit dem Schuldprinzip[91]).

Die Frage, ob die Tat dem Täter zuzurechnen, sein Wille für sie verantwortlich zu machen ist, kann jedoch nur entweder bejaht oder verneint werden; im Fall der sog. verminderten Zurechnungsfähigkeit wird sie bejaht und wird nur ein geringerer Schuldgrad festgestellt. Diese Verminderung muß erheblich und zur Tat kausal sein, mit ihr im Motivations- und Wirkungszusammenhang stehen; außer Betracht würden z. B. ein Betrug oder ein Diebstahl durch einen in sexueller Hinsicht pervers Veranlagten bleiben. Die „Verminderung" bezieht sich also auf die rechtliche Seite, auf die Schuld, nicht auf die pathologischen Zustände, die an sich bereits viele graduell verschiedene Erscheinungsformen aufweisen: psychopathische Minderwertigkeit, Schwachsinn, Hysterie, Fanatismus, Stimmungslabilität, sexuelle Triebanomalie und Spätreife. In Betracht kommen hiernach vor allem Trieb- und Schwächedelikte haltloser, willensschwacher Personen.

II. Pathologische Voraussetzungen.

1. Die rechtlichen Ausschlußgründe (oben I) müssen auf den pathologischen Voraussetzungen beruhen: also Kausal- und Wirkungszusammenhang; nicht ausreichend ist, daß beide Gründe nebeneinander bestehen. Die Bedeutung der pathologischen Einflüsse wird von medizinischer Seite meist überschätzt; der Jurist kann unmöglich bei allen Abweichungen vom Gesundheitszustand, in denen der Arzt bereits Krankhaftes feststellt, auch die Schuldfähigkeit verneinen. Der Jurist zieht die Grenzen daher oft anders als der Arzt; ihm liegt ob, staatliche und sozialethische Notwendigkeiten zu wahren, zur Erziehung und Selbsterziehung anzuhalten, die Ueberwindung leichterer psychopathischer Zustände und leichterer erblicher Belastung zur Pflicht zu machen, die Freiheit des Willens und die Pflicht zur Freiheit einzuschärfen. Das wertvolle Ergebnis moderner naturwissenschaftlicher Forschungen darf nicht mißbraucht werden und sich sozialpädagogisch ungünstig auswirken. In gewissem Sinne muß hier gelten: in dubio contra.

2. Außerhalb der Schuld- wie überhaupt der Willenssphäre liegen und sind daher nicht als Schuldausschließungsgründe aufzufassen Schlaf und Schlaftrunkenheit. Wohl aber gehören die reinen Triebakte in diesen Bereich[92]). Sog. fixe Ideen, zumal hochwertiger Art, berühren nur selten die Zurechnungsfähigkeit, ebensowenig Angst- und Furchtzustände. Dagegen können Wahnvorstellungen einen solchen Grad annehmen, daß sie die Zurechnungsfähigkeit ausschließen, z. B. Größen-, Verfolgungs-, Eifersuchts-, Querulantenwahn; fraglich, ob nur auf einem engeren Gebiete. Partielle Zurechnungsunfähigkeit wurde früher als möglich anerkannt, später abgelehnt, dann

---

[90]) RG. 72, 259; 73, 121.

[91]) Nach Mezger, Dahm und Bockelmann soll dagegen die Vorschrift umgekehrt vom Schuldprinzip der Einzeltatschuld abfallen und ein neues Schuldprinzip (Lebensführungsschuld) einführen; vgl. oben § 20. Die von uns eingeführte chronische Tendenzschuld ist jedoch nur eine Abart der echten Einzeltatschuld. Abweichende Erklärungen auch bei Welzel und v. Weber.

[92]) A. M. LK. 397; richtig Hoche.

mit Zurückhaltung wieder anerkannt[93]. Umgekehrt gibt es aber eine partielle Zurechnungsfähigkeit bei Geisteskranken. Die umstrittene Möglichkeit moralischen Irreseins bei sonstiger geistiger Normalität ist zu verneinen; die gegenteilige Feststellung wird regelmäßig auch sonstige Defekte erkennen, die ätiologisch auf psychopathologischer Organisation beruhen, auch eine Folgeerscheinung von Gehirngrippe sind[94]. Dagegen sind die oft als Entschuldigung angesehenen Monomanien meist ein Ausdruck hochgradiger chronischer Kriminalität, können aber auf allgemeiner, vielleicht erst beginnender Erkrankung beruhen. Im Anfangsstadium einer Psychose kann Zurechnungsfähigkeit noch vorhanden sein. Reine Triebhandlungen, namentlich sexueller Art, können mit solcher Stärke auftreten, daß sie die Zurechnungsfähigkeit ausschließen.

3. Die drei gesetzlichen, als erschöpfend (also nicht nur als Beispiele) gedachten Typen sollten daher mit aller Strenge und Zurückhaltung im Einzelfall festgestellt werden.

a) Bewußtseinsstörung; z. B. Fieber, Ohnmacht, Narkose. Hauptfall: Rauschzustände. Pathologisch sind nicht die Periodentrinker oder diplomatischen Berauschungen (zur Anregung und Befreiung aus Depressionen; oft fehlt auch Kausalität); Zurechnungsfähigkeit kann aber aufhören, wenn die Selbstbeherrschung und Selbstbestimmung durch vernünftige Erwägungen fehlt[95], also die freie, selbständige Willensentschließung unterbleibt. Affekte, Zorn und andere exzessive Gemütsaufwallungen können pathologisch sein, wenn ihr Verlauf durch Gegenmotive nicht mehr aufzuhalten ist; oft verbunden mit Gedächtnisverlust. Hypnosen gehören hierher, wenn wirklich (worin ja das Wesen der Hypnose beruht) durch Einschläferung gewisse Regungen im Gefühlsleben unwirksam gemacht und andere durch Eingebungen um so willfähriger gestaltet werden.

b) Krankhafte Störung der Geistestätigkeit. Hier ist im Gegensatz zu a freie Selbstbestimmung oft vorhanden, selbst bei Kenntnis des Unrechts; aber sie erfolgt in pathologischen Willens- und Wirkenszusammenhängen, motiviert durch krankhafte Vorstellungen, Gefühle und Triebe, so daß das Ergebnis eben krankhafte Entschlüsse und Willensantriebe sind. Hauptfälle: aa) Psychosen und Neurosen als echte Geisteskrankheiten; bb) psychopathische Minderwertigkeit auf Grund von Schizophrenie (auch Kopfgrippe), Ergebnis: „Abartigkeit", Ueberspanntheit, Verschrobenheit; hier bleibt Zurechnungsfähigkeit oft bestehen oder vermindert sich; cc) pathologische Einzelreaktionen infolge außergewöhnlicher Ereignisse und seelischer Erschütterungen, Unfälle mit Schockwirkung, Haftpsychosen (Zuchthausknall), Bombenterror.

c) Geistesschwäche. Ein unzureichender Begriff! Hier fehlt meist die freie Willensbestimmung, oft auch die Unrechtskenntnis. Ursachen sind minderwertige Anlagen, Entwicklungsstörungen, Altersrückbildung, weniger aber außergewöhnliche Ereignisse. Drei Hauptfälle der Schwere nach lassen sich so kennzeichnen: Idiotie, Imbezillität, Debilität.

4. In allen diesen Fällen bedarf es, wie oben gesagt, außerdem der normativen Voraussetzungen, insbesondere des Ausschlusses der freien Willensbestimmung, des mangelhaften Verständnisses für die allgemein gültigen Rechtsnormen und sozialethischen Erfordernisse, für deren Tragweite und das Vorliegen im Einzelfall: es muß das Konkrete im Rahmen der Rechtsordnung erkannt werden, d. i. die Erkenntnis der „Bedeutung" der Rechtsnorm[96].

93) J. Lange, Ziehen u. a.; vgl. Mezger Grdr. 93.

94) O. Bumke, Hoche, K. Jaspers; vgl. LK. 403.

95) RG. 63, 48; 67, 149 u. ö.

96) And. M. z. T. LK. 405 betr. die Verbindlichkeit der Norm für das vorliegende Delikt.

III. Deliktsfähigkeit. Altersstufen[97]**.**

1. *Strafunmündig* (delikts-, schuldunfähig) ist das *Kind* bis zum vollendeten 14. Lebensjahr, RJugGG. v. 6. 11. 1943 § 3 Abs. 2. Nach früherem Recht war die Grenze das 12. Lebensjahr; JugGG. v. 1923 setzte sie mit Recht auf das 14. Jahr hinauf. RJugGG. v. 1943 macht für die *Frühreifen* eine (nach Grenze wie Maßstab) kaum zu billigende *Ausnahme:* Ist der Täter zur Zeit der Tat wenigstens *12 Jahre* alt, so wird er (mit Zustimmung des RJM.) wie ein Jugendlicher zur Verantwortung gezogen, wenn der Schutz des Volkes es wegen der Schwere der Verfehlung fordert. Hier also Sicherungs*strafe* gegen Kinder aus äußeren, sozial-präventiven Gründen!

2. *Beschränkt strafmündig* ist der *Jugendliche* vom 14. bis zum 18. Lebensjahr, wenn er zur Zeit der Tat nach seiner sittlichen (Primat!) und geistigen Entwicklung „reif genug" ist[98], das Unrecht (sachlich ebenso § 51: das Unerlaubte) der Tat einzusehen und nach dieser Einsicht zu handeln. Also dieselbe Voraussetzung wie oben I. Alsdann ist er jugendgemäß zur Verantwortung zu ziehen: Jugendgefängnis (bis 10 J.) oder Zuchtmittel (Jugendarrest, Auferlegung besonderer Pflichten, Verwarnung); hiervon ist abzusehen, wenn Erziehungsmaßregeln oder Unterbringung in Heil- oder Pflegeanstalt ausreichen, § 2. — Dagegen ist das allgemeine Strafrecht anzuwenden auf *jugendliche Schwerverbrecher.* Für diese sind zwei Fälle vorgesehen, von denen besonders der zweite bedenklich ist (§ 20 Abs. 1 und 2):

a) War der Jugendliche zur Zeit der Tat sittlich und geistig so entwickelt, daß er einem über 18 Jahre alten Täter gleichgestellt werden kann (lies besser: muß), so ist das allgemeine Strafrecht anzuwenden, wenn es das gesunde Volksempfinden (lies: die Gerechtigkeit, die Rechtsidee) wegen der besonders verwerflichen Gesinnung des Täters und wegen der Schwere der Tat fordert. Getroffen werden also kriminell *Frühreife* wegen subjektiver Verwerflichkeit und objektiver Gefährlichkeit; chronische Kriminalität braucht nicht vorzuliegen, auch nicht zu drohen. Diese Schärfung entspricht dem Sühnegedanken und der Vergeltungsidee: dem Gerechtigkeitsprinzip; es fragt sich aber, ob die regelmäßigen Rechtsfolgen des Jugenddelikts nicht schon ausreichen.

b) Dasselbe soll gelten für den *Jugendlichen mit stehengebliebener Entwicklung*[99], wenn die Gesamtwürdigung seiner Persönlichkeit und seiner Tat ergibt, daß er ein „abartiger Schwerverbrecher" ist und der Schutz des Volkes diese Behandlung fordert. In diesem Fall ist also offenbar nicht volle

---

97) Vgl. etwa Peters RJugGG. 1944 u. ö. m. w. Lit., für die frühere Zeit A. Wegner Jugendrecht 1929 (Neuaufl. vorbereitet), v. Liszt-Schmidt § 38 m. Lit., besonders die Schriften von R. Sieverts (ZAkDR. 44 S. 5).

98) D. i. Reife in der Entwicklung der Persönlichkeit. Die bloße Tatbeziehung reicht also nicht mehr aus (JGG. v. 23 sprach nur von „Fähigkeit", StGB. § 55 nur vom Einsichtsvermögen).

99) Die Entstehung dieser Vorschrift soll angeregt sein durch Exner ZStrW. 60, 335; vgl. Peters zu § 20, 1 S. 83.

Schuldfähigkeit[100]) erreicht; getroffen sollen werden abartige, d. h. psychopathische (!) Frühkriminelle, die wegen ihrer Abartigkeit nie (!) die Reife erlangen, aber vermeintlich angehende chronische Verbrecher (?) sind. Ob hier Strafe gerechtfertigt ist, erscheint höchst bedenklich; man denkt an Sicherungsmaßregeln in der erwarteten „Jugendbewahrungsanstalt"[101]). In Betracht kommen bei diesen sog. Abartigen (vgl. oben II 3 c) vor allem Trieb- und Schwächedelikte.

3. Unbeschränkt straffähig (deliktsfähig) sind Personen über 18 Jahre, abgesehen von den in der geistigen Entwicklung zurückgebliebenen Taubstummen, die den Jugendlichen gleichstehen (§ 58, oben zu I).

Einer besonderen Behandlung hätten noch bedurft die Halbwüchsigen (von 18 bis 21 Jahren) und die Jungmannen (von 21 bis 25 Jahren). Gerade diese Altersstufen sind als Krisenzeiten für das Heranreifen der chronischen Kriminalität besonders bedeutsam. Ein für die Entwicklung wichtiger Einschnitt ist auch das 16. Lebensjahr; die Spät-Jugendlichen (von 16 bis 18 Jahren) erfordern ebenfalls eine besondere Behandlung[102]). Die langjährigen kriminologischen Erfahrungen hätten hier besser verwertet werden sollen.

§ 24. Sonstige Schuldmerkmale (Entschuldigungs-, Schuldmilderungs-, Schuldschärfungs-, Schuldaufhebungsgründe).

Ebenso wie das objektive Unrecht in den Tatbeständen, findet die Schuld ihren typischen Ausdruck in einer Reihe von gesetzlichen Merkmalen. Dort ist der Weg der Vertypung eindeutig, und nur die Mittel, die Tatbestände, treten in reicher Fülle und Mannigfaltigkeit auf. Hier bei der Schuld werden viele, nicht immer deutlich zu erkennende Wege eingeschlagen und scheint der Gesetzgeber selbst mit der Gestaltung zu ringen, wie ja schon das verinnerlichte Wesen der Schuld selbst schwer zu erfassen ist. Mit der jetzt beliebt gewordenen bequemen Wendung „innerer Tatbestand", zu dem man so verschiedenartige Merkmale, wie Vorsatz, Zurechnungsfähigkeit, Rechtsirrtum, Zueignungsabsicht, aus Eigennutz, weist, wird man diesem Schlußthema der Schuld nicht gerecht. — Folgende Erscheinungsformen der Schuld sind denkbar[103]):

I. Schuldelemente: Vorsatz und Fahrlässigkeit sind Begleitumstände, nicht Typen der Schuld, oben §§ 21/2.

II. Schuldfähigkeit als allgemeine Schuldvoraussetzung, aber innerhalb, nicht außerhalb der Schuld gelegen, umfaßt Zurechnungs- und Deliktsfähigkeit, oben § 23.

---

100) Nach Peters 87 kann die Abartigkeit verminderte Schuld bedeuten, aber erhöhte Gefährlichkeit. Dann wäre doch nur eine Sicherungsmaßregel geboten!

101) Vgl. Bockelmann ZStrW. 60, 351.

102) Die KriegsVO. v. 4. 9. 1939 (RGBl. I 2000) ließ gegen jugendliche Schwerverbrecher unter gewissen Voraussetzungen sogar die Bestrafung und Sicherung wie gegen Erwachsene zu, also selbst Todesstrafe.

103) Schon in Grdlg. § 22 suchte ich zu einem System vorzudringen. Das große Thema fand wenig Beachtung und Interesse. Statt dessen suchte man nach subjektiven Tatbestandsmerkmalen (böswillig, mutwillig usw.)!

III. Echte (reine) Schuldtypen. Diese dienen unmittelbar und meist (!) ausschließlich der typischen Ausprägung der Schuld. Sie stehen im Gegensatz zu der Gruppe I, die nicht den Schuldgedanken, den Schuldvorwurf selbst zum Ausdruck bringt, sondern nur dessen intellektuelles Element (an das sich ja der Vorwurf nicht selbst knüpfen kann). Wohl aber erscheint hier bei III die Gruppe II noch einmal. Der Sinn dieser Gruppe ist, durch Feststellung äußerer Merkmale (Rückfall, Verwandtschaft, Amtseigenschaft) dem Richter den schwierigen Nachweis der zur Schuld gehörigen seelischen Beschaffenheit des Täters zu ersparen; insofern lassen sie sich mit aller Vorsicht als Schuldvermutungen bezeichnen. Mitunter konnte oder wollte der Gesetzgeber eine volle Vertypung der Schuld zu äußeren Merkmalen nicht bieten; dann erscheint ein spezielles subjektives Merkmal (Bestürzung, Arglist), womit der Schuldcharakter nur um so reiner ausgesprochen wird, wenn auch der Rechtsprechung nicht anders wie der Theorie manche Zweifelsfrage aufgegeben wird.

Diese Typen sind bald positiv, bald negativ gefaßt, was an sich unerheblich ist (es ist gleich, ob man die Zurechnungsfähigkeit als Schuldvoraussetzung oder die Zurechnungs*un*fähigkeit gleich dem § 51 als Schuldausschließungsgrund formuliert)[104]. Sie sind ferner bald belastend (begründend und schärfend), bald entlastend (ausschließend und mildernd). Sie sind endlich bald auf Entstehung oder Nichtentstehung des Schuldvorwurfs gerichtet, bald auf dessen nachträgliche Beseitigung (sog. Schuldaufhebungsgründe)[105]. Also viele sich kreuzende Gesichtspunkte! Diese Schuldmerkmale entsprechen auf der objektiven Seite den Tatbeständen oder den Rechtfertigungsgründen; das Gesetz kennt aber nur diese beiden Arten von Unrechtstypen, dagegen weit mehr Arten von Schuldtypen, wie folgende Uebersicht zeigt:

1. *Schuldbegründende Merkmale:* a) Allgemeine Schuldfähigkeit: Zurechnungs- und (genereller) Deliktsfähigkeit oder Strafmündigkeit; b) speziell: aa) konstitutive Gewohnheits- und Gewerbsmäßigkeit, bb) persönliche Eigenschaften und Verhältnisse (§ 50): Beamte, Soldaten, Kaufleute und sonstige Berufe (§ 300), Verwandte (§ 173).

2. *Schuldschärfungsgründe:* a) schuldschärfende (qualifizierende) Gewohnheits- und Gewerbsmäßigkeit; Gewinnsucht § 27 a; b) persönliche Eigenschaften und Verhältnisse: Beamte und Soldaten in den uneigentlichen Amts- und Militärdelikten, Verwandte (§ 215 a. F.).

3. *Schuldmilderungsgründe. (beschränkte Entschuldigung):* Bestürzung usw. beim Notwehrexzeß (nach den Entwürfen auch mit nur schuldmildernder Funktion), Erregung und Verwandtschaft (§ 217).

4. *Schuldausschließungsgründe (volle Entschuldigung).* Sie entsprechen den Rechtfertigungsgründen und wurden im Zusammenhang mit ihnen

104) Von LK. durchaus verkannt, vgl. oben § 13 Anm. 13.

105) Erstmalig aufgestellt in Grdlg. d. Prozeßrechts 1919 (1929) § 16 III.

behandelt: a) strafrechtlicher Notstand und Nötigungsnotstand §§ 54, 52 (oben § 18); b) psychische Bindung: Notwehr- und Notstandsexzeß § 53 Abs. 3, rechtswidriger verbindlicher Befehl des Vorgesetzten, Abgeordnetenprivileg § 11; c) sich hinreißen lassen auf Provokation § 213, Erregung als Voraussetzung der Retorsion bei Beleidigung und Körperverletzung §§ 199, 233.

5. *Schuldaufhebung (nachträgliche Entschuldigung)* bei Rücktritt vom Versuch und tätiger Reue. Ein Fall gesetzlicher *Schuldausgleichung!* Da die Schuld nicht, wie oft angenommen wird, ein nur die Tatausführung begleitender kurzer Willensakt, sondern eine das gesamte Wirken begleitende Kette von Willensregungen bedeutet (Wollens- und Wirkenszusammenhang oben § 19 I 1), so kann der Schuld*vorwurf* noch während des Wirkens, noch vor Abschluß der Ausführungshandlung i. w. S., wegen besserer Willensentschließung des Täters wieder zurückgenommen und die Schuld selbst wieder rückgängig gemacht werden. §§ 46, 49 b, 163, 204, 310; i. g. glücklich ausgedehnt in den Entw.: E. 27 §§ 88, 196/8, 144, 188, 237, 250/1, 175/6, 271. Ein geringerer Grad ist die *Schuldermäßigung* § 150; E. 27 §§ 190, 237[106]). — Im weiteren Sinne gehört hierher auch die gute Führung des Täters als Voraussetzung der Begnadigung; sein Wohlverhalten wirkt schuldbefreiend oder schuldermäßigend: E. 27 §§ 40/1, E. 25 §§ 37/8[107]).

IV. Gemischte Schuldtypen sind solche, die zugleich oder mitunter sogar in erster Linie als Tatbestands-, also als Unrechtstypen auftreten. Das Gesetz verwendet sie also in doppelter Funktion; bald überwiegt die eine, bald die andere, wonach man unterscheiden kann: subjektive Unrechts- und objektive Schuldelemente (oben § 14 III 2 c). In dieser Gruppe zu IV erscheinen daher auch solche, die schon zu III genannt wurden.

1. *Typen der Schuldentwicklung:* a) *Absicht,* d. i. unmittelbare, ausschließliche Bezweckung des Tatbestandserfolges (Handeln „in der Absicht" oder „um zu") §§ 225, 133 Abs. 3, 242, 243 N. 7, 263/5. — Vertypt wird das Handeln mitunter auch zu weiteren Zwecken, z. B. §§ 80ff. a. F.

b) *Motiv* (s. oben § 19 I 1 b); der Ausbau eines auf Motive zugeschnittenen Besonderen Teils wird vielfach empfohlen, kann aber ein objektives Tatbestandsstrafrecht nie ersetzen:

aa) Vorwiegend *Angriffsmotive: Roheit:* besonders schädigende Mittel bei niederer, brutaler, rücksichtsloser, mitleidloser Gesinnung § 223 b, TierschutzG. v. 1933 § 9 S. 2. — *Grausam* ist Steigerung von roh: besonders gefühllos und unbarmherzig, auf besonders schwere, langdauernde und wiederholte Leiden gerichtet, auch bei abgestumpftem Gefühlsleben, § 211 n. F., seit G. v. 19. 6. 12 in § 223 a, seit G. v 26. 5. 33 in § 223 b a. F.[108]). —

[106]) Grdlg. 637/41. Max Wittenberg, Die Schuldaufhebungs- und Schuldermäßigungsgründe 1928 S. 87, Anhangstafeln (Diss. Königsberg).

[107]) Wittenberg a. a. O.

[108]) RG. 76, 299; 49, 389; 62, 160.

Unmenschlich i. S. des KontrollratsG. v. 1946 Nr. 10 Art. II 1 ist gleichbedeutend mit grausam[109]). *Arglist:* geplante Durchführung unter Schädigungsabsicht bei gesteigerter Niedertracht §§ 170, 263 Abs. 4, 266 Abs. 2. — *Heimtückisch* ist falsch und verschlagen, meist auch feige, § 211 n. F. — *Mutwillig:* Ausschaltung naheliegender Hemmungen mit gesteigertem Tatendrang § 363 N. 3 a. F., früher MStrGB. § 132. — *Böswillig:* besonders moralisch verwerfliche Gesinnung mit Neigung zu niederträchtiger, kränkender Schädigung §§ 103 a, 134, 134 a, b, 135, 223 b[110]). Früher HeimtückeG. v. 20. 12. 34 § 2 Abs. 2.

bb) *Vorwiegend Nutzungsmotive. Eigennutz:* Bestimmung des Handelns allein durch die Rücksicht auf den persönlichen Vorteil, nicht notwendig geldlicher Art, aber unter Rückstellung aller anderen Motive und ohne jede Rücksicht auf andere Menschen und auf die Gemeinschaft; Steigerung zu „grobem Eigennutz" oder „gewissenlos aus grobem Eigennutz" §§ 180, 181 a, 257/9; § 170 a; G. v. 1. 12. 36 (Wirtschaftssabotage). — *Gewinnsucht:* Antrieb allein durch Streben nach geldlichen Vorteilen, auch wenn solche bereits in Ueberfluß vorhanden sind, mit innerer Tendenz zur Unersättlichkeit, §§ 133, 169, 235, 301/2. — *Habgier:* unersättlicher Trieb nach Vermehrung des eigenen (nicht notwendig nur wirtschaftlichen) Besitzes, § 211 n. F. —

cc) *Genuß- und Schwächemotive: Leichtfertigkeit,* gesteigert: *Leichtsinn,* d. i. asoziales Sichgehenlassen ohne Rücksicht auf Pflichten und Werte, Steigerung der Unvorsichtigkeit unter Ausschluß der unbewußten Fahrlässigkeit, aber nicht notwendig gleichbedeutend mit der bewußten Fahrlässigkeit (oben § 22 I 2 k, l) § 164 Abs. 5. — *Gleichgültigkeit:* asoziales triebhaftes Verhalten unbekümmert um Pflichten und Werte, sei es um andere, um das Ganze oder um sich selbst (oben § 22 I 2 i). — *Wollust:* triebhaftes, vorwiegend sexuell bestimmtes Verhalten. —

dd) *Planmäßiges* Verhalten: *Ueberlegung:* Abwägung der Mittel und Ziele, Entschluß nach geordneter Erwägung und Abwägung des Dafür und Dawider[111]) § 211 a. F. — *Wissentlichkeit:* wider besseres Wissen unter Ausschluß des dolus eventualis §§ 164, 187.

2. *Typen subjektiver Gefährlichkeit,* sie sind im Gegensatz zu der vorigen Gruppe normativer Art (s. o. § 14 III 2 b): a) einfacher Rückfall, b) Gewohnheitsmäßigkeit, c) Gewerbsmäßigkeit, d) Geschäftsmäßig-

---

109) Im Zentraljustizbl. d. Brit. Zone 1947 Spruchgerichte H. 1 suchte ich darzulegen, daß die Definitionen aller dieser subjektiven Tatbestandsmerkmale oft über bloße Umschreibungen mit Moralbegriffen oder sonstigen Wendungen, die ihrerseits erst wieder definiert werden müßten, kaum hinauskommen, daß es Aufgabe des Richters ist, in den (stets verschieden liegenden) Einzelfällen des sich stets wandelnden Rechtslebens die Begriffe an der Hand der Rechtsidee mit lebendigem Inhalt auszustatten und mit konkreten Gestaltungsnormen als Präjudizien für künftige ähnliche (und doch wieder verschieden liegende) Fälle zu arbeiten.

110) RG. (Gr. Str. Sen.) 75, 250.

111) RG. 62, 196. Ueber die frühere Streitfrage vgl. Frank zu § 211.

keit. Diese Merkmale sind speziell die Typen der chronischen Schuld, vgl. oben § 20 IV.

3. *Typen für persönliche Eigenschaften und Verhältnisse* im Sinne des § 50: Beamte, Soldaten, bestimmte Berufe, Verwandte. Vgl. hierüber § 14 III 3a und § 26 a. E.

V. Der Irrtum über Tatsachen, die den Schuldtypen zu III und IV zugrunde liegen (z. B. Not, Amtseigenschaft), ist grundsätzlich ebenso zu behandeln wie der Irrtum über Tatbestandsmerkmale; er schließt den Vorsatz aus (oben § 21). Jedoch machen Ausnahmen sinngemäß die erst später, erst nach der Tatbestandshandlung entstehenden Tatsachen, die für die Schuldaufhebung erheblich werden, ferner die rein subjektiven Merkmale, wie Gewinnsucht, Erregung, krankhafter Seelenzustand. Der Täter ist also strafbar, auch wenn er nicht weiß, daß er in Gewinnsucht oder in normalem Seelenzustand handelt. Die milderen Fälle des Notdiebstahls liegen aber auch dann vor, wenn der Täter Not irrig annimmt.

5. Abschnitt

Mehrheit von Verbrechern und von Verbrechen

§ 25. Täter und Teilnehmer. Uebersicht und Neubau.

I. Der Täterbegriff kommt hier nur in seiner dogmatischen, nicht in seiner kriminologischen Bedeutung (über diese oben §§ 10, 11) in Betracht, und außerdem nur insofern, als er eine Einschränkung durch den gesetzlichen Begriff der Teilnahme (Anstiftung und Beihilfe) erfährt, der allerdings noch auf seine innere Berechtigung zu prüfen ist.

1. Der Täter ist die personale Seite der „Tat", die einen Ausschnitt aus dem „Wirken" (oben § 15) darstellt; dieser Ausschnitt ist die Ausführungshandlung i. w. S., und diese wiederum umfaßt dreierlei: den für den Versuch erheblichen „Anfang der Ausführung", sodann die Ausführungshandlung i. e. S., d. i. die Tatbestandshandlung, und endlich deren Abschluß. Aus diesem natürlichen Vorgang ergibt sich ohne weiteres

a) der *natürliche Täterbegriff: Täter ist, wer die Tat ausführt* (also auch nur versucht, was künftig nicht mehr hervorgehoben zu werden braucht, sofern man die Ausführung i. w. S. versteht). *Täter ist, wer der Tat die innere Richtung auf den rechtserheblichen Erfolg gibt; er ist der bewußte oder fahrlässige Begründer der Gefahr („Kreationstheorie").* Hieraus ergibt sich bereits in seinen Umrissen

b) der *natürliche Teilnehmerbegriff: Teilnehmer ist, wer an der Ausführung der Tat eines anderen nur zu einem „Teil", d. h. nur unterstützend mitwirkt, sei es durch Rat oder Tat,* wobei zu dem Rat auch die entscheidende (bestimmende, *„anstiftende")* Beeinflussung des Wirkens und seiner Voraussetzung, des Wollens, gehört. Aber es fehlt eben die schöpferische Begründung der Gefahr, das Setzen der allgemeinen Tendenz auf den schädlichen Erfolg, die rechtserhebliche (adäquate) Kausalität[1]).

1) Auf diese natürlichen Begriffe erneut den Blick gelenkt zu haben, war ein unbewußtes Verdienst des E. 35, der systematisch und gesetzgeberisch unrichtig Täter und Teilnehmer am Anfang (vor Vorsatz und Rechtswidrigkeit) behandelte.

Diese „natürlichen Begriffe" sind dem Auf- und Ausbau der Lehre von der Beteiligung mehrerer an einem Verbrechen zugrunde zu legen, soll die Lehre selbst natürlich, einfach und ungekünstelt bleiben. Sie wurde leider durch juristische Konstruktionen derart kompliziert, daß sie zugleich mit der (durch den Ausführungsbegriff ihr verwandten) Versuchslehre zu den schwierigsten Kapiteln der gesamten Strafrechtsdogmatik geworden ist, außerdem (im Gegensatz zum Versuch) einen ungebührlich weiten Umfang angenommen hat. Ein Fehler war schon der Ausgang, den man nicht von der natürlichen Tat, sondern von dem juristisch bereits gewerteten Verbrechen, also von der rechtswidrigen und schuldhaften Tat nahm; so fragte man: was bedeutet Mitwirkung an einem „Verbrechen"? Richtiger ist zu fragen: was bedeutet Mitwirken an fremder „Tat"? und wann ist Mitwirken an fremder Tat strafwürdig und in welchem Grade? Fragen, die wie in der Versuchslehre voranstehen. Im folgenden sind wir daher zu einer Parallelbehandlung genötigt: der überlieferten herrschenden Auffassung und der eigenen, legislatorisch zu erwägenden Ansicht.

2. Die herrschende Meinung lehrt: Teilnahme an einem Verbrechen, d. h. im Sprachgebrauch des StGB. an einer strafbaren Handlung, ist nur möglich, wenn die fremde Tat auch im konkreten Fall strafbar ist. Teilnahme an einer Straftat ist nur möglich, soweit eine Straftat überhaupt vorliegt. So stellte man als unangreifbares Dogma den Grundsatz der *akzessorischen* (unselbständigen) *Natur der Teilnahme* auf, und hielt an ihm trotz Abwandlungen fest, weil man ihn als begriffswesentlich für die „Teilnahme an einem Verbrechen" ansah. Es klingt auch als durchaus schlüssig und logisch zwingend: man kann einen anderen zu einem Mord nur angestiftet haben, wenn ein Mord wirklich vorliegt; fehlt es dagegen der Haupttat an einem Tatbestandsmerkmal oder einem allgemeinen Verbrechensmerkmal, so entfällt auch die Teilnahme am Verbrechen. Wie sollte A wegen Anstiftung des B zum Diebstahl verurteilt werden, wenn B eine ganz andere oder überhaupt keine Straftat begangen hat? — Dieser Grundsatz der Akzessorietät[2]), der unten § 26 III, V näher zu behandeln ist, hat in seinen Wandlungen auf die Bestimmung des Täterbegriffs selbst eingewirkt, worauf hier näher einzugehen ist.

a) Wenn A den B zu einem Diebstahl bestimmt, B aber mangels Schuld etwa wegen Geistesgestörtheit oder Irrtums nicht bestraft werden kann, so hielt man es mit Recht für unbillig, den A nur aus Gründen der Akzessorietät straflos ausgehen zu lassen: A ist zwar nicht Anstifter, aber selbst Täter, und zwar *mittelbarer Täter*, während der straflose B sein *Werkzeug* ist. Diese Figur der mittelbaren Täterschaft führte zu einer Ausdehnung des Täterbegriffs in ein Gebiet, das an sich der

---

2) Gegen die Akzessorietät wandten sich Kohler Studien I 1890, 106; Höpfner ZStrW. 26, 579; 27, 465; Hoegel ebenda 37, 657; M. E. Mayer 391; Frank § 48 II g. E.; v. Hippel II 448; Bauer Die akzess. Natur der Teilnahme 1904; aufgerührt wurde das Problem erneut von Binding Abh. 1, 131, 253. Sehr beachtlich Georg Heukamp, Die limitierte Akzessorietät der Teilnahme, gedruckte Diss. Münster 1948.

Teilnahme angehört. Wenn bei dem vermeintlichen Haupttäter B irgendein Strafbarkeitsmerkmal nicht vorliegt, so daß dieser nicht verantwortlich oder nicht voll verantwortlich gemacht werden kann, während bei dem vermeintlichen Anstifter A diese Merkmale vorliegen, so kann der letztere wegen der Akzessorietät nicht straflos oder minder strafbar bleiben, da die Strafjustiz jedes strafwürdige Element einzusetzen hat; A wird insoweit mittelbarer Täter, B wird (strafloses oder minder strafbares) Werkzeug. Bei der Beihilfe versagt allerdings diese Konstruktion; strafwürdige Beihilfe an der Tat eines Schuldlosen bleibt straflos!

Der ursprüngliche Täterbegriff erweitert sich daher so: *Täter ist, wer die Tat* (oder normativ: die strafbare Handlung) *ausführt oder sie durch einen anderen ausführen läßt, der deswegen nicht (oder nicht voll) verantwortlich ist*[3]. Im ersten Fall ist er unmittelbarer, im zweiten mittelbarer Täter. Diese Ausdehnung (erste „Expansion") des Täterbegriffs und die „Figur" des mittelbaren Täters sind keine natürlichen, sondern künstliche Erscheinungen; sie beruhen auf normativen Erwägungen, die als solche selbstverständlich berechtigt und notwendig sind, aber nicht zu lebensfremden Konstruktionen führen dürfen. Der methodische, für die ganze Teilnahmelehre verhängnisvolle Fehler ist, daß das Normative an den Anfang, statt an den Schluß (bei der Würdigung der natürlichen Tatsachen), gestellt wird. Nach der natürlichen Auffassung ist auch der mittelbare Täter nur Anstifter; beide sind nicht die Ausführer. Sie unterscheiden sich nur in ihrer normativen Bedeutung im Hinblick auf den Ausführer; dieser erscheint nur gegenüber dem Anstifter als voll strafbarer „Haupttäter", gegenüber dem mittelbaren Täter nur als strafloses oder nicht voll strafbares „Werkzeug".

b) Diesen stets empfundenen Mängeln suchte man dadurch abzuhelfen, daß man den bis dahin vorherrschenden *Grundsatz strenger Akzessorietät* zu einem solchen der sog. *limitierten* (besser: eingeschränkten) abzuwandeln suchte. Danach sollte Voraussetzung der Teilnahme nicht, wie bisher, eine strafbare, d. h. eine rechtswidrige *und* schuldhafte Handlung sein, sondern nur noch eine rechtswidrige Tat. Es wurde also auf das Merkmal der Schuld verzichtet und zwar in zwei Entwicklungsstufen. Die erste Einschränkung brachte das JGG. von 1923 hinsichtlich der Jugendlichkeit; die seitdem unerfreuliche, zersplitterte Rechtslage kann man sich leicht vorstellen: wenn A zu gemeinsamem Diebstahl den 17jährigen B und seinen 19jährigen Bruder C bestimmte, denen beiden der Vorsatz oder die Absicht fehlt, so war A bzgl. des B Anstifter, bzgl. des C mittelbarer Täter. Teilnahme war möglich an Taten schuldloser Jugendlicher, aber nicht an Taten von Geisteskranken. Eine zweite Einschränkung durch die StrafrAnglVO. v. 29. 5. 1943 im Anschluß an E. 36 glaubte jene Mängel radikal zu beseitigen, indem für strafbare Teilnahme

[3]) Dies war der Täterbegriff meiner Grdlg. 470, 478, dort weitere Nachw. Ueber die spätere Lit. vgl. die größeren Komm. u. Lehrb.

nicht mehr eine schuldhafte, sondern nur eine rechtswidrige Tatbestandsverwirklichung erfordert wurde; in letzterer Hinsicht hielt man also an der Akzessorietät als begrifflicher Erscheinung der Teilnahme überhaupt fest[4]).

Täter im Sinne des geltenden Rechts, also bei limitierter Akzessorietät, ist hiernach, *wer die rechtswidrige Tat entweder selbst (schuldhaft) ausführt oder sie durch einen anderen (schuldhaft) ausführen läßt, der für sie* (mangels Schuld) *nicht* oder nicht voll *verantwortlich* ist.

Den Wandel von der strengen zur limitierten Akzessorietät bringen §§ 48, 49 i. V. mit § 50 I n. F. (seit 1943) dadurch zum nicht gerade leicht verständlichen Ausdruck, daß sie die Teilnahme nicht mehr an einer „strafbaren Handlung", sondern an einer „mit Strafe bedrohten Handlung" erfordern; es wird also nicht mehr an die konkrete, sondern an die abstrakte Straftat angeknüpft. Daß die letztere aber nur die objektiv rechtswidrige Tat, nicht auch die schuldhafte Tat bedeuten soll, obwohl zur abstrakten Strafbarkeit auch Schuld gehört, ist ein Mangel der Neufassung, der die wenig geklärte Teilnahmelehre nur noch weiter verdunkelt; das Dunkel suchte § 50 I zu heben. Vor allem wird durch diese Begrenzung der Akzessorietät die Figur der mittelbaren Täterschaft, wie man wohl gehofft hatte, keineswegs entbehrlich, da nicht nur die Schuld, sondern auch die Rechtswidrigkeit beim vermeintlichen Teilnehmer vorliegen, beim vermeintlichen Haupttäter fehlen kann, so daß jener ein mittelbarer Täter, dieser dessen Werkzeug wird; und außerdem ist bei der Behandlung der Sonderdelikte die mittelbare Täterschaft unentbehrlich (der Beamte bestimmt den Nichtbeamten zum reinen Amtsdelikt), vgl. Näheres unten § 26 VI. Eine auf halbem Wege stehengebliebene Vereinfachung kompliziert die Lage nur noch mehr; das bisherige Gebiet der mittelbaren Täterschaft bleibt es zum Teil und wird zum Teil zur Teilnahme geschlagen, obwohl sonst eine Expansion des Täterbegriffs angestrebt wird.

c) Richtiger wäre, noch einen Schritt weiterzugehen und nicht nur auf die Schuld, sondern auch auf die Rechtswidrigkeit der Haupttat als Voraussetzung für die Teilnahme zu verzichten. Alsdann wäre ein einfacher und *natürlicher Teilnehmerbegriff* gewonnen: Teilnehmer ist, *wer unterstützend an der Tat (!) eines anderen mitwirkt, gleich ob die letztere rechtswidrig oder schuldhaft begangen wird.* Nur die eine Voraussetzung verbleibt: die Tat eines anderen, d. h. die Ausführung i. w. S., Handlung oder Unterlassung, Vollendung oder Versuch. Nur insofern kann man noch von Akzessorietät als Begriffsmerkmal für die Teilnahme sprechen; man kann das Wort aber auch ganz meiden. Vorausgesetzt ist nur die Teilnahme an der Tat eines anderen, an einer Ausführungshandlung mit Einschluß des Ausführungsbeginns, an einem mindestens als Ausführung gedachten freien, willkürlichen Verhalten eines anderen im Sinne der Versuchslehre. *Wenn der Teilnehmer die Tat für strafwürdig hält, so handelt er selbst rechtswidrig und schuldhaft;* die Parallele zum untauglichen Versuch liegt auf der Hand. In der Entfernung von der Akzessorietät noch weiterzugehen und auch auf die Tat, auf die Ausführungshandlung im Tatbild des Teilnehmers zu verzichten, ist da-

---

4) Die gesetzliche Einführung der limitierten Akzessorietät gibt denen unrecht, die nicht mehr zwischen objektiven und subjektiven Verbrechensmerkmalen unterscheiden, z. B. den Vorsatz in den Handlungsbegriff hineinverlegen.

gegen nicht angängig; bloße Beratung oder Anstiftung schlechthin ohne Beziehung auf eine konkrete Tat, sei es auch nur eine vorgestellte, ist nicht strafwürdig, da mindestens eine konkrete Gefährdung gegeben sein müßte und ein unbestimmter Wille noch nicht für eine Strafwürdigkeit ausreicht. Nur in besonders schweren Fällen könnte einmal ein Sonderdeliktstatbestand geschaffen werden (vgl. unten § 26 V 3, 7).

Im Verlauf der Reform wurde der Akzessorietätsgrundsatz immer mehr „gelockert", die mittelbare Täterschaft verlor immer mehr Land VE. 09 hielt sie noch für unentbehrlich, E. 25 schon für entbehrlich. Aber jeder Entwurf glaubte, die Entwicklung folgerichtig weiter zu führen und den richtigen Standpunkt zu erreichen.

II. Ueber die Arten der Täterschaft und Teilnahme sei nunmehr eine *systematische Uebersicht* vorausgeschickt.

A. Täter überhaupt, normativ betrachtet:
   1. unmittelbare Täter,
   2. mittelbare Täter. Vgl. § 26 II, III, VI.

B. Mitwirkende i. w. S.:
   1. bei voller Verantwortung: Teilnehmer i. w. S.: vgl. auch § 26 VI:
      a) volle Mitwirkung: „Ausführung": Mehrtäter; Gegensatz: Alleintäter:
         aa) Mittäter (§ 47), vgl. § 26 IV 1.
         bb) Nebentäter, vgl. § 26 IV 2.
         cc) Komplott (§ 49a Fall 4 und 5; § 49b), vgl. § 26 V 3, 7.
      b) teilweise Mitwirkung (Unterstützung ohne Ausführung): Mitwirkende i. e. S., eigentliche Teilnahme:
         aa) psychische Teilnahme (innere Mitwirkung):
            aaa) Anstiftung (§ 48), legislatorisch nebst mittelbarer Täterschaft, vgl. § 26 V 1.
            bbb) Ratbeihilfe (§ 49), vgl. § 26 V 2.
            ccc) Aufforderung usw. (§ 49a), vgl. § 26 V 3a.
         bb) physische Teilnahme (äußere Mitwirkung):
            aaa) Tatbeihilfe (§ 49), vgl. § 26 V 2.
            bbb) Nachhilfe (Begünstigung), vgl. § 26 V 8.
   2. nicht verantwortlich oder nicht voll verantwortlich bei Täterabhängigkeit: Werkzeug, vgl. § 26 III, VI.

III. Sprachgebrauch. Statt limitierter Akzessorietät sollte man sagen: Unrechtsgebundenheit; und statt voller Akzessorietät: Unrechts- und Schuldgebundenheit. Entsprechend sollte man die Teilnahme näher bezeichnen als unrechtsgebundene Teilnahme usw. Die Ausdrücke unselbständige oder abhängige Teilnahme sind zu allgemein und vieldeutig. Zu erwägen ist, ob man die Ausdrücke Mitwirkung und Mitwirker einführen sollte. Statt Handlung und Haupttat sollte man deutlicher Ausführung sagen. Im folgenden behalten wir die überlieferten Ausdrücke noch vorläufig bei, um die Verständigung zu erleichtern.

§ 26. Täter und Teilnehmer im einzelnen.

I. Wesen und Strafwürdigkeit.

1. Der *engere Täterbegriff* legt auf die Ausführungshandlung Gewicht und bezieht höchstens im Sinne der h. M. die mittelbare Täterschaft ein. Im Gegensatz zu diesem sog. restriktiven Täterbegriff wollte eine frühere Ansicht[5]) im vermeintlichen Anschluß an ausländische Vorbilder[6]) einen sog. *extensiven Täterbegriff* aufstellen, der auch alle Teilnahmeformen umfaßt; diese radikale Lösung wäre die einfachste und würde alle Schwierigkeiten einer Abgrenzung der Arten beseitigen. Dieser Einheitsbegriff sei auch sachlich berechtigt; denn nach der herrschenden Kausalitätstheorie setzen der Anstifter und der Gehilfe ebenso wie der engere Täter (Ausführer) eine Bedingung zum Erfolg und seien grundsätzlich auch in gleicher Weise strafwürdig, während Abweichungen im Einzelfall der richterlichen Strafbemessung überlassen werden könnten.

Dagegen wird mit Recht an der bisherigen Unterscheidung in Arten festgehalten: es ist sowohl in der Sache als auch für die Strafwürdigkeit etwas durchaus anderes, ob jemand die Ausführungshandlung vornimmt, sei es auch mit Hilfe eines Werkzeugs, oder ob er eine nur unterstützende Mitwirkung als Teilnehmer leistet; es ist etwas ganz anderes, ob er die allgemeine Tendenz (im Sinne der Adäquanztheorie) oder nur eine sonstige einfache Bedingung für den Erfolg durch bloße Unterstützung setzt. Der erstere ist als Täter grundsätzlich strafwürdiger als der letztere. Außerdem ist die Strafwürdigkeit, insbesondere die Gefährlichkeit höher, wenn jemand objektive als wenn er bloß subjektive Bedingungen setzt, wie ja der taugliche Versuch strafwürdiger ist als der untaugliche. Daher ist grundsätzlich die Täterschaft strafwürdiger als die Anstiftung, die Tatbeihilfe strafwürdiger als die Ratbeihilfe. So ergibt sich die folgende *typische Staffel der Strafwürdigkeit:* unmittelbare *Täterschaft (Ausführung)* — *Anstiftung* (nebst mittelbarer Täterschaft) — *Tatbeihilfe* — *Ratbeihilfe.*

2. a) Allerdings belastet die psychische Mitwirkung stärker wegen ihrer höhergradigen moralischen Verwerflichkeit: hier liegt die geistige Urheberschaft, die Wurzel des kriminellen Willens, der Kriminalitätserreger: die Planmäßigkeit, Verschlagenheit, Feigheit, Ansteckung anderer, deren Vorschieben und Hineinlegen. Das alles stellt die Anstiftung gleich der Ausführung oder gar noch höher. Aber im ganzen gesehen, liegt die größere Gefährlichkeit bei der Ausführung. Der Anstifter ist nicht selten jener Mundheld, der vor der Tat selbst zurückschrecken würde, der nicht die Energie zur Ueberwindung der Widerstände besitzt und durchsetzt, der auch innere Hemmungen angesichts des Opfers nicht zu unterdrücken vermag oder der gar Mitleid und edlere Motive aufbringt oder der endlich aus Vorsicht und Bequemlichkeit die Tat nie ausführen würde.

Dagegen besitzt der Ausführer zunächst die nötige Empfänglichkeit für jene Anstiftung, Beratung, Unterstützung und für Einflüsterungen jeglicher Art, vor allem

5) Eb. Schmidt in Frank-Festg. 1930 und Mezger Lehrb. 1933 (anders in LK. 6. A. 1944); ferner Schönke vor § 47 I, Rittler Oest. StrR. I 197, H. Roeder ZStrW. 62 (1944), 303 ff.

6) Besonders Italien; dagegen differenzieren jetzt auch Norwegen und die Schweiz, auf die man sich zu Unrecht berief.

aber die kriminelle Energie, die eben die Ausführung erfordert: Entschlußkraft, Wagemut, Gewandtheit, Anpassungsfähigkeit je nach dem Verlauf der Geschehnisse, Ueberwindung innerer, ernst gemeinter Widerstände, Gleichgültigkeit gegenüber fremdem und dem eigenen Schicksal, Bereitschaft zum Kampf mit der Umwelt, Fähigkeit zur Irreleitung der Behörde oder Glaube daran, Vertrauen auf den eigenen Stern. Der Ausführer wählt Mittel und Wege im einzelnen aus, während der Anstifter den Verlauf nie übersehen kann und daher sich nur in Allgemeinheiten und Phantasien bewegt. Der Ausführer ist eben der Schöpfer des konkreten Erfolgs und der Lenker der Ereignisse. Aus allen diesen Gründen folgt, daß im ganzen strafwürdiger ist der Täter als der Anstifter (entgegen der Regelung des StGB. § 48), strafwürdiger der unmittelbare Täter als der mittelbare (entgegen der h. M.), der Tatgehilfe als der Ratgehilfe und bloße Berater. Die fakultative Strafmilderung bei der Beihilfe in VO. 43 ist daher berechtigt und notwendig; sie wäre auch für die Anstiftung erwägenswert.

b) Vorstehendes betrifft nur die Typen von Personen und Verhältnissen. Im Einzelfall können bei gewissen Delikten, für die jedoch wieder eine typische Gruppenbildung (wie beim Versuch) zu beobachten ist, Anstiftung und selbst Beihilfe gleich der Täterschaft strafwürdig sein, ja sogar strenger. Bei den Nutztypen wirkt naturgemäß der Wille des Anstifters und schon des Beihilfe-Beraters stärker auf die Willensbildung der Haupttat ein, in deren Tatbestand ja der Wille eine erste Bedeutung besitzt (Bereicherungs-, Zueignungsabsicht, Eigennutz, Vorteil usw.). Bei den Triebdelikten tritt der Wille dagegen stark in den Hintergrund gegenüber dem Trieb; hier kann die Tatbeihilfe für den Erfolg wichtiger und daher strafwürdiger sein. Das gleiche gilt für die leichteren Angriffsdelikte, während die schwereren wiederum mehr mit Nutzungsmotiven durchsetzt sind und die Strafwürdigkeit stärker von der Willensbildung abhängig machen. Ueber den Gegensatz dieser Deliktsgruppen vgl. des weiteren sofort unten II 2 b.

c) Unbefriedigende Folgen für den extensiven Täterbegriff sind außerdem diese. Teilnehmer an einem Sonderdelikt kann auch sein, wer es nicht selbst als Täter begehen kann; sehr wohl strafwürdig ist jedoch die Teilnahme an Blutschande, an Fahnenflucht, am reinen Amtsdelikt. Würde man die Teilnahme als Täterschaft auffassen und den Anstifter etwa als mittelbaren Täter konstruieren, so müßten jene Fälle straflos bleiben; eine befriedigende Lösung wäre nur auf Umwegen und durch Sondertatbestände möglich. — Die Teilnahme läßt im Gegensatz zur Täterschaft Abstufungen zu, womit einem praktischen Bedürfnis entsprochen wird; es geht nicht an, die geringste Beratung, einen bloßen Wink und Hinweis gemäß dem extensiven Täterbegriff bereits als Täterschaft aufzufassen. Nicht zu billigen ist daher E. 36 § 4, der als Täter jeden ansieht, der die Tat dadurch ausführt, daß er einen anderen für sich handeln läßt: eine unannehmbare Erweiterung der (mittelbaren) Täterschaft auf Kosten der Anstiftung.

II. Objektive und subjektive Bestimmung des Täter- und Teilnehmerbegriffs.

1. Beide Voraussetzungen sind erforderlich: *jede* Tat setzt subjektiv ein Wollen, objektiv ein Wirken, insbesondere ein Ausführen voraus; insofern ist der hier ebenso heftig wie in der Versuchslehre geführte Streit zwischen objektiver und subjektiver Theorie müßig. Früher vertrat die Wissenschaft[7]) die objektive, die Rechtsprechung die subjektive Theorie. Verfehlt ist beidemal nur die Einseitigkeit.

a) RG. nimmt, wie neuerdings immer mehr betont und auch von Frank u. a. anerkannt wird, einen mehr vermittelnden Standpunkt ein; aber es muß zugegeben werden, daß es in den zweifelhaften Fällen auch hier, wie in der Versuchslehre,

---

7) Vgl. Olshausen, Ebermayer-Lobe in LK. 5. A., Frank, Binding, v. Liszt-Schmidt, Allfeld, v. Hippel, Gerland, Mezger früher, u. a.

wenn auch weniger radikal als dort, von einer subjektiven Einstellung ausgeht (2, 162; 3, 182 und ständig weiter, scharf noch 77, 118). Unverkennbar sind die Zusammenhänge mit der Bedingungstheorie und dem Akzessorietätsdogma; man betont immer wieder: Täter und Teilnehmer setzen in gleicher Weise Bedingungen zum Erfolg; sie unterscheiden sich dadurch, daß der Täter das Verbrechen als eigenes, der Teilnehmer nur als fremdes will. Auf die Tatbestandshandlung komme es weniger an; denn diese könne auch von einem Gehilfen und von einem Werkzeug vorgenommen werden, die eben nicht Täter sind, und sie werde anderseits vom mittelbaren Täter nicht vorgenommen, der doch Täter sei. Die normative Ausgangsstellung vom Verbrechen und die Abstellung auf die Tatbestandshandlung wurden schon oben § 25 I 2 als verhängnisvoll bezeichnet; es dreht sich in Wahrheit dagegen nur um die Frage, wer bei der Tat ihr Täter ist und wer nur unterstützend mitwirkt. Daß die Tat eine Ausführungshandlung, ein Wirken des Täters als ihres Schöpfers auf den Erfolg hin, ein Tendenzsetzen und Hinstreben auf das Ziel bedeutet, das ist eine natürliche sowohl wie soziologische Anschauung, die zwar in der Rspr. des RG. auch begegnet, aber nicht zum Kern der Entscheidung und noch weniger der Theorie erhoben wird, in der Befürchtung, daß sie sich zu sehr der Adäquanztheorie und der materialen Rechtswidrigkeit nähern könnte.

Nicht leicht zu erkennen ist aber, wie man verstehen soll, daß der Täter die Tat „als eigene will". Unerheblich ist sein materielles, insbesondere finanzielles Interesse am Erfolg (A. M. RG. 74, 85); dagegen spricht schon oft der Tatbestand (§§ 263, 253 u. a.: sich oder einem anderen!); und die Beute soll oft einem Dritten, dem Auftraggeber, dem Anstifter, dem Hehler zufallen. Unerheblich ist auch der „Tätervorsatz" (animus auctoris oder domini im Sinne der älteren Entscheidungen); denn auch die fahrlässige Tat und die Unterlassung haben ihre Täter, und der Vorsatz bezieht sich nicht auf die Würdigung, ob ein Vorgang unter einen Grundbegriff des allgemeinen Teils des Strafrechts (Tat, Verbrechen) fällt. Diese Würdigung ist die Aufgabe des Richters; und die objektive Prüfung ist eben die hier entscheidende Frage. Unerheblich ist sodann der „Täterwille"[8]; man frage nur einen Richter, ob er wirklich im Einzelfall vor Verurteilung eines Täters wegen Diebstahls oder fahrlässiger Tötung dessen „Täterwillen" feststellt. Das Subjektive wird lediglich bei Feststellung der Schuld und ihrer Erscheinungsformen berücksichtigt, zu denen aber der Täterwille von keiner der bisherigen Schuldauffassungen gerechnet wird: es ist nur ein Privileg der Teilnahmelehre. Und wie, wenn alle Mittäter, die besten Freunde, nur altruistisch handeln, keiner für sich die Tat als eigene, im eigenen Interesse will?

Es kommt nicht darauf an, was der Angeklagte sein will, nicht darauf, ob er sein Verhalten als Tat oder als Teilnahme ansieht; das Maßgebliche ist natürlich, wie der Richter es würdigt, und dieser stellt objektiv fest, ob in der ermittelten Sachlage die erforderlichen objektiven wie subjektiven Merkmale von Tat und Täter gegeben sind oder ob nur eine Form der Teilnahme vorliegt. Das Unterscheidende ist, ob ein (subjektives) Wollen und (objektives) Wirken in der Richtung auf den Tatbestandserfolg oder ob nur ein lediglich unterstützendes (ebenfalls subjektives wie objektives) Wollen und Mitwirken zu erkennen sind: dort die entscheidend wirkende Ursache (die allgemeine Tendenz), hier die bloß unterstützende Bedingung. Das unterscheidende Merkmal liegt also zunächst und vor allem im Reich der Tatsachen, ist objektiver Natur.

b) Auch hier trifft die objektive Theorie das Richtige, wie beim Versuch: liegt vor im Einzelfall eine Ausführungshandlung oder nur eine untergeordnete Bedingung? Die letztere besteht bei der Teilnahme im

[8] LK. 6. A. (Mezger) vor § 47 N. 5: Täter ist, „wer mit Täterwillen (? Fahrlässigkeit?) in tatbestandsmäßiger Form (? Würdigung!) den entscheidenden Erfolg der Tat verursacht" (? d. h. eine Bedingung für den Erfolg im Sinne der Kausalitätslehre des RG. setzt, was auch auf den Teilnehmer zutrifft!). Also eine durchaus mißglückte Definition. Besser tritt die 5. A. (Lobe) für die objektive Theorie ein.

unterstützenden Mitwirken, beim Versuch im unterstützenden Vorbereiten. *Täter ist, wer bei objektiver Beurteilung* (nicht nach seinem Tatbild und Willen) *als Schöpfer gilt*, als auctor und dominus; wie in der Kunst und überhaupt in der Kultur, so ist es auch in der Kriminalität. Der Täter trägt die Verantwortung für das Werk, er erntet Anerkennung wie Tadel, Lob wie Vorwurf, und nimmt die Hauptfolgen auf sich. Der „Teilnehmer" nimmt daran nur teil; er übernimmt nur einen Teil, der bald größer bald geringer ist und wirklich auch einmal dem Hauptteil des Täters nahekommen kann. Im allgemeinen bedeutet aber Teilnahme ein Minus gegenüber der Haupttat; u. z. eine Abschwächung schon im Sprachbegriff, vor allem auch in sachlich-inhaltlicher Hinsicht und im Strafmaß — genau in demselben Verhältnis, wie sich Versuch zu Vollendung verhält.

2. Auch hier ist, wie in der Versuchslehre, *im konkreten Fall* eine verschiedene Ausgestaltung bei den einzelnen *Deliktsgruppen* zu beobachten. Und ferner ist bei der Tat (Haupttat) und der Tatbeihilfe naturgemäß das äußere, bei der Anstiftung und der Ratbeihilfe das Willenselement stärker zu berücksichtigen. So ergeben sich einige neue interessante Erkenntnisse gegenüber der herrschenden Meinung.

a) Die *Ausführung* steht im Vordergrund bei der *Tat und der Tatbeihilfe.* Um die Ausführung aber im Einzelfall richtig zu verstehen und zu umgrenzen, muß man (wiederum ebenso wie beim Versuch und besonders beim untauglichen) den Täterwillen berücksichtigen und objektiv auslegen. Es gibt Fälle, in denen der Täter die Ausführung vornehmen will und mit ihr bereits beginnt, sie aber aus tatsächlichen Gründen nicht vornehmen kann, weil ein Mitwirker (Mittäter oder Tatgehilfe) sie vornimmt und weil im konkreten Fall nur eine einzige Person sie vornehmen kann.

Will A eine kleine Kassette oder eine Taschenuhr entwenden und öffnet er zu diesem Zweck den fremden Schrank, während B als Mittäter oder Gehilfe den Wertgegenstand wegnimmt, so kommt es natürlich nicht darauf an, ob A selbst zugreift oder nicht, was im vorliegenden Fall gar nicht möglich wäre; vielmehr ist A Täter. Die Rechtslage ist jedoch bereits eine andere, wenn A nur eine Vorbereitungshandlung vornimmt, z. B. vor dem Haus Wache steht oder die Leiter an das Fenster ansetzt; hier wird er nicht deswegen Täter, weil er die Tat ausführen will, sie aber nicht ausführen kann, sei es weil der Wagemut fehlt oder weil ihn Ungewandtheit am Einsteigen hindert, selbstverständlich ohne Rücksicht darauf, ob allein er die Tat veranlaßt hat oder aus ihr den Gewinn zieht.

Immerhin ist im Bereich der N u t z d e l i k t e der Wille weitgehend zur Auslegung der Tat, der Ausführungshandlung, in Betracht zu ziehen, schon weil das subjektive Element des Wirkens in den meisten Tatbeständen dieser Deliktsgruppe als Tatbestandsmerkmal (Zueignungs-, Bereicherungsabsicht, aus Eigennutz, seines Vorteils wegen) Ausdruck findet. Bei den T r i e b d e l i k t e n liegt der Schwerpunkt beim Erfolg und tritt der Wille hinter dem reinen Trieb völlig zurück; so können bei Unzucht, Abtreibung und Fahrlässigkeitstaten nur die objektiven Verhältnisse entscheiden, während ein etwa entgegenstehender Täter- oder Teilnehmerwille nichts ändern würde. Das gleiche gilt aber auch für die reinen A n g r i f f s d e l i k t e, bei denen es vor allem auf die Begehungsweise und die Schädigung ankommt, so daß hieran ein entgegenstehender Täter- oder Teilnehmerwille keine von den Tatsachen abweichende Beurteilung hervorrufen würde. Wenn A den C verprügelt und B ihn festhält, damit er nicht entläuft, so leistet B nur Beihilfe, selbst wenn er die Körperverletzung als eigene Tat wünscht. Die subjektive Theorie nimmt hier Mittäterschaft mit lediglich verteilten Rollen an. Man setze aber ein schweres Delikt ein, etwa Körperverletzung mit tödlichem Ausgang oder Tötung: Mörder ist nach allgemeinem Sprachgebrauch und Rechtsempfinden nur, wer den tödlichen Stoß ausführt, nicht auch wer eine begünstigende Bedingung setzt, sei es Festnahme oder Wachestehen. Der letztere würde vielleicht Gewissensbedenken nicht unterdrücken, sollte er selbst dem unglücklichen Opfer den Todesstoß versetzen oder ihm Qualen bereiten, selbst wenn er mit dem Erfolg einverstanden ist.

b) Der *Wille* ist selbstverständlich von Bedeutung auch für die Haupttat und die Tatbeihilfe; aber er gibt naturgemäß den Ausschlag bei der *Anstiftung* und der *Ratbeihilfe*. Nur diese Teilnahmeformen können bei Teilnahmehandlungen und entsprechendem Teilnehmerwillen vorliegen; niemals können sie zur Haupttat allein wegen des Täterwillens werden, wenn objektiv nur Teilnahmehandlungen ohne Ausführung begangen sind. Es gehört zu den größten Verirrungen unserer Rspr., leider vor allem des RG., auch hier der subjektiven und der Aequivalenztheorie folgend bei bloß unterstützender Tätigkeit (Anstiftung oder Beratung) schlechthin die Haupttat anzunehmen, sofern jemand bei ganz schwacher Tätigkeit, gleichsam vom grünen Tisch aus, mit Täterwillen handelt, die Tat als eigene im eigenen Interesse will.

Der Fehler ist klar und ohne Zweifel bei den Angriffsdelikten: Mörder des Erzherzogs Franz Ferdinand von Oesterreich war der Serbe Princip, nicht aber die großserbische Gruppe, die ihn dazu bestimmt hat; Mörder der Kaiserin Elisabeth war der Italiener Luccheni, nicht der anarchistische Ausschuß, der ihn gedungen hat; und Mörder jener mißliebigen Minister nach 1918 war immer nur der Einzelne, der von der nationalen Bewegung ausersehen wurde, nicht seine Auftraggeber oder gar nur Berater. Die historischen Darstellungen und die Anschauungen des Volkes werden dem Sachverhalt gerecht, weil sie unbewußt der objektiven Theorie folgen.

Immerhin ist selbst in dieser Frage die subjektive Theorie erwägenswert, sofern es sich um Nutz- und selbst um Triebdelikte handelt. Bei letzteren ist der Wille des Haupttäters nur schwach, so daß um so stärker der des Anstifters und selbst der des Ratgehilfen wirkt und es dem Maße der Strafwürdigkeit nur entsprechen würde, sie auch als Täter anzusehen; zu beachten ist jedoch, daß zahlreiche Triebdelikte (Unzucht) nur in eigener Person begangen werden können. Bei den Nutzdelikten ist dagegen der Wille stark ausgebildet und oft im Tatbestand vertypt; wenn er nunmehr von einem noch stärkeren Teilnehmerwillen wirksam beeinflußt wird, so ist eine innere Verwandtschaft zwischen beiden Teilen hergestellt und liegt die Auffassung einer Mittäterschaft im Bereich naher Möglichkeit. Auch als Alleintäter könnte der vermeintliche Anstifter in Frage kommen, während der andere sein Tatgehilfe oder gar nur sein (evtl. nicht voll verantwortliches) Werkzeug wäre. Diese Umkehrung oder Vertauschung der Rollen wäre um so berechtigter, als im Bereich der Nutztypen die Rechtsgüter „vertretbar", „auswechselbar" sind — dies im beachtlichen Gegensatz zu den Angriffs- und z. gr. T. zu den Triebdelikten, denen meist „höchstpersönliche" Rechtsgüter als Objekte zugrunde liegen (Leben, Gesundheit, Freiheit, Ehre, Sittlichkeit), so daß hier als Täter regelmäßig nur erscheint, wer die Tat ausgeführt, den Angriff begangen, den Schaden zugefügt hat. Bei den Nutzdelikten ist auch die Begehungsweise typisch, alltäglich, beinahe normal, so daß der Anstifter und Ratgehilfe sich auf allgemeine Winke beschränken können; bei den Angriffsdelikten muß der Weg meist selbständig gesucht, das Mittel individuell gewählt, oft ein Plan für den Einzelfall erst ersonnen werden, und der Ratgeber kann nicht alles übersehen, noch weniger alles im voraus billigen, was der Täter ausführt. Bezeichnend für die Verschiedenheit beider Hauptgruppen ist, daß ein Fortsetzungszusammenhang weit eher bei den Nutzdelikten als bei den Angriffs- und Triebdelikten möglich ist: zehn Diebstähle, aber nicht zehn Tötungen oder Beleidigungen oder Sittlichkeitsdelikte. Alles dies berechtigt zu dem Leitsatz: grundsätzlich gilt die objektive Theorie; bei den Nutztypen sind auch Einschläge der subjektiven Theorie möglich.

Gleichwohl ist Vorsicht gegenüber der subjektiven Theorie auch bei Nutzdelikten geboten. Unbegreiflich geht das sonst bedeutende Urt. d. I. StSen. RG. 77, 118 (1943) sogar so weit, statt Hehlerei die Vortat Diebstahl anzunehmen, falls der Täter die Vortat als eigene gewollt hat (was bei dem Ausbeutungswillen des Hehlers meist der Fall ist!). Allerdings verlangt RG. auch eine entsprechende Vortathandlung; die Gewahrsamsbegründung ist bei Hehlerei leichter nachweisbar als der zum Diebstahl außerdem erforderliche Gewahrsamsbruch. In Wahrheit ist der Unterschied beider Delikte nur die Art der Ausführungshandlung. — Schwer begreiflich ist auch RG. 71, 364: ein fremder Beischlaf könne als eigene Tat gewollt sein (Widerspruch mit dem Wesen des eigenhändigen Delikts).

c) Unhaltbare Folgerungen aus der rein subjektiven Theorie werden sich noch später zeigen. Hervorgehoben sei: Wer den zurechnungsunfähigen Mitwirkenden irrig für zurechnungsfähig hält, ist Mittäter (während der andere nicht als Mittäter verantwortlich ist!); wer aber die Zurechnungsunfähigkeit des anderen kennt, ist mittelbarer Täter durch den anderen als Werkzeug[9]. Daß allein der Irrtum die objektive Täterbeurteilung so nachhaltig beeinflußt und zu einem so unlogischen Ergebnis führt, ist doppelt unbefriedigend. — Die subjektive Theorie widerspricht sich selbst: der Berater, der ein (ohne Schuld handelndes) Werkzeug bestimmt, soll mittelbarer Täter sein[10], obwohl er die Tat „als fremde will". — Hält ein Anstifter einen Zurechnungsfähigen irrig für zurechnungsunfähig und wollte er ihn als Werkzeug benutzen, so soll der Anstiftungsvorsatz fehlen, aber durch den weitergehenden Tätervorsatz ersetzt werden[11]: also Anstiftung, obwohl er die Tat als eigene will! — Werkzeug kann nur sein, wer die Tat auch als eigene, als Täter begehen könnte (eigenhändiges Delikt, z. B. Blutschande)[12]; hier versagt die subjektive Bestimmung des Täterbegriffs. — Höchst eigenartig ist die in der Tat gezogene Konsequenz, daß nach der limitierten Akzessorietät an Stelle der bisher angenommenen mittelbaren Täterschaft Anstiftung oder Beihilfe vorliegt, gleichzeitig aber mittelbare Täterschaft anzunehmen ist, wenn der Teilnehmer die Tat gemäß der subjektiven Theorie als eigene will[13]. — Mittäter, die selbstlos nur zu Gunsten der anderen handeln, können nicht Täter sein, da sie die Tat nicht als eigene wollen, sie alle sind nur Gehilfen! — Will der den Dieb bestimmende Hehler den Diebstahl als eigene Tat, der Dieb ihn nur als fremde, so ist letzterer das Werkzeug des Hehlers, der als mittelbarer Täter den Diebstahl begeht!

III. Der natürliche Täterbegriff und der selbständige (freie), erweiterte Teilnehmerbegriff (Mitwirker). Mittelbarer Täter.

1. Als Leitsatz für den oben (§ 25 I) dargelegten und zum Ausgang für die gesamte Lehre genommenen *natürlichen Täter- und Teilnehmerbegriff hat* zu gelten: der A stiftet den H zur Handlung an, nicht zum Delikt; zwischen A und H besteht nur ein natürliches, kein normatives Band. Die Würdigung trifft der Richter, und zwar für jede Person einzeln, unabhängig voneinander. Für die Strafbarkeit des Teilnehmers ist es unerheblich, ob der Haupttäter strafbar ist, ob seiner Handlung die Rechtswidrigkeit oder die Schuld, ein Tatbestands- oder ein sonstiges Strafbar-

---

9) LK. 6. A. 325.
10) LK. 6. A. 326 (gegen die 5. A.).
11) LK. 6. A. 335 (§ 48, 3d).
12) h. M.
13) Rietzsch DJ. 1943, 311; Kohlrausch 38. A. S. 170.

keitsmerkmal fehlt; Voraussetzung für die strafbare Teilnahme und für die Teilnahme überhaupt ist lediglich eine *Ausführungshandlung des Täters.* Vgl. oben § 25 I.

2. Die gegenteilige, überlieferte Lehre, die nicht vom natürlichen Täterbegriff, sondern von der *strafbaren Handlung* ausgeht, macht die Teilnahme und ihre Strafbarkeit abhängig von der Strafbarkeit der Haupttat, seit VO. v. 29. 5. 43 wenigstens von ihrer Rechtswidrigkeit: strenge, später limitierte *Akzessorietät.* Um die alsdann straflos bleibenden, aber strafwürdigen Fälle strafrechtlich zu erfassen, ersann die Lehre die künstliche Figur des *mittelbaren Täters* mit dem Parallelbegriff des *Werkzeugs;* die Beihilfe (mindestens durch die Tat) wurde dabei allerdings nicht erfaßt. Diese Möglichkeiten sind im folgenden vom Standpunkt der herrschenden Meinung zusammenzustellen. Die natürliche Auffassung schlägt sie sämtlich zur (selbständigen) Teilnahme; der mittelbare Täter steht in seinem Wesen und seiner Strafwürdigkeit dem Anstifter und selbst dem Ratgehilfen ungleich näher als dem unmittelbaren, die Ausführungshandlung selbst vornehmenden Täter[14]. — *Bisherige Fälle mittelbarer Täterschaft:*

a) Das Werkzeug handelt *nicht schuldhaft oder nicht voll schuldhaft:* aa) bis JGG. v. 1923: Kinder und Jugendliche; bb) bis VO. v. 29. 5. 43: Zurechnungsunfähigkeit oder Schuldminderung, §§ 51, 58; cc) ebenfalls bis 43: Entschuldigungsgründe, z. B. Notstand §§ 54, 52 (Nötigung einer Schwangeren zur Abtreibung[15]); hierher würde der rechtswidrige, verbindliche Befehl des Vorgesetzten gehören, MilStGB. § 47, Z. 2, wenn es nicht richtiger wäre, den Vorgesetzten als Anstifter, den Untergebenen als Täter schon gemäß dem natürlichen Täterbegriff aufzufassen[16]); dd) ebenfalls bis 43: das Werkzeug handelt in entschuldbarem Irrtum, der Bestimmende vorsätzlich[17]). Nach der subjektiven Theorie gehört hierher auch der Fall, wo das Werkzeug vorsätzlich, aber nicht mit Täter-, sondern nur mit Gehilfenvorsatz handelt[18]); nach der objektiven Theorie ist der Irrtum unerheblich: der Bestimmende ist Anstifter im Einklang mit der natürlichen Täterauffassung.; ee) die umstrittenste Gruppe bildete das Fehlen höherer Schuldgrade: A bestimmt den B zu einem vorsätzlichen Tatbestand (Körperverletzung), den dieser nur fahrlässig verwirklicht[19]),

14) Höchst unbefriedigend die herrschende Praxis, gemäß der subjektiven Theorie den Unterschied zwischen mittelbarem Täter und Anstifter mit LK. § 47, 9a S. 326, Schönke vor S. 47 III 2 u. a. nach der Frage zu bestimmen, ob Täter- oder Anstifter w i l l e vorliegt; danach müßte auch die Annahme entscheiden, der andere sei Werkzeug oder Haupttäter; das könnte in Wahrheit ein Fall des Rechtsirrtums sein, der die Entscheidung zu treffen hätte!

15) RG. 31, 395.

16) Irrig ist es, diesen Fall mit einer häufigen Meinung (v. Hippel, Welzel Grdz. 3. A. 85) wegen Fehlens der Rechtswidrigkeit auf Seiten des Untergebenen der Gruppe b des folgenden Textes zuzuweisen.

17) RG. 47, 147.

18) RG. 44, 69.

19) RG. 39, 300.

oder zu einem Absichtsdelikt (Diebstahl), das dieser nur vorsätzlich ausführt, während seine Absicht nur auf Schädigung gerichtet ist. Hier muß A selbstverständlich wegen der schwereren Schuldform verantwortlich gemacht werden, während B nur fahrlässig handelt oder wegen nur einfachen Vorsatzes straflos ausgeht. Es wäre aber richtiger und natürlicher, A als Anstifter zu bestrafen. Wollte man ihn als mittelbaren Täter auffassen, so würde jedenfalls kein Gegengrund oder Hindernis sein, daß das Werkzeug fahrlässig oder gar vorsätzlich handelt.

Man wollte jedoch diesen letzteren Fall des sog. a b s i c h t s l o s e n d o l o s e n W e r k z e u g s noch weiter verstehen: wenn sich jemand derart in den Dienst eines anderen stellt, daß er nur dessen Wünsche und Weisungen ausführt, so hielt eine verbreitete Meinung[20]) mittelbare Täterschaft für möglich. Dieses Ergebnis ist bedenklich und schon in tatsächlicher Hinsicht schwer verständlich; die Fälle können sehr verschieden liegen: das Werkzeug handelt etwa im Auftrag eines Vorgesetzten, der Presse, einer Partei oder eines Parteiführers. Ist das vermeintliche Werkzeug wirklich zurechnungsfähig, also noch im Besitz seines freien Willens, so ist es Haupttäter, der Auftraggeber ist Anstifter. Ueber den ganz anderen Fall des sog. qualifikationslosen dolosen Werkzeugs s. unten zu c.

Die subjektive Theorie geht sogar so weit, mittelbare Täterschaft bei Tätervorsatz anzunehmen, wenn die Mittelsperson auch ihrerseits den Tatbestand vorsätzlich verwirklicht. Handelt auch sie mit Tätervorsatz, so liegt Mittäterschaft vor, sonst nur Beihilfe[21]). — In allen diesen Fällen ist die Annahme einer Anstiftung sachlich richtiger als die Hilfe mit mittelbarer Täterschaft.

b) Das Werkzeug handelt *nicht rechtswidrig;* der mittelbare Täter nutzt die Not- und Zwangslage eines anderen aus, während sie bei ihm fehlt.

Der Fuchs bestimmt den Bär, bei den Bauern Honig zu stehlen; er erwartet, daß die Bauern ihn tüchtig verprügeln, was auch geschieht. Mit der naheliegenden Anstiftung zum Diebstahl wäre das Strafwürdige dieses Goethe-Falles nicht erschöpft; der Fuchs begeht als mittelbarer Täter eine rechtswidrige Körperverletzung, sein Werkzeug sind die Bauern, die in Notwehr nicht rechtswidrig handeln. Letztere Konstruktion führt zum befriedigenden Ergebnis, erscheint aber reichlich gekünstelt. Auch sind hiernach Abstufungen in der Strafwürdigkeit nicht möglich. Naturgemäß und sachlich richtiger ist es, den Fuchs wegen Anstiftung oder je nach Lage des Falles nur wegen Ratsbeihilfe zu bestrafen. Uebrigens leuchtet in keiner Weise ein, daß Notwehr so verschieden von Notstand (oben a cc) zu behandeln ist: ein Zeichen, wie willkürlich die „Limitierung" vom Gesetz gezogen ist! — Der rechtswidrige verbindliche Befehl des Vorgesetzten gehört in die obige Gruppe a, weil auch der Untergebene nach jetzt h. M. (oben § 18 B II 2) rechtswidrig handelt. — Gibt der Arzt dem Pfleger eine falsche Anweisung zur Behandlung, so können beide

---

[20]) RG. 62, 390; 63, 313; 64, 425 u. ö., HRR. 37, 131 und schon Binding Abh. I 270, ferner Schönke vor § 47 III 2 b, Mezger Grdr. 132 (anders Lehrb. 428) und LK. 6. A. 328. Dagegen Frank 18. A. 108, v. Liszt-Schmidt § 50, Beling u. a., bes. Flegenheimer, Das Problem des dolosen Werkzeugs 1913.

[21]) RG. 74, 84: Die B ertränkte auf Veranlassung ihrer Schwester A deren uneheliches Kind. Die Vorinstanz nahm Mittäterschaft an; RG. verlangte noch Feststellung des Tätervorsatzes der B, sonst sei sie nur Gehilfin. Hier werden die Tatsachen geradezu auf den Kopf gestellt. In Wahrheit begeht B die Haupttat auf die Anstiftung der A. Anders auch Kohlrausch vor § 47 I B 3 e (der mittelbare Täterschaft der A annimmt); unzutreffend auch zu h (fahrlässige Bestimmung zu vorsätzlichem oder fahrlässigem Tun sei mittelbare Täterschaft). Nach Schönke a. a. O. ist mittelbare Täterschaft nur möglich, wenn das Werkzeug nicht mit Täterwillen handelt; danach käme Mittäterschaft nicht in Frage. Unter den Subjektivisten bestehen also manche Widersprüche.

bei Verletzung von Kunstregeln rechtswidrig, aber schuldlos handeln; beide sind selbständig zu beurteilen und unabhängig zu bestrafen: der Arzt kann mittelbarer Täter sein; richtiger wäre auch hier, ihn als Anstifter oder je nach der Sachlage auch nur wegen Ratsbeihilfe zu bestrafen, gleich ob der Pfleger strafbar ist oder nicht. — Das Werkzeug kann auch unter dem Schutz des § 193 stehen (RG. 64, 23, 134)[22]. Wenn A zur Beseitigung eines künstlerischen oder wissenschaftlichen Gegners den Berufskritiker B zu einer vernichtenden Kritik bestimmt oder ihm Material nachweist, so ist die Beleidigung durch B nicht rechtswidrig (nach neuerer Rspr. schuldfrei) und ist A nach h. M. mittelbarer Täter, m. E. Anstifter oder Tatgehilfe.

c) Das Werkzeug kann *nicht alle Tatbestandsmerkmale* erfüllen:

aa) Es wirkt an strafloser Selbstbeschädigung mit (RG. 70, 315); Entw. bilden selbständige Tatbestände. — bb) Sog. qualifikationsloses doloses Werkzeug: der Beamte bestimmt den Nichtbeamten (Postaushelfer, Privatangestellten) zum Amtsdelikt (Annahme von Bestechungsgeld, Falschbeurkundung): RG. 28, 109; 41, 61; 44, 69; 63, 313. — cc) Ausnahmen galten für die eigenhändigen Delikte: Werkzeug kann nur sein, wer ein Delikt an sich auch als Täter begehen kann (Blutschande). Das bestätigt nur, was die Regel sein sollte: ein jeder ist unabhängig von dem andern zu beurteilen, gleich ob wegen Schuld, Rechtswidrigkeit oder einzelner Tatbestandsmerkmale.

3. *Erweiterung des Teilnehmerbegriffs. Weitere Kritik der mittelbaren Täterschaft.*

a) Nicht der Täterbegriff ist zu erweitern, wie man bisher anstrebte, sondern der Teilnehmerbegriff. Der erstere läßt keine graduellen Abstufungen hinsichtlich der Strafwürdigkeit zu, worauf es doch bei der strafrechtlichen Begriffsbildung zu allererst ankommt. Die wenigen zuletzt noch übrig gebliebenen Fälle der mittelbaren Täterschaft haben fast nur normative, konstruktive Bedeutung. *Daher soll man „extensiv" gestalten nicht den Täter-, sondern den ungleich ergiebigeren Teilnehmerbegriff, in dem der mittelbare Täter ganz aufgehen sollte.*

Der Begriff des *Mitwirkers* gestattet, wie gezeigt, zahlreiche Formen und Gradunterschiede nach Stärke und Inhalt seines Einflusses auf die anderen Beteiligten. Dabei ist wieder zu beachten: der Täter (Haupttäter) setzt durch die Ausführungshandlung die allgemeine Tendenz auf den Tatbestandserfolg, die entscheidende Ursache; die anderen Mitwirker entfalten nur geringere Einflüsse, setzen „bloße Bedingungen".

In den obigen Fällen zu 2b kann der Fuchs, kann der Arzt sehr gewichtige bindende Anweisungen als Anstifter erteilen; sie können sich aber auf eine ganz allgemein gehaltene Ratserteilung oder nur auf einige nebensächliche Winke und Fingerzeige beschränken, die immerhin für die Ausführung der Haupttat von Bedeutung sein mögen, sie aber nicht zum mittelbaren Täter, also Haupttäter machen können. Nach akzessorischer Beihilfe wären sie straflos.

Die Figur des mittelbaren Täters ist ein lebensfremdes Konstruktionserzeugnis; das bezeichnende Wort „Figur" wird in der Rechtssprache mit Vorliebe gerade hier verwendet. Der mittelbare Täter hat sogar schon dogmengeschichtlichen Schaden angerichtet: er verleitete zu dem unfruchtbaren extensiven Täterbegriff, der jeder wissenschaftlichen und praktisch wertenden Differenzierung unzugänglich ist (oben I 1), auf die es doch der Forschung letzthin ankommt.

---

22) Nach LK. 5. A. 130 ist der Rechtfertigungsgrund für den einzelnen Beteiligten zu prüfen; vgl. auch RG. 24. 305; 25. 359.

b) *Der selbständige und erweiterte Teilnehmerbegriff* erweist sich als *leistungsfähiger* gegenüber dem Akzessorietätsgrundsatz und dem auf ihm beruhenden Begriff der mittelbaren Täterschaft.

aa) Wenn A den B zum Raub anstiftet, B aber nur Diebstahl, Mundraub oder Sachbeschädigung begeht, würde gemäß der Akzessorietät A ungerecht milde nur wegen Anstiftung zum Diebstahl usw. bestraft werden. Der selbständige Teilnehmerbegriff erfaßt auch die tatbestandliche Qualifikation, die nur beim Teilnehmer, nicht beim Haupttäter vorliegt; § 50 hilft hier nicht, weil er nur die persönlichen Eigenschaften und Verhältnisse betrifft. Vgl. u. V 1 a, VI 2.

bb) Mittelbarer Täter kann beim Sonderdelikt nur sein, wer das Delikt auch als unmittelbarer Täter begehen könnte (RG. 44, 69; 63, 313; 74, 24)[23]); sonst wäre er eben nicht Volltäter. Teilnehmer kann aber auch sein, wer das Delikt nicht selbst begehen kann (RG. 63, 31, 318). Daher werden auch die sehr wohl strafwürdigen umstrittenen Fälle der Teilnahme am Sonderdelikt durch den Außenseiter voll erfaßt: Anstiftung zur Blutschande durch den Nichtverwandten, zum Amtsdelikt durch den Nichtbeamten, zum Militärdelikt durch eine Zivilperson. Es ist durchaus keine Härte, wie man gemeint hat[24]), die Anstifter aus einem schärferen Gesetz zu bestrafen, das auf sie als Täter nicht anwendbar wäre; und es liegt weder Grund noch Berechtigung vor, die Strafe nach Analogie der Beihilfe zu mildern[25]), wie allerdings E. 36 wollte (vgl. unten VI 1 d). Nur die militärischen Strafen sind in die allgemeinen umzuwandeln[26]); wegen der Unanwendbarkeit jener auf Zivilpersonen die Anstiftung zum Militärdelikt, etwa zur Fahnenflucht, straflos zu lassen, wie vielfach angenommen wird[27]), genügt nicht der Gerechtigkeit und dem Rechtsbedürfnis.

cc) Versuchte Teilnahme ist möglich und strafwürdig; hier steht die Akzessorietät im Wege. Nur zum Teil hilft § 49 a n. F. (vgl. unten V 3). Bleibt die Haupttat nur versucht, so ist die Teilnahme auch nach dem Akzessorietätsgrundsatz strafbar. Will aber der Teilnehmer von Anfang an nur den Versuch der Haupttat (Lockspitzel, agent provocateur)[28]), so soll er nach h. M. straflos sein, verdient aber sehr wohl Strafe, auch wenn der Versuch der Haupttat ausbleibt. Sollte ein so gefährliches Verhalten straflos ausgehen, wie die Anstiftung eines leichtsinnigen Menschen durch einen Gewohnheitsdieb, zu probieren, ob sich eine fremde Haustür durch einen falschen Schlüssel öffnen läßt? Es ist jedoch noch weiter zu unterscheiden. Will der Anstifter nicht einmal den Versuch, will er vielmehr den anderen nur hereinlegen in der Erwartung, daß er überrascht und bestraft wird, so ist auch dieser Fall durchaus strafwürdig und strafbar (wie im obigen Fall zu 2b die Anstiftung des Bären durch den Fuchs). Anders jedoch, wenn der Anstifter einen bereits Verdächtigen lediglich stellen und überführen will; so wenn der Kassierer abgezähltes Geld offen liegen läßt, um einen Aushelfer überführen zu können, der im Verdacht früherer Diebstähle steht. Hier ist die an sich vorliegende und wirksame Anstiftung (oder Beihilfe) wegen des berechtigten Zweckes nicht rechtswidrig. Strafbar ist der Teilnehmer auch dann, wenn er die Untauglichkeit des Versuchs kennt, sofern er nur will, daß der andere die Ausführung zum mindesten beginnen wird; denn der natürliche Teilnahmebegriff bezieht sich auf die Tat (Ausführung und deren Beginn), nicht auf den Erfolg und nicht auf das Delikt, weswegen die h. M.

---

[23]) Dagegen nimmt LK. 6. A. § 47, 9a mittelbare Täterschaft auch an den uneigentlichen, erfolgsgebundenen Sonderdelikten (Blutschande) an, lehnt sie aber an den echten, tätergebundenen Sonderdelikten (Amtsdelikten) mit Recht ab.

[24]) LK. § 48, 5, 9 (Mezger, auch Grdr. 138) nach dem Vorgang von Binding Abh. I 363.

[25]) Nagler Sonderverbrechen 148, Mezger a. a. O.

[26]) RG. 27, 157; 70, 276.

[27]) Lit. in LK. § 48, 5.

[28]) Heilborn, Der Agent provocateur 1901; Singewald Abh. H. 83, 1908; ferner die Lehrb. u. Komm.

mit ganz unbefriedigendem Ergebnis, von ihrem Ausgangspunkt aber nur folgerichtig, Teilnahme ablehnt, wenn nur der Versuch gewollt wird[29]. Will der Anstifter die Ausführung selbst hindern, so fehlt der Vorsatz[30]; entschließt er sich später zur Nichthinderung, so kann Beihilfe vorliegen[31].

dd) Schuldform. Die h. M. verlangt Vorsatz des Teilnehmers (so StGB. §§ 48, 49) wie des Haupttäters[32]. Beidemal ist Fahrlässigkeit möglich und strafwürdig. So wenn der Autobesitzer mit dem Wagenführer leichtfertig eine Unterredung hat, die diesen bestimmt oder bestärkt, besonders schnell zu fahren, wobei ein Dritter verletzt wird. Hier sollte man Anstiftung oder Beihilfe zum fahrlässigen (oder je nach Lage des Falls sogar auch zum vorsätzlichen) Delikt annehmen. Die h. M. kann hier mittelbare Täterschaft konstruieren, was namentlich dann nicht einleuchtet, wenn der Ausführer vorsätzlich handelt und der Besitzer sich auf einen Rat beschränkt.

IV. Mehrtäterschaft.

1. *Mittäterschaft* ist bewußtes und gewolltes Zusammenwirken mehrerer am Tatbestandserfolg, derart, daß jeder die Tat unter der Mitwirkung des anderen ausführen will; kürzer: die bewußt gemeinsame Ausführung (§47). Es besteht eine kriminelle „Gemeinschaft" mit gleichem Ziel und verwandten Mitteln[33].

a) Bei mehraktigen Tatbeständen kann sich die Ausführung auf die einzelnen Tatbestandshandlungen *verteilen*, so bei § 267 a. F. auf das Verfälschen und das Gebrauchen der Urkunde, auch beim Betrug auf die Vorspiegelung falscher Tatsachen und den schädigenden Akt. Aber auch eine einzige Tatbestandshandlung kann gemäß Arbeitsteilung in mehrere Abschnitte zerlegt werden, so beim Diebstahl die Wegnahme in das Oeffnen des Kastens und die Entwendung des Ringes. Ueber die hier schwierige Abgrenzung von der Beihilfe vgl. oben II 2. Schließlich genügt auch ein gesamter Willens- und Wirkenszusammenhang, in dem die Handlung des Einzelnen, auch ohne an sich Ausführungshandlung zu sein (z. B. Wachestehen), ein notwendiges Glied für die Herbeiführung des Tatbestandserfolges ist; alsdann ist auch der Einzelne nach dem Gesamtplan der Mitschöpfer des Erfolges (Kreationstheorie). Gerade bei großen Kollektivverbrechen handeln die Mittäter mit verteilten Rollen nach strenger Arbeitsteilung.

b) Das Zusammenwirken selbst muß *bewußt*, d. h. vorsätzlich geschehen, d. i. der Unterschied vom Nebentäter. Das Delikt selbst kann kein *fahrlässiges* sein, z. B. gemeinsame Transportgefährdung, Körperverletzung, Brandstiftung (A und B verlassen leichtsinnig ein noch nicht vollständig gelöschtes Herdfeuer im Wald, so daß dieser in Brand gerät);

---

29) RG. 15, 315; 17, 377; 38, 248.

30) RG. 16, 25; Rspr. 9, 139.

31) LK. 6. A. 332 nimmt hier Täterschaft an!

32) RG. 22, 427; 49, 68; 60, 1 u. ö., Frank, v. Liszt u. a.; abw. Binding, Olshausen, LK. 6. A. 331, 327 (fahrlässige Verursachung einer vorsätzlichen Tat als fahrlässige mittelbare Täterschaft, vgl. auch RG. 64, 316, 378).

33) Hiermit wird also dem soziologischen Gemeinschaftsbegriff genügt; vgl. m. Rechts- und Staatsphilosophie 1936 § 34 ff. m. Lit.

es fehlt dann das bewußte Zusammenwirken in seiner rechtlichen Bedeutung[34]).

c) Mittäterschaft ist auch möglich bei Unterlassung (RG. 66, 74). — Sodann bei Verschiedenheit der Tatbestände, aber nur innerhalb des gleichen oder nahe verwandten Grundtyps, so bei Diebstahl und Mundraub (RG. 12, 18), auch bei Diebstahl und Raub (A wendet Gewalt an, B nicht); bei Körperverletzung und Tötung (RG. 44, 321); aber nicht bei Diebstahl und Unterschlagung, nicht bei Unterschlagung und Betrug (die Angestellten A und B schädigen bewußt gemeinsam den Geschäftsherrn durch Abrechnung bei Kassenübergabe, A durch Veruntreuung, B durch Täuschung), auch nicht bei Abtreibung durch die Schwangere und den Lohnabtreiber (RG. 74, 21)[35]). — Mittäterschaft besteht natürlich nur insoweit, als sich Ausführung nebst Erfolg bei den Tätern decken; für den Exzeß ist jeder als Alleintäter verantwortlich, so für den Raub gegenüber dem gemeinsamen Diebstahl, für die Tötung gegenüber der gemeinsamen Verletzung. Jeder Exzeß schafft Alleintäterschaft jenseits der Uebereinstimmung.

d) Jeder Mittäter steht nur für seine eigene Verschuldung ein. Der Rücktritt vom Versuch wirkt nur persönlich; der Grund ist Schuldaufhebung[36]).

e) Mittäter kann nur sein, wer die Tat auch als Alleintäter ausführen kann; es scheiden daher die sog. eigenhändigen Delikte[37]) aus, z. B. Meineid, Unzucht durch Vorgesetzte (§ 174 Z. 1). Deren Kreis ist noch immer umstritten; es ist aber schwer begreiflich, daß bei Blutschande mittelbare Täterschaft und Mittäterschaft angenommen wird[38]). — Ueber die subjektive Theorie und ihre unhaltbaren Folgen vgl. oben II 2 c.

2. Nebentäterschaft[39]) ist das nicht bewußte Zusammenwirken mehrerer am Tatbestandserfolg. A und B schießen unabhängig voneinander auf einen Flieger, vgl. oben 1 b. Dieser Typ ist regelmäßig geringer strafwürdig als die Mittäterschaft. Besondere Rechtsfolgen bestehen sonst nicht. Man kann auch ohne diesen Typ auskommen.

V. Teilnahmeformen.

1. *Anstiftung* ist Bestimmung eines anderen zur Ausführung einer Tat, d. h. Erzeugung des Entschlusses zur Tat in ihm. War er bereits entschlossen[40]) und wird er darin nur bestärkt, so kann nur Ratsbeihilfe (§ 49) in Frage kommen.

a) Anstiftung ist also eine *Art von Mitwirkung* an dem Tatbestandserfolg, und zwar setzt sie die *entscheidende* psychische Bedingung zur Entschließung und Ausführung durch den Täter, also zu dessen Wirken. Der Anstifter ist der geistige Urheber der Tat. *Daher sollte nach natürlicher Auffassung auch der mittelbare Täter zur Anstiftung gerechnet werden,* der er weit mehr gleicht als dem unmittelbaren Täter; man kann

---

34) Beachtlich Exner in Festg. f. Frank I 572.

35) Abw. LK. 6. A. § 47, 3.

36) Die umgekehrte Folge zieht seltsamerweise Binding Grdr. 138, was LK. § 47, 7 sogar als schlüssig ansieht.

37) Engelsing Abh. H. 212, 1926.

38) LK. 6. A. § 47, 1a, b (für eigenhändige, erfolgsgebundene Sonderdelikte); vgl. auch 9a.

39) So zuerst v. Liszt, dann Frank, v. Hippel, Mezger, auch RG. 68, 256.

40) Einen Gewohnheitsverbrecher kann man kaum noch anstiften, ihm nur noch Beihilfe leisten. Bei Gewerbs- und Berufsmäßigkeit versagt auch diese meist. Daher sollte auch der Versuch strafbar sein. S. den folgenden Text zu c.

beide, Anstifter und mittelbaren Täter, zu einem besonderen Begriff des geistigen „Urhebers" (Binding) zusammenfassen oder, was das Beste ist, den *mittelbaren Täter* einfach auch *Anstifter* nennen. Unerheblich ist, ob jemand die Tat als fremde oder eigene will, worin die rein subjektive Theorie den Unterschied konstruieren will; hierüber oben I, II 2. Auch der Anstifter will die Tat oft „als eigene", im eigenen Interesse, ebenso wie der Hehler den Diebstahl; er ist oft die Seele des ganzen Verbrechens, die Triebfeder und der Ausbeuter, gleich dem Hehler.

b) Die Anstiftung ist nach natürlicher Auffassung Anstiftung *zur Tat*, zur Haupttat, zur Ausführung, aber *nicht zum Verbrechen*, und daher von dessen Strafbarkeit nicht abhängig. Anders die h. M. gemäß dem Akzessorietätsgrundsatz (oben besonders III). StGB. § 48 a. F. sagte: Bestimmung zur „strafbaren Handlung", seit VO. v. 29. 5. 43 heißt es nicht glücklich und jedenfalls nicht deutlich: Bestimmung zu der „mit Strafe bedrohten Handlung", d. h. zur rechtswidrigen, nicht notwendig mehr schuldhaften Tat; es wird also nur *abstrakte, nicht konkrete Strafbarkeit* der Haupttat erfordert.

c) Die Anstiftung ist *vollendet* mit Erzeugung des Entschlusses im Täter; ist der Entschluß nicht frei, so kommt Nötigung § 52 in Frage. Die h. M. verlangt (nicht genau selbst von ihrem subjektiven Standpunkt und Akzessorietätsgrundsatz aus) einen Doppelerfolg: Kausalität zwischen Anstiftung und Ausführung, und sodann die Ausführung gemäß dieser Bestimmung. Die „Vollendung" der Anstiftung tritt jedenfalls vor der Ausführung ein. Strafbar ist die Anstiftung, auch wenn die Haupttat nur *versucht* ist (h. M.), aber (entgegen der h. M.) auch wenn der Anstifter nur den Versuch will; auch die nur versuchte Anstiftung ist strafwürdig; hierüber oben III 3b cc. Versuchte Anstiftung ist jetzt nur nach § 49a strafbar (V 3a).

d) *Schuld.* StGB. § 48 erfordert Vorsatz des Anstifters, die h. M. auch Vorsatz der Haupttat. Beidemal sollte Fahrlässigkeit genügen, wenn wirklich die strafwürdigen Fälle erfaßt werden sollen; hierüber oben III 3b dd. — Beim Vorsatz muß der Anstifter wissen, daß die erforderlichen objektiven und subjektiven Merkmale beim Haupttäter vorliegen, also auch z. B. Absicht und Eigennutz; der Anstifter selbst braucht sie nicht zu besitzen[41], sie auch nicht im Täter zu erzeugen (er erzeugt nur den Entschluß zur Tat). Eventualvorsatz reicht aus (so h. M.); dann ist der Schritt zur Fahrlässigkeit nicht mehr weit. — Das Bewußtsein, angestiftet zu sein, ist für den Vorsatz des Täters nicht erforderlich. — Ein *Widerruf* der Anstiftung könnte als Rücktritt vom Versuch oder als tätige Reue in Frage kommen und müßte strafbefreiende Beteutung (Schuldaufhebung) besitzen: hat der Widerruf Erfolg, unterbleibt also die Haupttat, so war die

41) RG. 4, 252; 56, 171 u. a. Anderseits reicht für die Haupttat nicht aus, daß der Anstifter sie besitzt, während sie beim Täter fehlen; dann würde letzterer nur Beihilfe leisten, der vermeintliche Anstifter Täter sein.

Anstiftung nur eine Vorbereitungshandlung und bleibt straflos[42]; hat der Widerruf dagegen keinen Erfolg, gelingt also dem Anstifter nicht, den Schaden zu verhüten, so liegt kein Grund vor, von Bestrafung abzusehen[43], weil die Reue zu spät kam und ein wirksamer Rücktritt durch die Tatsachen überholt war. Letzteres Ergebnis ist nicht etwa ungerecht; denn man muß mit den Folgen seiner vorliegenden, vollendeten Anstiftung rechnen.

e) *Der Anstifter hat für seine Schuld voll einzustehen, aber auch nur für sie.* Gegen diesen für eine gerechte Strafjustiz selbstverständlichen Grundsatz wird vielfach gefehlt. Begeht der Angestiftete eine geringere Straftat (Diebstahl), während die Anstiftung einen qualifizierten Fall (Einbruch, Raub) zum Inhalt hatte, so würde ein strafwürdiges Element des Falls unberücksichtigt bleiben, wenn das Urteil nur Anstiftung zum einfachen Diebstahl aussprechen würde; es würde nicht nur der Gerechtigkeit, sondern auch der Wahrheit widerstreben und die Tatsachen entstellen. Der Akzessorietätsgrundsatz versagt hier völlig (oben III 3b aa).

Umgekehrt haftet der Anstifter nicht für einen *Exzeß* des Haupttäters. Begeht dieser eine *andere* Straftat, als sie dem Vorsatz des Anstifters entsprach, so haftet dieser innerhalb des Rahmens der normativen Gleichwertigkeit; es bleiben daher außer Betracht Abweichungen, die an der strafrechtlichen Beurteilung nichts ändern würden, z. B. über den Gegenstand der Verletzung, über Zeit, Ort und Mittel der Begehungsweise[44].

Unerheblich ist also eine Verwechslung der Personen (Fall Rose-Rosahl)[45], sofern nicht eine Person, etwa als staatlicher Hoheitsträger, besonders geschützt ist; entsprechendes gilt von der Vertauschung von Gütern (wichtig also §§ 304, 306 ff., umgekehrt § 370 Z. 5). Von Wichtigkeit ist nicht, ob der Anstifter die Abweichung gebilligt hätte, sondern nur, ob nach der Rechtsordnung das Tatbild des Anstifters die gleiche Beurteilung hätte wie die wirkliche Ausführung. So kann der zum Meineid Angestiftete eine der Wahrheit zuwiderlaufende, aber völlig andere Aussage machen, als sie ihm der Anstifter einflüsterte, was für die Beurteilung unerheblich bleibt[46]. Vorausgesetzt ist aber immer, daß der Täter durch den Anstifter zu dem Entschluß bestimmt wurde, eine konkrete Tat mit einem gewissen rechtserheblichen Inhalt auszuführen, und daß er auch diesen Entschluß auszuführen glaubte (sei es auch mit Irrtum über das Objekt oder die Begehungsweise), daß er nicht etwa diesen Entschluß fallen ließ und sich zu einer anderen Tat neu entschloß. Insofern muß er also doch im Sinne des Anstifters gehandelt haben. Dabei kann natürlich der Anstifter, wie es oft geschieht, die Tat nur in ganz allgemein gehaltenen Umrissen anregen und die Bestimmung der Begehungsart und selbst der zu verletzenden Person dem Täter überlassen.

Entgegen der h. M.[47] haftet der Anstifter bei den erfolgsqualifizierten Delikten (§§ 224, 226, 178 usw.) nicht für den schwereren Erfolg, für den der Haupttäter (und doch nur er!) auch unabhängig von seiner Schuld einzustehen hat; als Haupttäter muß er eben diese Folgen gemäß dem objektiven Gefährdungsprinzip tragen, was einem gerechten Schuld- und einem Willensstrafrecht nicht entsprechen mag, aber gewiß

---

42) RG. 59, 412.
43) RG. 56, 210; 70, 295.
44) So die jetzt h. M.; vgl. Frank 123, Olshausen 15, LK. 355 m. Lit.
45) Vgl. oben § 21 III. S. Lit. im LK. a. a. O.
46) Nicht unbedenklich LK. 332 und auch die dortigen Entsch.
47) Vgl. RG. 59, 156; LK. 335.

nicht unnötig weit ausgedehnt werden sollte. Diese Ungerechtigkeit nur aus Gründen der Akzessorietät auch auf den Anstifter auszudehnen, ist abzulehnen; denn der Anstifter hat unabhängig von der Ausführung und deren Folgen nur für seine eigene Schuld einzustehen, und man kann ihm nicht die Folgen anhängen, die das Gesetz nur an die Ausführung knüpfen wollte. Man erwäge die eigenartige Rechtslage: A stiftet zur einfachen Körperverletzung § 223 an, B begeht die gefährliche nach § 223a; hierfür haftet A nicht. Wohl aber soll er für die noch schwereren Fälle der §§ 224, 226 haften?

f) Ueber Irrtum des Anstifters betr. die Zurechnungsfähigkeit s. o. II 2c. — Ueber die Bedeutung des Sonderdelikts s. o. III 3b bb, u. VI.

g) Nach § 48 gilt der Strafrahmen der Haupttat. Ueber die geringere Strafwürdigkeit s. o. I 1.

2. *Beihilfe* ist Hilfeleistung zu fremder Tat durch Rat und Tat (§ 49), d. h. Mitwirkung bei der Haupttat durch bloße Unterstützung, durch Setzung einer einfachen Bedingung ohne entscheidende Bestimmung. Nach dieser Maßgabe gelten die Sätze über Anstiftung (oben 1) in entsprechender Weise.

a) Ueber die wichtige Abgrenzung der Tatbeihilfe von der *Täterschaft* (Mittäter und mittelbarem Täter s. o. II, bes. 2a, der Ratbeihilfe von der Anstiftung II, bes. 2b). Maßgebend ist nicht, wer der Täter (Gehilfe) sein will, sondern was sein Wollen und Wirken nach der Würdigung durch die Rechtsordnung ist; nicht *sein* Wille[48]), sondern der Wille des Rechts entscheidet. Die Beihilfe ist hinsichtlich des Inhalts und der Strafwürdigkeit ein Minus: die Tatbeihilfe gegenüber der Ausführung, die Ratbeihilfe gegenüber der Anstiftung und der mittelbaren Täterschaft. Der praktisch bedeutsamste Gegensatz ist der erstere objektive: beim Diebstahl ist das Oeffnen der Tür schon Ausführungshandlung, das Wachestehen an der Straßenecke nur Hilfeleistung.

b) Mit Recht wird von der jetzt h. M.[49]) betont, daß zur Beihilfe Kausalität nicht gehöre; hiermit wird allerdings ihre sonst so zähe festgehaltene Bedingungstheorie verlassen. Wesentlich für die Beihilfe ist die *Bestärkung des Täterwillens* und die *Förderung des Täterwirkens*, der Ausführungshandlung. Zu viel würde verlangt mit Förderung des Erfolgs[50]); dieser braucht nicht notwendig näher gerückt oder wahrscheinlicher gemacht zu werden, vielmehr genügt schon jede Erleichterung der Tatbestandshandlung, jede Unterstützung bei der Tatausführung. Sie fehlt jedoch bei Beschaffung untauglicher Mittel, z. B. zur Abtreibung[51]).

c) Die Tatbeihilfe kann auch durch Unterlassung geschehen; diese Fälle häufen sich um so mehr, als die Praxis mit der Anerkennung der materialen Rechtswidrigkeit das Gebiet der Rechtspflicht zum Handeln stark erweitert[52]). Die Grenze

[48]) Anders RG. 74, 84. Unbedenklich auch nicht LK. § 49, 1 wegen starker Betonung der subjektiven Theorie („Gehilfenwillen").

[49]) So wiederholt das RG., vgl. etwa 67, 191; 71, 178; 75, 113 und schon Frank mit starker Annäherung an die Adäquanztheorie.

[50]) So RG. 56, 170; 60, 24 und schon 10, 9.

[51]) RG. 60, 24.

[52]) RG. 70, 82; 71, 176; 72, 20, 373; 73, 54; 74, 283; 75, 271 und noch oft.

für den Beginn der Rechtswidrigkeit zu ziehen, ist bei der Beihilfe besonders schwer: der Autobesitzer warnt den Fahrer nicht vor zu schneller Fahrt; eine Pflicht kann je nach der konkreten Lage bejaht oder verneint werden. Eine Warnungspflicht besteht wohl nicht für den Fahrgast, selbst wenn er zuerst zur Eile gedrängt hat. Keine rechtswidrige Beihilfe zum Zeugenmeineid leistet wohl die Prozeßpartei, auch wohl nicht deren Anwalt, selbst wenn der Zeuge von ihnen für eine bestimmte Tatsache benannt oder gestellt würde[53].

d) Der Vorsatz erfordert nicht notwendig den Willen, den Erfolg oder auch nur die Ausführungshandlung zu fördern[54], wie schon obiger (c) Fall der Nichtwarnung nahelegt. Es genügt, daß der Gehilfe die Förderung der Ausführung kennt. Außerdem muß er natürlich die für den Tatbestand erheblichen Tatumstände der Haupttat sowie die Rechtswidrigkeit, also auch die Verletzung der Rechtspflicht bei der Unterlassung, kennen. Fahrlässigkeit ist auf Seiten des Gehilfen wie des Täters[55] möglich und strafwürdig, s. o. III 3 b dd.

e) Seine Haftung besteht nur insoweit, als die Tat oder der Täterwille reicht, die er unterstützen oder erleichtern wollte. Für einen Exzeß des Haupttäters steht er nicht ein. Anderseits ist er für seine Hilfeleistung in vollem Umfange verantwortlich, auch wenn der Haupttäter weniger tut; § 49 steht leider entgegen, und § 49a Abs. 3 hilft nur für Verbrechen. Wer über den Einbruch Rat erteilt oder Werkzeuge dazu beschafft, ist nach richtiger Ansicht wegen Beihilfe zum Einbruchsdiebstahl verantwortlich, auch wenn der Haupttäter nur wegen einfachen Diebstahls oder gar nur wegen Sachbeschädigung strafbar ist; begeht er einen Mundraub, so ist der Gehilfe, der mit schwerem Diebstahl oder Raub rechnete, nach herrschender Auffassung sogar straflos! — Ueber den Versuch s. o. III 3 b cc; über Widerruf V 1 d; über Irrtum betr. die Zurechnungsfähigkeit II 2 c; über Sonderdelikte III 3 b bb.

f) Strafbar ist die Beihilfe (ungerechtfertigt) nur bei Verbrechen und Vergehen, straflos bei Uebertretungen. Der Strafrahmen ist jetzt (seit 1943) grundsätzlich wie bei der Haupttat (über die grundsätzlich geringere Strafwürdigkeit der Beihilfe s. o. I 1). Milderung ist aber nur zulässig wie beim Versuch, § 49 II. Wenn die Haupttat nur versucht war, ist doppelte Milderung möglich. — Eine wichtige Ergänzung enthält § 49 a n. F. Abs. 3 über die versuchte Beihilfe zu Verbrechen, s. u. 3 b.

3. Erweiterte Teilnahme, Vorbereitung und Versuch ohne Akzessorietät, § 49 a.

Der frühere § 49 a (sog. Duchesne-§), eingefügt durch G. v. 26. 2. 1876, hatte zum Anlaß, daß der Belgier Duchesne sich in Auswirkung des „Kulturkampfes" dem Erzbischof von Paris und dem Jesuitenprovinzial von Belgien gegen Geld erbot, den Fürsten Bismarck zu ermorden, und enthielt vier Tatbestände: Auffordern zu einem Verbrechen, dessen Annahme, Sicherbieten und dessen Annahme. — § 49 a n. F., seit G. v. 29. 5. 1943, übernimmt in Abs. 1 und 2 diese Tatbestände in Form von drei Tatbeständen und fügt zwei weitere hinzu; in Abs. 3 wird die nichtakzessorische Beihilfe zu einem Verbrechen hinzugefügt. So enthält § 49 a n. F. sechs Tatbestände, eine echte Gelegenheitsgesetzgebung ohne den Mut, die Akzessorietät ganz abzuschütteln. Früher war streitig, ob § 49 a nicht Sonderdelikte enthält, die in den Besonderen Teil gehören; heute neigt man dazu, in § 49 a n. F. besonders gefährliche Vorbereitungs- und Versuchshandlungen zu sehen, die eine Erweiterung der akzessorischen Teilnahme enthalten[56]. Vergehen und Uebertretungen werden nicht erfaßt.

[53]) RG. 70, 284; 72, 20; 74, 283; 75, 221. Bedenken (gegen RG.) bei LK. § 49, 6 b, und Kohlrausch § 49, 6.

[54]) So LK. § 49, 5a m. Entsch., die jedoch nicht immer deutlich die Unterscheidungen des Textes erkennen lassen.

[55]) Abw. RG. 58, 163; 65, 411.

[56]) Aehnlich schon früher Frank, jetzt Schönke und Mezger in LK. 6. A. Ein Sonderdelikt gegen die Staatsgewalt wurde früher vielfach (Binding, v. Liszt, Olshausen, Lobe in LK.), jetzt vereinzelt (Nagler in LK.) angenommen; vgl. Helmut Endemann Die Hetze 1924.

a) „Wie ein Anstifter" wird nach Abs. 1 bestraft, (1.) wer zu einem Verbrechen auffordert, auch wenn dieses nicht oder unabhängig von der Aufforderung ausgeführt wird. „Aufforderung" ist weniger als Anstiftung, muß aber ernstlich gemeint sein. Ebenso ist nach Abs. 2 strafbar: (2.) wer sich zu einem Verbrechen erbietet, (3.) das Erbieten annimmt (genannt wird also nicht die Annahme der Aufforderung wie in § 49 a a. F.), (4.) wer die Begehung eines Verbrechens verabredet, (5.) in eine ernsthafte Verhandlung darüber eintritt. „Verabredung" ist die endgültige, ernsthafte Verständigung zwischen mindestens zwei Menschen über die Verbrechensausführung (auch unter Vermittlung Dritter[57]).

Die beiden letzten, neuen Fälle enthalten das „Komplott" des gemeinen Rechts und wurden hierher aus § 49 b a. F. übernommen; § 49 b n. F. enthält dafür einen neuen Tatbestand des Tötungskomplotts. Diese drei Tatbestände erscheinen mehr als „Sonderdelikte", die ihren Platz im Besonderen Teil hätten finden sollen. — In diesen fünf Fällen der Abs. 1 und 2 ist Strafmilderung zulässig.

b) Die Beihilfe zum Verbrechen (!) wird nach Abs. 3 bestraft, auch wenn dieses nicht oder unabhängig von der Beihilfe ausgeführt wird. Hier verläßt das Gesetz erstmalig für eine echte Teilnahmeform den Akzessorietätsgrundsatz. Zulässig ist hier Strafmilderung und sogar Absehen von Strafe. Die Milde des Gesetzgebers von 1943 ist hier auffallend, ebenso die Beschränkung auf Verbrechen.

c) Rücktritt vom Versuch und tätige Reue wirken auch hier strafbefreiend: Abs. 4 stellt diesen erweiterten Schuldaufhebungsgrund auf.

d) Erwägenswert ist eine neue Rechtsfigur: die Planung von Verbrechen, im Anschluß an KontrollratsG. Nr. 10 Art. II Z. 1a und 2d, geeignet für die Versuchs- wie für die Teilnahmelehre. Sie ist eine qualifizierte Vorbereitungshandlung mit genauer Festlegung von Mittel und Ziel der Tat und festem Ausführungsentschluß bei gebotener Gelegenheit. Nicht ausreichend ist also das gedankliche Entwerfen des Planes; hinzukommen muß die Ausführungstendenz durch ein äußeres vorbereitendes Verhalten, nach Z. 2d außerdem noch der Zusammenhang mit anderen, d. i. die Teilnahme oder Verabredung. Unterschied von der Verabredung: die Initiative liegt beim Planenden. Die Planung ist gegenüber der Verabredung und der Ratbeihilfe das Spezialdelikt; daher Gesetzeskonkurrenz[57a]).

4. Mittelbare Teilnahme an der Haupttat ist Teilnahme an der Teilnahme. Möglich sind sämtliche vier Verbindungen: Anstiftung zur Anstiftung ist mittelbare Anstiftung zur Haupttat; Beihilfe zur Beihilfe ist mittelbare Beihilfe zur Haupttat (mit nur einmaliger Milderungsmöglichkeit), und das gleiche gilt von Anstiftung zur Beihilfe und von Beihilfe zur Anstiftung[58]).

5. Konkurrenz. Wenn jemand in verschiedener Mitwirkungsform an derselben Tat mitwirkt, so konsumiert die schwerere Art die leichtere: die Tat konsumiert die Beihilfe[59]), die Anstiftung die Beihilfe[60]). Eine Anstiftung zu mehreren Taten ist nur eine einzige Anstiftung[61]) (Abkehr von der Akzessorietät).

6. Notwendige Teilnahme. An gewissen Straftaten sind ihrer Natur nach mehrere Personen beteiligt. Ist der Beteiligte Angriffsobjekt, so kann er nicht in einer der gesetzlichen Arten mitwirken: also keine Anstiftung oder Beihilfe des Opfers zur Unzucht der §§ 174, 6[62]). Sonst ist die über den gesetzlichen Tatbestand hinausgehende Teilnahme strafbar, so die Anstiftung durch den Gefangenen, ihn zu

57) RG. 58, 393.

57a) Näher mein Aufsatz im Zentraljustizbl. d. Brit. Zone, Beilage Die Spruchgerichte 1947 S. 57. Demgegenüber dürfte der umstrittene Begriff der conspiration des englischen Rechts entbehrlich sein.

58) RG. 14, 318; 59, 396.

59) RG. 59, 423.

60) RG. 62, 74; mit Einschränkungen RG. 70, 138, 296.

61) RG. 70, 31.

62) RG. 18, 181.

befreien, während seine Beihilfe straflos bleibt[63]. Der Begriff wird vielfach beanstandet oder als entbehrlich bezeichnet, von der Rspr. aber verwendet[64]. Als weitere, verschieden zu behandelnde Fälle wurden genannt: §§ 115, 122, 124/5, 184, 205, 227, 301; auch 123 Abs. 3 und 223 a, sowie KO. §§ 241, 243.

7. Das Komplott, § 49 b n. F., durch VO. v. 29. 5. 43 übernommen aus E. 27 („Feme") und dem RepublikschutzG. v. 25. 3. 1930 (durch VO. v. 19. 12. 32 zunächst nach StGB. § 42 b), ist ein Sonderdelikt[65], das im Besonderen Teil hätte aufgenommen werden sollen. Das gleiche gilt von dem 4. und 5. Tatbestand des § 49 a n. F. Abs. 2; vgl. oben 3 a.

8. Die Nachhilfe, Unterstützung nach Vollendung der Haupttat, ist inhaltlich noch echte Beihilfe, da die Ausführung i. w. S. noch nicht beendet zu sein braucht. Sie ist als selbständiger Tatbestand in §§ 257/8 („Begünstigung" und „Personenhehlerei") geregelt. Eine ältere Ansicht stellte sogar die echte Hehlerei (Sachhehlerei) im Anschluß an gemeinrechtliche und preußische Vorbilder in die Teilnahmelehre ein[66]; die moderne Kriminologie lehrt, daß ein echter Hehler oft Anstifter, jedenfalls die wahre Triebfeder und Seele des Diebstahls ist, also zugleich Beihilfe durch Rat und Tat leistet, während die Hehlerei selbst erst das Schlußstück bildet und die Haupttat ausbeutet. Hier bei der Hehlerei liegt ein kriminologisches Hauptkapitel der gesamten Teilnahmelehre (vgl. m. KrimSoz. § 42).

VI. Haftung nur für eigene Schuld. Volle Haftung für Schuld.

Der Grundgedanke des § 50 ist ein selbstverständlicher Satz der Schuldlehre; die Vorschrift im einzelnen ist auch in ihrer Fassung v. 29. 5. 1943 (im Anschluß an E. 35 über „Einstehen für eigene Schuld") höchst anfechtbar. Eine ähnliche Bestimmung möchte man immerhin nicht entbehren[67], wenn sie auch für die Teilnahme- oder gar für die Schuldlehre nicht von grundlegender Bedeutung ist, wie man meinte[68], und man auch ohne sie zu gleichen Ergebnissen kommen muß. So kompliziert § 50 die komplizierte Teilnahmelehre noch an ihrem Schluß.

1. Nach § 50 Abs. 1 haftet bei Beteiligung mehrerer an einer Tat jeder für seine eigene Schuld *ohne Rücksicht auf die Schuld des anderen;* das ist für mehrere Täter selbstverständlich und sollte für mehrere Teilnehmer ebenfalls selbstverständlich sein, stellt jedenfalls für Teilnehmer die Abkehr von der strengen Akzessorietät und die Anerkennung der limitierten (oben § 25 I 2b, § 26 III 2a) außer Zweifel.

2. Abs. 2 führt diesen Gedanken der rein persönlichen Schuldhaftung für drei, sachlich zur Schuldlehre gehörige Gruppen von Vorschriften weiter (a—c), schweigt aber über die vierte Gruppe (d).

---

63) RG. 61, 31; 70, 234 (bestr.).

64) Frank vor § 47 V 1; LK. § 50, 8; Lange Die notwendige Teilnahme 1940 m. w. Lit.

65) RG. 69, 168.

66) Vgl. das einst ausgezeichnete Lehrbuch von Hugo Meyer, später bearbeitet von Allfeld.

67) Ueber die Bedeutung des § 50 schon RG. 25, 269; vgl. auch Krug Abh. H. 24 (1899), Redslob Abh. H. 97 (1909), v. der Lühe Probleme um § 50, 1940 (Diss. Hamburg), Hans Herm. Meyer Die Zurechnung der bes. Tatumstände nach § 50 StGB. 1940 (Diss. Würzburg).

68) So für die Teilnahme Schönke § 50 I.

a) *Strafschärfungsgründe:* der Nichtbeamte A bestimmt den Beamten B zum uneigentlichen Amtsdelikt (Unterschlagung); dann ist strafbar B wegen Amtsunterschlagung, A wegen Anstiftung zu einfacher Unterschlagung.

b) *Strafmilderungsgründe:* A bestimmt die uneheliche Mutter B zur Tötung des Kindes; B ist strafbar nach dem milderen § 217, A wegen Anstiftung zur Tötung nach §§ 211/2.

c) *Strafausschließungsgründe:* A bestimmt die B, ihren Ehegatten zu bestehlen; B ist straflos, A ist strafbar wegen Anstiftung zum Diebstahl. Diese Gruppe war in § 50 a. F. noch nicht genannt; die Entscheidung war aber die gleiche, da § 247 einen nur persönlichen Strafausschließungs-, d. h. Schuldausschließungsgrund enthält, so daß die Durchbrechung des Akzessorietätsgrundsatzes selbstverständlich war. In diesen Kreis gehören auch die Schuldaufhebungsgründe (tätige Reue usw., oben § 24).

In den *umgekehrten* Fällen zu a bis c (der Beamte B bestimmt einen Nichtbeamten A zur Unterschlagung usw.) treten genau ebenso die Schärfung, die Milderung und der Ausschluß nur bei der Person (B) ein, bei der dieser Grund vorliegt. *Alle diese zur persönlichen Schuld gehörenden Merkmale schaden und nützen nur dem, in dessen Person sie begründet sind.* Das ist ein notwendiger Ausfluß des Schuldprinzips selbst.

d) *Strafbegründende* persönliche Merkmale sind in § 50 a. F. wie n. F. nicht genannt: der Nichtbeamte A bestimmt den Beamten B zum reinen Amtsdelikt (Falschbeurkundung, passiver Bestechung) sowie umgekehrt. Erst hiermit schließt sich der Kreis der persönlichen Strafbarkeitsmerkmale zu den erschöpfenden acht Fällen. Die Gruppe d bildet insbesondere eine unentbehrliche Ergänzung zur Gruppe a und außerdem den notwendigen Gegensatz zu c, ebenso wie a und b Gegensätze sind. Erst mit dieser vierten Gruppe ist das Bild vollständig; sonst wäre die Gruppierung lückenhaft. Man sollte auch hier die Durchführung der Einzelhaftung gemäß dem Schuldprinzip erwarten. Die Nichterwähnung im Gesetz kann aber jetzt, nachdem die VO. v. 43 die bisher vermißten Ausschließungsumstände aufgenommen hat, nicht mehr dahin verstanden werden, daß das Prinzip auch auf die vierte Gruppe ausgedehnt werden solle; das Gesetz wollte jedenfalls nunmehr eine abschließende Regelung treffen.

Diese letzte Gruppe verdient in der Tat eine andere Behandlung, schon weil mit ihr das Gebiet der Sonderdelikte betreten wird; es entspricht nicht der Gerechtigkeit und dem kriminalpolitischen Bedürfnis, den Nichtbeamten, der den Beamten zum Amtsdelikt bestimmt, straffrei zu lassen. Die h. M., die in § 50 eine Ausnahme von der Akzessorietät erblickt, läßt daher in dieser nicht erwähnten Gruppe ihren Grundsatz wieder voll zur Geltung kommen; nach einer anderen Ansicht und E. 35 § 5 Abs. 3 soll allerdings für A Strafmilderung gemäß den Vorschriften über Beihilfe eintreten: d. i. kein Gebot der Gerechtigkeit, da auf ihn als den geistigen Urheber der strengere Strafrahmen anwendbar sein sollte; vgl. o. III 3b bb.

In dem umgekehrten Fall nimmt die h. M. an: der Beamte B ist mittelbarer Täter, der Nichtbeamte A ist sein Werkzeug. — Diese völlig ungleichmäßige, von keinem einheitlichen Grundgedanken getragene Behandlung des ersten Falls und des Umkehrfalls der Gruppe d und ferner so nahe verwandter Fälle, wie der eigentlichen und der uneigentlichen Amtsdelikte (a und d) zeigt bereits, wie brüchig die bisherige Lehre ist; auch in diesem Umkehrfall sollte wie in den Umkehrfällen zu a—c Anstiftung vorliegen und B als Anstifter gemäß den Vorschriften über Amtsdelikte bestraft werden, während A straflos bleibt. Der Akzessorietätsgrundsatz bewährt sich auch hier nicht; die Anstiftung ist eben nicht auf eine konkret strafbare Handlung zu beziehen, sondern auf eine natürliche Tat, die im konkreten Fall wegen Fehlens eines Tatbestandsmerkmals straflos bleiben kann.

3. Abs. 2 führt diese Regelung zu 2 *keineswegs für alle Schuldmomente* und alle subjektiven, zur Schuld gehörigen Tatbestandsmerkmale durch, wie man erwarten sollte, sondern nimmt eine weitere Einschränkung vor und begeht hiermit einen zweiten Fehler, an den natürlich der Richter bei der Anwendung ebenfalls gebunden ist. Die persönliche Haftung soll nach § 50 a. F. wie n. F. nur bei *„besonderen persönlichen Eigenschaften oder Verhältnissen"* bestehen, die die Strafe schärfen, mildern oder ausschließen. Hierher rechnet die h. M. nur zuständliche und dauerhafte Umstände (z. B. Amtseigenschaft, Verwandtschaft, Rückfall), aber nicht vorübergehende seelische Vorgänge (wie Absicht und Eigennutz); für die letztere soll daher Akzessorietät bleiben. Es besteht aber Streit, wo die Grenze verläuft, ob die uneheliche Mutter z. B. in obigem Fall 2b in diese oder jene Gruppe gehört, vor allem wie zwischen Sonderdelikten und Qualifikationsmerkmalen (Schärfungs- und Milderungsgründen) zu scheiden ist. Daher wollen einige Autoren den § 50 analog auch auf andere persönliche Merkmale anwenden, von der Akzessorietät also in weiterem Umfange absehen[69]; das mag sachlich zutreffen, dürfte aber angesichts der letzten Reform, die sich bei jenem schon bestehenden Streit für die alte Fassung entschied, nicht dem Willen des Gesetzes entsprechen. — Eine systematische Orientierung möge zur Klärung beitragen. Zu unterscheiden sind:

a) *Objektive Unrechtselemente* nebst Tatbestandsmerkmalen. Diese unterfallen nach dem Gesetz seit 1943 der limitierten Akzessorietät, obwohl es richtiger wäre, auch sie von ihr zu befreien.

b) *Subjektive Schuldelemente,* auch wenn in den gesetzlichen Tatbeständen enthalten. Für diese sollte nach dem Grundgedanken des Gesetzes persönliche Schuldhaftung und keine Akzessorietät gelten. Jedoch unterscheidet das Gesetz weiter:

---

[69]) Die h. M. hält an der strengen Auslegung fest. Vgl. Frank § 50, Olshausen N. 5, Schönke II 1, LK. N. 1, 3. Für Analogie Welzel 96.

aa) *konkrete persönliche Schuldmerkmale.* Hierher gehören die Absichten und Gesinnungen, Ueberlegung (§ 211 a. F.), Habgier (§ 211 n. F.), Eigennutz, Gewinnsucht, roh, böswillig usw. Diese sind zwar nicht nach § 50 Abs. 2, auch nicht unter analoger Anwendung, aber nach dem jetzt durch §§ 48, 49, 50 Abs. 1 anerkannten Prinzip der limitierten Akzessorietät nur demjenigen zuzurechnen, bei dem sie vorliegen.

bb) *generelle (abstrakte) subjektive Schuldtypen*[70]; das sind die „persönlichen Eigenschaften und Verhältnisse" des § 50. Entscheidend ist nicht die Zuständlichkeit oder die längere Dauer im rein faktischen oder zeitlichen Sinne der h. M., vielmehr die *normative Schuldtypizität:* die Merkmale sind Indizien für die (gesteigerte oder verminderte) Schuld. Hauptfälle: aaa) *Typen der Zurechnungsfähigkeit:* jugendliches Alter, verminderte Zurechnungsfähigkeit; bbb) *Typen besonderer Gefährlichkeit:* Rückfall, Gewohnheits- und Gewerbsmäßigkeit[71], der gefährliche Gewohnheitsverbrecher (§ 20a)[72], der Volksschädling und Gewaltverbrecher (VO. v. 1939)[73]; ccc) *Typen erhöhten Vertrauensbruchs* wegen besonderer beruflicher Stellung oder verwandtschaftlicher Beziehung: Amts- und Militärdelikte[74], Unzucht mit abhängigen Personen durch den Vormund, Lehrer usw. (§§ 174, 175a), Kuppelei (§ 181 N. 2), Aszendententotschlag (§ 215 a. F.); ddd) umgekehrt *Typen verringerter Schuld* wegen naher Familienbeziehungen: Kindestötung (§ 217)[75], ferner Ehegatten- und Verwandtendiebstahl (§ 247).

c) Dagegen fallen in den Kreis der *Sachtypen,* nicht der persönlichen Schuldtypen, einige objektive Tatbestandsmerkmale, die daher der Gruppe zu a zuzuweisen sind, obwohl sie auch die Schuld wie in den obigen Fällen (soeben zu bbb, ccc) steigern: gefährliches Werkzeug (§ 223a)[76], Diebswerkzeug (§ 245a)[77], Anvertrauung der Sache (§ 246)[78], amtlicher Gewahrsam von Sachen, Urkunden usw.[79]. Nur der letztgenannte Fall könnte Zweifeln unterliegen, da er sich den Amtsdelikten nähert.

Ein kriminologisch wichtiger Fall: der gewerbsmäßige Hehler, der einer harmlosen Frau einen Rat bei deren Hehlerei erteilt, ist wegen Beihilfe aus dem schweren § 260 zu bestrafen. Hier wäre Annahme von Akzessorietät absurd.

Da die Grenze zwischen strafändernden und strafbegründenden Umständen (Sonderdelikten) schwer zu ziehen ist[80], besteht jetzt vielfach die methodisch wie sachlich

---

70) Diesen systematischen Zusammenhang zeigten schon m. Grdlg. d. Strafr. § 22 auf.
71) RG. 25, 266 (Plen.); 26, 3; 61, 268; 72, 225.
72) RG. 68, 385.
73) LK. N. 2.
74) H. M.; abw. LK. N. 3.
75) RG. 72, 373.
76) bestr.
77) bestr.
78) Abw. RG. 72, 326, wo § 50 angewendet wird; hiergegen LK. N. 3.
79) Abw. RG. 75, 289.
80) So rechnet innerhalb des LK. 6. A. den § 49 a Nagler S. 73 zu den Sonderdelikten, Mezger S. 345 nicht.

bedenkliche, aber im Ergebnis befriedigende Neigung, das Gebiet der ersteren auf Kosten der letzteren zu erweitern[81], um sich die von § 50 gewährte freiere Anwendung gegenüber dem Akzessorietätsgrundsatz zu sichern. Daß hierbei ganz andere Erwägungen methodisch entscheiden, suchte ich an anderer Stelle nachzuweisen[82]. — Ueber Sonderdelikte vgl. oben § 14 a. E.

§ 27. Konkurrenzlehre. Uebersicht und Neubau

Das Hauptthema ist: *Einheit und Mehrheit von Gesetzen, von Handlungen und Verbrechen.* Also drei grundverschiedene Dinge! — Das praktisch eminent wichtige Gebiet gehört zu den unklarsten und unsichersten des gesamten Strafrechts trotz reichlicher Durchforschung[83]. Hier prallen die Gegensätze der Meinungen und der methodischen Standpunkte, die aus den früheren Kapiteln bekannt waren, zusammen: eine unerfreuliche „Konkurrenz" im anderen Sinne. Angesichts der methodischen, sachlichen und systematischen Mängel und der sprachlichen wie inhaltlichen Verwirrung ist ein völliger Neubau anzustreben. Hierbei ist aber strengste Oekonomie geboten; die unentbehrlichen der überlieferten Konkurrenztypen sind beizubehalten und in ihrem systematisch berechtigten Sinngehalt klarzulegen. Vermeidbare Ueberlieferungen wie Neubildungen bleiben außer Betracht. — Das Thema ist ein positivrechtliches und tritt für die Kriminalpolitik und Sozialethik an Bedeutung zurück.

Ganz unzureichend und logisch fehlerhaft ist die schon bei v. Liszt und Frank auffallende, von LK. 6. A. übernommene Nebenordnung von Spezialität und Konsumtion innerhalb einer Hauptgruppe, die unter Hinzufügung der Subsidiarität meist als Gesetzeskonkurrenz bezeichnet wird[84]. Nach v. Liszt und M. E. Mayer ist auch die Idealkonkurrenz eine Gesetzeskonkurrenz. Nicht ausgedacht ist die übliche Einteilung der Idealkonkurrenz in ungleichartige und gleichartige. Völlig unzureichend sind die oft anzutreffenden Typen: unechte und scheinbare Konkurrenz; es fehlt die Bezeichnung ihres wahren, also ihres „echten" Sachgehaltes, mit dem sich doch nur arbeiten läßt. Als unechte Realkonkurrenz bezeichnet Frank das fortgesetzte Delikt, M. E Mayer die Subsidiarität. Nur wirklich unentbehrliche Typen sollten beibehalten werden; zu ihnen gehört nicht die Alternativität, die von LK. u. a. verwendet wird. Mit Recht ist von den Entwürfen die komplizierte Behandlung der Ideal- und besonders der Realkonkurrenz durch das bisherige Recht nach drei Prinzipien gestrichen; die begrüßenswerte Vereinfachung berechtigt natürlich nicht, die verschiedenen Voraussetzungen (!) von Real- und Idealkonkurrenz ebenfalls zu verwischen. Auch die S t r a f w ü r d i g k e i t ist beidemal verschieden; diese Frage wurde in der positivistischen Materie sehr zu ihrem Nachteil ganz vernachlässigt. Zu den vielen Rätseln, die der von der Rspr. geschaffene Typ des fortgesetzten Delikts aufgibt, ist endlich, auffallend spät, die doch gewiß entscheidende Frage getreten, ob seine Strafwürdigkeit wirklich, wie man bisher annahm, verringert oder ob sie erhöht wird. Zu den verworrensten Abschnitten gehört die Denkform „Konsumtion", ihr Verhältnis zur Spezialität wie zur Idealkonkurrenz. Kritiklos wird das Schlagwort „straflose Nachtat" verwendet, die oft sehr strafwürdig ist. Die drei Grundbegriffe Gesetz, Handlung (Tat) und Verbrechen werdenn nicht scharf geschieden. Auch an methodischer Klarheit fehlt es oft. In der Wissenschaft und Praxis geht es der Konkurrenzlehre wie der gefährlichen und versteckten Hehlerei: glücklich die Haupt-

[81] So LK. 357/8 für § 218 IV S. 1 u. 2 a. F. und für § 175a N. 4 Fall 1 u. 2 gegenüber 3.

[82] Jur. Elementarlehre 1944 Anhang S. 112.

[83] Auch Binding und Beling haben versagt, letzterer trotz mehrerer Anläufe.

[84] Nebengeordnet erscheinen bei Schönke Subsidiarität, Spezialität, Straflose Nachtat, Konsumtion und Alternativität. Kohlrausch nennt alle diese Fälle Konsumtion im Gegensatz zur Konkurrenz. Ueber Welzel vgl. § 29 I 4.

tat erledigt zu haben, unterschätzt man die „Anhängsel", bei denen die Hauptschwierigkeit liegt.

I. Handlungseinheit bei Mehrheit von Einzelakten.

Sie kann sein:

1. *Natürliche Handlungseinheit.* Den Schlüssel für ihre Erkenntnis bietet die Analyse des Wirkens (oben §§ 12, 15); dieses besteht aus einer Mehrheit von Einzelakten, die selbst untereinander einen Wirkungszusammenhang vom Willensantrieb bis zum Handlungsziel bilden. So liegt z. B. bei einer Tötung, einer Brandstiftung, einem Diebstahl oder Betrug eine natürliche Mehrheit einzelner Akte vor, die durch die Tatsache ihres Zusammenhangs zur natürlichen Einheit verbunden sind[85].

2. *Juristische* (normative) *Handlungseinheit;* diese ist *Verbrecheinseinheit bei Mehrheit natürlicher Handlungen.* Hier begegnet leider dauernd, wie in der Teilnahmelehre, die folgenschwere Verwechslung von Handlung (i. S. von natürlicher Handlung, von Tat) und Verbrechen[86].

a) *Positivrechtliche Tatbestandseinheit:*

aa) mehraktige Verbrechen (§ 221);

bb) zusammengesetzte Verbrechen (§§ 251, 314);

cc) Dauerverbrechen (§§ 123, 239, 245a, 296, §§ 49b, 128, 129, KontrollratsG. Nr. 10, 1946, Art. II 1 betr. verbrecherische Organisationen); im Gegensatz zum Zustandsverbrechen (Doppelehe § 171, Aneignung §§ 242, 246). Der Unterschied ist wichtig für den Vorsatz, der zur Zeit der Tat vorliegen muß, für die Teilnahme und den Beginn der Verjährung.

dd) konstitutives *Gesamtdelikt, Kollektivdelikt oder Sammelstraftat:* Gewerbs- und gewohnheitsmäßiges Verbrechen (vgl. die Schuldtypen §§ 180, 181a, 302d, e, 144, 150).

b) *Verbrechenseinheit gemäß Gesetzesauslegung auf Grund der Rechtsidee nach dem Grad von Unrecht und Schuld:*

aa) das schuldschärfende *Gesamt- oder Kollektivdelikt (Sammelstraftat)* ist grundsätzlich Verbrechenseinheit, kann (!) aber als Schuldschärfung bei Gewerbs- und Gewohnheitsmäßigkeit (§§ 218 IV a. F., 260, 285, 292 III, 175a Z. 4) neuerdings nach RG. als Verbrechensmehrheit erscheinen; Maßstab hierfür ist: neues schweres Unrecht und neue strafrechtliche Schuld.

bb) Das *fortgesetzte Delikt* untersteht demselben Prinzip; grundsätzlich sind es mehrere natürliche Handlungen, aber es gibt zwei Modifikationen. Diese Akte können (!) zunächst bei Einheit der Schuld und des Unrechts (!) als Verbrechenseinheit erscheinen. Sodann kann (!) es wie im obigen Fall zu aa von einem gewissen Zeitpunkt an wieder als neues Delikt auf-

85) RG. 70, 28, 245 (Gr. Sen.).

86) Die h. M. wollte eine „natürliche Handlungseinheit" erkennen — unnatürlich genug! Methodisch wie der Text verfährt Honig Studien zur juristischen und natürlichen Handlungseinheit 1925 S. 11 ff., später ähnlich v. Liszt-Schmidt und Mezger (Grdr. 147).

treten. Das fortgesetzte Delikt wirkt regelmäßig und jedenfalls nach dem Willen der einstigen Schöpfer, der Gerichte, zugunsten des Täters; aber die von der Praxis geforderte Einheit des Entschlusses auf weite Sicht für eine unbestimmte Zahl von Taten kann auch erheblich belasten, auch objektiv die Rechtsunsicherheit steigern. Den letzten Ausschlag gibt in der Gruppe 2b also immer das *Maß der Strafwürdigkeit.*

II. Gesetzeseinheit und Gesetzesmehrheit.

A. *Gesetzeseinheit* (oder sog. *abstrakte Gesetzeskonkurrenz)* im Bereich des gleichen gesetzlichen Tatbestands oder verwandter Gesetzesstellen: ausnahmsloser Ausschluß einer Gesetzesanwendung gegenüber einer anderen auf Grund genereller, abstrakter Betrachtung allein der Gesetzesstellen ohne Rücksicht auf den konkreten Fall und dessen Entscheidung. Die Stellen liegen regelmäßig so dicht nebeneinander oder sind in ihrer Fassung so klar aneinander angepaßt, daß das Ergebnis fast immer selbstverständlich ist; das Problem ist ein gesetzestechnisches, das in erster Linie den Gesetzgeber angeht, und gehört in die Lehre vom *Tatbestand,* wo es seine grundsätzliche Behandlung und Erledigung findet (§ 14), und zugleich in den Besonderen Teil, dessen konstruktives Mittel es bedeutet. Daher besteht Gesetzes*einheit;* nur der äußere Anlaß ist eine Konkurrenz[87]). Diese leicht mißverständlich Bezeichnung sollte besser vermieden oder nur bei völliger Klarheit über den Unterschied von Gruppe B angewendet werden.

1. *Spezialität:* das besondere Gesetz gilt gegenüber dem allgemeinen. a) Erschwerte (qualifizierte) und gemilderte (privilegierte) Delikte, §§ 243, 248a gegen 242, 246; 250/1 gegen 249; 175a gegen 175; 307/8 gegen 308; 213/6 a. F. gegen 211/2. — b) Zusammengesetzte Delikte: § 249 gegen §§ 242, 240. — c) Amts- und Militärdelikte gegenüber den Grundtatbeständen. — d) Eigenhändige Delikte: Mundraub, Kindestötung. — e) Tatbestandsausschnitte § 111 gegen § 110; § 206 gegen § 211 ff. Jedoch kommt Idealkonkurrenz in Frage in den Fällen § 306 gegen 303; Steuerhinterziehung gegen Betrug[88]).

Grundfalsch nimmt die Rspr. für Spezialität an: das allgemeine Gesetz soll nach den Grundsätzen über Idealkonkurrenz (unten B 2) dann seine Geltung behalten, wenn bei Tateinheit neben den unter das speziellere Gesetz fallenden Tatelementen auch solche auftreten, die nicht dem speziellen Gesetz, sondern dem allgemeinen eigen sind. Das kann in Wahrheit nicht mehr Spezialität, sondern nur Idealkonkurrenz sein. Beide Formen können nicht gleichzeitig vorliegen. Jene unrichtige Annahme begegnet in der Rspr. oft: §§ 113 und 114 (RG. 20, 35); §§ 239 und 240 (RG. 25, 147 und 31, 101); §§ 185 und 186 (RG. 41, 286); §§ 249 und 255 (RG. 55, 239).

Folge: Unwirksamkeit des allgemeinen Gesetzes, z. B. für Rückfall bei Mundraub; aber möglich ist Anwendung des allgemeinen Gesetzes, wenn

87) Daher wird mitunter diese Gruppe in der Lehre vom Strafgesetz behandelt, womit zwar scharfer und sauberer Systematik gedient, aber die Zusammengehörigkeit verwandter Probleme (Grenzfälle!) gestört wird. So von Beling Grdz. 11. A. 75 und Lobe Allg. Teil 64. Vgl. dagegen M. E. Mayer 502.

88) Jedoch RG. 50, 167.

das besondere Gesetz z. B. wegen Prozeßhindernisse (Strafantragsmangel, Verjährung) nicht anwendbar ist[89]).

2. *Subsidiarität* oder (besser:) *Eventualität:* neben der prinzipiellen Vorschrift besteht eine Eventualnorm, eine Aushilfsbestimmung, eine Notlösung; ein Gesetz gilt nur insoweit, als nicht ein anderes (schärferes, allgemeineres usw.) besteht. Die Regelung kann erfolgen ausdrücklich („sofern nicht....") oder stillschweigend. Fälle: § 49a a. F.; konkrete Gefährdung gegenüber konkreter Verletzung (dagegen kommt bei abstrakter Gefährdung, insbesondere bei den gemeingefährlichen Delikten, Idealkonkurrenz in Frage); Versuch gegenüber Vollendung; selbständige Vorbereitung gegenüber Hauptdelikt und Versuch (§ 49a); Teilnahme i. e. S. gegenüber Haupttat; echte Unterlassung §§ 139, 330c gegenüber Tötung, Brandstiftung usw.

3. Alternativität ist entbehrlich und ist entweder Konsumtion oder Idealkonkurrenz. Hier sollen nach neuerer Ansicht[90]) zwei Bestimmungen wahlweise zur Verfügung stehen: der Richter hat die strengere zu bevorzugen. Steckt jemand ein Haus und ein Warenlager in Brand, so soll § 306 vor § 265 gelten, aber § 265 vor § 308. Richtig ist zu entscheiden: Versicherungsbetrug konsumiert die Brandstiftung (ebenso wie die Sachbeschädigung); aber auch Brandstiftung nach § 306 ist zu bestrafen, wenn sie im Einzelfall besonders strafwürdig ist (alsdann also Idealkonkurrenz).

B. *Konkrete Gesetzeskonkurrenz.* Die folgenden Gruppen bilden die Typen echter Konkurrenz, in denen auf den konkreten Fall mehrere Gesetze zutreffen, jedoch *nur unter der Voraussetzung einer materialen Rechtswidrigkeit oder einer materialen Verschuldung.* Echte Konkurrenz ist also nur möglich bei mehrmaliger Verletzung oder Gefährdung von Lebensinteressen oder bei mehrmaliger Verletzung sozialethischer Pflichten, nicht aber bei mehrmaliger Verletzung lediglich formaler Normen. In dieser Gruppe echter Konkurrenz bedarf es im Gegensatz zur Gruppe A jedesmal der Untersuchung, ob im Einzelfall das eine Gesetz das andere voll in sich schließt (Konsumtion) oder ob beide nebeneinander anzuwenden sind (Ideal- und Realkonkurrenz).

1. *Konsumtion* ist *typische (generelle) Gesetzeskonkurrenz:* das eine Gesetz schließt ein anderes in typischer Weise, also in den meisten Fällen, völlig in sich ein; die eine Tat zehrt die andere auf, wie der Einbruchsdiebstahl die Sachbeschädigung oder den Hausfriedensbruch. Konsumiert wird nicht ein Gesetz, sondern ein Delikt. Es gibt aber auch Fälle, wo das andere wieder auflebt und selbständig neben dem ersten bestehen bleibt: in den atypischen Fällen ist möglich:

a) bei *Tateinheit* beider Akte *(Begleit- oder Nebentat)* ein Uebergang zur Idealkonkurrenz, *Handlungs- und Verbrecheneinheit;* z. B. zwischen Einbruchsdiebstahl und Sachbeschädigung oder Hausfriedensbruch;

---

89) Vgl. RG. 68, 207 ff.

90) LK. 6. A. 549/50, anderer Sprachgebrauch in 5. A. 64 im Anschluß an Binding. Ueber die grundverschiedenen Ansichten vgl. Frank § 73 VII 3, v. Hippel II 526, Lange Südd. JZ. 1948, 191.

b) bei *Vor- und Nachtat* ein Uebergang zur Realkonkurrenz: *Handlungs- und Verbrechensmehrheit:* aa) Beispiel für *Vortat:* durch Sachbeschädigung wird die zu stehlende Sache erst zum geeigneten Diebstahlsobjekt gemacht, z. B. Diebstahl an Blütenzweigen eines Baumes, an einer eingemauerten Maschine. — bb) Beispiel für *Nachtat:* Betrug bei Weiterverkauf der gestohlenen Sache.

Ob *Verbrechenseinheit oder -mehrheit* anzunehmen ist, hängt nicht von begrifflichen Konstruktionen (wie bei Spezialität A 1), sondern von dem Grad der *Strafwürdigkeit* ab, also von der Höhe des Unrechts und vor allem der Schuld. Innnerhalb der obigen Gruppe A sind derartige Fragen unerheblich, ja unzulässig, weil dort allein die abstrakt logische Gesetzesbetrachtung entscheidet. Dagegen besitzt die *Konsumtion* zwar ebenfalls noch einen gewissen abstrakten Zug, sie betrifft aber nur typische Fälle, die von Ausnahmen durchbrochen werden. Kein neues strafwürdiges Element ist regelmäßig vorhanden, wenn der Diebstahl ohne Hausfriedensbruch oder Sachbeschädigung nicht möglich ist (in den Gruppen a und b: der Gleichzeitigkeit wie der Vortat); in diesem Fall des Unrechts verbleibt es bei der Regel der Konsumtion. Dieselben Sachverhalte können aber einen neuen schuldhaften Willensantrieb und vermehrten Unrechtsgehalt (schwere Sachbeschädigung, Hausfriedensbruch mit Waffen) enthalten und hiermit eine erhöhte Strafwürdigkeit aufweisen; alsdann wechseln die typischen Konsumtionsfälle zur Ideal- oder Realkonkurrenz über. Anderseits bringt die sog. *straflose Nachtat,* wie sie von der h. M. unter falscher Generalisierung genannt wird, zwar in den typischen Fällen kein neues Strafwürdigungselement, z. B. wenn der Dieb die entwendete Sache sich wirklich zueignet; anders wenn auf den Diebstahl Sachbeschädigung oder Betrug folgen.

2. *Reine konkrete Gesetzeskonkurrenz.* Hier wird alles Abstrakte, alles Generelle und Typische durch reine Fallbetrachtung überwunden. Hier besteht Mehrheit von Gesetzesverletzungen, also *Verbrechensmehrheit* mit folgenden Unterarten:

a) *Tateinheit einschließlich Erfolgseinheit:* das allein ist *echte Idealkonkurrenz,* sog. ungleichartige Idealkonkurrenz, geregelt in § 73. Schulfall: Notzucht an der eigenen Tochter. Durch *einen* Akt und *einen* Erfolg werden zwei verschiedene Tatbestände erfüllt, Notzucht und Blutschande; keiner der beiden erschöpft den Fall vollständig. Das Bild zweier sich schneidender Kreise!

b) *Tatmehrheit mit Erfolgsmehrheit: Realkonkurrenz,* geregelt in §§ 74,9. Mehrere selbständige Verbrechen, etwa Diebstähle oder Roheitsdelikte, werden durch eine gemeinsame Entscheidung abgeurteilt.

c) *Tateinheit mit Erfolgsmehrheit.* Zwei Möglichkeiten; beidemal nimmt die h. M. höchstbedenklich „unechte Idealkonkurrenz" an:

aa) sog. ungleichartige unechte Idealkonkurrenz: ein Schuß, eine Bombe tötet den A, verletzt den B, beschädigt Sachen des C, beschränkt die Freiheit des D usw.

bb) sog. gleichartige Idealkonkurrenz (die nur eine unechte sein kann): eine Bombe tötet zehn Personen; oder eine Schrift beleidigt zahlreiche Personen.

Die beiden Fälle zu c sind Pseudo-Idealkonkurrenz; man wird ihnen nur gerecht, wenn man beide als *verdeckte Realkonkurrenz* auffaßt. Nur die Begehungsweise ist vereinfacht, technisch abgekürzt: es ist allerdings nur *ein* natürlicher Akt vorhanden, aber er setzt mehrere Kausalverläufe, mehrere Wirkungsreihen um und erzielt mehrere Erfolge. Er enthält eine „komprimierte Verbrechensenergie" mit gesteigerter Schuld und vermehrtem Schaden. Daher stehen die Fälle zu c der Realkonkurrenz zu b weit näher als der Idealkonkurrenz zu a. Auch hier gibt die Strafwürdigkeit den Ausschlag. Es wiegt gleich, ob der Täter drei leichte Stöße versetzt oder nur einmal kräftig zum Stoß ausholt, um jenen dreifachen Erfolg zu erzielen.

Aber auch hier, bei der Ideal- wie bei der Realkonkurrenz, kommt es letztlich auf die *konkrete Strafwürdigkeit*, auf das Maß von Unrecht und Schuld an. Auch die offene Realkonkurrenz (zu b) kann leichter wiegen, wenn der Täter eine Arbeitsteilung zur leichteren Durchführung und schwereren Entdeckung vornimmt. Wie das fortgesetzte Delikt nicht verschieden von dem einaktigen behandelt wird, so sollte auch in der grundsätzlichen Behandlung (!) kein so starker Unterschied zwischen Ideal- und Realkonkurrenz gemacht werden, wie vom bisherigen Recht. Die Nivellierung durch die Entwürfe ist daher zu begrüßen. Um so mehr ist darauf zu halten, daß man sich über die verschiedenen Voraussetzungen (!) restlose Klarheit verschafft, um die konkrete Strafwürdigkeit sorgfältig ermitteln und überprüfen zu können.

Nach dieser systematischen Uebersicht bedürfen im folgenden nur noch die drei praktisch wichtigsten Typen einer gesonderten Betrachtung: 1) das fortgesetzte und das sonstige Gesamtdelikt, 2) die Konsumtion, 3) die Ideal- und Realkonkurrenz.

§ 28. Fortgesetztes und sonstiges Gesamtdelikt

Die Gesamtdelikte kommen weitaus überwiegend im Bereich der Nutzdelikte vor, zum Teil auch der Trieb- und Schwächedelikte (Betteln, Landstreichen, Notdiebstahl). Speziell das fortgesetzte Delikt erscheint mitunter, wenn auch seltener, unter den persönlicher gerichteten Angriffsdelikten.

Ueber die systematische Eingliederung vgl. oben § 27 I 2.

I. Das fortgesetzte Delikt ist Mehrheit gleichartiger natürlicher Handlungen, verbunden zur Verbrechenseinheit durch Einheit von Schuld und Unrecht.

Beispiele: monatelange Entnahme von Leuchtgas aus der Nachbarwohnung; allmählicher Wäschediebstahl von Hotelpersonal; betrügerische Zusicherungen von Geschäftsreisenden täglich an mehrere Kunden.

1. Die *Funktion* des Begriffs war von jeher eine doppelte: a) einmalige Bestrafung zahlreicher kleinerer Delikte von gleichartigem rechtlichem Charakter; b) Ersparung des Nachweises sämtlicher Einzelfälle bei großer Fülle, wenn die Strafwürdigkeit der Gesamtkriminalität die gleiche bleibt. Abgegolten werden daher auch die in die gleiche Zeit fallenden, nicht bekannt gewordenen Fälle.

Hiermit sind zugleich Gefahren und Grenzen des Begriffs aufgezeigt: die Strafwürdigkeit konnte sich bei Bekanntwerden weiterer Fälle namentlich bei Uebergang zu schwereren Formen chronischer Kriminalität bedeutend erhöhen. Damit nicht die Rechtskraft der Entscheidung die Aburteilung derartiger später bekannt gewordener Fälle abschneidet, ist durch StPO. § 359 n. F. die Wiederaufnahme des Verfahrens zugelassen. Immerhin ist es geboten, in Erkenntnis des Wesens der chronischen Schuld eine möglichst energische und umfassende Ermittlung zu betreiben, um nicht durch kleine Abschlagsvergeltungen eine latente Schwerkriminalität großzuziehen. Deswegen sollte auch der Begriff in der Praxis nur mit großer Zurückhaltung und strengerer Oekonomie verwendet werden[91]); *für schwerere chronische Kriminalität* eignet er sich *überhaupt nicht*, mögen die Einzelakte auch ebenso unbedeutend wie häufig sein. Ein gerissener Täter verteilt eine große Gesamttat oft auf eine Fülle kleiner Akte, um die Entdeckung und Ueberführung zu erschweren (Bankunterschlagungen!). Um so mehr ist es auch die Pflicht der Wissenschaft, die Voraussetzungen eng und streng zu umgrenzen.

2. *Voraussetzungen.*

a) Hauptvoraussetzung ist *Einheit und Gleichwertigkeit der Schuld*[92]): ein *Willenszusammenhang ungefähr gleichwertiger Schuldsymptome.* Da die Schuld sich nämlich nicht notwendig auf einen einzigen Akt bezieht, sondern den Gesamtverlauf des Wollens und Wirkens begleitet (§ 19), so vermag sie auch eine Reihe einzelner natürlicher Handlungen zu einer Verbrechenseinheit zusammenzufassen, *sofern der wesentliche Gehalt dieser Einzeltaten ungefähr gleichwertig ist.* Bei starken Abweichungen, z. B. wenn harmlose Taten mit sehr schweren wechseln, müßte man die Einzeltaten besonders würdigen und wäre insofern für die Annahme eines fortgesetzten Delikts kein Raum. Ob ein solches vorliegt oder nicht, unterliegt daher der normativen Beurteilung des *Richters*, bestimmt sich aber nicht, wie die h. M. annimmt, nach dem Plan, dem Wollen oder Vorsatz des *Täters;* diese subjektiven Merkmale können vielmehr nur als Symptome jenes Gesamtverschuldens in Betracht kommen, sind allerdings von größter Bedeutung, sei es auch in anderem Sinne als nach der h. M. Grundsätzlich gilt *normative Einwertigkeit* (Gleichwertigkeit besonders psychischer Art), nicht tatsächliche psychische Einheit.

---

91) So mit Recht RG. wiederholt (73, 164) gegenüber den Untergerichten.
92) So zuerst m. Grdlg. 492/3: psychische Einwertigkeit.

RG. forderte früher Einheit des Entschlusses oder des Planes des Täters, später Einheit des Vorsatzes, der von vornherein auf die Gesamttat oder den Gesamterfolg gerichtet sein müsse[93]). Beides ist zu eng; wenn der Täter bei späteren Akten einen neuen Vorsatz gewinnt, so soll der Fortsetzungszusammenhang entfallen; ebenso wenn er nur den Entschluß faßt, bei passender Gelegenheit dieselbe Tat zu begehen oder auch nur allgemein zu delinquieren[94]). Jedoch wiegen gerade Fälle der letzteren Art milder und sind meist akute Gelegenheitsdelikte, die beim Vorliegen der anderen Erfordernisse weit eher die mildere Beurteilung als ein Gesamtdelikt verdienen, während der von vornherein auf einen Gesamterfolg gerichtete Vorsatz, der auf weite Sicht gefaßte Entschluß, der ins einzelne ausgearbeitete Plan mit Verteilung der einzelnen Akte auf verschiedene Zeiten schwerer wiegen und auf chronische Kriminalität schließen lassen, die eine strengere Einzelwürdigung erfordert. Die akute „Wiederholung" einmalig gedachter kleiner Akte ist milder zu bewerten als die chronisch (auf Dauer) angelegte eigentliche „Fortsetzung" eines großen. — Möglich ist m. E. auch ein fortgesetztes fahrlässiges Delikt[95]), z. B. Feilhalten verdorbener Lebensmittel, Aufstellen unrichtiger Steuererklärungen[96]).

b) *Objektiv* ist erforderlich *ein sich (einigermaßen) stetig entwickelnder Wirkungszusammenhang (ungefähr) gleichwertiger Tatbestandsverwirklichungen, vor allem gleichartiger Ausführungshandlungen bei Ausnutzung ähnlicher Gelegenheiten.* Hierzu ist zu bemerken:

aa) G l e i c h a r t i g e T a t b e s t ä n d e: also nicht bei Wechsel von Unterschlagung und Betrug oder von Betrug und Urkundenfälschung. Entgegen der h. M.[97]) sollten auch Schärfungs- und Milderungstatbestände nicht einbezogen werden, sondern als selbständige Delikte eine Einzelbeurteilung erfahren. Wenn unter zehn Diebstählen sich nur ein schwerer befindet (der Täter findet die Schranktür nur einmal verschlossen), so läßt sich nicht ein fortgesetzter schwerer Diebstahl begründen, während die Annahme eines fortgesetzten einfachen Diebstahls nicht den Fall erschöpft; vielmehr ist festzustellen ein fortgesetzter einfacher Diebstahl in Realkonkurrenz mit einem schweren. Und wenn fünf Diebstähle und fünf Mundraubfälle in bunter Reihe wechseln, so sollten zwei fortgesetzte Delikte angenommen werden, während ein vereinzelter Mundraub wohl als konsumiert durch die Diebstahlsreihe angesehen werden kann. Dies alles ist für die Strafwürdigkeit von erheblicher Bedeutung. Gleichartige Tatbestände sind selbstverständlich Formbeleidigung und üble Nachrede, aber nicht diese und Verleumdung[98]) (vgl. die obige Tafel § 11 A).

bb) Der Z u s a m m e n h a n g muß ein k o n t i n u i e r l i c h s a c h l i c h e r und ein z e i t l i c h e r sein[99]); also fallen in ihn nicht mehr solche Akte, die erst nach größeren Zeitspannen stattfinden, während die übrigen schnell aufeinanderfolgen. Jedoch kann sich bei schwereren Taten und schwieriger Begehung der Zeitraum verlängern; dann muß aber eine innere Kontinuität bestehen[100]).

cc) A u s n u t z u n g ä h n l i c h e r G e l e g e n h e i t[101]): also kein fortgesetztes Delikt, wenn Kohlen bald vom Güterbahnwagen, bald aus einem Privatkeller, bald von einem Fabrikgelände, und zwar bald vom Täter persönlich, bald in seinem Auftrag von seinen dort beschäftigten Angehörigen gestohlen werden.

---

93) RG. 66, 239; 70, 51; 72, 213.

94) Vgl. schon RG. 45, 71; 55, 135; auch RG. 60, 242 (Erstreben eines außertatbestandlichen Endziels).

95) Anders die h. M., vgl. RG. 59, 53; 76, 70; LK. 545 (mit älteren Entsch., die sich für Fahrlässigkeit aussprachen).

96) RG. 76, 284 (doch kann hier die Kontinuierlichkeit fehlen, vgl. den folgenden Text b, bb).

97) RG. 57, 81; 67, 188; 70, 360; 71, 287.

98) RG. 55, 134; HRR. 1938, 186.

99) RG. 57, 120; 73, 165.

100) Aehnlich LK. 543.

101) Betont von Frank; ähnlich Schönke vor § 73 III 1 b; bestr. (vgl. RG. 75, 209; DtJ. 39, 307).

dd) Nicht erforderlich ist aber Identität des Verletzten; daher fortgesetztes Delikt auch beim Diebstahl von Mänteln aus einer Garderobe, von Wäsche aus einer Waschanstalt, sowie beim Betrug gegen verschiedene Geschäftskunden. Unerheblich ist, ob es sich dabei um Angriffe gegen persönliche Rechtsgüter, gegen den Staat und die Allgemeinheit handelt (beleidigende Zuschriften an Regierungsmitglieder).

ee) Möglich auch gegen höchstpersönliche Rechtsgüter[102]), also an sich auch bei Tötung, Körperverletzung, Freiheitsverletzung, Beleidigung, Unzucht. Jedoch wird hier oft eine andere Voraussetzung fehlen, so die Ausnutzung gleicher Gelegenheit, der zeitliche Zusammenhang, die stetige Entwicklung („Kontinuität"), besonders die Einheit und Gleichwertigkeit der Schuld. So erklärt sich leicht ein Schwanken in der Rspr., die bei Tötung, Unzucht usw. mehrere selbständige Delikte annimmt[103]). Ausschlaggebend dürfte hier der Hauptgesichtspunkt (oben 1, 2 a) sein: das Maß der Strafwürdigkeit nach der Schwere der Schuld; objektive Merkmale bieten hier ebensowenig ein Kriterium wie der Gesamtvorsatz.

3. *Rechtswirkung.* Das fortgesetzte Delikt ist im Urteil nach Zahl und Art der Einzelakte möglichst genau festzustellen[104]). Es gilt als *eine* Tat, deren Beginn die erste Ausführungshandlung und deren Abschluß die Vollendung der letzten tatbestandlichen Handlung ist; wichtig für den Ort der Begehung (§ 3), die Strafantragsfrist, die Verjährung, die Konkurrenz mit anderen Straftaten, die Begnadigung, den Rückfall[105]). Dagegen reichen für die Gewohnheitsmäßigkeit nach § 20a schon drei Teilakte aus. Die Selbständigkeit der Akte tritt ferner hervor bei Teilnahme, Begünstigung und Hehlerei[106]), bei der Zeit der Tat und beim Lebensalter des Täters[107]). Teilnahme an nur einem Akt kann aber Teilnahme an der Gesamttat sein, wenn sie nach dem Unrechts- *und* Schuldgehalt als Beitrag zu dem Ganzen zu werten ist; allein auf den Vorsatz kommt es nicht an[108]). Die Rechtskraft des Urteils erstreckt sich nicht auf spätere oder später bekannt gewordene Einzelakte, die eine erneute Schuld oder Schuldschärfung enthalten (s. u. II).

II. Das **eigentliche Gesamt-** oder **Kollektivdelikt,** die Sammelstraftat, d. s. die gesetzlichen Fälle der Gewohnheits-, Gewerbs- und Geschäftsmäßigkeit. Grundsätzlich besteht hier, schon wegen der Gesetzeseinheit, eine *Verbrecheneinheit*[109]). RG. will abweichend hiervon *Verbrechensmehrheit* annehmen, um auch nach Rechtskraft der Entscheidung die erst später bekannt gewordenen Fälle zu erfassen[110]). Hier hilft schon StPO. § 359; im übrigen ist wie beim fortgesetzten Delikt (I 1, vgl. auch schon oben § 27 I 2 b) an dem Leitgedanken festzuhalten, daß gegenüber jenen Tat-

---

102) So im Gegensatz zu früheren Unterscheidungen: RG. 70, 145, 243 (Gr. Sen.); 73, 166.
103) RG. 70, 244, 283; 73, 164.
104) RG. 72, 168 (Gr. Sen.).
105) RG. 47, 309; 50, 244.
106) RG. 57, 82; 62, 248; HRR. 40 N. 573, vgl. RG. 70, 349.
107) Vgl. LK. 546.
108) Vgl. RG. 17, 229; 48, 206; 56, 328; 70, 26, 296, 335, 349, 390; 74, 59.
109) So noch RG. 70, 244.
110) RG. 72, 164 (Gr. Sen.) für § 218 IV a. F.; 72, 257 für § 175 a Z. 4; 72, 285 für § 260; 72, 401 für 292 III; 73, 216 für § 302 d. Zustimmend Olshausen, Schönke, Kohlrausch, Mezger. Zurückhaltend LK. 538.

beständen, die ja *Schuldtypen* enthalten, *eine erneut auftretende, bisher noch nicht abgegoltene schwere Schuld ein neues Verbrechen darstellt*, das erneut abgerurteilt werden kann und muß.

§ 29. Konsumtion

Ueber die systematische Eingliederung vgl. oben § 27 II B 1.

I. **Konsumtion ist typischer Ausschluß einer konkreten Gesetzesanwendung durch einen wesensfremden Gesetzestatbestand:** also regelmäßig, nicht ausnahmslos wird ein Gesetz (richtiger: ein Deliktstatbestand) durch ein anderes, das einem entfernteren Gebiet angehört, „verbraucht", „aufgezehrt", voll eingeschlossen, in seinem strafrechtlichen Gehalt, seiner *Strafwürdigkeit ausgeschöpft*. Es gibt aber auch Fälle, in denen diese typische Figur nicht zutrifft, vielmehr das regelmäßig aufgezehrte Gesetz einen neuen strafrechtlichen Gehalt aufweist; alsdann müssen beide Gesetze angewendet werden, soll der Fall strafrechtlich voll gewürdigt werden, alsdann kommen Ideal- oder Realkonkurrenz in Frage.

1. Die Konsumtion teilt also mit der *abstrakten Gesetzeskonkurrenz (Spezialität)* lediglich das regelmäßige Ergebnis: den Ausschluß eines Gesetzes durch ein anderes. Der bedeutende *Unterschied* ist, daß bei der Gesetzeskonkurrenz (Spezialität) logisch-abstrakt, d. h. ohne Rücksicht auf den Einzelfall, ein Gesetz das andere ohne jede Ausnahme in sich schließt, während bei der Konsumtion ein Gesetz (Deliktstatbestand) nur im konkreten Fall der Gesetzes*anwendung* (!) regelmäßig (nicht ausnahmslos) durch ein anderes ausgeschlossen, nämlich überflüssig gemacht wird, weil das letztere den Sachverhalt vollständig strafrechtlich würdigt. Man kann aber gewiß nicht Hausfriedensbruch und Sachbeschädigung als Spezialfälle des schweren Diebstahls bezeichnen und umgekehrt.

2. Anderseits hat die Konsumtion weitgehende Aehnlichkeit mit der *Ideal-* und der *Realkonkurrenz* hinsichtlich der Voraussetzung und der Betrachtungsweise; nur das Ergebnis ist verschieden (also umgekehrt wie bei der Spezialität, die nur in der Folge der Konsumtion gleicht). Beidemal treffen im Einzelfall mehrere Gesetze zusammen („Konkurrenz"); beidemal ist die Fragestellung dieselbe: würdigt das eine Gesetz das andere erschöpfend? Wenn ja, so Konsumtion, wenn nein, so Idealkonkurrenz. Das Bild der Idealkonkurrenz ist: zwei sich schneidende Kreise; das typische Bild der Konsumtion: ein Kreis als der weite umschließt ganz den anderen (wie bei der Spezialität).

3. So erklärt sich die Eigenart der Gesetzesinhalte. Bei der abstrakten Gesetzeskonkurrenz liegen die Gesetzesstellen dicht nebeneinander oder gehören jedenfalls demselben Gebiet an (Diebstahl, Einbruch, Mundraub). Bei der Konsumtion und der Idealkonkurrenz liegen die Stellen meist (vgl. jedoch unten II 2, 3) weiter getrennt und unterstehen verschiedenen Grundnormen (Einbruch, Sachbeschädigung, Hausfriedensbruch; oder: Nötigung, Unzucht).

4. Aus alledem ergibt sich, daß die Konsumtion der Idealkonkurrenz weit näher steht als der Spezialität, mit der sie nach der h. M. in derselben Gruppe erscheint[111]); die Gruppen sollten nach der Wesensverwandtschaft aufgestellt werden.

5. Als Leitgedanken zeigen sich wieder die folgenden: Hauptaufgabe ist, die *Strafwürdigkeit* eines Falls und nur sie zu erfassen. Kernfrage ist: *Wird durch ein Gesetz* (eine Gesetzesanwendung) *der materiale Unrechts- und Schuldgehalt eines Sachverhalts voll erschöpft?* Anderseits gilt der ökonomische Grundsatz, daß *keine überflüssige Feststellung* getroffen werden darf, also daß nicht zugleich wegen Sachbeschädigung zu verurteilen ist, wenn hierdurch gegenüber dem schweren Diebstahl kein neues strafwürdiges Element eingeführt wird.

II. Arten. Es gibt deren drei je nach dem Gegenstand, der konsumiert wird: die Begleittat, die Vortat, die Nachtat.

1. *Die Begleittat als Nebentat.* Das ist ein Fall von Tateinheit. Unzulässig und irreführend ist es schon deswegen, mit einer weitgehenden Praxis die Idealkonkurrenz einfach mit Tateinheit zu übersetzen. — Diese Konsumtionsfälle können je nach der Sachlage *in Idealkonkurrenz übergehen.*

Körperverletzung und Tötung konsumieren regelmäßig die Nötigung, aber nicht, wenn eigens zu diesem Zwecke das Opfer festgehalten wird; dagegen wird von jenen Delikten nicht konsumiert die Sachbeschädigung (seiner Kleidung). Brandstiftung (§ 306) konsumiert die Sachbeschädigung, aber nicht soweit ein Privatgebäude angesteckt wird, das auch dann gegen Brandstiftung geschützt ist, wenn es im Eigentum des Täters steht; in diesem letzteren Fall enthält die Sachbeschädigung ein Merkmal, das noch nicht von der Brandstiftungsvorschrift erfaßt wird (Vernichtung fremden Eigentums), daher besteht Idealkonkurrenz. Falsche Anschuldigung (§ 164) konsumiert zwar regelmäßig die Beleidigung und Verleumdung (§§ 185, 187); aber Form- und Urteilsbeleidigung sowie Kreditgefährdung mögen einmal neben jenem schweren, gegen die Rechtspflege gerichteten Delikt Strafe verdienen. Beleidigung wird auch von Unzucht konsumiert, z. B. nach § 176 Z. 3 (RG. 45, 344 nimmt hier unrichtig Spezialität an). Bedrohung (§ 241) wird von Widerstand und Forstwiderstand (§§ 113, 117), von Nötigung und Erpressung (§§ 240, 253) konsumiert (RG. 41, 276; 54, 289)[112]); Körperverletzung von Abtreibung (§ 218 Abs. 3, RG. 52, 209); Sachbeschädigung (§ 303) von Diebstahl mittels Erbrechens von Behältnissen (§ 243 Z. 2); Hausfriedensbruch (§ 123, aber nicht schwerer nach § 124) von Diebstahl mittels Einsteigens usw. (§ 243 Z. 2); grober Unfug und ruhestörender Lärm (§ 360 N. 11) von Landfriedensbruch usw. (§§ 125 ff.). Versicherungsbetrug kann die (leichtere) Brandstiftung konsumieren (vgl. oben § 27 II A. 3).

Bei allen diesen Rechtslagen mag die „*Nebentat*", die ja nicht wie bei der Spezialität generell ausgeschlossen wird, im einzelnen, atypischen Fall

111) Bezeichnend werden von Welzel 152 unter der Ueberschrift „Zusammentreffen mehrerer Verbrechenstatbestände in einer Handlung (Idealkonkurrenz)" zu II als Fälle „scheinbaren Zusammentreffens mehrerer Tatbestände (sog. Gesetzeskonkurrenz)" die folgenden in dieser Reihenfolge genannt: 1. Spezialität, 2. Konsumtion (als Beispiel: Raub gegenüber Diebstahl und Nötigung, d. i. nach richtiger Meinung Spezialität!), 3. Subsidiarität, 4. Straflose Nachtat (d. i. Konsumtion), 5. Straflose Vortat (ebenfalls Konsumtion).

112) Nach Schönke § 241 VI ist dies Gesetzeskonkurrenz.

nicht als ganz nebensächlich, sondern wegen Schwere des Unrechts (Wert des Schutzgutes und Größe von Schaden und Gefahr im konkreten Fall) und wegen besonderer Verwerflichkeit der Gesinnung (chronische Kriminalität gerade auf diesem Nebengebiet, weniger hinsichtlich des Hauptdelikts) als ***besonders strafwürdig*** erscheinen. Alsdann geht die Konsumtion in Idealkonkurrenz über.

2. *Vortat,* besser genannt *Vorbereitungstat:* ein Mittel zur Haupttat. Erster Konsumtionsfall von Tatmehrheit regelmäßig bei Verbrecheneinheit, solange die Vortat unbedeutende Nebentat bleibt. Je nach dem Maß ihrer Strafwürdigkeit kann die Vortat auch selbständig sein und Verbrechensmehrheit vorliegen; *alsdann geht die Konsumtion in Realkonkurrenz über.*

a) Straflose Nebentat: Vorbereitung, Unternehmen und Versuch (oben § 17) zwecks Begehung oder Erleichterung der Haupttat; Vorbereitung zum Münzdelikt (§ 151) im Verhältnis zu diesem (§ 146, RG. 48, 161); Herausforderung zum Zweikampf (§ 201) im Verhältnis zu diesem (§ 205); vollendete Beleidigung usw., wenn der Autor das beleidigende (staatsgefährliche) Manuskript dem Verlag zusendet, der es später vertreiben läßt (RG. 24, 269). Die Vortat kann auch fahrlässig sein: fahrlässige Körperverletzung mit der Folge der Tötung (RG. 17, 20).

b) Strafwürdige Vortat: Raubbau durch Fällen wertvoller Bäume und Zerstören wichtiger Anlagen, um Brennholz zu gewinnen[113]; ähnlich wenn der Täter blühende Zweige abschneidet, um sie zu verkaufen: keine Konsumtion der Sachbeschädigung durch den nachfolgenden Diebstahl, sondern Real- oder gar Idealkonkurrenz (Verunstaltung der Bäume). Strafwürdig ist auch die Aussetzung (§ 221) zwecks Kindestötung (§ 217) wegen des langen qualvollen Gefahrenzustandes und der Gesinnungsroheit; anders RG. 71, 208, vgl. auch 68, 409.

3. *Nachtat,* besser genannt *Verwertungstat,* weitere (außertatbestandliche) Ausführung, Nutzbarmachung: zweiter Konsumtionsfall von Tatmehrheit regelmäßig bei Verbrechenseinheit, solange die Nachtat kein neues strafwürdiges Element bringt und als bloße Ausführung der bereits durch die Haupttat voll abgegoltenen (mitbestraften) strafrechtlichen Schuld erscheint. Die Konsumtion wechselt jedoch in Verbrechensmehrheit und somit zur Realkonkurrenz über, soweit sich Unrecht und Schuld erweitern und sich die Strafwürdigkeit erhöht. Letzteres ist besonders häufig bei ohnehin bestehender chronischer Kriminalität, z. B. wenn auf einen Diebstahl jene besonders strafwürdigen Merkmale der Betrugs- und Hehlereigruppe oder wenn auf einen Betrug Symptome der Unterschlagungs- oder Hehlereigruppe auftreten.

a) Straflose Nebentat. Der Dieb eignet sich die Sache tatsächlich durch Verwertung zu: Konsumtion der Unterschlagung (RG. 62, 61; 67, 76), nicht der Amtsunterschlagung; s. jedoch sofort b. Im Gegensatz zur h. M. ist aber Sachbeschädigung am gestohlenen Gut keine Ausführung der Zueignungsabsicht, sondern deren Gegenteil und selbständig strafbar, da Zueignung nach der jetzt h. M. Verwertungswillen enthält.

b) Strafwürdige Nachtat, in Lit. u. Rspr. oft verkannt; RG. 50, 252 verlangt neue Geschädigte. Diebstahl und Unterschlagung nach Urkundenfälschung

113) Häufige Fälle in den Jahren 1945/46, auf deren rechtliche Natur schon meine Diss. 1908 über Diebstahl und Sachbeschädigung aufmerksam machte.

(RG. 51, 4), aber auch nach Betrug (neu und gesondert strafwürdig sind die Gewahrsamsbegründung und Aneignung als Vertrauensbruch, wichtig auch für Rückfall und Teilnahme!, bestr.). Keine Konsumtion bei Betrug nach Diebstahl oder Unterschlagung (neu: Täuschung); desgleichen bei Urkundenfälschung nach einem Nutzdelikt. Selbst eine auf Diebstahl folgende Unterschlagung, die grundsätzlich konsumiert wird (oben a), kann ein neues Strafwürdigkeitsmerkmal einführen, wenn der Täter noch andere Mitwisser hineinzieht. So erklärt sich auch folgender, meist unrichtg entschiedener Fall (vgl. RG. 67, 76): Wenn der Dieb die Sache an einen Komplizen verkauft, der zwar nicht weiß, daß die Sache gestohlen ist (also keine Hehlerei), wohl aber weiß (was wiederum dem Dieb bekannt ist), daß der Verkäufer nicht dazu berechtigt, insbesondere nicht Eigentümer ist, so begeht der Käufer Beihilfe zur Unterschlagung, die in diesem Falle nicht konsumiert wird, indem er die Verwertung des Diebstahls gleich einem Hehler fordert. Hier zeigt sich wieder der Unterschied von der Spezialität. Unrichtig ist die Annahme, daß zwar die Unterschlagung auch hier konsumiert wird, Teilnahme an ihr gleichwohl möglich ist[114], was jedenfalls dem Grundsatz voller Akzessorietät der Teilnahme zuwiderläuft.

III. Rechtsfolge: Anwendung nur *eines* Gesetzes (Unterschied von der Idealkonkurrenz). Wird dieses aber infolge eines Entschuldigungsgrundes oder Prozeßhindernisses oder dgl. nicht anwendbar, so wird das ausgeschlossene Gesetz anwendbar, es wird gleichsam frei (dies der Unterschied von der Spezialität). — Das ausgeschlossene Gesetz kann auch stets für die Strafbemessung von Bedeutung sein.

§ 30. Ideal- und Realkonkurrenz

Ueber die systematische Eingliederung vgl. oben § 27 II B 2.

I. Idealkonkurrenz: *in einem Fall natürlicher Tateinheit treffen mehrere Gesetze zusammen, von denen keines den Unrechtsgehalt voll würdigt,* so daß mehrere Gesetze angewendet werden müssen: *also Verbrechensmehrheit bei natürlicher Tateinheit, insbesondere Identität der Ausführungshandlung.*

1. *Gegensatz zur Konsumtion:* dort würdigt in den typischen Fällen bereits *ein* Gesetz voll den Sachverhalt; hier treffen mehrere Gesetze im konkreten Fall zusammen (also konkrete Gesetzeskonkurrenz), und kein Gesetz erschöpft den Fall, so daß eben beide Gesetze angewendet werden müssen, wenn man jedes strafwürdige Merkmal erfassen will. Ferner: kein Delikt umfaßt das andere ganz; das eine Delikt ist stets auch ohne das andere möglich: das Bild zweier sich schneidender Kreise. Dies auch der Gegensatz zur abstrakten Gesetzeskonkurrenz, insbesondere zur Spezialität.

2. *Gegensatz zur Realkonkurrenz:* dort natürliche Tatmehrheit, mehrere selbständige Taten und demgemäß mehrere Tatbestandserfolge (daher der Name: Zusammentreffen mehrerer Taten, mehrere Erfolge); hier dagegen nur eine Tat, nur ein Tatbestandserfolg; was zusammentrifft, sind nicht Realakte, sondern Gesetze, Normen, Wertungsakte, Beurteilungsakte. In letzterer Hinsicht ist der sonst nicht glückliche, eingebürgerte Ausdruck „Idealkonkurrenz" ganz treffend und kann beibehalten werden; das als Ersatz vorgeschlagene Wort „Gesetzeskonkurrenz" ist zu weit und unbestimmt. Für Urteilsformeln mag sich die Wendung „in Tateinheit mit" empfehlen, womit natürlich allein eine Seite des Begriffs ausgedrückt wird.

---

114) Welzel 153.

3. Die erforderliche Tateinheit muß sich auf die ***Ausführungshandlung*** beziehen. Es genügt, daß bei mehraktigen Tatbeständen *ein* Akt mit dem eines anderen Tatbestands zeitlich im ganzen zusammenfällt, z. B. bei Idealkonkurrenz von Betrug und Unterschlagung die Täuschung mit der Betätigung des Aneignungswillens, wobei jedoch eine allzu strenge Auffassung der Gleichzeitigkeit zu vermeiden ist. Einheit von Ort und Zeit der Taten ist ebensowenig erforderlich oder ausreichend[115]) wie Gleichzeitigkeit des Willensentschlusses oder gar Einheit des Vorsatzes[116]): eine arge Verwechslung in Entscheidungen der Untergerichte mit dem vom RG. für das fortgesetzte Delikt aufgestellten Kriterium.

4. Erforderlich ist *Einheit des Erfolges;* Verbrechen ist ein Willens- und Wirkungszusammenhang mit *einem* (rechtserheblichen) Tatbestandserfolg. Liegen deren mehrere vor, so sind es mehrere Verbrechen, mehrere Tatbestandserfolge, mehrere Kausalitäten usw. Dagegen nimmt die h. M.[117]) auch bei Mehrheit und Verschiedenheit, ja Gleichartigkeit der Erfolge, z. B. bei Tötung mehrerer Personen durch einen Schuß, Idealkonkurrenz an, was weder aus § 73 noch aus dem Sinngehalt der Rechtsfigur folgt, die sich nur mit der verschiedenartigen Würdigung einer und derselben Tat befaßt. Nach jener Ansicht würde der gute Schütze nur *ein* Verbrechen begehen, der schlechte, der mehrmals ansetzen muß, mehrere. *Mehrheit der Erfolge ist Realkonkurrenz;* und wenn sie durch Einheit der Tat vereinfacht wird, etwa durch einen Bombenwurf oder durch ein verletzendes Wort in einer Schrift oder öffentlichen Rede, so liegt infolge dieser technischen Vereinfachung und Abkürzung nicht *„unechte" oder „gleichartige" Idealkonkurrenz,* sondern vereinfachte oder *verdeckte Realkonkurrenz* vor[118]). Es werden durch einen einzigen natürlichen Akt mehrere Kausalläufe, mehrere Wirkungsreihen, mehrere kriminelle Tendenzen herbeigeführt und mehrere Erfolge verursacht; die Tat enthält alsdann eine stärkere („komprimierte") Energie, und es macht für die *Strafwürdigkeit,* die auch hier den Ausschlag gibt, nichts aus, ob statt dessen mehrere schwächere Akte vorgenommen werden, ob der Täter dreimal zum Stoß ausholt oder nur einmal desto stärker zuschlägt[119]). Auf die *Gleichwertigkeit* der Akte kommt es an, nicht auf die Zahl.

Die h. M. beruht auf einer Verwechslung von Handlung und Verbrechen. Ein Schuß, der drei Personen tötet, ist dreifacher Mord. Eine Aeußerung, die drei Personen anstiftet, ist dreifache Anstiftung. And. M. RG. 70, 26 (nur eine Anstiftung) unter Abweichung von früheren Auffassungen; entsprechend für Beihilfe und Mittäterschaft RG. 76, 357. — Dann kann aber auch der Fall nicht anders behandelt werden, in dem mehrere verschiedene Tatbestände verletzt werden: ein Schuß tötet den A, verwundet den B, beschädigt Sachen des C. Und es ist einerlei, ob der erstrebte dreifache Erfolg auf einmaliges Ansetzen gelingt oder ob der

---

115) RG. 57, 178.

116) RG. 58, 116.

117) Vgl. die Uebersicht bei Frank § 73 III S. 227.

118) So zuerst m. Grdlg. § 18 V 2, S. 498; im Ergebnis ähnlich schon v. Buri Einheit und Mehrheit von Verbrechen 1879 S. 108.

119) Dies wird verkannt von der Polemik v. Hippels II 507.

Täter dreimal ausholen muß. Unerheblich ist es auch, ob es sich um höchstpersönliche oder um Sachgüter handelt (A. M. wenigstens früher RG.), um reine Angriffs- oder um Nutzdelikte; die Frage liegt ähnlich wie beim fortgesetzten Delikt (§ 28 I 2 b ee).

5. Fälle.

Uebliches Schulbeispiel für drei Delikte in Idealkonkurrenz: Notzucht an der verheirateten Stieftochter. — Eine Fülle von Beispielen liefert die Kommentierung der Tatbestände des Besonderen Teils. Vgl. die Beispiele oben § 29 II 1, wo die Konsumtion in Idealkonkurrenz übergeht. Idealkonkurrenz zwischen Betrug und Urkundenfälschung liegt vor, wenn der Käufer Zahlung durch einen gefälschten Wechsel leistet: Tateinheit von Täuschung und Gebrauchmachen von der gefälschten Urkunde. Möglich ist Idealkonkurrenz zwischen Betrug und schwerer Urkundenfälschung (§ 268 a. F. bis 29. 5. 43); letztere umfaßt nicht etwa den Betrug, der anders als § 268 vollendete (!) Vermögensbeschädigung und (!) Täuschung erfordert. Möglich ist Idealkonkurrenz zwischen Betrug und Unterschlagung (Untreue), zwischen Diebstahl und Sachbeschädigung, zwischen Sachbeschädigung und Brandstiftung (an eigener Sache), zwischen Tötung durch Unterlassung und unterlassene Nothilfe (§ 330 c), Kindermißhandlung (§ 223 b) und Körperverletzung mit Todesfolge (§ 226). Das eine Delikt kann allemal auch ohne das andere begangen werden; dies das entscheidende Merkmal von Idealkonkurrenz.

Daher ist möglich und häufig, was oft übersehen wird, Idealkonkurrenz zwischen Betrug und Unterschlagung: So wenn der Angestellte den Auftrag zum Einkauf von Waren erhält, dem Geschäftsherrn jedoch nicht alle vom Verkäufer erhaltenen Gegenstände abliefert; in diesem Zeitpunkt der Hingabe nur eines Teils begeht er die Täuschung und betätigt er den Aneignungswillen. Verbraucht er aber schon vorher einige Waren für sich, so liegt Realkonkurrenz vor; d. i. keine straflose Vortat. Ebenso wenn er zuerst den Betrug begeht, wobei er selbst noch Zweifel hat, ob er den Rest behalten soll, und erst später mangels Verdachts des Geschäftsherrn sich so weit gesichert fühlt, daß er nunmehr die Waren für sich ge- oder verbraucht; alsdann betätigt er jetzt zum erstenmal den Aneignungswillen, während ein Vermögensschaden für den Geschäftsherrn schon vorher eingetreten sein kann. Das ist keine straflose Nachtat, sondern Realkonkurrenz.

Häufig übersehen wird auch Idealkonkurrenz zwischen Meineid und Betrug, zwischen unrichtiger Steuererklärung und Betrug, zwischen Betrug und Diebstahl (Unterschlagung), letztere Rechtslage bei folgendem Sachverhalt. Wenn der Mieter A bei der Räumung von Wohnungen den Möbelträger B anweist, auch die dem C gehörigen, auf der Straße stehenden Sachen auf seinen (des A) Wagen aufzuladen, so begeht A zugleich mit der Täuschung des B einen Diebstahl (als mittelbarer Täter oder Anstifter). — Idealkonkurrenz zwischen Diebstahl (Unterschlagung) und Sachbeschädigung liegt vor in den während der wirtschaftlichen Krisen vorgekommenen Fällen des bestimmungswidrigen Verbrauchs ausdauernder Güter (Verwendung wertvoller Einrichtungsgegenstände als Brennmaterial, Einstampfung von Büchern und Manuskripten zur Papiergewinnung); beim bestimmungsmäßigen Verbrauch verbrauchbarer Güter (Genußmittel, Heizkörper) fehlt es bereits an der Sachbeschädigung. Idealkonkurrenz ist auch möglich zwischen verschiedenartigen Schärfungsgründen, z. B. für den schweren Diebstahl. Eine Fülle von Konkurrenzmöglichkeiten bieten die Sittlichkeitsdelikte und die Angriffe auf die öffentliche Ordnung.

6. *Behandlung.* Nach § 73 gilt das *Absorptionsprinzip:* verurteilt wird wegen aller konkurrierender Verbrechen, gestraft wird aber nur nach dem Gesetz, das die im vorliegenden Fall *schwerste Strafe androht.*

a) Dabei sind zu vergleichen nur die Strafandrohungen, nicht etwa die verwirklichten, d. h. vom Richter erwogenen Einzelstrafen, RG. 76, 60 (anders für Realkonkurrenz § 74); nur die Strafen, nicht die im Einzelfall vielleicht schwerer belastenden Sicherungsmaßregeln. Sind in dem einen Gesetz auch Schärfungen oder mildernde Umstände vorgesehen, so ist diese besondere Bestimmung zum Vergleich für die Feststellung des schwersten Gesetzes nur dann heranzuziehen, wenn der Richter von ihr im vorliegenden Fall wirklich Gebrauch machen könnte, RG. 73, 148 (Gr. Sen.);

75, 14; anders noch 71, 104 und 72, 117. — Den Ausschlag gibt zunächst die schwerste Strafart, bei gleicher Strafart das Höchstmaß, bei gleicher Höhe das höchste Mindestmaß. — Auch das mildere Gesetz ist jedoch zu berücksichtigen beim strafschärfenden Rückfall sowie für Anwendung von Sicherungsmaßregeln. Ferner wenn das mildere Gesetz eine höhere Mindeststrafe als das strengere vorsieht, so darf die höhere Mindeststrafe nicht (nach dem strengeren Gesetz) unterboten werden. Außerdem sind Geldstrafen, Nebenstrafen und Nebenfolgen auch dann möglich, wenn sie nur in dem milderen Gesetz vorgesehen sind, RG. 73, 148; 75, 190 (gegen die bisherige Rspr.).

b) Von dem Prinzip wird also bereits mehrfach abgewichen. Richtiger wäre eine *größere Ermessensfreiheit für das Gericht* nach anderen Gesichtspunkten. Die Eigenart von Tat und Täter kann auch sonst die Anwendung des milderen Gesetzes erwünscht sein lassen, so wenn Tat und Täter einer bestimmten Gruppe von akuter oder besonders von chronischer Kriminalität angehören, die zu dem milderen Gesetz (etwa einem Nutzungsdelikt, wie Betrug) nähere Beziehung aufweist als zu dem strengeren (z. B. Raub). Vor allem kann auch die Idealkonkurrenz, die Verletzung mehrerer Strafgesetze, objektiv und subjektiv eine *höhere Strafwürdigkeit* rechtfertigen, so daß das Absorptionsprinzip entweder nicht ausnahmslos durchzuführen oder ganz aufzugeben wäre und Strafschärfung zulässig sein müßte.

II. Realkonkurrenz: *mehrere selbständige Verbrechen treffen zusammen in Tatmehrheit* und sollen gemeinsam abgeurteilt werden. Gegensatz zum fortgesetzten Verbrechen: dort keine selbständigen Verbrechen; dort Verbrechenseinheit. Gegensatz zur Idealkonkurrenz: dort Tateinheit, Handlungs- und Erfolgseinheit.

1. Für die Strafbemessung gilt grundsätzlich das *Kumulations- oder Additionsprinzip:* die Einzelstrafen sind zusammenzuzählen oder nebeneinanderzusetzen, §§ 74, 78. Nur in dem wichtigen Fall, wo mehrere zeitige Freiheitsstrafen wegen Verbrechen oder Vergehen verwirkt sind, gilt das *Asperations- oder Schärfungsprinzip* (§ 74): der Richter bildet zunächst für jede Tat die Einzelstrafe; dann wird die verwirkte schwerste Einzelstrafe, die sog. Einsatzstrafe, um Zusatzstrafen erhöht, so daß sich eine *Gesamtstrafe* ergibt; diese darf aber nicht die Summe aller Einzelstrafen erreichen, weil dies das Kumulationsprinzip bedeuten würde.

Der Sinn dieser Bestimmung ist offenbar, den Angeklagten durch Kumulation, die an sich eine gerechte Vergeltung wäre, aber eine beträchtliche Höhe erreichen kann, nicht über das erträgliche Maß hinaus leiden zu lassen; die gemeinsame Aburteilung vieler Taten ist oft je nach dem Zeitpunkt der Entdeckung eine zufällige, und es strengt weniger an, die Einzelstrafen mit Pausen zu verbüßen, als wenn eine Gesamtstrafe ohne Unterbrechung vollzogen wird. Daher darf die Gesamtstrafe auch gewisse, vorgeschriebene Höchstgrenzen nicht übersteigen (15 J. Zuchth., 10 J. Gef., 3 Mon. Haft; §§ 74 Abs. 3, 75 Abs. 3, 77 Abs. 2). — Die Gesamtstrafe kann auch noch später gebildet werden, wenn die Tat vor der früheren Verurteilung liegt, also damals hätte mitbestraft werden können, § 79, StPO. §§ 460, 462 Abs. 3.

2. Die Entwürfe wollen diese umständliche Regelung durch gewisse Straferhöhungsbefugnisse des Richters nach dessen freiem Ermessen ersetzen. Aehnlich ist für Jugendliche eine „Einheitsstrafe" mit Höchstgrenzen vorgesehen (10 J. Gef., 4 W. Arrest; RJGG. §§ 14, 15, 18).

6. Abschnitt

Behandlung des Verbrechens und des Verbrechers[1])

§ 31. Strafe und verwandte Maßregeln im allgemeinen

I. 1. Aufgabe der modernen Strafe *ist, durch Leidzufügung im Wege strenger Pflichtensteigerung in Verbindung mit Rechtsgüterschmälerung schweres Unrecht zu vergelten und Schuld zu sühnen, möglichst auch (!) darüber hinaus die staatliche Gemeinschaft gegen Unrecht zu sichern und bessernd (erzieherisch) auf den Täter und die anderen Rechtsgenossen einzuwirken* („abzuschrecken").

Daneben kennt das neue Recht (§§ 42 a ff.) besondere Maßregeln der *Sicherung und Besserung*, die in erster Linie diese, an sich auch (!) der Strafe angehörende Zwecke verfolgen, daneben aber auch das der Strafe eigentümliche Leid zufügen können. Für beide Gruppen gibt es also zwei Arten von Aufgaben: spezifische, wesenseigene Aufgaben und weitere, nicht wesenseigene Aufgaben (Fernziele).

Ueberall handelt es sich um die gleichen hohen Ziele, letzthin um die Zurückgewinnung der Schuldigen für die Gemeinschaft durch Ausmerzung des Kriminalitätserregers und Erfüllung mit den entsprechenden Tugendpflichten („Resozialisierung"). Unter den einzelnen Behandlungsweisen gilt nur eine Arbeitsteilung, und der nach dem *dualistischen Prinzip*, der sog. Zweispurigkeit, streng durchgeführte Unterschied zwischen Strafe und anderen Maßregeln besteht darin, daß *im konkreten Fall*, auf den es stets ankommt, bald das eine, bald ein anderes Ziel das *erste*, das eigentümliche, das spezifische ist, während auch andere Zwecke mehr oder weniger mit verfolgt werden können und, soweit möglich und nötig, natürlich auch mit verfolgt werden sollen. Es bewährt sich wieder methodisch die *Ganzheitstheorie* und im Bereich der Ganzheit die *konkrete Uebergewichtstheorie.*

1) Dieser bedeutende Schlußabschnitt, der Rechenschaft ablegen und in die Zukunft weisen soll, fällt hier verhältnismäßig kurz aus, da sein Gehalt wesentlich der Kriminologie angehört. Vgl. KrimSoz., Kriminol. und schon Ger. S. 97, 27 (1928).

2. Nach diesen Unterscheidungsmerkmalen ist die Frage zu beantworten, ob ein gesetzlicher Typ, eine bestimmte Behandlungsart als Strafe (Nebenstrafe) oder als Sicherungs- und Besserungsmaßregel aufzufassen ist, was im einzelnen Fall mitunter streitig ist, z. B. bei der Einziehung. Die *Einreihung* ist wichtig: nur Strafen knüpfen an Schuld an; für sie gelten die Strafbemessungsregeln; bei Idealkonkurrenz gilt das strengste Strafgesetz; nur Strafen werden im Gnadenwege erlassen (bei der Verjährung gilt nach §§ 67 Abs. 5, 70 Abs. 2, 71 eine gewisse Erweiterung, sonst betrifft sie nur die Strafen); für Strafen ist maßgebend grundsätzlich der Zeitpunkt der Tat, nicht der Hauptverhandlung; nur Strafen unterliegen dem Grundsatz der Einmaligkeit (ne bis in idem); die Anschlußdelikte Begünstigung und Hehlerei beziehen sich nur auf strafbare Handlungen, desgleichen die akzessorische Teilnahme.

3. Der gegenwärtige Stand der Ansichten läßt noch immer den Gegensatz des einstigen Schulenstreits erkennen, der latent weiterwirkt. Die Gesetzgebung der letzten Zeit hat sich zum dualistischen Prinzip (Zweispurigkeit) insofern bekannt, als sie in §§ 42a ff. (seit 1933) ein von der Strafe getrenntes System der Sicherungs- und Besserungsmaßregeln aufstellte, dem Schweizer VE. v. 1893 als dem Vorbild der meisten späteren Entwürfe folgend (der Ruhm gebührt C. Stooss).

Die Gerichte haben von den einzelnen Maßregeln auffallend sparsamen Gebrauch gemacht; erfahrene Richter behaupten, mit den Strafen auszukommen. Alsdann legen sie aber Sicherung und Besserung, die an sich dringendsten Aufgaben einer modernen Strafjustiz, in die Strafe hinein, vertreten also für sich das monistische Prinzip (Einspurigkeit). Die Nachfolger der einstigen Klassik befürchten hieraus eine Gefährdung der sozialethischen Grundlagen des Strafrechts und sprechen schon von einer Krise der Sühnestrafe (so Nagler in LK. als Fortsetzer der Binding-Schule im Kampf gegen die einst von v. Liszt geführte Moderne). Jedenfalls würde und müßte innerhalb der Strafe die Dualistik wiederaufleben; in die Einspurigkeit der Strafe würde die Zweispurigkeit hineingetragen: Sühne und Sicherung. Beide Maßstäbe sind verschieden und führen zu verschiedenen Ergebnissen im Einzelfall. Eine solche Regelung der Verbindung aller Maßregeln unter dem Zeichen der Strafe wäre sehr wohl möglich und wäre nicht etwa ein Widerspruch in sich. Es müßten nur die beiderseitigen Gesichtspunkte in ihrer Verschiedenheit erkannt und aufeinander abgestimmt werden. Aus einem Streit um wichtigste Prinzipien- und Weltanschauungsfragen bleibt als Rest fast nur noch eine gesetzestechnische Etikettenfrage zurück.

II. 1. Ergebnisse: a) *Bei der Strafbemessung verfolgt der Richter in erster Linie Vergeltungs- und Sühnezwecke, innerhalb dieser Grenzen aber sucht er möglichst auch Erziehung und Sicherung zu erreichen oder vorzubereiten; diese letztere Aufgabe tritt beim Vollzug an die Spitze*[2]. *Daher sollten schon die einzelnen Strafen generell auf möglichst umfassende Ziele angelegt sein;* d. h. die Gesetze und Verordnungen sind hiernach auszubauen und auszulegen. Vor allem ist das Endziel alles Strafrechts, eine gerechte Strafbemessung und ein wirksamer Vollzug, energisch zu verfolgen.

---

[2]) Abweichend in mehrfacher Richtung Exner in: Probleme der Strafrechtserneuerung 1944 S. 39: der Schutz solle maßgebend sein für das Ob, die Sühne für das Wie (den Grad) der Strafen; nur letzteres ist i. g. richtig. Der Strafvollzug solle die wichtigste Erkenntnisquelle für die Strafe sein; übersehen wird die Strafbemessung, ferner die notwendige Verschiedenheit der Strafzwecke bei Vollzug und Bemessung der Strafe (S. 24, 26 mit unrichtiger Polemik gegen mich).

b) Geboten ist eine abstrakte, d. i. *dogmatische und systematische Trennung*, aber eine konkrete, *praktische Verbindung. Eine wirksame Erziehung ist nur möglich durch gerechte Sühne; eine wirksame Sicherung und Abschreckung nur bei gerechter Vergeltung.* Die beiden Prinzipien Gerechtigkeit und Zweckmäßigkeit (Gemeinwohl) sind nur zwei Erscheinungsformen der Rechtsidee und müssen in Einklang gebracht werden. Voraussetzung ist überall sittliche Verantwortung, aus der sich Schuld und Sühne ergeben; aber der Ausbau muß nach rechtspolitischen, präventionistischen und pädagogischen Gesichtspunkten erfolgen.

c) *Gegen die Einspurigkeit* spricht die Gefahr einer Verwischung von Justiz und Polizei sowie einer Bestimmung der Zweckmäßigkeit nach äußeren, nicht in der Gerechtigkeit liegenden Gesichtspunkten. *Gegen die Zweispurigkeit* spricht anderseits die Gefahr einseitiger Bestimmung der Strafe nach ethischen oder gar formalen Gesichtspunkten. Die letztere Gefahr kann leichter als jene gebannt werden, so daß im Ergebnis die Dualistik den Vorzug verdient.

Der letztgenannte *Formalismus* äußert sich namentlich in der Ueberflüssigkeit der „Strafe" gegenüber einer oft weit empfindlicher wirkenden Sicherheitsmaßregel. So ist es überflüssig, den Bettler, ehe er ins Arbeitshaus kommt, noch eine Haftstrafe von wenigen Wochen verbüßen zu lassen; und es grenzt mindestens an Pedanterie, dem gemeingefährlichen Schwerverbrecher zuerst im Zuchthaus und sodann in jahrelanger Sicherungsverwahrung die sachlich gleiche Behandlung zuteil werden zu lassen. Wenn nach Schweizer StGB. v. 1937 Art. 42 Verzicht auf Zuchthaus und statt dessen nur Sicherungsverwahrung zulässig ist, so ist diese Regelung für den Vollzug, nicht aber auch für das Urteil zu billigen; die Strafbemessung hat vielmehr nach der Schwere von Schuld und Unrecht (wie unten § 32) zu erfolgen, wenn sich nicht die Rechtsethik der Strafe verflüchtigen soll. Ebenso angebracht ist der Ersatz der Strafe gegen Jugendliche durch Erziehungsmittel (schon seit JGG. v. 1923). Voraussetzung ist aber in allen Fällen, daß der Strafzweck auch durch die Sicherungs- und Besserungsmaßregel erreicht wird. Der Verzicht betrifft also nur die äußere Art der Bestrafung, nicht ihren Inhalt und Zweck, nicht die Sühne und die Vergeltung. Also: *sachliche Zweispurigkeit bei äußerer Einspurigkeit.*

d) Die Regel sollte daher für das Gerichtsurteil (!) sein: *bestimmte Strafe* (nach dem Maße von Schuld und Unrecht), möglich aber *unbestimmte Sicherungs- oder Besserungsmaßregel* (je nach der Dauer der Schutz- und Erziehungsbedürftigkeit). Ein „unbestimmtes" Strafurteil rechtfertigt sich nur, wenn und soweit die Strafe jene anderen, ihr nicht wesenseigenen Aufgaben mit übernehmen muß; vgl. § 32 a. E. bei Strafbemessung.

2. Tendenzen der Gesetzgebung seit 1923.

Das Vordringen des Sicherungs- und Besserungsgedankens außerhalb, aber auch im Rahmen der Strafe selbst machte sich zuerst auf drei Gebieten geltend und griff von hier aus auch auf weitere über; erfaßt wurden zuerst das Jugendrecht; dann die Bekämpfung Gemeingefährlicher, auch Geistesgestörter, besonders aber der chronischen Kriminalität; sodann der Strafvollzug überhaupt. Erst spät wurden die übrigen Gebiete berührt: insbesondere die alltägliche, „problemlose" Kriminalität, die der Erwachsenen, die akute, besonders die einmalige reine „Tat"-Kriminalität, und schließlich die Verbrechensdogmatik und auch die Strafbemessung. — Vor allem bezeichnend ist, daß das Jugendrecht das Erwachsenenrecht, der Strafvollzug die Strafbemessung beeinflußte und zum mindesten anregte. Mit der reinen Vergeltung brach erstmals JugGG. v. 1923, indem es als Ersatz Erziehung zuließ, wenn der Strafzweck hierdurch erfüllt wird; von jetzt an gewann der Erziehungsgedanke auch im Erwachsenenstrafrecht und besonders auch im Vollzug an Boden, bei der Reform allerdings zum Teil nicht ohne Ueberspannung: sog. Knochenerweichung des Strafrechts und sodann die rigorose Abschreckung. Nachdem nach 1933 in Reaktion gegen ein einseitiges Erziehungsstrafrecht wieder wie einst unter der Klassik das Sühne- und sekundär das Schutzprinzip zur Vorherrschaft gelangt war, da war es wieder die Reform des Jugendrechts, das den Erziehungsgedanken auch anderweit zur Geltung brachte: zuerst in der VO. v. 21. 1. 1937 § 9 für den Strafvollzug gegen Jugendliche, auch gegen Gefangene bis zum 21. und 24. Lebensjahr. Eine Zurückdrängung, wenn auch nicht Verdrängung des Sühnegedankens enthält die Einführung des Jugendarrestes 1940 und der unbestimmten Verurteilung 1941. In Fällen akuter Kriminalität bei Gefahr des Uebergangs zu chronischer, bei „gestrauchelten Erwachsenen" (VO. v. 22. 12. 1942, DJ. 43, 22) ist ein Sonderstrafvollzug mit Erziehungsziel zulässig; hier verflüchtigt sich beim Vollzug der Unterschied von Zuchthaus und Sicherungsverwahrung und ist eine ausgesprochene Tendenz zur Einspurigkeit erkennbar. Dagegen hatten noch VO. v. 17. 8. 38 und v. 5. 5. 44 § 5a Sühne (für Todesstrafe und lebenslanges Zuchthaus) erfordert.

Ueber die Entwicklung der grundlegenden Vollzugsbestimmungen s. unten § 35 I zu 2 a. E.

3. *Schlußforderung.* Die Strafe ist, konkret-soziologisch gesehen, derart weit zu fassen, daß sie auch die Sicherungs- und Besserungsmaßregeln umschließt; diese letzteren sollten ganz in einem extensiv zu fassenden Strafbegriff aufgehen. Nur abstrakt sind es Gegensätze; konkret-funktional erfüllen beide Arten der Behandlung die gleichen, möglichst umfassenden Aufgaben[3]).

§ 32. Konkrete Strafbemessung

Das bisher grundsätzlich kaum erkannte bedeutungsvolle Thema betrifft die Tätigkeit nicht nur des *Richters,* sondern auch des *Staatsanwalts* und des *Verteidigers,* wenn sie in den Plaidoyers ihre Anträge stellen und die nach ihrer Ansicht „angemessene" Strafe begründen. Dieselbe Tätigkeit übt aber auch ein *jeder* mehr oder weniger gewissenhaft und sachkundig aus, wenn er einen Fall nach seiner Schwere würdigt, sei es selbständig oder in kritischer Stellungnahme zu jenen beruflichen Aeußerungen der Organe der Strafrechtspflege. Aehnliche Fragen legt sich der *Täter* vor, oft schon vor der Tat, öfter nachher, stets während des Strafverfahrens, am eindringlichsten unmittelbar vor dem Richterspruch, und eine ernste und tiefe Sühne und Selbsterziehung, wie sie das Ziel der Strafe und des Vollzugs sind, setzen eine gesamte kritische Rekapitulation der Strafbemessungsgründe voraus und rufen alle Einzelheiten für die moralische, soziale, rechtliche Bewertung der Tat und der Persönlichkeit noch einmal ins Gedächtnis zurück.

---

3) Hierüber Kriminologie I. Abschn. 4. Vgl. auch unten § 36 IV.

Alle diese Bemessungsgründe bilden in ihrer Gesamtheit den Grundstock für die *konkrete Gestaltungsnorm*, die für den Sachverhalt an der Hand der Rechtsidee, der Präjudizien und der Rechtserfahrung die passendste typische Gesetzesnorm auswählt (oder weiterbildet) und diese so weit konkretisiert, spezialisiert und individualisiert, daß der Fall nach all seinen be- und entlastenden Umständen hin erschöpfend durch eine bestimmte Strafgröße gewürdigt wird. In diesem Sinne beschäftigen Strafbemessungsfragen dauernd den kritischen, *objektiven Beurteiler* und die wissenschaftliche Forschung, indem sie sich wirkliche oder erdachte Fälle vorlegen. Geschieht das nicht, so bleibt ihre Arbeit abstrakte Konstruktion von Rechnungsgrößen, ist nicht lebenswahr, nicht anschaulich, nicht auf den Täter und sein Werk bezogen. — Auch *logisch* ist die konkrete Strafbemessung ein unentbehrlicher Faktor im Strafrechtssystem: sie ist die Projizierung der abstrakten Normen auf den Lebenstatbestand und hiermit die Konkretisierung der Strafrechtsidee.

Der Schwerpunkt liegt natürlich bei der Tätigkeit des Gerichts. Die *„richterliche Strafbemessung"* (Ausdruck der Entwürfe, während die Praxis meist noch von „Straf*zumessung*" spricht, so StPO. § 267 Abs. 3) ist die wichtigste und schwierigste Tätigkeit des Strafrichters. Die Gesetze lassen fast sämtlich ihm die Wahl, innerhalb eines weitgespannten „Strafrahmens" oder auch zwischen mehreren Strafarten im Einzelfall die bestimmte Strafgröße nebst Nebenstrafen, Nebenfolgen und sonstigen Maßregeln zu finden. Ueber die Gründe hat er sich die genaueste Rechenschaft zu geben; ihre Niederlegung im Urteil kann nur in einigen, allgemein schablonenhaft gehaltenen, oft abgegriffenen Wendungen geschehen, sollte jedoch ausführlicher unter feinerer Anpassung an die individuelle Eigenart von Tat und Täter erfolgen, als es regelmäßig noch geschieht, wobei auch die von der Wissenschaft und der richterlichen Erfahrung erarbeiteten Grundsätze hervortreten müssen. Den Angeklagten interessiert nicht, weshalb er wegen Betruges und nicht wegen Unterschlagung verurteilt wird, wohl aber, warum er diese bestimmte Strafe und keine andere erhält.

Die neuere Wissenschaft und die Entwürfe waren bemüht, einige Anhaltspunkte aufzustellen; daß diese im einzelnen stark von einander abwichen, beweist übrigens, wie wenig die wichtige Aufgabe geklärt ist. Es handelt sich nicht nur um indiskutable Erwägungen, um gesundes Rechtsgefühl, um praktische Erfahrung; es treten vielmehr oft Gründe auf, die einander widersprechen oder überschneiden, und es zeigen sich Strecken, wo Gründe ganz fehlen. Meine früheren Arbeiten suchten den „Gründen" auf den Grund zu gehen und Tafeln der wichtigsten Gründe als „Grundlagen" aufzustellen[4]). Eine der wichtigsten Aufgaben der Kriminologie wird es sein,

[4]) Nach einer Mitteilung des Ministerialdirektors Ernst Schäfer auf der Essener Tagung der IKV. haben bei der Verfügung v. 26, die später in die Entwürfe (E. 27) überging, meine Grdlg. als Muster gedient. Eine genauere Tafel brachte später meine KrimSoz. I, III. In den rd. 30 von mir angeregten kriminalsoziologischen Diss. über einzelne Delikte suchte der Verf. jedesmal auch die Strafzumessungsgründe zu ermitteln. Vgl. vor allem Exner Die Strafzumessungspraxis der Gerichte, Krim. Abh. 1932. Ferner m. Kriminologie § 21 nebst Anhang sowie die zahlreichen Aufsätze von SenPräs. Wimmer (Köln) in JurRdsch. 1947 u. ö.

die Erfahrungen der Untergerichte zu erforschen, der Wissenschaft nutzbar zu machen und die wichtigsten Gründe gegeneinander abzustimmen, so daß sich ein möglichst einheitliches Bild ergibt. Dabei gilt es für uns an dieser Stelle weniger Einzelheiten zu gewinnen, die doch nur für den einmaligen Fall Gültigkeit besitzen können, als zu Gesichtspunkten und „Grundsätzen" vorzudringen[5]).

Dieses bedeutsame Kapitel enthält eine „Konkurrenz" sämtlicher Hauptthemen des Strafrechts, die sich hier zu bewähren und in Harmonie zu vereinigen haben.

I. Grundsätze. Diese ergeben sich zunächst aus dem Strafrechtssystem.

1. Diese *Strafvoraussetzungen* wurden, wie am Eingang der gesamten Verbrechenslehre § 7 dargelegt wurde, bereits im Hinblick auf die Strafbemessung nach dem Maßstab der Strafwürdigkeit aufgestellt. Demgemäß wurden materiale Begriffe für das Unrecht und die Schuld gewonnen, die so umfassend angelegt wurden, daß sie sämtliche speziellere Strafvoraussetzungen (Tatbestände, Schuldtypen, Rechtfertigungs- und Entschuldigungsgründe) bis herab zu den Strafbemessungsgründen decken. Auch die sog Strafschärfungs- und Strafmilderungsgründe gingen dabei in Schuldschärfungs- und Schuldmilderungsgründen auf.

Hiernach gibt es mit logischer Notwendigkeit keinen Strafbemessungsgrund, der nicht unter den Strafvoraussetzungen, so wie sie in obigem System festgefügt sind, seine *normative Grundlage* besäße. Das *Unrecht* und die *Schuld* in materialem Sinne, also die Sozialgefährlichkeit und sozialethische Verwerflichkeit, sind außerdem graduell abstufbar und gehen hiernach bei ihrer Konkretisierung in der Richtung auf Einzelfälle ohne weiteres in Strafbemessungsgründe über. Namentlich die Schuldtypen (oben § 24) bieten eine große Reihe belastender oder entlastender Gründe. Die Reihen brauchen nur in weiterem Zuschnitt auf die Eigenart von Einzelfällen weiter gedacht, ausgebaut und ergänzt zu werden; die Schuldtypen, die Rechtfertigungs- und Entschuldigungsgründe geben nur tatbestandliche und tatbestandsähnliche generelle Typen, bei deren Anwendung jedoch schon zahlreiche Lücken auftreten, die bezeichnenderweise nach „übergesetzlichen Maßstäben" vom Richter auszufüllen sind: das sind bereits Strafbemessungsgründe.

Die Strafbemessungsgründe erscheinen hiernach als konkretisierte Unrechts- und Schuldtypen. Sollten dagegen bei Ausübung der Strafbemessung neue Gesichtspunkte gegenüber dem Unrecht, der Schuld und ihren Ausstrahlungen auftreten, so ist an irgendeiner Stelle ein Fehler, unsaubere, unlogische Arbeit geleistet, die in systematischer und daher wissenschaftlicher Hinsicht mangelhaft ist. Die weitaus meisten Strafrechtssysteme, soweit sie sich überhaupt mit dieser wichtigsten Frage befassen, leiden unter diesem Mangel.

5) Sehr bunt und höchst anfechtbar LK. 168, 9.

Als Fehler wurde es mit Recht vom RG.[6]) angesehen, wenn der Richter denselben Grund, der vom Gesetzgeber als schärfend oder mildernd bezeichnet und vom Richter schon bei der Tatbestandsfeststellung verwendet wurde, noch einmal bei der Strafbemessung in gleicher Richtung als be- oder entlastend berücksichtigt. Die Art der Bewertung ist abstrakt richtig; aber im konkreten Fall wäre es eine unzulässige Doppelbewertung. In dieser konkreten Hinsicht muß natürlich die Strafbemessung gegenüber den gesetzlichen Bemessungsregeln Neues bringen.

a) Die *Grade des Unrechts* sind im wesentlichen aus den Tatbeständen und den auf sie angedrohten Strafen ersichtlich. Durch sie wird eine Rangordnung aufgestellt, an die der Richter bei der objektiven Bewertung von Schaden und Gefahr im wesentlichen gebunden ist. So kann er gewisse ideelle Güter, wie Ehre und Religion, nicht bedeutend höher einschätzen als Gesundheit und Eigentum; die Wertskala des Rechts ist eine andere als die der Kultur. Aber aus der Gesinnung des Täters beim Angriff auf ideale Güter kann ein höherer Grad der Verwerflichkeit entnommen werden. Anderseits gibt die tatbestandliche Rangordnung der Güter nur typische Werte wieder, die im Einzelfall abweichend eingestuft werden können. So kann ein privater Geldschaden schwerer wiegen als ein solcher der Gesamtheit, eine persönliche Verleumdung schwerer als die Beleidigung der Gesamtheit.

b) Die *Grade der Schuld* zu ermitteln, ist wichtiger und schwieriger, weil die Schuld in der Frage der Strafwürdigkeit den Vorrang vor dem Unrecht hat[7]) und von der Rechtsordnung nur weit dürftiger typisch geregelt ist, auch nicht so eingehend in Typen geprägt werden kann, wie das objektive Unrecht der Tatbestände. Um so gewichtiger wird die Schuldbewertung durch den Richter im Einzelfall. E. 36 verlangt mit Recht „besondere" Berücksichtigung des „Verschuldens" und nennt zwar für die Fahrlässigkeit deren materialen Gehalt in ihren beiden Erscheinungsformen, den „Grad des Leichtsinns und der Gleichgültigkeit", beschränkt sich aber für den Vorsatz auf die Umschreibung: die „Stärke des verbrecherischen Willens". Im Einzelfall kann übrigens die Fahrlässigkeit strafwürdiger sein als der Vorsatz.

Unsere materiale Schuldlehre suchte die auch für den Vorsatz symptomatischen sozialethischen Unwerte zu erfassen und zu jenen kriminellen Untugenden vorzudringen, die als Typen für den Kriminalitätserreger gelten; dies geschah zugleich als Vorbereitung für die Strafbemessung. Vgl. oben §§ 11, 19—22. Was die sozialethische Unwertstaffel sowohl wie die Tendenz zur chronischen Kriminalität betrifft, so ergibt sich hiernach eine Rangordnung, die sich mit der objektiven Bewertung durch die Tatbestände überschneidet. So gelten die Nutzdelikte als die strafwürdigsten gegenüber den Trieb- sowie besonders den Angriffsdelikten; und innerhalb

---

6) LK. 151.

7) Das wird verkannt von den Vertretern des alten Erfolgsstrafrechts. In das gegenteilige Extrem fallen die Anhänger des Willensstrafrechts; am radikalsten verschwieg E. 25 unter den (allerdings nur beispielhaft genannten) Bemessungsgründen die Folgen ganz, E. 27 nannte wenigstens die verschuldeten Folgen der Tat.

der Hauptgruppe läßt sich wiederum eine Staffel erkennen vom Neid über die Lüge und den Verrat bis zur Ausbeutung. — Man gewinnt hiernach eine *Schuldstaffel*, die von den früheren populären, auch bei Untergerichten anzutreffenden Wertanschauungen nicht unerheblich abweicht. Wir suchten in KrimSoz. Anhang II eine ausführliche Tafel über die kriminellen Unwertgrößen der einzelnen Deliktstypen unter „Bezifferung" aufzustellen; hiermit wurde einer exaktwissenschaftlichen Strafbemessung in weitestem Umfang vorgearbeitet. Außerdem führten wir aus, inwieweit unsere Unwertauffassung von der des Gesetzes und, soweit sich ermitteln ließ, auch der Untergerichte sowie anderer Autoren[8]) abweichen mußte. Spätere kriminologische Untersuchungen[9]) bestätigten im wesentlichen unsere Annahmen. Auf alles dies muß an dieser Stelle verwiesen werden. — In den letzten Jahren schien eine Wandlung in der gerichtlichen Praxis eingetreten zu sein, ohne daß sich aber alle Erwartungen erfüllt hätten.

So werden die Hehlerei, die Unterschlagung und namentlich der Betrug gegenüber dem Diebstahl zu milde beurteilt, vor allem aber auch gegenüber den Angriffsdelikten; der Raub auch vom Gesetz zu schwer gegenüber der Erpressung (§ 253 a. F.); zu milde aber die Trieb- und Schwächedelikte, auch die sog. kleine Kriminalität, jene Pflanzstätte der großen und der schweren, auch die Urkundenfälschung im Verhältnis zu den Roheitsdelikten. Im ganzen scheint die chronische Kriminalität nicht genügend streng behandelt zu sein. Unverständlich milde wird durch das Gesetz wie die (meisten) Untergerichte die Verleumdung beurteilt; auffallend scharf dagegen von altersher die Unterlassung von Verbrechensanzeigen (§ 139). Eine unverständliche Härte erfuhren während des zweiten Weltkriegs nicht wenige Delikte, auch solche, die nicht die Partei gefährdeten. Von rigoroser Härte waren die Strafdrohungen im AutofallenG., in den Rundfunkgesetzen, die Strafen gegen die unter Ausnutzung der Dunkelheit begangenen Delikte. — Alle diese Bemerkungen betreffen wiederum nur die typischen Fälle. So kann natürlich im Einzelfall ein Diebstahl ungleich schwerer wiegen als ein Fälschungsdelikt, ein Roheitsdelikt ungleich schwerer als eine Veruntreuung, zumal wenn die sofort zu behandelnden weiteren Erschwerungen hinzutreten.

Von dem hier eingenommenen Standpunkt fiel folgende abweichende Beurteilung der herrschenden Praxis auf, so daß wir glaubten, eine Reihe grundsätzlicher Beanstandungen[10]) gegenüber der Gesetzgebung und der Rechtsprechung erheben zu dürfen; in der letzten Zeit schien ein teilweiser Wandel bemerkbar zu sein. aa) Zu starke Berücksichtigung des äußeren sinnfälligen Schadens (namentlich bei den Gewalt- und Roheitsdelikten) sowie der äußeren Gefährlichkeit der Tat gegenüber der subjektiven des Täters (daher verhältnismäßig milde Beurteilung der Nutzdelikte). — bb) Zu strenge Beurteilung der derberen Delikte gegenüber den feineren; daher verhältnismäßig milde Behandlung von Beleidigung (Verleumdung), Urkundenfälschung, Betrug, Erpressung, Wucher, Hehlerei, Glücksspiel. — cc) Zu geringe Nachsicht gegenüber äußerer und vor allem innerer Not- und Zwangslage, innerer Schwäche und Haltlosigkeit. — dd) Zu starke Berücksichtigung politischer und wirtschaftlicher Gesichtspunkte gegenüber moralischen, sozialen und kulturellen. So erklärt sich auch die schärfere Berücksichtigung der Geldfälschung gegenüber der Urkundenfälschung, der Sachbeschädigung gegenüber der Körperverletzung und Beleidigung, des Aufruhrs gegenüber dem Landzwang, der öffentlichen Ausspielung gegenüber dem Glücksspiel, des Meineids gegenüber der falschen Anschuldigung, der politischen Delikte gegenüber den Religionsdelikten. — ee) Zu geringe Bewertung der typisch (!) verwerflichen Gesinnung, z. B. bei Unterschlagung und Untreue (gegenüber Diebstahl), Erpressung (gegenüber Raub), Urkundenfälschung, Betrug, Verleumdung,

---

8) Insbesondere Exner a. a. O.

9) Die oben genannten Diss.

10) KrimSoz. 763/7, Anhangstafel II, ergänzt in Kriminologie.

Zuhälterei, Hehlerei, gewerbsmäßigem Glücksspiel. Anders bei Mord (§ 211 n. F.). — ff) Zu geringe Berücksichtigung typischer Grassierungstendenz, z. B. bei Betrug, Hehlerei, Müßiggang, Fahrlässigkeit.

2. Die *Strafzwecke* als die *Wertungsmaßstäbe* für das Verbrechen sind bei der Strafbemessung ebenfalls sämtlich heranzuziehen; sie entscheiden über den Grad der Strafwürdigkeit.

a) Die vom Richter auszuwählenden Strafgrößen nebst der Strafart sollen die *gerechte Vergeltung von Unrecht und Sühne von Schuld* im konkreten Fall darstellen. Aus der Fülle von Möglichkeiten die richtigste konkrete Strafe ausfindig zu machen, ist die große Kunst, die nie einer zufälligen Eingebung oder gar einem außerrechtlichen Einfluß folgen darf, sondern eindringlichste Ueberlegung erfordert und langjährige, mit kritischer Selbsterziehung verbundene Uebung voraussetzt; die sofort zu behandelnden Gesichtspunkte (3, II) geben eine ungefähre Anleitung. Die Schuld verdient den Vorrang vor dem objektiven Unrecht; aber auch das letztere ist zur Bewährung der generellen Gerechtigkeit zu berücksichtigen. Leicht irreführend sprachen die Entwürfe nur vom verschuldeten Erfolg[11]).

Wenn unverschuldet durch einen Waldbrand ein Millionenschaden für die Gemeinde entsteht oder durch eine leichte Körperverletzung eine typhöse Infektion und schließlich eine ganze Volksseuche ausbricht, so ist gewiß eine ungleich härtere Strafe geboten, eben zur gerechten Vergeltung von Unrecht, als wenn bei gleicher schuldhafter, etwa fahrlässiger Handlung oder Unterlassung ein geringfügiger Schaden verursacht wird. Die Vertreter eines reinen Willens- und Schuldstrafrechts müßten beidemal gleiche Strafe annehmen. Kriminologische Ermittlungen zeigen, daß wohl die Gerichte überwiegend auf dem hier vertretenen Standpunkt stehen.

An erster Stelle entscheidet jedoch die *Sühne der Schuld*, worin wohl alle Strafbemessungsgrundsätze aus neuerer Zeit übereinstimmen. Die Strafe ist ein Leiden, für das die richtige Art und Dauer ausfindig zu machen ist. Die Sühne soll die Kriminalität an der Wurzel treffen, den Kriminalitätserreger ausrotten und möglichst durch eine entsprechende Tugend ersetzen. Alsdann ist auch die Strafbemessung gerecht ausgefallen.

b) Zu diesem Zwecke und folglich nur innerhalb der Grenzen der Gerechtigkeit sind die weiteren Funktionen der Strafe in Ansatz zu bringen, die in erster Linie zwar besonderen Maßregeln zustehen, aber auch von der Strafe mit übernommen werden müssen, da jene Maßregeln nur sehr spezieller Natur nach Inhalt und Voraussetzungen sind: *Sicherung und Besserung*. Soweit die Gerechtigkeit nicht entgegensteht, sind daher auch zu berücksichtigen, wie die neuere Rspr. mit Recht entgegen „klassischer" Strenge annimmt: aa) *Abschreckung des Täters*[12]) mit Bewahrung und Verhütung, und nach Möglichkeit *Erziehung* bei akuter, subakuter und drohender chronischer Kriminalität; bb) *Unschädlichmachung*[13]) bei eingewurzelter

---

11) LK. 6. A. geht zwar vom Erfolg aus (154), meint aber offenbar nur den verschuldeten Erfolg und läßt dann auch den unverschuldeten gelten (vgl. S. 167, 168/9).

12) RG. 58, 109.

13) RG. 58, 109.

chronischer Kriminalität und ungünstiger Prognose; cc) *Abschreckung anderer Rechtsgenossen*[14]), soweit bei Gleichartigkeit Wiederholungsgefahr und Grassierungstendenz in Frage kommen; dd) *Genugtuung* für den Verletzten[15]). — Verfehlt ist es aber, diesen Zielen die prinzipale Bedeutung einzuräumen, wie es vielfach, namentlich zugunsten des Abschreckungszweckes bei der Strafbemessung zu beobachten ist. Es ist, als wollte man einen Prüfling nicht wegen mangelnder Leistungen durch das Examen fallen lassen, sondern damit die anderen besser lernen oder damit sich künftig weniger bewerben oder damit ein zurückgesetzter Konkurrent sich befriedigt fühlt.

3. Als *Objekt der Bewertung* ist auch hier, wie in der Verbrechenslehre, das *Wollen und Wirken der Täterpersönlichkeit in einer bestimmten Umweltlage* einzusetzen, wie seine Entwicklung oben § 12 III beschrieben und in der Tafel § 11 veranschaulicht wurde. An dieser Stelle findet also die gesamte moderne kriminologische Forschung ihre Stätte; es ist wohl nicht zuviel gesagt: in der Strafbemessung vereinigen sich sämtliche Stimmen der Strafrechtswissenschaft zu einem symphonischen Hauptsatz.

a) In der Linie der kriminellen Tat-Entwicklung sind alle Stationen einzeln zu würdigen. Hauptfrage ist gemäß der kriminalistischen Kreationstheorie („Autodeterminismus"): wieweit ist die Tat das *eigene Werk des Täters?* und wie stark wirkten auch *persönlichkeitsfremde Einflüsse* mit? Ueber den *Grad der Freiheit* und die typischen Einflußstärken von Anlage und Umwelt bei den einzelnen Deliktsgruppen vgl. oben § 12 sowie KrimSoz. 118 Tafel und schon Grdlg. 649. Zu betonen ist, daß die *Bedeutung von Anlage und Umwelt für den Grad der Schuld und mithin für das Strafmaß verschieden bei den einzelnen Delikten und der Tätereigenart* sein kann, vor allem auch verschieden, je nachdem *akute oder chronische Schuld* vorliegt, woraus sich zahlreiche widersprechende Auffassungen über die be- oder entlastende Natur des Charakters und der Motive erklären. Vgl. oben bei der chronischen Tendenzschuld § 20 III 3.

Belasten kann eben die Stärke der verbrecherischen Energie, das Vorhandensein und die Stärke von Hemmungen, über die sich der Täter gleichwohl hinwegzusetzen weiß, umgekehrt aber auch der Mangel an Hemmungen, die Aufnahmebereitschaft willensfremder Einflüsse, die Nachgiebigkeit und Wendigkeit, vor allem auch der Leichtsinn und die Gleichgültigkeit, und zwar nicht nur bei fahrlässigen Delikten (über deren besonderen Charakter vgl. oben § 22). Belastend wirkt bei akuter Kriminalität, daß der Täter nicht sich selbst treu bleibt, während die Einmaligkeit der Tat als „Entgleisung" doch wieder entlastet. Belastend wirkt bei chronischer Kriminalität, wenn der Täter sich treu bleibt, umgekehrt aber auch, wenn er von seiner eigenen Natur abgeht und anpassungsfähig auf fremde Gebiete hinüber-

---

14) RG. 76, 301.
15) RG. 65, 230.

wechselt, dort also zunächst akut kriminell wird. Auch die Massenpsychose, auch die Tat aus politischer oder religiöser Ueberzeugung[16]) kann sowohl ent- wie belasten. Stets kommt es darauf an, in welchem Maße der Kriminalitätserreger wirkt, das Verbrechen also das eigene Werk des Täters ist.

b) *Nur* innerhalb dieser Grenzen ist auch das *Vorleben* des Täters für die Strafbemessung erheblich. Vor uferlosen Feststellungen der Persönlichkeit, wozu moderne Forderungen neigen, ist im Interesse einer zielbewußt gesicherten Rechtspflege zu warnen. Gute Führung in Schule und Dienststelle, Verdienste um Gemeinschaften, um Gemeinde und Staat, um Kirche und Kultur, Bewährung in Beruf und Volksgemeinschaft[17]) können bei akuter Kriminalität, vor allem in jüngeren Jahren und bei Ersttätern mildernd wirken, sofern alsdann die Tat als einmalige Entgleisung erscheint. Bei chronischer Kriminalität ist natürlich das Vorleben von allererster Bedeutung, weil es über die Entwicklung des Kriminalitätserregers und die Tendenz des Chronischen Aufschluß gibt.

Zwei wichtige Erkenntnisquellen sind: der durch V. d. RJustizministers v. 30. 11. 1937[18]) eingeführte Kriminalbiologische F r a g e b o g e n , der nach meinem Vorschlag ins Soziologische auszudehnen ist[19]), sowie vor allem die V o r s t r a f e n l i s t e n. Die bei einigen Staatsanwaltschaften früher bestehende Uebung, in jeder Strafsache einen Auszug aus dem Strafregister einzufordern, geht zu weit und belastet zu stark die Behörden; aber es ist hierzu aller Anlaß vorhanden, soweit Verdacht mehrmaliger Bestrafung des Täters oder unwahrer Angaben über seine persönlichen Verhältnisse besteht, insbesondere wenn von dem angeblich nicht vorbestraften Täter nach dem 25. Lebensjahr ein nicht mehr harmloser Betrug oder Diebstahl oder ein verwandtes Delikt begangen wird, namentlich ein solches, bei dem das Gesetz strafschärfende Rückfallsstrafe vorsieht, überhaupt ein schwereres Nutzdelikt, ein zu chronischer Begehung neigendes, sei es auch leichtes Schwächedelikt (Betteln, Unzucht) oder ein besonders schweres, sei es auch offenbar nur akutes Angriffsdelikt. — Das L e s e n u n d D e u t e n v o n V o r s t r a f e n l i s t e n gehört zu den interessantesten juristischen Tätigkeiten; bei einiger Routine und Erfahrung entrollt sich dem Richter ein lebendiges Bild von dem Werdegang des Verbrechers, von der Wirksamkeit des Kriminalitätserregers und der Tendenz oder Nichttendenz zum Chronischen. Wichtige Symptome sind die Arten der verletzten Tatbestände („reine" oder „gemischte" Listen?), ihre Reihenfolge, die Art der Ersttat und das Lebensalter bei ihrer Begehung, die Schnelligkeit des Rückfalls, der Wechsel von Tatort und Beruf[20]). Zwischen den Zeilen liest der Sachkundige die latente Betrugskriminalität und prognostiziert die späteren Stadien.

c) Das *Verhalten des Täters nach der Tat* kann ebenfalls das Strafmaß beinflussen; die Praxis weicht oft ab, bald wird ihm zu viel, bald zu wenig

---

16) Humanitätsverbrechen aus Ideologie gemäß KontrollratsG. Nr. 10 Art. II 1 c (1946) wirken belastend.

17) E. 36 hebt hervor „Lebensführung, Stellung und Bewährung in der Volksgemeinschaft".

18) DJ. 37, 1872. Bericht seines Organisators Prof. v. Neureiter (früher in Riga) in MonSchr. KrimBiol. 19, 65.

19) Vgl. m. Gutachten in Röm. Kongreß f. Kriminologie, Beiträge 1939 S. 323.

20) Vgl. die Diss. Münster von Wilh. Fröleke Hehlerei Abh. H. 402, Kämpchen 1938, Sicking Abh. H. 415 und Bernh. Heimann Betrug Vorbestrafter 1942. Aus den Krim. Abh. Schnell 1936, Schwaab 1939, auch Kohnle 1938.

Bedeutung beigemessen[21]). Die Art der Ausnutzung der Tat klärt oft über Plan und Ziel auf; das Verhalten gegenüber dem Opfer läßt meist einen früheren Schluß auf die Gesinnung zu; das Bemühen, den Schaden wieder gutzumachen (genannt von den früheren Entw.) *kann* gleich der tätigen Reue die Schuld verringern (vgl. oben § 24 III 5 und beim Versuch § 17 a. E.). Vor allem *kann* eine ersichtlich aufrichtige und wahrhaftige Reue jene Haltung gegenüber Recht und Moral offenbaren, wie sie von der Strafjustiz selbst angestrebt wird; die verbrecherische Energie kann gebrochen, der Kriminalitätserreger ausgeschaltet, eine Selbstsühne eingetreten oder wenigstens angebahnt sein, so daß schon deswegen eine mildere Strafe zu rechtfertigen ist[22]).

Selbstverständlich wird dem erfahrenen Richter nicht entgehen, wieweit Heuchelei, Furcht, Enttäuschung, Berechnung, Schwäche und äußere Fügsamkeit bei der Erwartung nachsichtiger Beurteilung mitwirken, oder ob nicht gar eine zweite Verschlagenheit, ein zweiter Betrug vorliegt: ob nicht das Geständnis nur erfolgt, um bisher unentdeckte weitere Taten und Mitschuldige zu verbergen, oder ob es ein Ausdruck innerer Haltlosigkeit, Gleichgültigkeit und Abgestumpftheit gegen Recht und Strafe ist. Umgekehrt sollte hartnäckiges Leugnen strafschärfend wirken, weil jeder Täuschungsversuch belastet und zu erkennen gibt, daß der Kriminalitätserreger in einer seiner verwerflichsten und gefährlichsten Gestalten, der Lüge, der Verstellung und Entstellung, der Irreführung der Behörden, fortgesetzt am Werke ist.

Die ganze Verhaltungsweise des Täters, seine voraussichtliche Einstellung auch nach dem Urteilsspruch sind schon deswegen zu berücksichtigen, weil die zu wählende Strafe auf günstigen Boden fallen muß: Wirksamkeit und Eindrucksfähigkeit der Strafe sind Ziele und Erfordernisse, die in gleicher Weise aus der Sühnefunktion wie aus den weiteren Zwecken der Sicherung, Besserung und Abschreckung folgen.

d) Auch die gesamten *Umweltverhältnisse* zur Zeit der Tat sowie nachher, ihr voraussichtlicher Wandel nach der Aburteilung sind für das Strafmaß sowie für die Wirksamkeit der Strafe von Bedeutung. Zu ihnen gehören auch die wirtschaftlichen (StGB. §§ 27 c, 28), sozialen und beruflichen Lebensverhältnisse des Täters. Die Strafe soll nicht vernichten, sondern wiederaufrichten. Die Strafe soll empfindlich, der Täter für sie empfänglich sein; sie soll nicht unempfindlich, aber auch nicht überempfindlich und untragbar sein. Es gilt der *Grundsatz der persönlichen Notwendigkeit und Tragbarkeit innerhalb der rechtlichen, staatlichen, sozialen und sozialethischen Notwendigkeit.*

e) Zu den Umweltverhältnissen gehört auch das Verhalten und evtl. *Verschulden des Verletzten,* das insofern mildernd wirken *kann,* als dem Täter Gelegenheit und Anreiz geboten, Hemmung und Widerstand weggeräumt werden.

So bei Mangel an Schutz fremder Güter, an Vorkehrungen gegen Gefahr, bei Sorglosigkeit und Gleichgültigkeit (Uebergang zum Verzicht und zur Einwilligung), bei Darbietung bester Gelegenheit und großtuerischen Worten (Parallele zur Aufforderung, Provokation, Beihilfe). Auch Mangel an Intelligenz und an Achtsamkeit kommt als strafmildernd in Betracht; so bei plumpem Aufschneiden des Betrügers

---

21) In letzterem Sinne LK. 6. A. 164/5, wo meine Ansicht irrig wiedergegeben wird.
22) Zu allem Vorstehenden demnächst m. Kriminologie.

und leicht durchschaubarer Verstellung, beim Benutzen unbeleuchteter Treppen und gefährlicher Verkehrswege, beim Vertrauen auf ungeschulte oder unzuverlässige Personen, wie Dilettanten, angetrunkene Wagenführer, überlastetes Pflegepersonal, das zu sachgemäßer Wundbehandlung nicht imstande ist.

II. Ausgestaltung und Anwendung.

1. Die *Gesetze* können immer nur einige besonders beachtliche Anhaltspunkte bieten. Das geltende Recht enthält nur einige dürftige Vorschriften (§§ 20, 27 a—c; über § 20 a oben § 20 a. E.). Als Maßstäbe müßten die Schuld sowie der verschuldete Erfolg, in zweiter Linie aber auch der unverschuldete Erfolg genannt werden; alsdann müßte eine Reihe wichtiger Beispiele folgen und zu den bisher streitigen Fragen Stellung genommen werden. Beachtlich, wenn auch nicht durchweg glücklich dürfte besonders die Fassung von E. 27 sein:

§ 69: Bei Bemessung der Strafe soll (besser: hat) das Gericht hauptsächlich (besser zu streichen) ab(zu)wägen, inwieweit die Tat auf einer verwerflichen Gesinnung oder Willensrichtung des Täters und inwieweit sie auf Ursachen (besser: Umständen) beruht, die dem Täter nicht zum Vorwurf gereichen. Es soll (hier einschieben: hauptsächlich) berücksichtigen:

die Beweggründe und den Anreiz zur Tat, den Zweck, den der Täter verfolgt hat, die Nachhaltigkeit des zur Tat aufgewendeten Willens und die angewendeten Mittel;

die verschuldeten (einschieben: aber auch die unverschuldeten) Folgen der Tat;

das Maß der Einsicht des Täters und den Einfluß krankhafter oder ähnlicher Störungen auf seinen Willen;

das Vorleben des Täters, seine persönlichen und wirtschaftlichen Verhältnisse zur Zeit der Tat und der Aburteilung;

das Verhalten des Täters nach der Tat, insbesondere ob er sich bemüht hat, den Schaden wieder gutzumachen, der durch die Tat entstanden ist. —

Der Nachprüfung durch das R e v i s i o n s g e r i c h t unterliegt die Strafzumessung erst seit VO. v. 21. 2. 1940 § 34, wonach Nichtigkeitsbeschwerde durch den Oberreichsanwalt zulässig ist, wenn das Urteil wegen eines Fehlers bei der Anwendung des Rechts auf die festgestellten Tatsachen „ungerecht" war; die Ungerechtigkeit kann nach RG. auch in der Strafzumessung liegen. Gleiches gilt für die Anordnung der Mil.-Reg., daß „grausame und übermäßig hohe Strafen" nicht verhängt werden dürfen (Gs. 1 Art. IV)[23].

2. Die Hauptaufgabe liegt, was selbstverständlich ist, beim *Richter*, bei der Ausübung seines „Ermessens", der Bemessung, Zumessung, konkreten Gestaltung. Aber auch die *Wissenschaft* hat einmal als Prinzipienlehre, sodann als Tatsachenforschung unermüdlich mitzuhelfen. Hier kommen nicht nur alle Grundfragen der Verbrechenslehre in ihrer letzten Tragweite und konkreten Auswirkung noch einmal zur Sprache; hier sind auch ganze Rechtstheorien am Werke, werden von der Praxis gebildet und bilden umgekehrt diese. Von hier aus entstehen ganze Strafrechtstheorien und Verbrechenslehren, die hier ihre Bewährung finden sollen. Wenn dies nicht geschieht, sind entweder sie oder ist die Strafzumessung brüchig.

---

[23] Vgl. MinRat Arndt in Südd. JZ. 1946 S. 30 und dazu Eb. Schmidt ebenda 204.

Die wissenschaftliche Lage ist die folgende:

a) Der Richter stellt einen Sachverhalt fest, der gemäß den Prinzipien der Gerechtigkeit und des Gemeinwohls nach Strafe verlangt; er hält ihn für „strafwürdig". An der Hand der bestehenden Gesetze, der Strafvoraussetzungen Schuld und Unrecht sowie ihrer typischen Ausprägung bildet er die *„konkrete Gestaltungsnorm"*, d. i. hier eine Strafbemessungsregel, in der die einzelnen konkreten Maßstäbe, also die Unrechts- und insbesondere die Schuldtypen, z. B. Eigensucht, Verschlagenheit, Verstellung, Ausbeutung, Wollust, geformt und so weit spezialisiert werden, daß sie sich reibungslos ohne Schwierigkeit in dieser ihrer konkretisierten Gestalt auf den Fall anwenden lassen und diesen erschöpfend in seinem strafwürdigen Gehalt regeln, so daß sich das Ergebnis in der Urteilsformel niederlegen läßt (Verurteilung wegen Betruges zu zwei Jahren Gefängnis). In diesem Sinne hat das Reichsgericht von jeher „umfassende Würdigung aller Strafzumessungsgründe" erfordert[24]).

b) Zu diesem Zwecke wirft der Richter sein gesamtes *Erfahrungswissen* ein. Im *Vergleich* mit früheren Fällen als Präjudizien oder auch mit konstruierten Beispielen probiert er die am besten passende konkrete Strafe aus; er entscheidet wirkliche oder erdachte Parallelfälle probeweise zugleich mit, vergleicht sie mit dem vorliegenden Sachverhalt, stellt Aehnliches und Verschiedenes fest, stimmt die ihnen zugrunde liegenden konkreten Gestaltungsnormen aufeinander ab und sagt sich (eine beliebte Wendung bei der Beratung): nach der Praxis unseres Gerichts, das früher den Fall a und den Fall b so und so entschieden hatte, dürfen wir jetzt nicht mehr und nicht weniger als fünf Monate Gefängnis geben, denn die Vorstrafenliste ist gegenüber früher günstiger oder ungünstiger, die Gesinnung ist anständiger oder brutaler, der Schaden ist geringer oder höher, das letzte Verhalten ist aufrichtiger oder versteckter usw. Jedesmal entscheidet der Richter seinen Fall nicht allein, sondern eine ganze Reihe von Probefällen zugleich; er spricht eine konkrete Norm, die sich auch in anderen Fällen bewähren würde. Jedes Urteil muß *generalisierungsfähig* sein; es muß sich als Präjudiz auch in anderen, ähnlichen und verschiedenen Fällen bewähren.

Ein amtlich eingeführter „Vergleich" bei diesem komparativem Verfahren bedeutet übrigens die Antragstellung durch den Staatsanwalt, der natürlich nach denselben Gesichtspunkten wie der Richter, nicht etwa nach einem anderen Maßstab oder Verfahren pflichtmäßig seine Ueberzeugung von einer ganz bestimmten gerechten Strafe gewinnt. Hinzu kommt oft die Antragstellung des Verteidigers, der ebenfalls pflichtbewußt urteilen soll. So wird jeder Richter von selbst zur gerechten Abwägung auf vergleichendem Wege gezwungen.

Beispiele. In einem vorliegenden Falle mag es allenfalls zu rechtfertigen sein, daß der Fahrraddieb eine Gefängnisstrafe von einigen Tagen erhält, da das Ver-

24) Vgl. aus neuerer Zeit RG. 71, 147, 245.

schulden leicht, der Schaden gering war, er selbst einen „persönlich ausgezeichneten Eindruck auf das Gericht" machte. Das Urteil wäre aber nicht der Generalisierung fähig, da sich Fälle dieser Art stark häuften. Deswegen wurde später durch VO. v. 20. 10. 1932 der Gebrauch von Kraftfahrzeugen und Fahrrädern mit Strafe bedroht. Entsprechend schärfer müssen dann aber auch Gebrauchsdiebstähle an anderen, später sehr wichtig gewordenen Gebrauchsgegenständen bestraft werden, da sonst das erforderliche Gleichmaß verletzt würde.

Ein 19jähriger, unbescholtener Bursche hatte ein Fahrrad gestohlen, weil ihm das seine gestohlen und er hierdurch schwer beruflich geschädigt war. Da es unter dem Schutz der Dunkelheit geschah (VO. v. 5. 9. 1939 § 2), erhielt er ein Jahr Zuchthaus (als Mindeststrafe)[25]. Hierzu paßt wenig die bisherige Praxis, abgefeimte Betrüger und Erpresser mit wenigen Monaten Gefängnis zu bestrafen; es hätten also auch andere Strafen entsprechend heraufgesetzt werden müssen. Da dies nicht geschah und nicht geschehen konnte, wurden jene Richter zu ungerechten Urteilen gezwungen: die einen waren übertrieben hart, die anderen übertrieben milde.

c) Das *Gerechtigkeitsideal* wäre, alle Strafurteile innerhalb eines Staates in ein dem Unwertgehalt von Tat und Täter entsprechendes, gerechtes Verhältnis *auch zueinander* zu setzen; so würde eine *dem Gemeinwohl genügende, gerechte konkrete Rechtswertordnung* entstehen: eine Harmonie der Urteile sowohl miteinander wie mit den kulturellen Werten in einem Staate. Unter dem nationalsozialistischen Regime wurde eine Uebereinstimmung mit den politisch-weltanschaulichen Werten gefordert[26]. An sich ist es richtig, eine Harmonie mit den obersten staatlichen Wertanschauungen zu verlangen; das ist eben das Gemeinwohl. Da aber die damaligen staatlichen, d. h. parteipolitischen Wertanschauungen in nicht geringe Widersprüche mit der Gerechtigkeitsidee und dem wahren Gemeinwohl traten, so waren Konflikte zwischen Recht (Kultur) und Staat (Partei) unvermeidlich; die Folgen waren unaufhörliche Verstöße gegen die Gerechtigkeitsidee und Verletzungen der Rechtssicherheit.

Anderseits ist jene konkrete Rechtswertordnung ein unerreichbares Ideal, dem die Strafjustiz nur unentwegt nachzustreben hat, ohne es jemals verwirklichen zu können. Es ist schon viel erreicht, wenn eine leidlich harmonische Spruchpraxis innerhalb eines größeren Gerichtsbezirkes erzielt wird und wenn das höchste Gericht für Stetigkeit gewisser, als gerecht erkannter (!) konkreter Entscheidungsnormen sorgt. Für politische Sondergerichte ist kein Raum in einem modernen Rechts- und Kulturstaat.

Es sollte aber nicht vorkommen, daß innerhalb eines und desselben Gerichts nach den Anschauungen der Rechtsanwälte und selbst der Staatsanwälte, wie berichtet wird, eine strenge und eine milde Kammer besteht, so daß durch aktentechnische Manöver (Reihenfolge mehrerer Beschuldigter, wenn der Anfangsbuchstabe des erstgenannten Namens nach der Geschäftsverteilung für die Zuständigkeit der einzelnen Kammern maßgebend ist) eine Strafsache vor eine solche Kammer gebracht wird, von der ein Staatsanwalt im Sinne seines Ministers eine politisch erwünschte (!) Entscheidung oder ein Verteidiger Freispruch oder Nachsicht erwarten darf.

d) Die *Bedeutung des Strafurteils* ist der des Zivilurteils weit überlegen: Unrecht, Schuld und Strafe können nur durch gerichtliches Urteil

---

[25]) Mitgeteilt von Karl Peters (StA. in Köln, später Prof. in Münster) auf der Tagung deutscher Strafrechtslehrer 1940 (vgl. m. Jur. ElementarL. 1944 S. 40 ff., 104).

[26]) So noch LK. 6. A. 151.

konkretisiert, können nur prozessual gestaltet werden; jede außergerichtliche Straffestsetzung, etwa im Vergleichs- und Sühneverfahren wäre unzulässig und unwirksam. Das Strafurteil besitzt aber auch, was prozeßrechtlich bestritten ist, im Gegensatz zum Zivilurteil *überwiegend konstitutive Wirkung*, und zwar gerade wegen der weiten Bedeutung der Strafzumessung; nicht nur hinsichtlich der Strafgröße sowie der Anordnung von Sicherungs- und Besserungsmaßregeln, sondern auch hinsichtlich der Unrechts- und Schuldfeststellung. Denn für diese ist nicht nur die Tat, sondern in weitem Umfang auch der Täter und die Umwelt, eben nach Auffassung des Gerichts, von Bedeutung; und es ist nicht nur die Zeit der Tat maßgebend, sondern auch die Zeit nach der Tat, ja die Zeit des Urteils (Schaden, Verhalten des Täters nach der Tat und noch in der Verhandlung, tätige Reue, Schuldaufhebung!)[27].

e) Das Strafurteil muß aus allen diesen Gründen seinem ganzen Sinne nach auf eine *bestimmte Strafgröße* lauten; nur so kann die Vergeltungs- und Sühnefunktion der Strafe zum Ausdruck kommen, wozu nur das auf Grund einer Hauptverhandlung ergehende Urteil berufen und befähigt ist. Seit den kriminalpolitischen Bestrebungen wird gegenüber dieser „Klassik" unermüdlich das *unbestimmte Strafurteil* gefordert, wie es endlich im Jugendrecht, so zuerst in VO. v. 10. 9. 41 und ähnlich alsbald im RJugGG. v. 6. 11. 43 § 6 zum Teil Verwirklichung fand. Hiernach setzt der Richter Höchst- und Mindestmaß fest, „mindestens 9 Monate und höchstens grundsätzlich 4 Jahre"; doch muß zwischen beiden im Einzelfall bestimmten Größen ein Zeitraum von 2 Jahren verbleiben. Erforderlich ist, daß sich nicht voraussehen läßt, welche Zeit notwendig ist, um den Täter durch Erziehung in die Volksgemeinschaft einzugliedern — wozu bemerkt werden muß, daß ein Erziehungserfolg mittels Strafe in den meisten Fällen höchst ungewiß und jedenfalls unvorhersehbar ist.

Unter gleicher enger Voraussetzung dürfte auch *gegen Erwachsene* ein relativ unbestimmtes, einen bestimmten engeren Strafrahmen aussprechendes Urteil im wesentlichen unbedenklich sein, wenn die Strafe im vorliegenden Fall wirklich auf Erziehung gerichtet sein darf und einigen Erfolg versprechen sollte, sofern die Vergeltungs- und Sühneaufgabe dabei voll gewahrt bleibt. Die Fälle sind offenbar selten und beschränken sich auf undurchsichtige Erscheinungen leichterer akuter Kriminalität Erstbestrafter; meist wird es an genügender Klärung des Sachverhalts gefehlt haben. Kommt nicht mehr Erziehung, sondern Sicherung in Frage, so ist mit Sicherungsverwahrung als Ergänzung einer bestimmten (!) Strafe zu helfen.

§ 33. Gesetzliche Strafbemessung

I. Diese früher vielerörterte Erscheinung stellt Typen der konkreten Strafbemessung dar: den typischen Niederschlag der konkreten Strafwürdig-

---

27) In meiner Rechtskraftlehre (Grdlg. d. PR. 1929 und Festgabe für Richard Schmidt 1932) war dieser wichtige Gesichtspunkt noch nicht genügend herausgearbeitet.

keit (§ 7). Hierbei können aber für ein systematisches Durchdenken nur Unrechts- und Schuldtypen (oben § 32 I 1, 2) in Frage kommen. Demgemäß gibt es für die Wissenschaft nicht Straf-, sondern nur *Schuldbegründungen, -schärfungen, -milderungen, -ausschließungen, -aufhebungen* (oben § 24) nebst den zugrunde liegenden objektiven Unrechts- (Tatbestands-) Merkmalen, sofern die Merkmale überhaupt dem materiellen Strafrecht und nicht etwa dem Prozeßrecht (wie die Verjährung) angehören. So baut sich ein konkret angelegtes Strafrechtssystem wissenschaftlich auf. Nur aus gesetzestechnischen Gründen mag später noch ein versprengter Typ bei der Strafe auftauchen.

Dieses Thema wurde daher bereits in anderem Zusammenhange erledigt. Berührt wird es hier nur insofern, als sich diese Merkmale, von unten aus gesehen, als erste gesetzliche Typen der soeben behandelten (richterlichen) Strafbemessungsgründe erklären, während sie, von oben betrachtet, nur Unrechts- oder Schuldtypen sein können. Diese Erklärung wenigstens hätte die h. M. von ihrem Standpunkte aus geben sollen[28].

II. Generelle Typen verwenden die Gesetze und Entwürfe vielfach:

1. *„Mildernde Umstände"*, im Besonderen Teil bei einigen Tatbeständen willkürlich vorgesehen im Anschluß an das französische Recht. Es sind Typen zweiter Ordnung: Die für die Tatbestände gebildeten gesetzlichen Strafrahmen werden nach unten erweitert, indem das Gesetz noch mit einer Reihe weiterer Fälle rechnet, die es in diesem Ausnahmetyp zusammenfaßt. Die Strafwürdigkeit liegt im Einzelfall noch unter dem gesetzlichen Mindestmaß und ist im wesentlichen eine weiter verminderte Schuld. So E. 25. Dagegen sollen nach E. 27 bei diesem Typ ganz allgemein die mildernden Gründe (also auch die objektiven) beträchtlich überwiegen; hiermit wird aber die Grenze zum nächsten Typ (2) verwischt. Die Praxis hat hiervon einen überreichen Gebrauch gemacht, bestärkt durch die Ausdehnung in E. 27.

2. *„Minder schwere Fälle"*, z. B. §§ 84, 218 Abs. 3; 90 a. F. (bis 1933): im ganzen gleichbedeutend mit den mildernden Umständen zu 1, jedoch mit stärkerer Berücksichtigung der objektiven Gründe. — Aehnlich die *„leichten"*, die *„leichteren"* und die *„besonders leichten Fälle"*, z. B. RJGG. § 30 Abs. 2 und die Entwürfe. Beliebte Wendung älterer Gesetze (StPO. § 153) und Entwürfe: es müssen die Schuld gering und (!) die Folgen der Tat unbedeutend sein (E. 27 § 76).

3. *„Besonders schwere Fälle"*, z. B. §§ 49 b Abs. 2, 210 a a. F., 218 Abs. 4, 263 Abs. 4, 266 Abs. 2 u. ö. und Entwürfe: hier ist die Schärfung eine subjektive *oder* (!) objektive[29]. Die Gesinnung kann sozialethisch oder auch nur individualethisch in hohem Maße verwerflich, der Schaden ideell oder wirtschaftlich besonders hoch sein (vgl. E. 27 § 77: die Schuld hat den

---

28) Statt dessen erscheinen in der Lit. die Zurechnungsfähigkeit als Strafvoraussetzung (v. Lilienthal), der Notstand als Strafausschließungsgrund (Finger, Beling) usw.

29) VE. 09; RG. 69, 168; 72, 207; 73, 173.

Vorrang vor dem Unrecht). — Spezialfälle: der gefährliche Gewohnheits- und Sittlichkeitsverbrecher §§ 20 a, 42 k (a. F.), hierüber oben § 20 IV.

Dieser letztgenannte hochwichtige Typ der chronischen Kriminalität („chronischen Tendenzschuld" im Sinne des obigen § 20) wird völlig unzulänglich und nichtssagend bald als „Strafbemessungsregel" aufgefaßt, wozu die Stellung des § 20 a im Gesetz anregt, bald als „Strafschärfungsgrund"[30]). Bezeichnend für die Unsicherheit des Gesetzgebers ist, daß der verwandte § 42 k eine ganz andere Gesetzesstelle gefunden hat.

§ 34. Verjährung und Begnadigung

Beide Institute gehören nicht mehr dem materiellen Strafrecht an (oben § 14 g. E.); sie sind Prozeßhindernisse (Verfolgungs- und Vollstreckungshindernisse), bedingen aber mittelbar das Erlöschen auch des Strafanspruchs. Dagegen faßte sie die bisher h. M. unzureichend als Strafaufhebungsgründe auf. Bei ihrem Vorliegen erfolgt Einstellung des Verfahrens, also nicht Freisprechung[31]). Es ließe sich erwägen, beide Institute nur bei tätiger Reue zuzulassen, sie also als *Schuldaufhebungs- oder Schuldminderungsgründe* zu verstehen, was allerdings ganz neuartig wäre, aber sicher für Begnadigung gut paßt.

I. Die **Verjährung** §§ 66 ff. beruht auf zwei Gründen: mit längerer Zeit erlahmt das Interesse an Verfolgung und Bestrafung (trotz Bestehenbleibens der materiellen Strafbarkeit); zweitens entstehen Feststellungs- und Beweisschwierigkeiten[32]) (die jedoch allein nicht ausreichen, weil sie nicht die Verschiedenheit der Fristen gemäß der Schwere rechtfertigen würden).

Zu erwägen wäre zur Vermeidung der Plötzlichkeit des Eintritts, ob nicht nach Ablauf geringerer Fristen eine geringere Bestrafung eintreten sollte, jedenfalls bei der Vollstreckungsverjährung[33]). Wenig glücklich läßt § 66 Abs. 2 (seit 1943) Verfolgung zu (Opportunitätsprinzip!), wenn Todesstrafe oder lebenslanges Zuchthaus zu erwarten ist; erweist sich die Prognose später als falsch, so lebt wohl das Prozeßhindernis wieder auf, obwohl auch das mildere Sachurteil ergehen könnte.

Die Fristen stufen sich nach der Schwere des Verbrechens ab; sehr kurz die Frist von 3 Monaten für Uebertretungen, im übrigen willkürlich gegenüber den langen Fristen im BGB. (§ 67). Die Frist beginnt mit der Tatbegehung ohne Rücksicht auf den Erfolg; so § 67 Abs. 4, was sich aber nur auf die erfolgsqualifizierten Delikte beziehen kann. Bei anderen Erfolgsdelikten muß der Erfolg für den Beginn maßgebend sein[34]); denn sonst könnte die Verjährungsfrist womöglich schon abgelaufen sein, ehe der Erfolg eintritt und die Tat bekannt wird (eine Brücke stürzt nach Jahren infolge

---

30) So LK. § 20 a N. 1, wo die „zweite" Bedeutung in der Grundlage für die Sicherungsverwahrung nach § 42 e gesehen wird (die „Grundlage" ist jedoch die materiale Rechtswidrigkeit, d. i. die Sozialgefährlichkeit).

31) So schon m. Grdlg. des Prozeßrechts (1919/29) S. 330; jetzt auch RG. 76, 160 (anders noch 59, 197), im wesentlichen Olshausen und Schönke zu § 66 (m. w. Lit.). Erwägenswert ist die Regelung des E. 35 nach Reimer KBer. I 246/50: verwiesen in das Strafprozeß- und Vollzugsrecht!

32) Letzteres betont besonders von Frank.

33) In anderer Weise Oest. StGB. (statt Todesstrafe Kerker möglich).

34) So h. M.; RG. 62, 418.

mangelhafter Konstruktion ein § 330). Beim Versuch Beginn mit dem Abschluß der Tätigkeit[35]).

Unterbrechung durch jede richterliche (!) Handlung gegen den Täter wegen der Tat (also nicht z. B. wegen Ermittlung des Wohnorts von Zeugen); alsdann beginnt eine neue Frist, § 68. — Dagegen läuft beim Ruhen (es muß z. B. die Entscheidung einer zivilrechtlichen Vorfrage abgewartet werden, §§ 164 Abs. 6, 191) nach dessen Beendigung die bereits begonnene Frist weiter, § 69.

Ueber die Vollstreckungsverjährung §§ 70/2. Sie beginnt mit der Rechtskraft des Urteils.

II. Die **Begnadigung** ist Erlaß, Minderung, Umwandlung oder Aussetzung rechtskräftig erkannter Strafen (nicht auch strafähnlicher Maßregeln) durch staatsrechtlichen Akt. Sie findet ihren Rechtsgrund in dem Ziel, der Gerechtigkeit entgegen einem bindenden formalen Recht im Einzelfall zum Siege zu verhelfen, also auf Kosten der Rechtssicherheit. Hiermit sind zugleich die Schranken aufgezeigt. Die Nur-Juristen sind der strafrechtlich kleinen, rechtsphilosophisch riesengroßen Materie nicht gewachsen.

Namentlich beim Wandel politischer Anschauungen sind Gnadenakte häufig geeignet. — Sie können aber beim inneren Wandel des Verurteilten, bei wahrhafter Umkehr und Besserung, geboten sein, wenn und soweit die Notwendigkeit einer Sühne entfällt; alsdann hat die Begnadigung die Bedeutung eines Schuldaufhebungsgrundes. Sonst ist sie Prozeß- (Verfolgungs- und Vollstreckungs-) Hindernis. Dies sollte wenigstens ihr Hauptverwendungsgebiet sein.

Hierauf beruht die sog. bedingte Strafaussetzung (GnadenO. v. 6. 2. 1935, DtJ. 203): der Aufschub und später der Erlaß der Strafe sind bedingt durch gute Führung und durch weitere günstige Prognose. Diese Einrichtung hatte sich im ganzen bewährt. - Während sie früher im Verwaltungsweg angeordnet, d. h. zugelassen und als Begnadigung und Straferlaß ausgesprochen wurde, geschah beides später durch den erkennenden Richter, der bei Nichtbewährung den bedingten Straferlaß ausdrücklich widerrief (so E. 25) oder Strafvollstreckung anordnete (so E. 27). Der Richter hätte aber die Zulassung der Aussetzung nicht zusammen mit der Verurteilung anordnen und mitteilen sollen, da letztere alsdann vom Täter nicht als ernst aufgefaßt zu werden pflegte. Nach 1933 wurde zu sparsamer, bis dahin zu reicher Gebrauch von der Vergünstigung gemacht.

Nicht unbedenklich ist die unterschiedslose Massenbegnadigung (Amnestie) durch Gesetz, meist aus Anlaß politischer Ereignisse und zu politischen Zwecken. Radbruch nannte sie Meilensteine auf dem Wege der Revolution, Kahl dagegen Leichensteine auf dem Grabe des Rechts. Es sind jedenfalls „Steine", die das Recht beschweren und sein organisches Wachsen stören. Zahlreiche Straffreiheitsgesetze brachten die letzten revolutionären Jahrzehnte (1919/20, 1932/3, 1934/6, 1938/9). Die Gerechtigkeit ist nur verbürgt, wenn durch Richterspruch in jedem Einzelfall festgestellt wird, daß der Verurteilte des Gnadenerweises würdig ist und das Schutzbedürfnis der Allgemeinheit nicht entgegensteht. — Noch bedenklicher ist die Abolition, d. i. Niederschlagung des schwebenden Verfahrens[36]). Es besteht der Verdacht, daß unangenehme Wahrheiten unterdrückt werden sollen; und dem Unschuldigen wird sein Freispruch vorenthalten!

Berechtigt kann sein im Interesse des Fortkommens Erstbestrafter (also zwecks Resozialisierung) die Rehabilitation, d. i. die Löschung im Strafregister nach StraftilgungsG. v. 29. 4. 1920: nach gewisser Zeit gilt der Verurteilte gemäß § 4 a. E. als nicht bestraft — eine üble Entstellung der Wahrheit! Noch übler VO. v. 28. 8. 41: der Bestrafte darf sich gegenüber Privatpersonen als unbestraft bezeichnen. Eine Verleitung zur Lüge! Oft können auch Jugendsünden für die Bewertung der Gesamtpersönlichkeit im sozialen Leben erheblich sein.

---

35) RG. 72, 150.
36) RG. 69, 124.

§ 35. Die Strafen. Arten und Vollzug

Die Zahl der Arten der Strafen ist nur gering im Verhältnis zu den anderen Maßregeln (unten § 36). Um so größer ist ihre Bedeutung nach ihrem tatsächlichen Vorkommen (Statistisches § 36 Anhang B). Wir unterscheiden drei Gruppen: Hauptstrafen, Nebenstrafen, Nebenfolgen. Bei den Nebenfolgen tritt der Strafcharakter zurück; sie gehören aber als strafähnliche Maßregeln noch nicht zu der unten § 36 folgenden Hauptgruppe der bloß strafergänzenden Sicherungs- und Besserungsmaßregeln.

Der Schwerpunkt dieser gesamten, durch Gesetze und Erlasse erfüllten Materie liegt beim *Vollzug (!) der Freiheitsstrafen.* Von hier aus erschließt sich erst das Verständnis für die Strafarten überhaupt, ja sogar für die Strafrechtstheorien (oben §§ 1 ff., 36). Daher ist es sachlich unzutreffend, den Strafvollzug allein dem Prozeßrecht vorzubehalten; in dieses gehört jedoch die das formelle Verfahren regelnde „Vollstreckung"[37]).

I. Hauptstrafen: auf sie kann allein (d. h. ohne andere Maßregel) erkannt werden; sie müssen sämtliche Wesensmerkmale der Strafe besitzen. Jedes Urteil muß auf eine Hauptstrafe erkennen (Ausnahme: Einziehung im objektiven Strafverfahren, § 42). — Im Mittelpunkt stehen die Freiheits- und Geldstrafen, die sich in normalen Jahren ungefähr die Waage halten, regelmäßig mit einem leichten Ueberwiegen der Geldstrafen.

1. Die sog. *Todesstrafe.* Sie ist nur wenig geeignet, den oben genannten Strafzwecken zu genügen; sie erschöpft sich in Sicherung und Abschreckung. Sachlich ist sie daher nicht Strafe, sondern (polizeiliche) Sicherungsmaßregel. Historisch ist sie ein Rest der einst zahlreichen Leibesstrafen, der nicht mehr in das moderne Strafensystem paßt.

Ihre Abschaffung wurde seit der Aufklärungszeit viel empfohlen. Sie ist der Fremdkörper in unserem Strafensystem, das keine Leibesstrafen mehr kennt. In politisch bewegten Verhältnissen ist sie allerdings unentbehrlich. Abgeschafft ist die Todesstrafe (im zivilen Strafrecht) in Oesterreich (1919), Schweiz (1937), Niederlande (1870), Dänemark (1930), Norwegen (1902), Schweden (1921), Portugal (1867), früher Rumänien, in einigen Staaten Amerikas.

RStGB. a. F. kennt die Todesstrafe nur bei Mord, Hoch- und Landesverrat; später wurde ihr Gebiet übernatürlich (nach 1933) ausgedehnt. — Vollzug durch Enthauptung § 13 (StPO. § 454), nach G. v. 29. 3. 1933 („lex Lubbe" nach dem Reichstagsbrand) auch durch Erhängen, bei militärischen Verbrechen durch Erschießen.

2. *Freiheitsstrafen.* Sie ermöglichen die feinste Individualisierung nach der Eigenart von Täter und Tat sowie die beste graduelle Abstufung nach Art, Schwere und Dauer unter Anpassung an den Grad von Unrecht und Schuld. Die Anstaltsbehandlung ermöglicht Resozialisierung; hier ruht die Zukunft des Strafrechts überhaupt.

a) *Zuchthaus,* angedroht bei Verbrechen, bei einem höheren Grad von moralischer Verwerflichkeit und sozialer Gefährlichkeit. Der Unterschied vom Gefängnis ist verhältnismäßig gering und bedarf der Vertiefung beim

---

37) Ueber dieses Verhältnis von Vollstreckung und Vollzug vgl. Sauer ZStrW. 49, 533.

Vollzug im Einzelfall über die wenigen Vorschriften hinaus. Wirkung: entehrend (auch über die Strafzeit hinaus) § 31, Arbeitszwang § 15 (unbegrenzt, arg. § 16 Abs. 2).

Lebenslanges Zuchthaus wird noch seltener als Todesstrafe verhängt und dürfte sachlich die schwerste Strafe sein. Unverständlich ist eine mitunter ausgesprochene Begnadigung von Todesstrafe in lebenslanges Zuchthaus. — Zeitiges Zuchthaus: 1 Jahr bis 15 Jahre, § 14; sachlich unbegrenzt, soweit mit Sicherungsverwahrung verbunden. Zu bemessen nur nach vollen Monaten § 19 Abs. 2; Ausnahmen: bei Umwandlung aus Geldstrafe nach § 29 und bei Gesamtstrafen § 74. Umwandlung in Gefängnis, falls eine Strafe unter 1 Jahr notwendig wird, z. B. bei Versuch und Beihilfe (§ 44 Abs. 3).

b) *Gefängnis* ist die weitaus häufigste Freiheitsstrafe, angedroht bei Vergehen und in milderen Fällen bei Verbrechen. Der Arbeitszwang ist individuell anzupassen § 16. Wirkung: nur soziologisch entehrend. S. jedoch unten II 1 d.

Dauer: 1 Tag bis 5 Jahre, § 16; bis 10 Jahre für Jugendliche und bei Realkonkurrenz § 74. Zu bemessen nur nach vollen Tagen, § 19.

c) *Festungshaft*, nicht entehrend, ja „ehrenvoll" (custodia honesta), ohne Arbeitszwang § 17. Höchst selten, nur noch bei Zweikampf (§§ 201 ff., hier ausschließlich angedroht), Kanzelmißbrauch (§ 130 a), einigen politischen Delikten (§§ 102, 104, 107), bis 1934 auch bei Hoch- und Landesverrat.

Dauer: lebenslang oder 1 Tag bis 15 Jahre. Ist Festung neben Zuchthaus oder Gefängnis wahlweise angedroht, so ist sie nur zulässig, wenn die Tat aus ehrenhaften Beweggründen entsprang („Ueberzeugungstäter"!) und nicht gegen das Volkswohl gerichtet war, § 20 (seit G. v. 26. 5. 33).

d) *Haft*, nicht entehrend (soziologisch: nur schwach oder gar nicht entehrend), bei Uebertretungen, ausnahmsweise bei leichteren Vergehen (Beleidigung). Regelmäßig ohne Arbeitszwang, § 18; Ausnahme nach §§ 361 Z. 3—8, 362.

Dauer: 1 Tag bis 6 Wochen § 18, bei Realkonkurrenz bis 3 Monaten §§ 77/8. Zu bemessen nur nach vollen Tagen § 19.

e) *Jugendgefängnis und Jugendarrest* s. u. § 36 III 1, 2.

Zu 2:

Bei Umwandlung einer Freiheitsstrafe in eine andere (wichtig bei Versuch und Realkonkurrenz) gibt § 21 einen Maßstab: 1 Jahr Gefängnis gilt gleich 8 Monaten Zuchthaus, 1 Jahr Festung gleich 8 Monaten Gefängnis.

Der *Vollzug der Freiheitsstrafen* geschah früher nach den Grundsätzen gemäß den „Vereinbarungen der Landesregierungen" v. 1923, Neufassung v. 1934. Eine wertvolle Zusammenstellung der Grundsätze sowie der Erfahrungsregeln brachte die wichtige *StrafvollzugsO.* v. 22. 7. 1940[38]). Als *Ziel des Vollzugs* tritt gegenüber der Strafbemessung naturgemäß der *Erziehungs- und Sicherungszweck* stärker hervor, während im richterlichen Urteil die Gerechtigkeit voranstand: eine wichtige Ergänzung der Theorien über den Strafzweck (oben § 2).

---

38) Hierzu Sauer im Dt. Strafr. 6, 1939, 276 83.

Für das Vordringen des Sicherungsgedankens innerhalb der Strafe ist die folgende Entwicklung bezeichnend:

Die Grundsätze von 1934 § 48 nennen noch als Ziel: Sühne; E. 35/6: Sühne und Schutz; Aenderungsgesetz v. 4. 9. 1941: Schutz oder (!) Sühne (sogar Todesstrafe gegen Gewohnheitsverbrecher nach §§ 20 a, 42 k); StrafvollzugsO. v. 22. 7. 1940: Schutz und Sühne. Ueberall gilt als Erziehungsziel „Hilfe zur Selbsthilfe".

Drei Hauptfragen des Strafvollzugs werden wohl nie ganz einwandfrei gelöst werden[39]; an ihnen hängt aber das Schicksal des Strafvollzugs, des Strafgefangenen, der Allgemeinheit, und hier soll sich das Strafrecht überhaupt bewähren, und ebenso die kriminologische Forschung und Schulung.

(I) Bei der Aufnahme sollte eine regelrechte Verhandlung[40] stattfinden mit dem Ziel einer möglichst zutreffenden Prognose über die Möglichkeit einer bessernden Einwirkung des Vollzugs, der hiernach planmäßig zu gestalten ist; auch über den Tätertyp oder die in Frage stehenden Tätertypen ist spätestens hier ein Bild zu gewinnen zwecks gerechter und wirksamer Behandlung. In Betracht kommen: a) die Tatbestandstypen, b) die ätiologischen Typen, c) die Wesens- oder Mischtypen, vgl. oben § 11. Diese Verhandlungen sind während des Vollzugs zu wiederholen und zu ergänzen. —

(II) Einzel- oder Gemeinschaftshaft? Als Mittelform gab es nach den früheren Grundsätzen (vor 1933) die „Zellenhaft". Die Einzelhaft kann ethisch tiefer wirken und den Sühnezweck vollkommener erfüllen; demgegenüber besteht die Gefahr körperlicher und geistiger Schädigung („Zuchthausknall") und der Entfremdung vom sozialen Leben. Die Gemeinschaftshaft verhütet letzteres, gefährdet aber das sittliche Niveau und bereichert das kriminelle Wissen: der eine lernt vom anderen nie Gutes und erwirbt „Lebenserfahrung" (also nicht geeignet für Betrugs- und Ausbeutertypen!). — Vor 1933 neigte man zum Stufenvollzug (irisches Progressivsystem): zuerst Einzelhaft (pennsylvanisches System, ausgebildet auch im Mustergefängnis von Pentonville bei London); später nach Besserung allmähliches Gewöhnen an die Gemeinschaft (Auburnsches System: nächtliche Trennung, gemeinsame Tagesarbeit) und noch später allmählicher Uebergang zur Freiheit. Klassensystem und Schematismus sollten vermieden werden; am meisten empfiehlt sich ein individuell angepaßter Stufenvollzug mit allmählicher Gewöhnung an Gemeinschaft und Freiheit. — Nach StGB. § 22 Abs. 2 darf Einzelhaft ohne Zustimmung des Gefangenen 3 Jahre nicht überschreiten. Ueber vorläufige Entlassung §§ 23/6. —

(III) Entlassung und Entlassenenfürsorge, d. i. vielleicht das wichtigste Problem der gesamten Strafrechtspflege[41]. Es gilt, die nahe Gefahr zu verhüten: Mißbrauch der Freiheit nach jahrelanger Haft; Unfähigkeit selbständiger Lebensführung und Entscheidung; plötzlicher Eintritt in völlig veränderte Lebensverhältnisse; Unkenntnisse, Mangel an Arbeit und an Mitteln; begreifliche Scheu der einstigen Bekannten, vielleicht auch der eigenen Familie, der Arbeitgeber und Arbeitsgenossen vor Berührung mit Strafgefangenen. Zur Verhütung des sofortigen Rückfalls sollen Uebergangsheime dienen. —

(IV) Sonstige wichtige Regelungen im Strafvollzug betreffen: Art der Beschäftigung (auch Außenarbeit; Entlohnung; keine Konkurrenz für die legalen Wirtschaftsformen); Unterricht und Lektüre, sittliche Hebung[42], nationalpolitische Unterweisung; Seel-

---

39) Vgl. hierüber schon m. KrimSoz. I § 12, sodann Kriminologie.

40) Empfohlen und anschaulich geschildert von MinRat Eichler auf der Hamburger Tagung der Strafanstaltsleiter (12.—19. 11. 46): er pflegte dem Gefangenen einen Stuhl neben seinem Schreibtisch anzubieten, um sein Vertrauen zu gewinnen und eine offene Aussprache zu erzielen; hierbei stellte er den Tätertyp fest. Alles unter vier Augen im Gesprächston ohne Akten und Protokoll. Danach wird der konkrete Vollzugsplan entworfen.

41) KrimSoz. 173.

42) Die Pflege der Musik als der reinsten Kunst, die keine Hintergedanken aufkommen läßt, sollte nach meinem Bericht GerS. 97, 40 auch dem Strafvollzug dienstbar gemacht werden.

sorge, Gesundheitsfürsorge (keine Besserstellung als in Freiheit); Beköstigung und Einrichtung der Zelle; Verkehr mit Außenwelt (Briefe, Besuche); besondere Gestaltung für Erstbestrafte und „Gestrauchelte" (anzunähern der Jugendbehandlung); Beschwerden; Ausbildung der Beamten, Besprechungen, Meinungsaustausch; beste Bauformen (seit Pentonville wird der fünfstrahlige Bau bevorzugt: panoptisches System).

3. *Geldstrafe* ist vom Gesetz meist neben Freiheitsstrafe wahlweise oder zusätzlich angeordnet, mitunter auch allein. Auch sonst kann (!) der Richter sie bei Gewinnsucht neben den Freiheitsstrafen festsetzen, außer bei Uebertretungen, § 27 a. Er muß (!) sie an Stelle der (meist als unzweckmäßig anzusehenden) Freiheitsstrafe unter 3 Monaten festsetzen, wenn durch sie der (! ?) Strafzweck erreicht werden kann (lies: voraussichtlich erreicht wird), § 27 b; hierüber muß er sich im Urteil äußern[43]).

Höhe: 3—10 000 M., bei Uebertretungen 1—150 M. Möglich sind höhere Beträge, § 27 c Abs. 3, ferner §§ 86, 93 und in den Nebengesetzen bei Wirtschaftsdelikten. — Allgemeine Bemessungsregel: Berücksichtigung der wirtschaftlichen Verhältnisse des Täters, § 27 c Abs. 1 u. 2. E. 36 will an Stelle festbestimmter Beträge das Tageseinkommen zugrunde legen. — Vollstreckung erfolgt nach ZPO. (StPO. § 463).

An Stelle nicht beitreibbarer Geldstrafen ist im Urteil eine Ersatzfreiheitstrafe festzusetzen, § 29. Die Vollstreckungsbehörde kann Tilgung durch freie Arbeit gestatten, § 28 b: „Ab verdienen" der Strafe.

II. Nebenstrafen sind „Strafen", auf die nur zugleich mit einer Hauptstrafe erkannt werden kann. Sie verfolgen auch Sicherungszwecke, aber der Strafcharakter überwiegt im Gegensatz zu den Nebenfolgen (unten III).

1. *Verwirkungsstrafen;* sog. *Ehrenstrafen* § 32, teils zwingend, teils nach Ermessen. Allerdings kann die wahre Ehre als wirklicher sozialer Wert des Menschen nur durch eigenes ehrloses Verhalten vermindert oder verloren werden; bei den Ehrenstrafen handelt es sich aber nur um die Schmälerung der äußeren Stellung und Befugnisse, deren Besitz für Ehre regelmäßig bezeichnend ist: *Aberkennung der bürgerlichen Ehrenrechte.*

a) Unfähigkeit zur Bekleidung öffentlicher Aemter und Wehrunfähigkeit als Wirkung der Zuchthausstrafe § 31. — b) Dauernder Verlust der öffentlichen Wahlrechte, Aemter, Titel, Würden, Ehrenzeichen § 33. — c) Vorübergehend für die Dauer der Aberkennung Verlust der Fähigkeit zur Erlangung solcher Aemter, Titel usw., § 34. — d) Verlust der Amtsfähigkeit neben Gefängnis nach Ermessen, wenn Aberkennung der bürgerlichen Ehrenrechte zulässig wäre, §§ 35/6; außerdem in besonderen Fällen, §§ 128/9 u. ö. — Die Reform seit 1933 beabsichtigte Ausbau als Hauptstrafe und erhebliche Erweiterungen: Verlust der Rechtsfähigkeit, Aechtung, Anprangerung (in E. 35 aber nicht enthalten!).

2. *Einziehung von Sachen,* die durch die Tat erzeugt sind (z. B. gefälschte Urkunde) oder die als Mittel verwendet werden (z. B. Einbruchswerkzeug) §§ 40/2: producta et instrumenta sceleris; nicht auch des Gewinns aus der Tat.

Voraussetzung ist aber, daß die Sachen im Eigentum des Täters oder eines Teilnehmers stehen; Sicherungsmaßregel ist jedoch die Einziehung, soweit sie ohne Rücksicht auf die Eigentumsverhältnisse zulässig ist (z. B. bei §§ 152, 295), da sie dann auch den Unschuldigen treffen kann[44]). S. unten III 1, 2.

3. Verfallerklärung des Verräter- und Bestecherlohns §§ 93 a, 335 unter der Voraussetzung zu 2.

---

43) RG. 60, 115, 169.
44) RG. 53, 124; 67, 215.

III. Nebenfolgen (Ausdruck von E. 13, 19, 27). Sie ähneln noch stark den Nebenstrafen und werden in Rspr. und Lit.[45]) wiederholt als Nebenstrafen, mitunter „auch" als Nebenstrafen aufgefaßt. Es überwiegt jedoch eine andere Rechtsnatur: bald sollen sie vor allem sichern und vorbeugen, bald Genugtuung verschaffen. Für sie gelten daher *nicht* die spezifischen Strafwirkungen (oben I 2). Jedoch rechtfertigt sich ihre Behandlung zusammen mit der Gruppe II, weil sie dieser näher stehen als den Maßregeln unten in § 36 (beachte die enge Verwandtschaft von II 2 und III 1, von II 1 und III 3, 4, 5, von II 3 und III 2). Sie sind eben „Folgen" der Bestrafung. Für sie gelten sinngemäß die Vorschriften über Strafen (z. B. Verjährung, Erlaß).

1. Unterschiedslose *Einziehung*, s. oben II 2, 3[46]).
2. *Unbrauchbarmachung* von Schriften § 41[47]).
3. Aberkennung der *Eidesfähigkeit* § 161.
4. *Polizeiaufsicht* §§ 38, 39; nach RG. Nebenstrafe[48]).

Die verhältnismäßig unbedeutenden Wirkungen können allerdings im Einzelfall den Betroffenen erheblich bedrücken und sein Fortkommen derart erschweren, daß er zum Rückfall getrieben wird. Einige Entwürfe erstrebten daher Abschaffung der Maßregel; Ersatz wird erhofft durch die Sicherungsmittel §§ 42a ff. (unten § 36).

5. *Urteilsbekanntmachungsbefugnis* §§ 200, 164, 285 a, zahlreiche Nebengesetze (betr. Lebensmittelfälschung, Urheberrechtsdelikte u. a.). In erster Linie ist sie ideelle oder auch, wie in UnlWBewG. v. 26. 2. 1935 § 23, materielle Genugtuung. Nach RG. *auch* Nebenstrafe[49]).

In neueren Gesetzen und Entwürfen besteht eine Tendenz, den ursprünglich engen Kreis der Maßregel zu erweitern. Hierbei begegnet oft die Auffassung der Veröffentlichung als öffentliche Brandmarkung und Anprangerung: also eine Wendung zur abschreckenden Ehrenstrafe. RG. 53, 291: wirtschaftliches Uebel; RG. 73, 26: brandmarkende Nebenstrafe.

Zu I—III: Tendenzen.

Im ganzen geht die Entwicklung dahin, eher den Kreis der Nebenfolgen und besonders der Sicherungsmaßregeln auszudehnen als den der Strafen. Daher ist auch dogmengeschichtlich eine Tendenz zu beobachten, in Maßregeln, die bisher zu den Strafen gerechnet wurden, stärker die weiteren Zwecke der Sicherung und Genugtuung hineinzulegen. Wenn man von den letzten, außergewöhnlich harten Jahren (seit 1933) absieht, scheint die Nebenstrafe immer mehr an Boden zu verlieren und in Nebenfolgen aufzugehen. Als Strafen würden danach nur die Hauptstrafen bleiben, von denen der Todesstrafe oben ebenfalls bereits ein überwiegender Sicherungs-

---

45) Das Bild ist sehr bunt. Richtig ist zu fragen: welche rechtliche Natur ist dem Rechtsinstitut im Durchschnitt der Fälle am stärksten eigen? Nicht zu fragen ist: was will der Richter vorwiegend erreichen? Auch nicht: was empfindet der Täter am stärksten? Schweiz 1937 kennt noch eine dritte Gruppe als „andere Maßregeln" (außer Nebenstrafen und Sicherungsmaßregeln)! Unrichtige Fragestellung für Einziehung bei Kohlrausch und Schönke.

46) Nach LK. 226 u. a. Nebenstrafe, nach RG. 67, 379 „Nebenfolge".

47) Nach Binding Grdr. 262 Nebenstrafe.

48) RG. 17, 193; 32, 349; v. Liszt und Mezger. Für Sicherungsmittel LK. 223 und die dortigen neueren Entsch.

49) RG. 73, 26.

faktor zugesprochen wurde. Hiernach bleiben in Zukunft vielleicht nur noch Freiheits- und Geldstrafen bestehen, während alle anderen Maßregeln zu Nebenfolgen oder zu selbständigen Sicherungs- und Besserungsmaßregeln werden. Mit deren steigender Bedeutung wird aber auch in den Strafen selbst, vor allem den Freiheitsstrafen, immer mehr der sichernde und bessernde Zug betont werden.

Auch die nicht verwirklichten neuen Vorschläge betreffen trotz ihres Namens (Prügelstrafe, Deportationsstrafe, Arrest) nicht Strafen, sondern andere Maßregeln (§ 36 I 3).

IV. Keine kriminellen Strafen sind die Disziplinarstrafen, Polizeistrafen, Ordnungs- und Prozeßstrafen (ZPO. §§ 390, 888, dagegen enthält § 890 eine Vergeltungsstrafe; StPO. § 51; GVG. §§ 178/9). Sie setzen nicht Schuld voraus und bezwecken nicht Sühne, sondern wollen ein Verhalten oder einen Zustand gewisser Art herbeiführen, „erzwingen". Für sie gelten daher nicht die Rechtswirkungen der Strafe (§ 31 I 2); Häufung und Wiederholung der Maßregeln im Einzelfall sind also zulässig.

§ 36. Strafergänzende Maßregeln. Jugendrecht

I. Persönliche Sicherungs- und Besserungsmaßregeln nach §§ 42 a bis n, *seit dem GewohnheitsverbrecherG.* v. 24. 11. 1933, aber eine Schöpfung nicht der damaligen Regierung, sondern der früheren Entwürfe. Ueber ihr Verhältnis zur Strafe und den Wandel der Anschauungen vgl. oben § 31.

Die Bedeutung dieser einst mit Emphase verkündeten Ergebnisse eines jahrzehntelang heftig geführten theoretischen Streites um die „Schutz- und Erziehungsstrafe" ist nur sehr bescheiden: die Maßregeln wurden trotz amtlicher Erlasse nur in verschwindend wenigen Fällen angewandt, namentlich im Vergleich zu der erdrückenden Zahl der Freiheitsstrafen. Auch die Bedeutung der Maßregeln im Verhältnis zu einander ist höchst verschieden, darin ähnlich dem Katalog der Strafen. Statistisches unten (Anhang I B).

Was ihre spezifische *Aufgabe* betrifft, so sollen sie sämtlich „sichern", nach Möglichkeit aber auch „bessern"; der Besserungszweck steht voran nur beim Arbeitshaus und bei der Trinkerheilanstalt. — Sämtliche Maßregeln sind persönlicher Natur im Gegensatz zu den sachlichen Sicherungsmaßregeln (§ 41). Sie sind nur *neben* Bestrafung zulässig, entsprechen also den Nebenfolgen und auch den Nebenstrafen, mit alleiniger Ausnahme der Heil- und Pflegeanstalt, soweit sie auch gegen Zurechnungsunfähige angeordnet wird (und gerade gegen sie). Die Maßregeln setzen im übrigen zwar als solche nur Unrecht, nicht Schuld voraus; tatsächlich ergehen sie aber nur gegen Schuldfähige (mit der soeben genannten Ausnahme der Heilanstalt). Ihre *Rechtsnatur* ist also *Strafergänzung*, was meist nicht beachtet wird; man kann sie auch als unvollkommene oder *unechte Nebenstrafen*[50]) bezeichnen; nur die Heil- und Pflegeanstalt gegen Zurechnungsunfähige ist *unechte Nebenfolge*, weil sie Schuld in keiner Weise voraussetzt. Diese steht in der Tat ganz außerhalb des Strafrechts; sie ist eine rein medizinische Angelegenheit, die aus verwaltungstechnischen Gründen auch einmal vom Strafrichter angeordnet wird.

50) Nach Klee DStrR. 35, 158 und H. Mayer 136 ist die Sicherungsverwahrung Strafe, nach H. Mayer auch die Entmannung und das Berufsverbot.

1. *Maßregeln mit Freiheitsentziehung:* die sog. Unterbringung[51]. Eine Parallele zu den Freiheitsstrafen, wie die Gruppe 2 eine Parallele zu den Verwirkungs- (Ehren-) Strafen ist.

a) *Sicherungsverwahrung* § 42 e[52]), die kriminalpolitisch weitaus bedeutendste, praktisch nur sehr sparsam verwendete Maßregel, die sich gegen die chronische Kriminalität richtet. Erforderlich ist nicht Unverbesserlichkeit[53]), sondern nur Wiederholungstendenz.

Gesetzliche Voraussetzungen: aa) Verurteilung als gefährlicher Gewohnheitsverbrecher; ob das Urteil auch tatsächlich eine Schärfung enthält, ist unerheblich[54]); bb) die öffentliche Sicherheit muß die Maßregel erfordern, u. z. zur Zeit nicht (wie für aa) der Tat, sondern der Verurteilung und der Strafverbüßung. Bei der Entlassung aus der Strafhaft ist von Sicherungsverwahrung nur bei sicherer günstiger Prognose abzusehen[55]); so kann sie bei zuverlässigem Familienanschluß oder körperlicher Unfähigkeit entbehrlich werden. Die Hauptschwierigkeit ist, den richtigen Zeitpunkt für die Entlassung zu erkennen; eine einwandfreie Prognose läßt sich selten stellen. — Bisher (bis 1943) wurden nur 2 % der Vielvorbestraften (von der 5. Vorstrafe ab) von Sicherungsverwahrung erfaßt (1940: 1916 Personen, 1941: 1651).

b) *Unterbringung in einem Arbeitshaus* oder bei Arbeitsunfähigkeit in einem *Asyl*, § 42 d, an Stelle der früheren Ueberweisung an die Landespolizeibehörde (sog. korrektionelle Nachhaft). Von dieser heilsamen Maßregel macht das Gesetz leider nur bei der sog. kleinen, lästigen Kriminalität, bei Bettlern, Landstreichern, Prostituierten Gebrauch; empfehlenswert wäre Arbeitshaus auch bei Arbeitsscheu von Spielern, Zuhältern, gewerbsmäßigen Hehlern und sonstigen Ausbeutern, auch bei §§ 174 ff. (so z. T. schon seit 1900 und 1919; auch nach GE. 10, E. 25 und Schweizer StGB.). Analogie wäre aber nicht zulässig[56]). Gegen die Maßregel spricht allerdings, daß sie zu spät einsetzt, wenn der kriminelle Hang zu stark eingewurzelt ist.

Gesetzliche Voraussetzungen: aa) Verurteilung wegen der genannten Delikte zur Haft; bb) die Maßregel muß erforderlich sein, um den Täter zur Arbeit und zum gesetzmäßigen und geordneten Leben anzuhalten.

c) *Unterbringung in einer Trinkerheil- oder Entziehungsanstalt*, § 42 c.

Voraussetzungen: aa) Der Täter nimmt gewohnheitsmäßig im Uebermaß Rauschmittel zu sich; bb) Verurteilung wegen eines Verbrechens oder Vergehens, sei es im Rausch (Alkoholdelikt) oder im Kausalzusammenhang mit seiner Rauschsucht (Diebstahl oder Betrug zur Erlangung von Rauschmitteln), oder wegen Volltrunkenheit (§ 330 a); cc) Notwendigkeit der Maßregel, um den Täter an ein gesetzmäßiges und geordnetes Leben zu gewöhnen.

---

51) Ueber die ersten Erfahrungen liegt ein zurückhaltender Bericht von Exner auf der ersten (und einzigen) Tagung der Gesellschaft für deutsches Strafrecht 1938 vor (1939, 92). Vgl. Beiträge z. Rechtserneuerung H. 7, 1938; die dortigen Aeußerungen von Rietzsch, Stolzenburg und E. Schmidt zur Sicherungsverwahrung sind resigniert. Die meisten Auslandsstaaten haben eine ähnliche Maßregel.

52) Die Vorschrift gehört nicht, wie man 1946 meinte, zum nationalsozialistischen Gedankengut, sondern entstammt den früheren Entwürfen. Wird sie beseitigt, so müßte die Strafe die Sicherungsfunktion mit übernehmen; die Folge dieser „Einspurigkeit" wäre das unbestimmte Strafurteil (oben § 32 a. E.). Ueber die wirkliche Lage vgl. Anhang I A.

53) So Exner ZStrW. 53, 631.

54) RG. 70, 129.

55) RG. 72, 356; 73, 305.

56) LK. § 42 d; a. M. z. T. Rietzsch.

d) *Unterbringung in einer Heil- und Pflegeanstalt,* § 42 b, betrifft Kranke oder (weniger ärztlich zu behandelnde) Pflegebedürftige.

Voraussetzungen: aa) Begehung eines Verbrechens oder Vergehens im Zustand der Zurechnungsunfähigkeit oder der verminderten Zurechnungsfähigkeit (nicht ausreichend also: Jugendlichkeit oder Irrtum)[57]; bb) die öffentliche Sicherheit muß die Unterbringung erfordern, also bei Tendenz zur chronischen Kriminalität[58], d. h. es muß eine konkrete ernstliche Gefährdung für die Allgemeinheit bestehen[59] (d. i. mehr als oben a bb). Nicht erforderlich ist bei Antragsdelikten zur Anordnung der Maßregel ein Antrag[60]. Bei verminderter Zurechnungsfähigkeit ist die Unterbringung also Strafergänzung[61].

Zu 1 a—d:

Die Dauer bestimmt sich nach dem Zweck der Maßregel, § 42 f, also grundsätzlich ohne Höchstmaß. Ausnahme bei Arbeitshaus (soweit erstmalig) und Trinkerheilanstalt: 2 Jahre. Nachprüfungspflicht des Vollstreckungsgerichts § 42 f Abs. 3: bei Zweifeln keine Entlassung, in dubio contra. Widerruf möglich: die Entlassung gilt nur als bedingte Aussetzung, § 42 h.

Vollzug: bei Sicherungsverwahrung und Arbeitshaus besteht Arbeitszwang, § 42 h. Nähere Regelung in VollzugsO. v. 22. 7. 1940 Nr. 211 ff.

2. *Maßregeln ohne Freiheitsentziehung.*

a) Früher *Entmannung* (Kastration) *gefährlicher Sittlichkeitsverbrecher* § 42 k, aufgehoben durch KontrollratsG. v. 30. 1. 1946 Nr. 1. Sie beseitigt nicht nur die Fortpflanzungsfähigkeit, wie die Unfruchtbarmachung (Sterilisation, G. v. 14. 7. 1933 zur Verhütung erbkranken Nachwuchses, oben § 18 C III 4), sondern auch das sexuelle Verlangen. Sie war nicht, wie jene, eine eugenische, sondern eine strafergänzende Sicherungsmaßregel gegen einen gefährlich abnormen Geschlechtstrieb.

Der kriminalpolitische Zweck kann schon durch Verminderung des gefährlichen Triebes erreicht werden. Der Erfolg sowie die nicht ungefährlichen psychischen Einwirkungen lassen sich nach dem gegenwärtigen Stande der Wissenschaft kaum sicher voraussehen. Das bisherige Gesetz stellte daher die Anordnung der Entmannung in das pflichtmäßige Ermessen des Strafrichters; sie sollte nach der amtlichen Begründung[62] nur geschehen, wenn die Unsicherheit des Erfolgs und der durch den Eingriff zu befürchtende Schade verhältnismäßig gering wiegen gegenüber der durch den Sittlichkeitsverbrecher der Allgemeinheit drohenden Gefahr. — Enge Voraussetzungen ähnlich § 20 a.

b) *Untersagung der Berufsausübung,* § 42 l, auf 1—5 Jahre.

Voraussetzungen: aa) Verurteilung wegen Verbrechen oder Vergehen unter Mißbrauch des Berufs oder Gewerbes oder grober Pflichtverletzung in ihnen[63] zu Freiheitsstrafe von mindestens 3 Monaten; bb) die Maßregel muß zum Schutz der Allgemeinheit erforderlich sein.

c) Früher: Reichsverweisung nach § 42 m. Aufgehoben durch G. v 23. 3. 1934.

Zu I 1—2:

Bei Konkurrenz mehrerer Maßregeln entscheidet nach § 42 n: aa) grundsätzlich die beste Eignung für den Schutz der Allgemeinheit; bb) evtl. die geringste

57) RG. 71, 221; 72, 355; 73, 315.
58) RG. 69, 151; 73, 303.
59) RG. 73, 303.
60) A. M. RG. 71, 322; 73, 155.
61) RG. 70, 127.
62) Vgl. RG. 68, 165, 196; 73, 101 u. ö.
63) RG. 68, 398.

Beschwer für den Angeklagten; cc) notfalls Anordnung mehrerer Maßregeln neben-, evtl. nacheinander[64]. — Maßgebend ist das Gesetz, das z. Zt. des Urteils gilt, § 2 a Abs. 4. — Grundsätzliche Ausnahmen von der sonst geltenden Regel sind: Begnadigung möglich bei Fehlurteil; Verjährung nach §§ 67 Abs. 5, 70 Abs. 2, 71.

3. Nicht aufgenommen sind trotz früherer und gegenwärtiger häufiger Vorschläge folgende Sicherungs- oder Besserungsmaßregeln: a) Aufenthalts- und Wirtshausverbot, nicht durchführbar, nicht zu kontrollieren, kann leicht unwürdig und lächerlich wirken; b) Deportation oder Zwangsverschickung, scheitert an politischer Unmöglichkeit und stößt auf sozialethische Bedenken; c) Hausarrest, undurchführbar; d) sog. Prügelstrafe, als Leibesstrafe nicht passend zu unserem Kulturstandpunkt.

II. Verwaltungs- und zivilrechtliche Maßregeln:

1. Der privaten Genugtuung dienen: :

a) die Buße nach §§ 188, 231 und einigen UrheberrechtsG., zu materiellen, aber auch ideellen Zwecken;

b) die Entschädigung des Verletzten, die zur Ersparnis eines Zivilprozesses (nach den Entwürfen) schon im Strafverfahren bei Spruchreife geltend gemacht werden kann.

2. Eine Art kriminelle oder besser wohl verwaltungsrechtliche „Bürgschaft" ist die Mit- und Nachhaftung für fremde Geldstrafen seitens der Eltern, des Gewalthabers, des Geschäftsherrn, des Betriebsinhabers nach dem alten ForstdiebstahlsG., dem Feld- und ForstpolizeiG., der RAbgabenO., der DevisenO. u. a. Die Rechtsnatur war von jeher umstritten; man kann aber nicht eine der hergebrachten Rechtstypen anwenden. Vielmehr handelt es sich um eine spezifische Rechtsfigur eigener Art, auf deren konstruktive Formulierung es weniger ankommt[65]. Jedenfalls ist die Maßregel keine Strafe[66], da sie auch Geisteskranke und Kollektivpersonen erfaßt, auch nicht eine verkappte Verdachtsstrafe; es sprechen aber abschreckende und erziehliche Gesichtspunkte mit. Sie ist auch wohl keine sog. Garantenhaftung[67] in dem Sinne, daß sie zu selbständiger Leistung verpflichtet, auch wenn der Schuldige eine Ersatzfreiheitsstrafe verbüßt oder begnadigt wird; vielmehr trägt sie akzessorischen, unselbständigen Charakter.

III. Erziehungs- und Strafmaßregeln gegen Jugendliche.

Sie sind gekennzeichnet durch die Vorherrschaft des Erziehungsgedankens, selbst bei solchen Maßregeln, die formell als Strafe erscheinen. Für eine verständige Strafrechtspflege war dieses nicht glücklich genannte „Erziehungsstrafrecht" niemals ein Problem, sondern eine Selbstverständlichkeit wegen der Eigenart der Jugendpsyche (hierüber oben § 23).

So erklären sich um 1900 die Auswirkungen des FürsorgeerziehungsG. und die häufige Anwendung der bedingten Begnadigung (Strafaussetzung). Die erste größere gesetzgeberische Regelung gemäß den Forderungen der Moderne brachte das JGG. v. 16. 2. 1923, eine Fortbildung das RJGG. v. 6. 11. 1943, dazu die amtlichen Richtlinien (Dt. J. N. 30).

Es gehört aber zu den z. T. auf Unkenntnis beruhenden Uebertreibungen, daß erst in diesem Gesetz die „rechte Mitte zwischen Strenge und Menschlichkeit" geschaffen und daß die „Neubildung des Jugendarrestes ein wirklich ganz großer Wurf" sei[68]: eine echt jugendliche, anmaßende Uebertreibung! Ebenso ist eine radikale Verstiegenheit die völlige Loslösung des Jugendstrafrechts vom allgemeinen Strafrecht, die Abschaffung der Rahmen des StGB. für Jugendgefängnis (§ 5), an deren Stelle ein (doch erst zu schaffendes) sog. Täterstrafrecht treten soll, und besonders die

64) RG. 72, 102/3.
65) Nahe dem Text stehen Binding, Merkel, Nagler, besonders v. Liszt und Rosenfeld.
66) So noch RG. 63, 298; anders aber RG. 71, 5.
67) So Oetker. Vgl. LK. 146/7.
68) So urteilt der sonst im allgemeinen besonnene LK. 6. A. 447.

Dreigliederung der Maßregeln in Strafe, Zuchtmittel und Erziehungsmaßregeln (§ 2) mit der unklaren mittleren Gruppe, die weder Strafe noch Erziehung, sondern etwas anderes und Neues sein soll. Zu den überflüssigen und künstlich gesuchten Neuerungen gehört die Erweiterung der Bestrafung zur „Ahndung" (§§ 2, 7); zu den gefährlichen Neuerungen das Ueberschreiten der Altersklasse vom 14. bis 18. Lebensjahr nach oben wie nach unten und die Bestrafung abartiger, nicht schuldhafter Psychopathen (§ 3 Abs. 2 S. 2, § 20 Abs. 2, vgl. oben § 23 II).

Gegen die unbestimmte Verurteilung (§ 6, oben § 32 a. E.) ist einzuwenden, daß ein Erziehungserfolg durch Strafe (!) meist ungewiß ist; besser wäre eine bestimmte Strafe und darauf Erziehung ohne Strafe. Vorzuziehen wäre dem unbestimmten Strafurteil die bisherige bedingte Strafaussetzung[69]. Statt dessen soll der Arrest, eine Art von Festungshaft für Jugendliche, die kurzen Freiheitsstrafen, die Geldstrafen und die bewährte bedingte Strafaussetzung ablösen: ein zweifelhaftes Geschenk des Nationalsozialismus für die umschmeichelte Jugend. — Zu tadeln ist die mangelnde Angliederung der Strafrahmen für Arrest und Gefängnis aneinander: Arrest im Höchstmaß und Gefängnis im Mindestmaß müßten einander berühren. Will der Richter jetzt eine Strafe (oder ein Zuchtmittel) zwischen 4 Wochen und 3 Monaten verhängen, so stößt er auf einen leeren Raum im Gesetz.

Die einzelnen Arten sind im folgenden sinngemäß so zu verstehen, wie ihr Inhalt vom Gesetz bestimmt ist, nicht wie sie vom Gesetz benannt sind.

1. J u g e n d g e f ä n g n i s § 4 wird verhängt, wenn das Bedürfnis nach Schutz (!) und Sühne wegen der Größe der Schuld oder (!) wegen der schädlichen, in der Tat hervorgetretenen Neigungen (also chronische Tendenz!) eine Strafe fordern. Diese Maßregel ist nach ihren Voraussetzungen zwar echte Strafe; gleichwohl tritt der Strafcharakter zurück, da die Strafbemessung nach § 5 Abs. 2 vor allem eine nachhaltige Erziehung anstreben soll. Die Strafrahmen der Tatbestände des allgemeinen Strafrechts gelten nicht: eine eigenartige, folgenschwere Vorschrift von fragwürdigem Wertel Dauer: 3 Monate bis 10 Jahre, überschreitet also weit den Rahmen des StGB. für Gefängnis! — Vollzug nach V. d. RJMin. v. 22. 1. 1937 (DJ. S. 97), v. 16. 7. 1941 (S. 793) und v. 20. 12. 1943 (DJ. S. 584).

2. Z u c h t m i t t e l ; diese fragwürdige Neuschöpfung des Gesetzes weist drei Arten von sehr verschiedener Rechtsnatur und praktischer Bedeutung auf. Allerdings sollen sie nach § 7 dem Jugendlichen seine Schuld und Verantwortung eindringlich zum Bewußtsein bringen (erstrebt wird eine sog. Schockwirkung), aber nicht (lies: nicht alle, besonders nicht gewisse ferne) Rechtswirkungen einer Strafe haben. Hier macht sich wieder die Rücksicht auf das persönliche Wohl und die Erziehung geltend.

a) J u g e n d a r r e s t § 8 mit drei Unterarten: D a u e r a r r e s t (1—4 Wochen), F r e i z e i t a r r e s t für die wöchentliche Freizeit (1—4 Freizeiten) und K u r z - a r r e s t (1—6 Tage). Die bei weitem wichtigste Maßregel gegen Jugendliche überhaupt ist der D a u e r a r r e s t : 72 % aller Jugendverfehlungen (gegen nur 22 % Jugendgefängnis)[70]. Der Arrest ist sachlich Strafe[71] und entspricht der Haft; nur sind ihr ausnahmsweise einige spezielle Fernwirkungen, die dem Wesen der Strafe übrigens auch nicht eigen sind, genommen und tritt das Erziehungsinteresse noch stärker hervor. Die Erziehungsmittel sind aber „drastischer", empfindlicher, strafähnlicher (Schockwirkung!). Nach den Richtlinien ist der Arrest geeignet bei mittleren und kleineren (wenn auch nicht kleinsten) Verfehlungen gutgearteter oder undurchschaubarer (! ?) Jugendlicher, die durch kurze, harte Einzelhaft noch erzieherisch beeinflußt werden können; Aufgabe ist Zwang zur Selbsterziehung und zur Betreuung durch

69) So schon Bumke auf der Tagung der IKV. 1927 bei einem Bericht über eine amerikanische Studienkommission. Vgl. m. KrimSoz. I 141.

70) So wenigstens nach der Mitteilung in LK. 453.

71) Die h. M. hält an der Sondernatur gemäß der formellen Dreiteilung auch sachlich fest (vgl. Peters Kom. § 2 N. 2, § 7 N. 1, Boldt ZStrW. 59, 336; RG. 75, 221, 366). S a c h l i c h gibt es nur die A l t e r n a t i v e : t r i t t d e r S t r a f - o d e r d e r E r z i e h u n g s c h a r a k t e r m e h r h e r v o r ? Strafe nehmen an: LK. 465; Lange Probl. d. Strafrechtserneuerung 1944, 55; Welzel 182. Verbreitet ist aber die angeblich (so nach Ansicht des LK. 447) englische Auffassung, gegen Jugendliche nur Erziehungsmaßregeln gelten zu lassen.

Anhang I

Kriminologische Tragweite

Als Schlußbericht möge folgende, in Kriminologie I 4. Abschn erarbeitete Uebersicht dienen:

A. Die Maßregeln (seit 1933) bestimmen sich nach folgenden Voraussetzungen und Zielen in der Reihenfolge ihrer Wichtigkeit von a bis c:

	Voraussetzungen			Ziele und Wirkungen		
	a	b	c	a	b	c
1. Strafe	Verwerflichk.	subj. Gefährlichk.		Sühne u. Vergeltg.	Bess.	Sich.
2. Sicherungsverwahrung			obj. Gefährlichk.			
3. Arbeitshaus		Verwerflichk.		Bess.	Sich.	Vergeltg. (Sühne)
4. Entmannung	subj. Gefährlichk.					
5. Berufsverbot					Bess.	Vergeltg.
6. Trinkerheilanstalt		obj. Gefährlichk.	Verwerflichk.	Sich.	(Bess.)	—
7. Heil- und Pflegeanstalt	obj. Gefährlichk.	subj. Gefährlichk.	—		—	—

Die Parallelen in der Tafel dürften einleuchten, so daß sich eine Begründung erübrigt. Wie die Voraussetzungen, so werden die Folgen in der horizontalen wie in der vertikalen Reihenfolge immer äußerlicher; Verwerflichkeit und Sühne sind am innerlichsten: eine neue Strafrechtsbegründung an später Stelle. Sie darf bezeichnet werden als konkret-ganzheitliche, als kriminologisch-sozialethische Strafrechtstheorie. Man vergegenwärtige sich dabei, daß jede Maßregel im Einzelfall, wie jede Verwaltungsmaßregel, eine möglichst umfassende heilsame Wirkung ausüben sollte, daß sie aber auf einen Hauptzweck eingestellt sein muß, der in der Tafel unter a voransteht. Bedenken könnten nur darin bestehen, daß wir auch bei der Sicherungsverwahrung nicht die Sicherung (worauf doch der Name dieser Maßregel hindeutet), sondern die Besserung voranstellen; nach unserer Auffassung ist eine wirkliche Sicherung nur bei einem gewissen Grad von Besserung durchführbar, so daß die letztere wenigstens bei der wichtigsten Maßregel, der Sicherungsverwahrung, mit allen Kräften angestrebt werden sollte. Eine längere Verwahrung eines völlig Ungebesserten würde geradezu das Anstaltsleben gefährden. Daher ist Besserung, so schwer sie auch im Einzelfall durchführbar ist, bei den eingreifendsten Maßregeln, wie bei der Strafe, wenigstens im Prinzip möglichst früh anzusetzen.

B. Die einzelnen Strafmittel und Schutzmaßregeln werden von den Gerichten in einer außerordentlich verschiedenen Weise verwendet, so daß sie praktisch eine höchst verschiedene Bedeutung besitzen. Hier treten die eigenartigen Gebräuche, die oben § 32 bei der Strafbemessungspraxis beobachtet wurden, deutlich hervor. Die starken Abweichungen möge folgende statistische Uebersicht veranschaulichen; es werden Jahre gewählt, die zugleich eine Verschiedenheit in politischer, sozialer, wirtschaftlicher und sozialethischer Hinsicht aufweisen.

Verurteilt wurden[1]) wegen Verbrechen und Vergehen gegen das RStGB. zu:

	1932	1933	1934	1937	1938
Todesstrafe	45	74	90	55	68
Lebenslanges Zuchthaus . . .	8	19	15	9	6
Zuchthaus, zeitig	5938	9084	11646	10968	10727
davon ab 3 Jahre	1493	2353	3273	3093	3111
bis 3 Jahre	4445	6731	8373	7875	7616
Gefängnis	213486	192891	142814	168340	139414
davon ab 1 Jahr	14198	18022	16277	18998	17418
ab 3 Monate bis 1 Jahr	68401	64706	50715	63820	57391
bis 3 Monate . . .	130887	110163	75822	85522	64605
Festungshaft	188	37	—	—	1
Haft	211	279	450	1723	1264
Geldstrafe	218519	168252	129459	253061	181491
Ehrverlust	6410	9527	11391	?	?
Polizeiaufsicht	819	1521	1164	?	?
Heil- und Pflegeanstalt . . .			506	902	993
Trinkerheilanstalt			106	150	150
Arbeitshaus			1938	1094	1023
Sicherungsverwahrung . . .			3935	765	964
Entmannung			672	189	195
Berufsverbote			124	252	269

C. Schließlich fragt man nach dem praktischen Erfolg aller dieser Maßregeln und Bemühungen. Mit der gebotenen Vorsicht lassen sich bis jetzt folgende vorläufige Erkenntnisse gewinnen, die natürlich nur als typische Erscheinungen aufgefaßt werden dürfen.

1) Nach RKrimStat., ergänzend Dt. J. 1937, 867; 1939, 1478. Gewählt wurden Jahre vor und nach der Rechtserneuerung, außerdem das letzte Vorkriegsjahr. Im übrigen war die Wahl durch das veröffentlichte Material bedingt; es ergaben sich einige hier nicht zu erklärende Verschiedenheiten in den Berechnungen der RKrimStat.

I. Grade der Wirksamkeit der Strafen.

1. Wirksamkeit ersten Grades: der Erfolg liegt noch im Bereich einiger Wahrscheinlichkeit. Voraussetzung: Gelegenheits- oder planmäßige Delikte bei stärkerer sozialer (!) Umweltbedingtheit und bei voraussichtlicher Besserung der sozialen Verhältnisse, begangen in jungen oder (noch günstiger) in gereifteren Jahren. In Betracht kommen leichtere reine Angriffs- oder verwandte Nutz- und Notdelikte, also Delikte im Angriffs-, Nutz- und Not- oder im Schwächetyp: vor allem Roheitsdelikte sowie Diebstahl, Raub und Hehlerei (letztere im Schwächetyp bei starker Abhängigkeit vom Vortäter); möglich auch Abtreibung und leichtere Unzuchtsdelikte.

2. Wirksamkeit zweiten Grades: der Erfolg liegt noch im Bereich entfernterer Möglichkeit. Hierher gehören vor allem jene Fälle, die das Gericht im Wege moralischer Einwirkung bei strengerer Strafe oder bei Anwendung von Sicherungs- oder Besserungsmaßregeln hätte erfolgreicher behandeln können: stark sozial-umweltbedingte Gelegenheits- oder Vorbedachtsdelikte im Angriffs-, Nutz- und Schwächetyp (also bis jetzt wie oben zu 1) sowie die leichteren Anfänge chronischer Kriminalität; also vorwiegend in jüngeren Jahren begangen. Es sind vor allem Angriffs- und Nutzdelikte, außer Diebstahl auch Betrug, Unterschlagung und Hehlerei sowie deren Abarten: Urkundenfälschung, Meineid, falsche Anschuldigung, Verleumdung, Untreue, Erpressung, Glücksspiel, Wucher, Zuhälterei, sodann schwerere Unzuchtsdelikte, wie Männer- und Kinderunzucht und Notzucht.

3. Wirksamkeit dritten Grades, d. h. von nur noch ganz entfernter Möglichkeit bis an die Grenze der Unwirksamkeit. a) Hier finden ihren Platz zunächst die schweren chronischen, stark willensbedingten Nutzdelikte der Betrugs- und Fälschungs-, der Unterschlagungs- und Ausbeutergruppen (wie oben 2), sofern der Wille des regelmäßig schon gereifteren Täters noch erzieherischen Einflüssen zugänglich sein sollte, was in wenigen Fällen zutreffen mag. — b) Eine günstige Prognose können auch noch zwei andere Gruppen erfahren. Einmal Angriffsdelikte, entweder im Affekt begangen (Gewaltdelikte), oder in moralischer, religiöser oder politischer Ueberzeugung (Beleidigung und gewisse Wohlstands- und Kulturdelikte). Sodann Trieb- und Schwächedelikte, noch unmittelbar vor dem Zustand völliger Abstumpfung (Diebstahl, Betteln, Unzucht).

4. Als Rest bleibt die beträchtliche Zahl der Fälle völliger Unwirksamkeit. Es sind jene Fälle, in denen der Wille des Täters überhaupt nicht oder nicht mehr bestimmt werden kann; die Tat wird vielmehr beherrscht entweder von der Umwelt, vor allem der natürlichen Umwelt, oder von der Anlage. Zu den Taten gehören extreme Fälle rein akuter oder streng chronischer Kriminalität; dort sind es Zufallsdelikte (z. B. Fahrlässigkeitstaten), hier hochgradige Trieb- und Schwächedelikte (Unzucht, Betteln, auch wohl noch einige Rückfallsdiebstähle).

II. Die Sicherungs- und Besserungsmaßregeln sollen um so mehr Anwendung finden, je unwirksamer sich die Strafe erweist; ihr Anwendungsgebiet erweitert sich also in der obigen Reihenfolge von I 1 bis 4 immer mehr. Am wirksamsten zeigt sich die Sicherungsverwahrung; begrenzte Tatbestandsgebiete hatten naturgemäß die Entmannung und die Berufsverbote. Das Arbeitshaus wird weniger günstig beurteilt; seiner Natur nach ist es über die wenigen gesetzlichen Fälle hinaus am meisten ausbaufähig und wohl am dringendsten ausbaubedürftig. In medizinischer Hinsicht werden sehr verschieden prognostiziert außer der Entmannung die Heil- und Pflegeanstalt sowie die Trinkerheil- und Entziehungsanstalt. Ueber die Erfolge im einzelnen müssen noch Erfahrungen abgewartet werden. Ueber die Anwendungshäufigkeit bei den einzelnen Tatbestandstypen unterrichten die Tabellen in KrimStat.; vgl. für 1934/6 KrimStat. 1934/5 S. 18/9, ergänzt durch die Tab., für 1938 S. 100, 254.

Bei den wichtigeren Maßregeln lassen sich hiernach Anwendungsgebiete ersten, zweiten und dritten Grades erkennen je nach der Häufigkeit (leider vorläufig nur auf die wenigen Jahre von 1934 bis 38 beschränkt); es ergibt sich sodann eine vierte Reihe, in der die verhältnismäßig geringe oder ganz fehlende Anwendung einer Maßregel auffällt, während sie auf gewisse Tatbestände sehr wohl hätte wirksam angewendet werden können.

Wichtige Anwendungsgebiete der strafergänzenden Maßregeln

	1. Grades	2. Grades	3. Grades	(4) Versager
Sicherungsverwahrung	Diebstahl, Raub, Hehlerei, Unterschlagung, Untreue, Betrug, Erpressung, Urkundenfälschg.; Körperverl., Tötung, gemeingefährl. Verbr.; Unzucht	Geldfälschung, Meineid	Wilderei, falsche Anschuldigung	Glücksspiel, Widerstand, Freiheitsverletzung, Sachbeschädig., Verleumdung
Arbeitshaus	Betteln usw. (§ 361), einfach. Diebstahl	Unterschlagung, Widerstand	Betrug, Untreue; Beleidigung, Bedrohung, Körp.-verletzg., Sachbeschädigung.	Raub, Erpressung, Hehlerei, Glücksspiel, Zuhälterei, gemeingefährl. Verbr., Unzucht
Entmannung, Berufsverbot	Unzucht, Abtreibung	Tötung, Betrug, Untreue, Urkundenfälschg., Wilderei	Kuppelei, Wucher	Diebstahl, Unterschlagung, Hehlerei, Gewerbedelikte
Trinkerheilanstalt		Körperverletzg., Sachbeschädig., Widerstand, gemeingef. Verbr., Beleidigung, Betrug (?)	Diebstahl, Unterschlagung, Untreue (?)	Raub, Erpressg., Nötigung, Bedrohung
Heil- und Pflegeanstalt	Unzucht	Tötung, Körperverletzg., Widerstand, Freiheitsverletzung, gemeingef. Verbr.	Diebstahl, Betr., Unterschlag., Urkundenfälschung	Sachbeschädig.

Anhang II

Leitsätze für die Anfertigung von Übungsarbeiten und von Urteilen

I. Anlage der Arbeit und des Arbeitens.

1. Zu unterscheiden sind Forschung und Darstellung.

a) Forschung, d. i. Vorbereitung für die Ausarbeitung. Es empfiehlt sich, zuerst nur ein gutes Buch (oder nur einige ganz wenige) zu lesen. Sofort sollte man die eigene Ansicht zu bilden suchen und auf besonderem Blatt in knappen Leitsätzen niederlegen[1]. So sind zweckmäßig auch größere wissenschaftliche Arbeiten anzulegen und zuerst in kleinem Rahmen zu bestimmten Endergebnissen zu führen, gewissermaßen als Klausurarbeiten zu erledigen, was zugleich in Anfertigung von Arbeiten an Ort und Stelle, in der Bibliothek, am Amtssitz, sowie von Unterlagen für Vorträge, von richterlichen Voten auf Terminzetteln übt. — Erst wenn so der Verf. eine (sei es auch nur ungefähre) Lösung seiner Aufgabe gewonnen hat, ist mehr Literatur nachzulesen und ist um jenen zuerst gewonnenen Kern herumzuarbeiten. Hierbei wird die erste Ansicht ergänzt, näher begründet, vertieft, natürlich mitunter auch berichtigt. Auch im Fall, daß die erste Ansicht später völlig umgestoßen werden sollte, ist jene Arbeit nicht umsonst; sie kann in dem endgültigen Entwurf als eine immerhin mögliche Ansicht behandelt werden, so daß sich der Verf. gleichsam mit sich selbst auseinandersetzt. Selbständigkeit der Ansicht, Selbsterziehung, Selbstkontrolle können nicht eindringlich genug empfohlen und vor allem auch nicht früh genug gepflegt werden[2].

b) Darstellung. Hier ist strenge Auslese zu halten. Alles Ueberflüssige ist wegzulassen. Auch bei jeder späteren Durchsicht gilt der Grundsatz: jedes sachlich oder sprachlich Ueberflüssige zu streichen, ist ein Gewinn. Mustergültig sind hier oft die Einstellungsbescheide erfahrener Oberstaatsanwälte. Kürzen und immer wieder kürzen! und doch durch knappe Zusätze inhaltsreicher gestalten, durch Parallelen vertiefen! — Die Darstellung hat nicht

---

1) Ein großes Beispiel bot einst Schelling, der sich bereits im 19. Lebensjahr beim ersten Studium Kants ein fertiges System gebildet und die Ansichten Kants und Fichtes in fördernder Weise schon damals weitergeführt hat (Wendung vom subjektiven zum objektiven Idealismus).

2) Der Anfänger muß wie das Revisionsgericht und der Lehrer dauernd nach Fehlern suchen, überall Fehler wittern und rücksichtslos aufdecken; sie nachsichtig zu beurteilen, ist Pflicht des „gefürchteten Examinators". Denn der wahre Forscher kennt seine Fehler; sonst wäre er nicht Forscher. Der Forscher hat eine weitere, größere Pflicht: überall Fehler quellen zu wittern und rücksichtslos danach zu suchen, um sie vielleicht einmal aufdecken zu können. So schrieb Kant die Antinomien der reinen Vernunft. Die Atomphysik fußt auf widerspruchsvollen Ergebnissen in der Raum—Zeit-Lehre. Röntgen berichtet, er habe seine Entdeckungen dem unermüdlichen Bestreben zu verdanken, überall nach Fehlerquellen zu suchen (Forschungen und Fortschritte 1947 Jahrg. 21/3 S. 51).

dem Gang der Forschung zu folgen; sie soll nicht Rechenschaft über alles einmal Durchdachte geben. Vielmehr ist der allein wesentliche Stoff streng logisch angeordnet vorzutragen.

Forschung und Darstellung sind zwar in methodischer Hinsicht zu trennen, gehen aber tatsächlich oft ineinander über, da sich bei der Darstellung die Notwendigkeit weiterer und tieferer Forschung ergeben kann, Fehlerquellen auftauchen, sich neue Wege anbieten. Da gilt es, Ruhe und klaren Kopf zu bewahren; man stoße nicht zu rasch und zu früh die erste wohl überlegte Ansicht um und setze lieber erst einmal die eingeschlagene Richtung fort. Neue Einfälle halte man aber sofort auf Zetteln fest, die später ausgearbeitet und als Einwände oder Anregungen für künftige Forschung verwertet werden mögen. Bei der Niederschrift drängen sich die folgenden Gedanken, Einwände, Folgerungen, neue Ziele mitunter so schnell und zahlreich auf, daß die Ausarbeitung darunter leiden kann; dann setze man möglichst den Gang in Ruhe fort, sichere sich aber jene neuen Gedanken durch Stichworte auf Zetteln. Das gilt besonders, wenn man mit Diktat und Schreibmaschine arbeitet. Schriftsätzen, Urteilen, Aufsätzen merkt man später stets an, ob sie aus dem Stegreif diktiert sind; selbst für Geübte empfiehlt sich bei größeren, schwer übersehbaren Arbeiten eine Vorbereitung durch handschriftlichen Entwurf von Plan und Aufbau, während des Diktats Zettelarbeit bei Bedenken und neuen Einfällen. Man kann beobachten, daß längere Vorträge, sollen sie gut und ursprünglich sein, weit weniger bieten als die kürzesten unscheinbarsten Zeitschriftenartikel; Vortrag und Aufsatz sind eben grundverschiedene Dinge.

2. Einzelnes für die Darstellung bei Anfängerarbeiten.

a) Aeußerste Klarheit. Knappe und kurze Sätze. Nebensätze sparsam gebrauchen; aber die Hauptsätze sind nicht lose (wie im Militär-, Kaufmanns- und Stefan-George-Stil), sondern in den Sprachformen, die den logischen Denkformen entsprechen, aneinander zu reihen (Verschiedenes bedeuten z. B.: „Daher"; „Weil"; „Da"; „Damit"; „So daß"; „Vielmehr"; „Trotzdem"; „Gleichwohl"; „Ebenso"; „Entsprechend"; „Aehnlich"; „Oder"; „Beziehungsweise"). An den logisch-systematisch richtigen Stellen: Absätze. Streng sachlicher, aber gefälliger Stil. Nicht ohne Grund den Konjunktiv anwenden (z. B. ist falsch: „Nunmehr wäre zu untersuchen"). Auch nicht: „Ich will jetzt untersuchen"[3]. Kinder, kleine Leute und unhöfliche Personen reden in der ersten Person: in Aufsätzen und Vorträgen, in Briefen und Gesprächen. Sie selbst sind ihre Welt. Oder sie haben es nötig. Man sage sachlich und amtlich: „Es ist zu untersuchen" — möglichst mit Angabe des logischen Grundes und des rechtlichen Zusammenhanges.

b) Anfang der Darstellung: Das Thema ist nicht noch einmal wiederzugeben, auch nicht mit den eigenen Worten des Verf. zu umschreiben. Aber man soll auch nie mit abstrakten Erörterungen, etwa mit Wiedergabe und Auslegung von Rechtsnormen beginnen. Vielmehr ist das spätere Ergebnis als Problem voranzustellen; z. B. es kommen folgende Straftaten des A in Betracht, und zwar ist

3) Anderer Ansicht scheint z. B. Eb. Schmidt zu sein (vgl. unten die letzte Fußnote).

zweifelhaft zunächst, welche gesetzliche Tatbestände erfüllt sind. Also alle Rechtsnormen wie überhaupt alle Abstraktionen sind sofort unter Beziehung auf den Rechtsfall zu erörtern. Urteile, auch freisprechende, beginnen entsprechend mit dem Sachverhalt, und wissenschaftliche Abhandlungen sollten von wirklichen oder erdachten Fällen ausgehen, die das Problem aufrollen[4]). Oft empfiehlt sich, das Selbstverständliche voranzustellen, um sodann die Streitpunkte als das eigentliche Thema zu entwickeln; dies Verfahren wird oft auch in den Begründungen von Gesetzesentwürfen beobachtet; in Zivilurteilen ist es die Regel. Es empfiehlt sich oft auch, das eigene Ergebnis am Anfang anzudeuten, um den Leser sofort in Klarheit über die einzuschlagende Richtung zu setzen; z. B. „Es wird sich ergeben, daß Diebstahl und nicht Betrug vorliegt; um dies darzulegen, bedarf es zuerst einer Untersuchung, ob im vorliegenden Fall überhaupt eine Vermögensbeschädigung usw. anzunehmen ist".

c) Wie alle Rechtsnormen, so sind auch die einzelnen Rechtsbegriffe nur im Hinblick auf den vorliegenden Fall und auf seine Entscheidung zu erörtern. Daher ist es falsch, näher zu erörtern, was das Gesetz unter „beweglicher Sache" versteht, wenn dieses Merkmal im vorliegenden Fall unzweifelhaft gegeben ist (z. B.: der Dieb entwendet Geld; nicht unzweifelhaft und daher zu erörtern ist jenes Merkmal aber, wenn er z. B. Leuchtgas ableitet oder einen Zweig vom Baum abschneidet).

d) Streitfragen (z. B. über den Begriff der Zueignung) sind ebenfalls nur insoweit zu erörtern, als die verschiedenen Ansichten zu verschiedenen Ergebnissen im vorliegenden Fall führen würden. Ist dies nicht der Fall, so ist nur kurz der Streitstand anzugeben und zu vermerken, daß nach beiden Auffassungen der Fall in gleicher Weise, so und nicht anders zu entscheiden ist.

Zu c und d: Wird gegen diese Grundsätze gefehlt, so wird der schwere Fehler begangen, daß Nebensächliches oder gar Unerhebliches breit und ausführlich behandelt wird. Mögen die Ausführungen des Verf. im einzelnen auch richtig sein, im Rahmen des Ganzen sind sie falsch; sie enthalten eine Abschweifung vom Thema, vom Streitfall, und die wirklich wesentlichen Fragen treten demgegenüber über Gebühr zurück oder verschwinden ganz. Namentlich der Anfänger hat sich zu befleißigen, Haupt- und Nebenfragen in entsprechendem Verhältnis zu behandeln. Die Ausführlichkeit einer Untersuchung oder eines Teils muß im Verhältnis zu der Wichtigkeit für das Thema und für das Ganze stehen. In einer Aufgabe kommt es oft nur auf eine einzige Streitfrage, z. B. Idealkonkurrenz, Notstand, Beweislast, an. Dann ist die ganze Aufmerksamkeit allein hierauf zu richten. Wie ein Gesetz, so hat jede Kultureinrichtung, und also auch jede Aufgabe, jeder „Fall", einen bestimmten, nicht immer deutlich erkennbaren „Sinn". Eine Arbeit ist nie ausreichend, wenn nicht einmal das Thema als solches, sein Sinn, erfaßt ist.

e) Eventualentscheidungen sind nur zulässig, aber auch notwendig, wenn 1. zwei verschiedene, für den Fall erhebliche Rechts-

4) Das Ziel ist immer eine konkrete Gestaltungsnorm; vgl. Jur Meth L (s. Reg.).

ansichten bestehen (die beiden herrschenden Kausalitätstheorien) oder 2. zwei verschiedene Auffassungen des Sachverhalts möglich sind (dann ist z. B. die Tatsache a oder die Tatsache b zu „unterstellen"). Es sind dann oft zwei völlig verschiedene Bearbeitungen nötig. Der Bearbeiter darf also nie sagen, daß die Auffassung a den Fall ohne Schwierigkeiten erledigt und diese Ansicht ihm als die zutreffende erscheint; vielmehr muß er auch die andere mögliche Auffassung zu Ende denken.

3. Zeitpunkt. Die Arbeit ist pünktlich fertigzustellen. Es kommt nicht nur auf die Güte, sondern auch auf die Schnelligkeit der Arbeitsleistung an. Auch Gerichtsurteile sind binnen kurzen, gesetzlichen Fristen abzuliefern. Selbst bedeutende Autoren gelangten mit ihren, oft zu umständlich angelegten Werken nicht zum Abschluß (Jhering; die meisten Mitarbeiter der von Binding herausgegebenen „Handbücher"). Die Kunst der Zeiteinteilung, der Arbeitsökonomie, des Aufhörens, des Sparens und Haushaltens mit den vorhandenen Kräften ist überall die Voraussetzung von **Kulturleistungen**[5]: beim **Rechtsanwalt**, Schwurgerichtsvorsitzenden, Schauspieler. Auch der Forscher muß einmal aufhören. Auch das Menschenleben.

II. Reihenfolge der Prüfung bei strafrechtlichen Arbeiten:

1. Zuerst die Tatbestände des Besonderen Teils; und zwar zuerst die objektiven.
2. Alsdann die allgemeinen Verbrechensmerkmale; jedoch nur, soweit sie nicht schon bei den Tatbeständen geprüft sind (z. B. Handlung bei Wegnahme) und nur soweit die Aufgabe zur Prüfung herausfordert (z. B. ist oft kein Anlaß zur Prüfung der Zurechnungsfähigkeit oder der Notwehr; stets ist aber Anlaß zur Prüfung des Vorsatzes). Stets sind zu prüfen: die objektiven vor den entsprechenden subjektiven Merkmalen; stets die positiven vor den entsprechenden negativen Merkmalen (z. B. Vorsatz vor Rechtsirrtum, vor Zurechnungsunfähigkeit).
3. Zugrunde zu legen ist im ganzen der in diesem Buch entworfene systematische Aufbau des Strafrechts, außer unten zu c. — Also:

   a) Unrecht:

      aa) Tatbestandsmäßigkeit;

      bb) äußeres Verhalten: Handlung[6]) oder Unterlassung nebst Kausalität (und zwar nach den beiden herrschenden Theorien, sofern

5) Die Kunst des rechtzeitigen Aufhörens muß ebenfalls geübt werden, damit man wieder gut anfangen kann. Lehrreich ist auch hier Goethe; er bekennt zu Eckermann (dem Sinne nach): um viel zu leisten, müsse man abends gerade dann, wenn die Arbeit am flottesten vonstatten geht und der Strom mühelos fließt, aufhören und einpacken; dann käme man am nächsten Morgen leicht wieder herein. Ganz verkehrt sei es, abends dann aufzuhören, wenn man das Gefühl habe, nicht mehr weiter zu können; dann wäre der Faden am nächsten Morgen sicher ganz abgerissen, und man müsse die frühere Arbeit stundenlang nochmals durchdenken, oder die Fortsetzung unterbliebe ganz. — Werden Pausen unvermeidlich, so schreibe man sich mit einigen Stichworten den Gedankengang der geplanten Fortsetzung auf. So wenn man gleichzeitig verschiedene Arbeiten zu leisten hat. Größere Pausen sind meist von Uebel. Zwischen dem 2. und 3. Akt des Siegfried von Richard Wagner lagen Jahrzehnte, hier entstanden die stilverschiedenen Werke: Tristan und Meistersinger. So litt die Einheitlichkeit des Siegfried.

6) Auch die „Handlung" muß in seltenen Fällen festgestellt werden, so bei Teilnahme in den Fällen der §§ 128, 129 StGB. und bei Zugehörigkeit zu verbrecherischen Organisationen nach KontrollratsG. Nr. 10 Art. II 1 d (1946).

sie zu verschiedenen Ergebnissen führen, was bei der Handlung wie bei der Unterlassung oft der Fall ist); Versuch;

cc) Rechtfertigungsgründe, einschließlich der materiellen Rechtswidrigkeit, Wahrnehmung berechtigter Interessen.

b) Schuld:

aa) Vorsatz, Fahrlässigkeit; hier auch Irrtum (Tat- wie Rechtsirrtum im Gegensatz zu neueren Irrlehren);

bb) Entschuldigungsgründe (falsch also: Zurechnungsfähigkeit vor Vorsatz!);

cc) außerhalb des Schuldbereichs: äußere Strafbarkeitsbedingungen.

c) Mehrheit von:

aa) Taten: Verbrecheneinheit, Konsumtion oder Konkurrenz;

bb) Tätern: Teilnahme. Zuerst der tatsächliche Ausführer, auch wenn er sich später nicht als Täter herausstellt. Bei Mittätern zuerst die treibende Kraft. Beim Werkzeug zuerst dieses, dann der mittelbare Täter. dann noch einmal das Werkzeug (weil dieses auch Gehilfe oder doloser Täter sein kann).

d) Prozeßvoraussetzungen;

e) Strafrahmen; wenn Anlaß gegeben ist: Strafbemessung oder strafergänzende Maßregeln (Besserung, Sicherung). Auch in Uebungsarbeiten lege man sich dauernd die Frage der Strafwürdigkeit vor. Zuletzt prüfe man, ob die Entscheidung auch vor der Rechtsidee standhält, ob sie dem gesunden Rechtsempfinden entspricht. Sonst suche man andere Lösungen. Hier liegt oft die praktisch allerwichtigste und theoretisch schwierigste Frage.

III. Reihenfolge bei prozeßrechtlichen Arbeiten, Klagen, Anklagen, Urteilen[7]).

1. Prozessuale Fragen.

a) Wesentliche Merkmale (Klage, Anklage, Urteil);

b) Prozeßvoraussetzungen:

aa) des Verfahrens (daher Einstellung, nicht Freisprechung, wenn sich in der Hauptverhandlung ergibt, daß der Angeklagte nicht strafmündig ist);

bb) der Verfolgung (Strafantrag, Nicht-Verjährung);

cc) der Sachgestaltung (Schlüssigkeit der Klage, hinreichender Verdacht).

2. Sachvoraussetzungen (auch die sog. Rechtsschutzvoraussetzungen):

Für Strafrecht, s. oben zu II.

Für Zivilrecht:

a) Schlüssigkeit der Klage (d. i. teilweise schon die Frage zu oben 1, b, cc);

b) Begründetheit der Klage:

---

7) JurMethL. § 61; Grdlg. d. Prozeßr. 1919 (1929).

aa) Schlüssigkeit des Bestreitens,
bb) Schlüssigkeit der Einwendungen u. z. der

aaa) rechtshindernden Tatsachen,
bbb) rechtsvernichtenden Tatsachen,
ccc) Einreden,

cc) Verhalten des Klägers zu bb usw.,
dd) Beweis — Beweiswürdigung — Urteil.

IV. Methodik der Reihenfolge in wissenschaftlichen und praktischen Arbeiten[8]. Zu prüfen sind unter den einzelnen Merkmalen:
die objektiven vor den subjektiven,
die tatsächlichen vor den normativen,
die besonderen vor den allgemeinen,
die gesetzlichen vor den übergesetzlichen,
die einfachen vor den komplexen (zusammengesetzten und verwickelten),
die sachlichen vor den persönlichen und individuellen,
die zusammengehörigen, den Problemkern enthaltenden Fragen vor den fernerliegenden,
die positiven vor den negativen,
die formalen vor den materialen,
die präjudiziellen vor den nebensächlichen und vor Folgeerscheinungen,
die prozessualen vor den materiellrechtlichen.

Nur in Uebungs- und Forschungsarbeiten sind die prozessualen erst n a c h den materiellrechtlichen Merkmalen zu untersuchen.

In Uebungsarbeiten sind nach Feststellung eines Prozeßhindernisses oder eines sonstigen Mangels die später wichtig werdenden Voraussetzungen weiterzubehandeln, während sich beim Strafurteil mit der Feststellung eines Mangels jede weitere Untersuchung erübrigt.

8) Ueber „Juristische Klinik" vgl. JurMethL. § 65 II—IV. — Verwiesen sei auf die ausgezeichnete Anleitung von Eb. Schmidt Das Strafrechtspraktikum 1946, mit dem ich weitgehend übereinstimme; man spürt noch den Ausgang vom Lisztschen System, mit dem auch Meyer-Allfeld, Frank, M. E. Mayer, Beling, v. Hippel, Mezger, Ebermayer-Lobe im LpzK. und im Anschluß an diesen die gesamte Praxis arbeiten. Aber es haben sich im Laufe der Zeiten doch stärkere Abweichungen auch von Schmidt ergeben. So bei der Kausalität, der Unterlassung, dem Versuch, der Teilnahme, der Stellung der Zurechnungsfähigkeit erst nach dem Vorsatz (dies dürfte der gerichtlichen Urteilspraxis entsprechen), selbst bei der Konkurrenz und nicht zuletzt bei der Strafbemessung.

Sachregister

FSC
www.fsc.org
MIX
Papier | Fördert
gute Waldnutzung
FSC® C083411

Kolibri 360 GmbH
Ferdinand-Jühlke-Straße 7
99095 Erfurt, Deutschland
produktsicherheit@kolibri360.de